DAS VERLORENE PARADIES

und wie wir es zurückgewinnen

Von **Johannes Wilhelm**

Hanno Herbst - Musik & Buch

Das einstige Paradies bestand eben in der Einigung der ganzen geschaffenen Welt, als immerwährendes Dankgebet zum Schöpfer.

Den Misston des Eigennutzes, des Hasses und der Rache hat nur der Mensch selbst in sie hinein gepflanzt, weswegen er auch nicht mehr Herr der Welt, sondern die Welt sein Herr geworden ist!

[Lg.01_021,27]

Ein Buch für gläubige und nichtgläubige Wahrheitssucher...

Es klärt darüber auf, was und wo das Paradies war und ist, wie es durch den einstigen Sündenfall verloren ging und was dies noch bis heute für den modernen Menschen in der Konsequenz bedeutet, aber auch, wie jeder es für sich selbst wieder zurückgewinnen kann.

Wir erfahren, dass die Bibel generell nicht wörtlich zu nehmen ist, warum sie vielfach in Bildern zu uns spricht, was diese inhaltlich bedeuten, und dass sie nach wie vor brandaktuell sind. Es räumt auf mit den vielen Vor- und Fehlurteilen gegenüber dem prophetischen Bibelwort und zeigt uns, anhand vieler Beispiele und Anleitungen, wie wir diese Bildersprache wieder richtig deuten und neu verstehen lernen können.

Es bereinigt ein verfälschtes und veraltetes Gottesbild, zeigt auf, dass Gott Geist ist und beweist, dass Wissenschaft und Glaube ineinandergreifen, weil Materie und Geist miteinander verbunden sind und in direkter Korrespondenz stehen.

Ebenso erfahren wir vieles über den Sinn unseres Lebens, über das Wesen und die unmittelbare Nähe Gottes und darüber, warum Er Sich in Jesus einst offenbarte und auch wieder heute, für die Menschheit am Beginn des dritten Jahrtausends, große Neuoffenbarungen gegeben hat, in denen Christus, wie in Wolken verhüllt, wiedergekommen ist zu uns, wie Er es verheißen hat.

Ein Buch für alle, die ernsthaft nach Antworten suchen, die ihnen niemand sonst mehr liefern kann. Es zeigt, wie sich die Antworten auf alle die vielen Fragen zum Leben und zum Glauben finden lassen, ohne sich in die Abhängigkeit von Menschen und Ansichten zu begeben und frei zu werden von Zwängen, Zweifeln und Ängsten, um so wieder sinnerfüllt, mit Liebe, Erkenntnis und innerem Frieden einziehen zu können in das Paradies – im eigenen Herzen!

DAS VERLORENE PARADIES

Eine Betrachtung und Analyse des Welt- und Kirchenlebens von heute

von Johannes Wilhelm

1. Auflage
Taschenbuchausgabe von 2017
Herbst Medien

ISBN-13: 978-3-947465-15-6

Inhaltsverzeichnis

Vorbemerkungen

An wen richtet sich dieses Buch?

Dieses Buch richtet sich an all jene von uns, die fragend sind, die suchend sind, und die Antworten auf ihre Fragen und auf die vielen Grundfragen des Lebens wünschen... die angeklopft haben, auf dass ihnen aufgetan werde (Lk.11.10).

Der Markt der Religionen ist voller Marktschreier, und er ist laut und hektisch, und von überall her ertönen die Stimmen, welche die Menschen zu sich ziehen und von sich und ihren Ansichten überzeugen wollen; ... und doch ist inmitten dieses Trubels JESUS, das Licht des Lebens, still waltend und unaufdringlich, gegenwärtig. Nicht irgendwo da Draußen, außerhalb von uns, sondern immer da und immer nah, tief in unserer Seele!

Um dieser leisen Stimme in uns wieder Gehör zu verschaffen und uns von Innen her durch diese in rechter Einsicht und rechtem Erkennen zu üben, dazu soll dieses Buch verhelfen. Es soll aufräumen, aufklären und uns dazu anleiten, Gott in uns selbst zu suchen und zu finden, frei zu werden von Zwängen, Traditionen, Riten und Gebräuchen, wieder wach und lebendig zu werden im Geiste und wieder von Gott Selbst geführt und gelehrt zu sein, so wie einst, vor der Vertreibung aus dem Paradies, als dem Verlust des direkten Umgangs mit Gott, den wir erst durch Jesus wieder neu erlangen können, durch die Befolgung Seiner Worte.

Gedanken aus der Mitte des Herzens

Das Denken der Menschen ist irdisch gerichtet, und so legt man auch alles irdisch aus, was einen tiefen, geistigen Sinn hat. Das einzige, was uns den Schlüssel gibt und zum Verstehen des Geistes verhilft, ist unser eigener, aus Christus und Seiner Lehre wiedergeborener Geist.

Wer in seinem Geiste wahrhaft wiedergeboren wird, dem wird ohnehin alles offenbar werden. Wer aber in seiner Weltäußerlichkeit verbleibt, dem muss das alles wie eine große Dummheit vorkommen, zu seinem Ärger.

Niemand wird seine eigene Liebe zu Gott einem Mitmenschen je biblisch belegen können, denn nur seine Taten der Liebe können davon zeugen, und nur diese Liebe schenkt uns die Gedanken aus der Mitte des Herzens, wie man sie auch in diesem Buch wiederfindet.

Kurze Anmerkung zu diesem Buch

Die Aufklärungen in diesem Buch sind nicht geschehen, um jemanden von seiner Kirche wegzuziehen, sondern um aufzuzeigen, wie es mit der materiellen Auslegung der Bibel beschaffen ist. Es soll nicht darum gehen, die verschiedenen Kirchen zu trennen, sondern sie zu einen, und dass in allen eine und dieselbe Lehre gelehrt und nach ihr gelebt und gehandelt wird. Denn Gott wird niemanden nach dem richten, ob er fleißig die Bibel oder Seine heutige Neu-Offenbarung gelesen, sondern ob er nach den Geboten und Tugenden Jesu gelebt und gehandelt hat.

Wenn wir uns nicht hier auf der Erde in unserem Glauben einigen können, so können wir es auch im Jenseits nicht. Also werden wir so lange Gott, unseren Vater im Herrn Jesus, nicht sehen und somit auch nicht in den Himmelszustand kommen können, bis wir unsere falschen Lehren und Ansichten aufgeben und uns ganz Seinem Willen unterordnen werden. Denn einen Streit- und Zankhimmel, wer nun den rechten Glauben hat, den wird es nie geben, sondern nur einen Himmel, den diejenigen Menschen bewohnen, die an Jesus lebendig glauben durch die Erfüllung Seines Willens, nicht aber diejenigen, die bloß Seinen Namen anrufen.

Ein Blick in die heutige Gesellschaft

Das Welt- & Kirchenleben des 21. Jahrhunderts, und an wen sich das neue Wort Gottes richtet

Das "ihr werdet sein wie Gott" ist das Ziel unserer ganzen heutigen Zivilisation und Bildung, und der Sinn dieser Worte wurde durch den Weltfürsten verdreht. Diesem antichristlichen Geist schenkt die große Masse noch Glauben. In einer solchen Zeit kann das Wort und das Beispiel des Jesus von Nazareth, der allein groß genannt werden mag unter den Menschen, nur von wenigen noch verstanden werden. Die (geistig betrachtet) Herrschaft im Dienen, im Knechtsein... die Größe im Kinderstand, im Unmündigsein, das Erhalten des Lebens (des empfin-dungsvollen Gemüts) im Verlieren des Lebens (des kalt berechnenden Verstandes), das Geborenwerden (der Liebe) durchs Sterben (in der Selbstverleugnung), das Siegen im Unterliegen oder das Genießen im Entsagen... das alles sind Dinge, über die unsere "aufgeklärte" Zeit sich weit erhaben wähnt, für die sie ganz und gar das Verständnis verloren hat.

Die Welt hat ihre großen Männer und Frauen und streut ihnen Weihrauch, und baut ihnen Denkmäler, und feiert ihnen Feste, und tanzt um ihre Götzen mit Sang und Klang. Sie mag das ihre behalten. Sie wird vergehen mit ihrer Lust und mit allem, was sie geliebt und gepriesen und vergöttert hat. Alle ihre Herrlichkeit, ihre Kunst und Wissenschaft, sinkt in den Staub. Aber Den, der als der Letzte über dem Staub stehen wird, kennt sie nicht... für Sein Wort, das in Ewigkeit bleibt, hat sie keinen Sinn.

Ebensowenig mehr wenden wir uns heute noch an die Kirchen. Sie sind nicht mehr wesentlich von der Welt verschieden und fristen ihr Dasein nur durch ein immer innigeres Verschmelzen mit der Welt. Nur menschliche Weisheit kann in ihr noch zur Geltung kommen. Fähigkeiten und Kenntnisse, die durchaus unabhängig sind von lebendigem Glauben, wahrer Gottesfurcht und christlichem Wandel, geben die Berechtigung, sich auf die Stühle ihres Lehramtes zu setzen und bahnen den Weg zu allen ihren Ämtern und Würden. Totes Wissen ist in ihr an die Stelle der göttlichen Erleuchtung getreten. Dem Geiste Gottes will sie nur unter der Bedingung das Wort gestatten, dass er sich unter die einmal aufgestellten Glaubenssätze beuge. Das Wort, das da ist wie ein Hammer, der Felsen zerschmettert, darf ihre steinerne Orthodoxie nicht zertrümmern. Der Geist, der die Welten geschaffen hat, soll bei ihr den Dienst verrichten, wie etwa der Kraftstoff in den Maschinen, um jeder Konfession und jeder Partei ihr eigenes Fabrikat zu erzeugen. Die Weingärtner haben den Weinberg unter sich geteilt, und der Herr des Weinbergs soll nichts mehr da rein zu reden haben.

Leider ist der Begriff des wahren Christentums mitten in der Christenheit verloren gegangen, dass nur wenige eine Ahnung davon haben werden, was es heißen soll, im göttlichen Sinne ein Nichts zu werden. Alle Welt strebt danach, etwas oder sogar sehr viel zu werden. Jeder möchte sich über den andern erheben, jeder will herrschen, und keiner gehorchen. Daher erblickt jeder in dem andern seinen Feind, daher der Streit des einen gegen den andern, und die Unzufriedenheit aller.

Auch unter die Herrschaft Gottes will sich niemand mehr beugen. Zu keiner Zeit ist das Bestreben der Menschen augenscheinlicher dahin gerichtet gewesen, sich von Gott unabhängig zu machen, als eben jetzt. Umso mehr muss es in den Augen derjenigen, die sich noch nicht an den Geist der Zeit verkauft und seiner Strömung willenlos hingegeben haben, als etwas Großes erscheinen, wenn ihnen an einem lebendigen Beispiel nachgewiesen wird, dass jene, der oben genannten, scheinbaren Widersprüche sich wahrhaftig im Leben vereinigen lassen, dass es ein Hinabsteigen gibt, welches zu der Höhe der Vollendung in Gott führt, ein Nichts, das von dem göttlichen All erfüllt wird. Ein Mensch, in dem dieses Ziel vollkommen erreicht worden ist, muss in unserer geistlosen, verbildeten Gott-entfremdeten und wildbewegten Zeit wie ein Felsen im brandenden Meer erscheinen, wie ein Signal, zur Warnung und Rettung aufgepflanzt.

Offenbar leben wir in einer wichtigen Übergangsperiode der Menschheit. Eine neue, gewaltige Strömung geht über die Erde hin, eine Flut, ähnlich derjenigen, die in uralten Zeiten alles Bestehende wegschwemmte. Alte Bollwerke, die Jahrtausende lang die Grundpfeiler der Ordnung zu sein schienen, stürzen eins nach dem andern, und der Geist unsrer Zeit rauscht über sie hinweg. Paläste und Dome, Altäre und Throne, die für die Ewigkeit erbaut zu sein schienen, wanken und brechen zusammen, weil ihre Fundamente unterwühlt sind. Begriffe, die durch eine Reihe von Jahrhunderten als unerschütterliche Wahrheiten dastanden, vor denen sich alles beugte, zerrinnen wie Nebelgestalten und niemand kann sie mehr aufrecht halten. Ohnmächtig erscheinen mehr und mehr alle Dämme, die dem neuen Geist entgegengesetzt werden. Vergeblich wendet man seine Blicke nach der Kirche, dass sie ihn aufhalte. Ihre Kraft ist gebrochen, ihr Arm erstarrt, sie naht ihrem Ende. Ängstlich sitzen an ihrem Lager die Wächter, mit Wiederbelebungsversuchen beschäftigt. Offenbar ist es auch, dass Gott Selbst das Alte nicht mehr will, Er würde sonst dessen Zusammensturz verhindern.

Liegt es aber im Plan Gottes, dass diese Flut alles Bestehende begrabe? Sollte Er nicht eine Arche gebaut haben, damit Sein Same erhalten werde, der nicht untergehen darf? Und was soll an die Stelle des Alten, Verworfenen, treten? Sind die Gewalten, die den Umsturz bewirken, zugleich die Kräfte, die das Neue, von Gott gewollte, bauen? Ist das Gottes Reich, was die Menschen auf den Trümmern der alten Ordnung zu errichten streben? Hat Gott jene erste Flut kommen lassen, damit der Turm zu Babel erbaut werde? Worin besteht das Reich, das Gott beabsichtigt? Sind dessen Anfänge noch nirgends zu erblicken?

Wir alle sollen aufgerüttelt werden, damit wir in unser Inneres blicken. Inwendig in uns ist der Ort, in dem unser himmlischer Vater ein neues Werk beginnen und erschaffen möchte. Nur wo wahre Gottesmenschen gebildet sind, kann ein wahres Reich Gottes erstehen und bestehen. Zu dieser inneren Umgestaltung des Menschen durch das alles neu-schaffende, lebendige Wort Gottes sollen wir angeleitet werden. Zu dem wahren, lebendigen Tempel Gottes will es den Weg zeigen, in dem Gott angebetet wird im Geist und in der Wahrheit. Es gibt hier und da noch Seelen, die für die wesentliche Wahrheit empfänglich wären, wenn sie ihnen in ihrer Einfalt und Lauterkeit, entkleidet vom Blendwerk menschlicher Zutaten, entgegenträte. Solche Menschen werden eine Speise des Lebens darin finden. Die Grundwahrheiten des lebendigen, inwendigen Christentums werden ihnen daraus entgegen leuchten, Zeugnisse der Wahrheit, bekräftigt durch tausendfältige Erfahrungen dessen, der sie ausgestellt hat, Worte voll Geist und Leben, nicht eitles Geklingel und Gerede, wie die Worte der heutigen Schriftgelehrten. An solche Seelen wendet sich das neue Wort Gottes (die Neu-Offenbarung).

Viele Menschen sind des kraft- und saftlosen,

schulmäßig erlernten und handwerksmäßig betriebenen Wortkrams müde. Sie verlangen nach lebendigen Zeugnissen christlicher Wahrheit, nach Zeugnissen, die aus der Quelle des inneren Lebens geschöpft sind und welche die Feuerprobe der Erfahrung bestanden haben. Sie lieben die Wahrheit um der Wahrheit willen. Sie lassen sich durch das Erkennen zum Üben leiten und wollen durch das Üben im Erkennen fortschreiten... sie bekennen auch dann noch das als Wahrheit Erkannte mit Wort und Tat, wenngleich ihr zeitlicher Vorteil, ihre Ehre, ihre Ruhe darüber zugrunde gehen und wenn Spott und Verachtung ihrer warten. Wer für die Wahrheit nicht leiden mag, dem gibt sie ihre innere Herrlichkeit nicht zu erkennen. Wer sich von ihr nicht will durchdringen und wesentlich umgestalten lassen, der wird stets vom Wesen zum Schein zurückgeschlagen werden.

Kapitel 1: Vom Lebenskampf

Ein Rat und ein Trostwort an die Gläubigen

Es kommen viele Menschen oft mit Bitten zu Jesus, dass Er ihnen doch Gelegenheit geben soll, mehr für Ihn und Sein Reich tun zu können, und klagen dabei gleichzeitig ihre Verhältnisse an, die ihnen dabei hinderlich seien, und zwar teils die Armut, teils zu wenig Ansehen, das sie von Geburt aus eben nicht haben u.s.w. Aber gerade weil wir berufen sind und uns als Berufene auch betrachten, setzt Jesus uns in solche Verhältnisse, weil Er am besten es weiß, was sich für uns eignet, Seinen Geboten nachzukommen.

Als Beispiel: Wie könnten wir uns denn je im Vertrauen zu Ihm üben, wenn wir keine Sorgen hätten, und uns nicht in vielen Fällen unsere Ohnmacht klar würde, wo bloß Gott helfen kann und kein fleischlicher Arm!

Oder: Wie könnten wir unsere Zufriedenheit mit Jesus und unsere Liebe zu Ihm besser an den Tag legen, als wenn wir auch in schwierigen Situationen ruhig und ergeben bleiben, und unseren Mitmenschen zeigen, dass wir unseren Gott zugleich auch als behütenden Vater verehren, Dessen Führungen nur Liebe beinhalten?

Oder: Wie können wir Geduld und Frieden anwenden, wenn wir uns selbst von der Geduld Anderer abhängig machen, und wir mehr Liebe von unserer Umgebung oft einfordern, als wir selbst ihr geben wollen?

(Lukas 12, 26)

So ihr das Geringe nicht vermöget, warum sorget ihr euch um das Andere?

So wir es nicht schaffen uns selbst zu beherrschen, oft bei ganz kleinen Vorkommnissen in unserem täglichen Leben, wissend, dass Sein Reich des Friedens in uns Wurzel fassen soll durch Liebe und Geduld, wie könnten wir dann Gott in Jesus als unseren Regenten repräsentieren, Der nur Liebe und Nachsicht ist, und von uns verlangt diese göttlichen Eigenschaften uns immer mehr anzueignen?

Oft bitten Manche, sie von diesem oder jenem zu befreien, weil sie zu wenig Willen haben solche Lasten zu tragen und zu untersuchen, was ihr Druck bezwecken soll und welch geistigen Fortschritt sie dabei machen könnten? Solche Bitten sind so ähnlich, als ob man einen Fisch aus lauter liebevoller Fürsorge, dass er nicht nass werde, aufs trockene Land legen wollte, um ihm eine Wohltat zu erweisen, während er sich doch nur im Wasser entwickeln kann und seine Wesensbeschaffenheit dieses Element erfordert.

So setzt Gott jedes Seiner Geschöpfe an den rechten Platz! Solches müssen wir erkennen und nicht meinen, dass Er die Menschen als Seine geschaffenen Kinder dabei weniger bedacht habe!

Wenn wir das aber richtigerweise nicht annehmen, warum zweifeln wir dann so oft an Seiner Liebe, und klagen über die Aufgabe, die Er jedem von uns aufgibt..! Gehen wir lieber zu Jesus und bringen als Klage unseren Eigenwillen vor und lassen uns dort helfen, wozu Sein heiliger Geist immer bereit ist uns die Wahrheit ganz aufzudecken! Ist dieses geschehen, so kann Er Seine Zwecke an uns dabei erreichen, und wird die äußeren Hilfsmittel weniger dazu gebrauchen, sondern diese, wie es Seine Weisheit für gut findet, beseitigen.

Darum, wenn wir beten: „Zu uns komme Dein Reich!“ so schlagen wir uns an die Brust, damit uns der Geist hilft aussprechen: „Dein Wille geschehe!“ Und wenn wir diese Worte aussprechen, so werden wir von selbst angetrieben werden, um Nachsicht und Vergebung für unsere Schwachheit zu bitten, und werden in allem mehr einsehen, wie viel uns noch fehlt, bis wir als Mithelfer nach Außen tüchtig sind!

Vom Kreuztragen. Das Kreuz als Sinnbild

Sein Kreuz zum Richtplatz zu tragen, der Stätte Seiner "Erhöhung", blieb, nach der Strafsitte der Römer, auch Ihm, dem Herrn der Ewigkeit, nicht erspart. Dürfen wir uns da beklagen, wenn das Leben und die Welt auch uns Kreuz und Leiden auferlegt!? Jesus trug ein Kreuz, das nicht Er Sich verschuldet und bereitet hatte. Wir aber zimmern uns unser Kreuz und Leiden selbst durch unser verkehrtes, törichtes Streben.

Nicht ohne tiefen Sinn war von der göttlichen Vorsehung gerade das Kreuz als Mittel der Verklärung und Erhöhung des Herrn zugelassen, zum ewigen Zeichen der heilig schmerzvollen Vollendung Seines Werkes.

Schon in seiner äußeren Form ist und bleibt das Kreuz dem Menschengeschlecht und allen gefallenen und gerichteten Geistern ein ewiges Mahnzeichen: Der eine Balken, der Stamm des Kreuzes, der von unten nach oben geht, zeigt den göttlichen Geist der Demut und Liebe, der von der Erde, dem Sinnbild der Materie und Selbstsucht, zum Himmel und seinen heiligen und beseligenden Gesetzen und Sphären weist... Der andere Balken des Kreuzes, der quer zum Stamm verläuft, bedeutet den bösen Willen unserer aus dem großen Urgeist Luzifers stammenden, mit ihm gefallenen und gerichteten Seele. Dieser Balken läuft in seiner Richtung gleich mit dem Boden der Erde. Er zeigt daher, dass unsere Seele mit ihrer Liebe gleichgerichtet ist mit dem argen Geist der Materie, dem Geist der Selbstherrlichkeit und Selbstsucht, welcher es verschuldete, dass Satan, der große Urgeist, mit allen seinen Untergeistern und kleineren Intelligenzen in den finsteren Abgrund der Widerordnung stürzte, in die Todesnacht der Gottesferne.

Auch heute noch schafft dieser böse, gotteswidrige Geist der Selbstherrlichkeit und Selbstsucht in uns den Querbalken unseres Kreuzes, das wir auf dem Weg dieses irdischen Schul- und Probelebens tragen müssen. Heute noch, wie damals, wollen wir den Gotteswillen durch-kreuzen, der da lautet: "Liebe Gott über alles und deinen Nächsten wie dich selbst!" Wir aber wollen dieser von der Erde zum Himmel weisenden Richtung unser nichtiges, selbstsüchtiges „Ich" entgegensetzen, wollen raffen und an uns reißen was unseres Nächsten ist, um unseres eigenen Vorteils und Genusses wegen. Da aber Gottes heilige Ordnung zu unserem eigenen Heil dieses falsche Streben nicht zulassen kann, zimmern wir uns selbst unsern Querbalken und unser Kreuz.

Nur Jesus trug in heiligem Leiden das Kreuz ohne Schuld; das Kreuz der höchsten Liebe, Demut und Geduld.

Zuallermeist liegt es an unseren Schwächen und

Leidenschaften, dass wir das Leidenskreuz auf uns nehmen müssen. Aber auch solch ein Kreuz ist eine Gnade. Es wird uns nicht in hartem Gerichtszorn zu unserer Strafe, sondern in großer Erbarmung zu unserer Läuterung und Vollendung auferlegt. Und die Stätte des Leidens soll auch für uns eine Stätte der "Erhöhung" werden, durch die wir eingehen in das Reich des Friedens und einer nie mehr endenden Seligkeit in Gott.

Der Herr, in Seiner Neuoffenbarung, spricht:

"Das Kreuz ist eine wahre Not des Lebens. Wenn das Leben keine Not hat, so zerstreut es sich und verflüchtigt sich wie ein Äthertropfen. Die kein Kreuz tragende Seele ermattet und stirbt, und verliert sich dann in die Nacht des Todes. Die Not des Lebens ist aber ein Gefäß des Lebens, in welchem dieses gefestigt wird, gleich einem Diamanten, der da auch nur ist ein gefestigter Äthertropfen, obschon nicht ein Lebenstropfen. Daher nehme jeder das Kreuz auf seine Schultern und folge Mir in aller Liebe nach, so wird er sein Leben erhalten ewig. Wer mit seinem Leben zärtelt, der wird es verlieren; wer es aber kreuzigt und von Mir kreuzigen lässt, der wird es erhalten für alle Ewigkeiten."

Jesus nahm alles Leid auf Sich, warum leiden wir dann noch?

Der Herr nahm alles Leid der Menschen auf Sich. Wir könnten nun unbelastet und ohne Leid durchs Erdenleben gehen und ungehindert zur Höhe streben, wir könnten auf Erden schon ein Leben führen wie im Paradies, wenn wir nur unserem Endziel nach leben würden, wenn wir bewusst die Vereinigung mit Jesus anstrebten, was wir auch könnten, weil Er für uns die Urschuld getragen hat und wir also unbelastet den Weg nach oben gehen können.

Doch wir sind noch dem Einfluss Seines Gegners ausgesetzt, und von diesem Einfluss müssen wir uns selbst frei machen. Denn die Erdenzeit ist uns zur Erprobung des Willens gegeben, es ist die Zeitspanne, wo auch Gottes Gegner noch auf uns einwirken kann und wir diese Willensprobe bestehen müssen, und dass wir ihm Widerstand entgegensetzen und bewusst Jesus zustreben. Sein Einfluss wird nicht ganz spurlos an uns vorübergehen, wir werden doch mehr oder weniger darauf reagieren und darum als Gegenwirkung, von Gott zugelassen, Leiden und Nöten ausgesetzt sein, die uns inniger an Jesus Anschluss suchen lassen sollen, auf dass die Gefahr, vom Gegner gefangengenommen zu werden, behoben ist.

Es ist unsere Seele noch substantiell dem Gegner

zugehörig, solange sie noch materiell gebunden und von unreifem Geistigen eingeschlossen und umgeben ist, oder anders gesagt: Solange unsere Liebe noch den gelüsten des Fleisches und den Genüssen der Welt gilt. Jesus starb für uns den Tod am Kreuz, damit wir uns lösen konnten aus den Fesseln Seines Gegners, doch dieses Lösen muss die Seele, also müssen wir, selbst besorgen, d.h., wir müssen dieses Lösen von ihm ernstlich wollen und anstreben und dürfen nicht beim alleinigen Glauben verharren.

Um unseren Willen in dieser Weise zu beeinflussen, müssen wir durch Not und Elend gehen, es sei denn, unser Wille gehört Jesus voll und ganz und lässt keine Beein-flussung durch Seinen Gegner mehr zu.

Dann aber wird auch unser Erdenleben leichter tragbar sein, dann können wir schon mit Recht sagen, dass wir erlöst sind von Sünde und Tod, von Schwäche und Gebundenheit. Doch dann werden wir selbst uns einfügen in das Missionswerk der Erlösung an unseren Mitmenschen, denn dann wissen wir um die Bedeutung des Erdenlebens, und wollen helfen, dass auch unsere Mitmenschen frei werden von der Macht, die sie gebunden hält.

Und dann wird darum unser Erdenleben *nicht* ohne Leid sein, damit es nicht unsere Mitmenschen zum Willensentscheid zwingt, denn solange der Mensch unreif ist an seiner Seele, sucht er das Leben in Glück und Sorglosigkeit, und er würde wieder nur um *eigennütziger* Ziele willen sein Leben zu wandeln suchen, was ihn aber nicht zur Vollkommenheit führen könnte.

➔ Durch Jesu Tod am Kreuz wollte Er uns ein Eingehen in die ewige Seligkeit ermöglichen, *nicht* aber ein paradiesisches Leben auf Erden erkaufen!

Dennoch können wir selbst uns das Erdenleben erträglich gestalten, so wir es nur in inniger Gemeinschaft mit Jesus leben. Dann kann uns nichts mehr bedrücken und belasten, dann ist uns alles, was über uns kommt, ein Beweis Seiner Liebe zu uns, und dann wissen wir auch um den Zweck dessen, und wir fügen uns freiwillig in unser Geschick.

➔ Wir leiden nicht mehr, sondern bewusst werten wir alles aus und sehen es als Gnadenzuwendung an, weil es uns einen höheren Reifegrad sichert, weil es dereinst unsere Seligkeit erhöhen wird, wofür wir nur immer dankbar sind. Wir tragen dann nur unserer Mitmenschen wegen ein Kreuz, uns selbst aber ist es ein Zeichen Seiner Liebe, die uns berufen hat, teilzunehmen an Seinem Erlösungs-werk.

Ein Trost für Leidende, und von der wahren Fülle

Der geistige Sinn und der Segen des Leidens ist vielen Christen fremd. Sie wollen gesund und fröhlich sein, von diesem Leben „etwas haben“. Sie trauern dem irdischen Besitz nach, den sie verloren haben und wünschen sich aufs neue ein Leben der Fülle, d.h. der Versorgung mit allen Dingen, um so in der Welt recht gut leben zu können.

Aber wo bleibt denn da Jesu Nachfolge?
Der Herr ruft uns zu:

(Matthäus 11. 28)

(Fürchtet euch nicht! Seid nicht leidensscheu und) kommt zu Mir, wenn ihr mühselig und beladen seid.

Wenn wir den Weg der Entsagung und des Leidens mit Jesus gehen, dann haben wir auch besonders Teil an Ihm, an Seiner Liebe und Herrlichkeit.

Wir dürfen uns daher nicht irre machen lassen, wenn man heute Christen sagen hört: „Ein Kind Gottes kann nicht krank sein“ oder: „Es ist eine Strafe Gottes!“ oder „Du glaubst eben nicht genug, denn sonst hättest du Geld und Güter!“ - sondern zeigen wir Jesus, dass wir bereit sind Ihm *in allem* nachzufolgen!

Wünschen wir uns nicht vor allem körperliche Gesundheit oder irdischen Reichtum, wenn Gott andere Wege mit uns vorhat. Verbinden wir uns in unseren Leidensstunden und Nöten mit Jesus im Gebet: „Vater, hier bin ich, mache mit mir, was Du willst! Dein Wille ist nur Liebe für mich. Du gibst mir die Kraft und die Erleuchtung im Leiden. In Dir vermag ich stille zu halten bis sich die Finsternis entfernt und Dein Christuslicht in mir leuchtet.“

Darauf kommt es an! Nicht darauf, dass wir stets gesund sind und im Irdischen eine Fülle haben, die ein Gotteskind niemals der Fülle der spürbaren Gegenwart Gottes im Herzen vorziehen möchte...

Wir können nicht zwei Herren dienen!

Kapitel 2:
Von Theologie & Theologen

Der geistliche Hochmut heutiger Bibellehrer

Vorsicht in Kirchen und Gemeinden vor geistlichem Hochmut

Der geistliche Hochmut hindert am Erkennen der Wahrheit... Folglich wird ein Unbelehrbarer die Wahrheit niemals besitzen können, weil diese sich einem Menschen niemals aufdrängt, sondern von ihm willig verlangt und überzeugt angenommen werden muss. Der Mensch, der überheblichen Geistes ist, nimmt keine Belehrung an, und käme sie auch direkt aus dem höchsten Himmel zu ihm (was auch immer wieder geschieht, siehe damals: Das Wort Gottes durch Jesus an die Pharisäer, bzw. heute: Der Herr im wiedergekommenen Wort Gottes Seiner Neuoffenbarung an die Bibellehrer). Denn solange der Mensch überheb-lichen Geistes ist, ist er noch in der Gewalt des Satans, der aus Überheblichkeit gegen Gott einst gefallen ist und der alles mit hinabzieht, was gleich ihm in Überhebung verharrt.

Geistlicher Hochmut wohnt in allen denen, die sich Jesu neuem, reinen Wort von oben gegenüber ablehnend verhalten, denn sie halten es nicht für nötig zu prüfen, ansonsten sie es als Gottes Wort erkennen müssten, weil es jedem als solches erkenntlich ist, der guten Willens ist.

Gott gibt den Menschen keine Gabe, die für sie eine unverdauliche Kost ist, die ihr Herz und der Verstand nicht annehmen könnte, weil es etwa unverständlich wäre. Was der Herr den Menschen von oben zuleitet, ist ein wahres Himmelsbrot, also die beste Kost für ein Erdenkind, das sein Ziel erreichen soll im Erdenleben.

Eben weil Gott diese Kost für Seine Geschöpfe als gut und heilsam weiß, wird sie auch keine verschiedene Wirkung haben, wo der gleiche Wille zum Verständnis vorhanden ist. Wer aber nicht verstehen will, der ist überheblichen Geistes, denn er setzt das Menschenwissen höher, d.h. den Verstand stuft er höher ein als den Geist, der sich im Menschen äußert, wo ihm dieses Recht zugebilligt wird. Er glaubt nicht an das Wirken des Geistes im Menschen, weil er dann Göttliches Wort und Wirken durch einen Menschen, neben der Bibel, anerkennen müsste. Sein Wesen ist aber noch erfüllt von satanischem Sinn, weil er selbst sich zu erhaben wähnt, jedoch nur die Demut lässt ein Wirken des Geistes im Menschen zu. Er ist blind, solange er sich geistlich überhebt, denn er hat ein offensichtliches Zeichen seiner Zugehörigkeit zum Satan, der aus Überhebung gefallen ist.

Der geistliche Hochmut ist das größte Übel, denn er lässt keine Gnadenzuwendung möglich werden, weil der Wille zur Annahme der Gnade auch die Erkenntnis einer Schwäche und Hilfsbedürftigkeit voraussetzt, die aber niemals der Hochmut aufkommen lässt. Es kann aber kein Mensch ohne Gnade zur Höhe steigen, folglich bleibt der geistig Überhebliche in der Tiefe, denn ihn hat der Satan gefangen und hält ihn fest in seinem Bann. Und dieser wird auch immer ankämpfen gegen die Wahrheit, denn er steht im Dienst der finsteren Macht und ist ein williger Arbeiter für den Fürsten der Lüge.

Der geistlich überhebliche Mensch nimmt sein Wissen nur von Außen entgegen, er überlastet nur seinen Verstand, das Herz aber weiß nichts davon und kann daher auch nicht urteilen. Und je mehr sein Verstand aufnimmt, desto überheblicher ist sein Wesen, und das reiche Wissen, das er von außen aufnimmt, ist sein Verderben. Überreiches Verstandeswissen ist schlimmer noch als irdischer Reichtum, denn dieser kann ihm genommen werden, das Wissen aber gibt er nicht auf, und er kann nur durch außergewöhnliche körperliche Leiden eines besseren belehrt werden, so seine Seele nicht völlig verhärtet ist und auch durch Leid nicht weich und demütig wird. Dann hat der Satan ihn völlig in der Gewalt, und es wird endlose Zeiten dauern, bevor er ihn freigibt, bevor das

Geistige freiwillig zu Gott zurückkehrt und demütig sich Gott unterstellt...

Ich schicke diese Worte hier aus dem Grund voraus, damit man sich selbst und seine Bibellehrer gründlich prüfe, welche Motive der eigene und deren Glaube hat, damit man sich nicht ärgere über die Aufdeckung dieses Buches von so manchem Irrglauben und falsch verstandenem und gelehrtem Bibelwissen.

Falsche Auslegung der Bibel – Unkenntnis vom Geist – Blinde Führer

Unser Denken ist irdisch gerichtet, und so legen wir auch alles irdisch aus, was einen tiefen geistigen Sinn hatte, was uns als geistige Belehrung zugegangen ist von Gott aus, Der immer direkt oder durch Boten zu uns Menschen gesprochen hat.

Seine Belehrungen haben immer das Heil der Seelen zum Anlass, und wenn Er die Menschen ansprach, sowohl in alter als auch in neuer Zeit, so hat Er immer in Sein Wort einen geistigen Sinn gelegt, der anfangs auch recht verstanden wurde, jedoch niemals lange Zeit verging, bis dieser geistige Sinn weltlich durchsetzt und schließlich im irdischen Sinn ausgelegt wurde.

Und so hat sich Gottes Wort niemals rein erhalten. Es sind Handlungen und Gebräuche daraus hervorgegangen, die dem geistigen Sinn nicht mehr entsprachen, und Sein Wort hat die Heilkraft verloren, weil es nicht mehr Sein reines Wort geblieben ist!

Was geistig von uns verlangt wurde - weil Gott Sich von der Erfüllung einen Segen für unsere Seelen verspricht - das haben wir Menschen zu irdischen Handlungen umgewandelt.

Wir haben uns für viele Forderungen, die Gott an unsere Seelen stellt, einen weltlichen Vorgang ausgedacht und ausgeführt, und haben diese Vorgänge dann z.B. "Sakramente" oder „Manifestationen des hl. Geistes“ genannt und ihnen eine überhohe Bedeutung zuerkannt, so dass nun zahllose Gläubige mit größter Gewissenhaftigkeit den ihnen gestellten Forderungen nachkommen und glauben, für ihre Seelen einen Gnadenschatz zu sammeln durch Erfüllen menschlich erlassener Gebote aus falsch ausgelegten Bibeltexten.

Und es ist dies alles nur Form und Schein und völlig bedeutungslos für das Ausreifen der Seelen!

Doch man beharrt mit äußerster Zähigkeit an solchen Formen, die man sich selbst geschaffen hat, die aber niemals von Gott aus von uns Menschen verlangt worden sind. Alle Seine Worte, die Gott sprach, als Er Selbst über die Erde ging als Mensch, hatten tiefen geistigen Sinn und können niemals durch äußere Handlungen ersetzt werden.

Wir aber haben den tiefen Sinn nicht erfasst, und

lassen uns genügen an äußeren Gebräuchen, die uns niemals für unsere Seele einen Vorteil eintragen können.

Bedenken wir doch, welche Auswirkung wir schon allein der "Taufe" zugestehen! Man führt eine einfache äußere Handlung aus und ist nun von geistigen Erfolgen überzeugt: sei es die Freiwerdung von der "Erbsünde", sei es die "Wiedergeburt", die Aufnahme in JESU Kirche, die Aufnahme in eine religiöse Gemeinschaft, usw.

Doch alles dieses muss sich der Mensch selbst erwerben während seines Erdenlebens, er muss von der Sünde sich erlösen lassen durch Jesus Christus im freien Willen. Er muss die Wiedergeburt anstreben durch ein lebendiges Glaubensleben in der aufopfernden und dienenden Christusliebe.

Also gehört dazu mehr als nur der Taufakt, der an einem Kind vorgenommen wird.

Und er kann auch nur Jesu Kirche sich angliedern wieder im freien Willen durch ein bewusstes Leben in Seiner Nachfolge, dass er durch die Liebe zu einem lebendigen Glauben gelangt, dem Merkmal der von Ihm gegründeten Kirche.

Denken wir an die Sakramente der Beichte und des Altars, was die Menschen daraus gemacht haben und durch welche Äußerlichkeiten sie die "Vergebung der Sünden" erhoffen.

Denken wir daran, was Christus darunter verstanden haben will, dass wir Ihm Einlass gewähren sollen, auf dass Er mit uns das Abendmahl halten kann und wir mit Ihm, und wie wir Seine Worte "Tuet dies zu Meinem Gedächtnis...."(Lk.22.19) zu einem Vorgang werden ließen, der wieder keine Auswirkung auf die Seele haben kann, wenn wir nicht ein so tiefes Liebeleben führen, dass wir durch die Liebe mit Gott innig verbunden sind und dann auch Er Selbst in uns gegenwärtig sein kann!

Alles, was geistig von uns verlangt wurde, womit unsere Seele allein fertig werden sollte, das haben wir mit irdischen Begriffen vermischt und uns so selbst etwas aufgebaut, so dass wir eifrig befolgen was von uns verlangt wird, das uns - von Menschen - als Gottes Wille begründet wird!

Und immer wieder muss uns darüber Aufklärung gegeben werden, doch solche Aufklärungen nehmen wir nicht an, sondern immer eifriger kommen wir den menschlich erlassenen Geboten nach, während wir Jesu Gebote der Gottes- und Nächstenliebe unbeachtet lassen und daher stets finstereren Geistes werden und zuletzt keine Möglichkeit mehr besteht, das Falsche unseres Denkens und Tuns zu erkennen.

Und wir haben uns auch selbst eine Fessel angelegt, indem wir widerspruchslos alles als Wahrheit annehmen, was uns als "Sein Wort" nahegebracht wurde durch falsche Bibelauslegung.... Alle Seine Worte legt man rein irdisch aus und nennt sie geist*lich,* doch der geist*ige* Sinn wird in ihrer Dunkelheit nicht beachtet und nicht erkannt!

Dadurch sind Irrtümer entstanden, die nur dann bereinigt werden können, wenn wir liebe-erfüllt sind, denn dann wird es in uns selbst Licht, und wir erkennen es, wenn wir im Irrtum sind.

Uns werden alle menschlich erlassenen Gebote, Gepflogenheiten, rein äußeren Anbetungszeichen und sakramentalen Handlungen erkennbar sein als Irreführung, die nur ein finsterer Geist hinstellen konnte als göttlichen Willen, und wir werden uns lösen vom Irrtum in der Erkenntnis der reinen Wahrheit, die allein der Seele zum Heil gereichen kann und die allein nur *der* Mensch wird als Wahrheit erkennen, der in der Liebe lebt, der also Jesu Liebegebot als erstes erfüllt und dann auch sich im rechten Denken bewegen wird.

Eine Ermahnung an die blinden Lehrer der Gläubigen

Die folgenden scharfen Worte sind an all jene Lehrer, Vorsteher und Leiter in Kirchen und Gemeinden gerichtet, die dem weltlichen Wohlergehen und Ansehen mehr zugeneigt sind, als der getreuen und bedingungslosen Nachfolge JESU CHRISTI.

Wie wenig Wahrheit habt ihr doch in euch, lehrt aber eure Mitmenschen! Und will euch jemand Wahrheit bringen, verspottet und verwerft ihr ihn. So groß ist euer Hochmut! Ihr aber habt kaum Verlangen nach Wahrheit, denn würdet ihr den Herrn darum bitten, müsstet ihr nicht immer an der Rinde des Buchstabens nagen und im tiefen Geistesdunkel euch befinden.

Glaubt ihr, nur weil ihr den Buchstaben habt, dass ihr darum Erleuchtete seid? Zu sehr quälen euch die fehlenden Antworten auf die Fragen und Geheimnisse des Lebens. Glaubt ihr, nur weil ihr euch zu Christus bekennt, dass ihr darum Wiedergeborene seid im Geiste? Dem demütigen Herzen nur schenkt Gott die Gnade Seiner Erkenntnis, nicht aber dem scharfsinnigen Verstand.

Warum musste Paulus zuvor erblinden?... Um seiner Außenbetrachtung und Sinnenhaftigkeit nach erst zu sterben, bevor ihm der Herr das innere Geistes-Auge öffnen konnte. Wie sehr aber lebt ihr in der Außenbetrachtung eures Verstandes und der Sinnenwelt. Alles legt ihr wörtlich aus! Redet aber jemand aus dem Geist zu euch – und hierunter ist nicht das alberne Geplapper zu verstehen, welches ihr irrig das „Zungengebet“ nennt – versteht ihr ihn nicht, denn er redet in einer anderen Sprache, obschon es eure Muttersprache ist, die aber für euch wie Unsinn klingt, weil ihr Sinn geistig ist, und ihr macht euch lustig über ihn.

Unter der Entrückung stellt ihr euch lieber eine Auffahrt des Fleisches über alle Sterne vor, als eine Niederfahrt nur in euer Herz, als die Abrückung der

Seele von ihrem Fleisch mit all seinen materiellen Begierden und Trugbildern, und dem Hinrücken zu dem in ihr ruhenden Geiste Gottes, welche wahre Entrückung dem Fleisch-Auge völlig verborgen bleibt.

Solange ihr den Blick zum gestirnten Himmel empor richtet und von dort das Kommen des Herrn erwartet, werdet ihr keinen Anteil haben an Seiner Wiederkunft, welche im Wort bereits geschah und nun inwendig im Menschen geschieht, im Geiste und in der Wahrheit des Seins all jener, die den Herrn über alles Wohlleben der Welt, über jeden Lohngedanken und über jedes Anspruchsdenken hinaus lieben, und die mit JESUS lieber in die tiefsten Höllen gehen, als an irgendwelchen gedeckten Tafeln eines vermeinten Vergnügungs-Himmels sich zu mästen, während ihre Brüder und Schwestern noch verlorene Kinder Gottes sind!

Quelle unbekannt

Der Einwand vieler: „Das steht so nicht in der Bibel!“

Auch in diesem Buch sind einige Aussagen des Herrn zu lesen, die Er in Seinem Wort der Neuoffenbarung, welche ist Seine Wiederkunft im Wort, für die Menschheit unserer Zeit gegeben hat. (Genaue Erklärungen dazu findet man am Ende dieses Buches)

Es gibt heute leider eine große Zahl von Gläubigen, die alles ablehnen, was Gott den Menschen unserer Zeit über den Buchstaben der Bibel hinaus offenbart hat, und dass Er uns erneut lehrt. Mit der Pauschalaussage: „Das steht so nicht in der Bibel!“ und der Anführung einer Bibelstelle, die man fälschlicherweise dazu heranzieht (siehe Offb.22. 18,19, dieser Vers bezieht sich ausdrücklich auf die Offen-barungsschrift selbst und die darin geschilderten Szenen und Bilder), wird jedes Geistwirken gedämpft und getötet.

Dieser Entgegnung so mancher Bibelbuchstabenausleger kann man damit begegnen, dass alles, was aus der Bibel beleuchtet wird, bei ihnen nicht vorzufinden ist. Sie sind weder vom Herrn berufen, noch belehrt, noch auserwählt, wie einst die Propheten und Seine Jünger es waren, um Sein heiliges Wort vorzutragen und zu erklären.

Daher gehören sie in Wahrheit noch nicht unter die Herde der Kinder Gottes, wenn sie Sein ewig tönendes, heiliges Wort mit Füßen treten wollen. Ihnen darf man den Johannes 20,30 und 21,25 nahelegen und ihnen sagen, dass sie ihrem hochheiligen und unnahbaren Gott keine Vorschriften aus ihrer Sündenhölle machen sollten, sondern sich demütigen und erkennen, dass Gott tun, sprechen und erklären darf aus Sich Selbst, was Er will!... Die Stellen im Johannes sagen es ja deutlich, dass das neue Testament ein sehr eingeschränktes und unvollständiges Buch ist, da man nach Aussage Johannes noch viel mehr Bücher schreiben müsste, um alles das aufzuschreiben, was Jesus einst gesprochen und getan hat.

Wie kann man die Bibel verstehen?

Es gibt viele Stellen in der Bibel, welche die menschliche Vernunft nicht zu deuten versteht, weil ihr Inhalt geistig, die Menschen aber materiell sind. Daher muss Gott Selber eingreifen, um uns zu beleuchten, was daraus folgt, wenn solch missverständliche Verse mit purer menschlicher Vernunft gedeutet werden.

Der Christ muss wissen, dass die Bibel kein Buch ist, in dem jeder Mensch nach seinem Verstand die Bibelstellen deuten kann und darf... dazu ist der Herr da, Der sie schreiben ließ, und somit ist es unsere

Aufgabe, uns an Jesus, unseren Gott und Vater zu wenden und Ihn um Licht und Wahrheit zu bitten. Die Bibel ist ein geistiges Buch, und niemand kann sie je rein und richtig deuten, wenn nicht Gott Selber sie ihm zu deuten verhilft.

Die Christen leben heute zumeist in den Tag hinein und gehen mit der Welt durch Dick und Dünn. Die Welt aber ist die Materie. Sie ist die gefestigte Seele des Satans... und man glaubt, dass man durch das Leben und Handeln nach dem Satan ein göttliches Licht der Wahrheit in sich entzündet hat!? Ganz im Gegenteil, wie arm ist die Christenheit heute vielfach durch die Finsternis der Verstandesweisheit ihrer blinden Lehrer! Sie wollen Licht schaffen aus ihrer Geistesfinsternis, doch das geht nicht, denn dazu gehört das Leben nach dem Geist, und nicht nach der den Tod bringenden Finsternis der Welt, welche in jedem Menschen haust, der nicht konsequent nach Jesu rein geistiger Lehre lebt...

Was verlangt aber Seine rein geistige Lehre? Jesu rein geistige Lehre verlangt, dass wir in die Tugenden Jesu, unseres Vaters und Gottes, einkehren und diese in der Tat erfüllen. Diese Tugenden zu erfüllen, durch die allein wir ein geistiges Licht beim Lesen der Bibel bekommen, geht aber nicht so einfach, wie sich manch frommer Mensch denkt. Daher muss Gott Selbst uns die Bedingungen zeigen, durch die wir das nötige geistige Licht bekommen, um die Bibel selbst lesen zu können und sie auch zu verstehen.

Wie soll man denn leben, um ein Licht beim Lesen der Bibel zu haben?!... *„Liebe Gott über Alles!“* Wer Gott über Alles lieben wird, der wird auch Seine Worte überall als von Ihm kommend betrachten, wenn sie der Wahrheit entsprechen. Gott sagt uns, dass Er Geist ist und dass man Ihn nur im Geist anbeten kann und soll, daher muss derjenige, der Seine Worte hört, sie nicht materiell deuten, sondern geistig, sonst geht er fehl mit dem Handeln nach der Lehre.

Wer aber die Liebe nicht hat, der handelt nicht nach Seinen Geboten der Liebe. Diese Gebote sind aber, dass man nichts tut, was gegen die Liebe verstößt, die man zu Gott hat, wenn man Ihm glaubt... Die wahre Liebe zu Gott ist der Inhalt der ganzen Liebeskraft, die unser Herz entfalten soll! Kann jemand sagen, dass er Gott liebt, wenn er den Worten JESU Neuoffenbarungen nicht glaubt, bzw. nicht darinnen die Stimme Seines Geliebten erkennt!?

Man spricht von der Rechtfertigung, das heißt im religiösen Sinne: sich geistig reinigen und befreien von der Sünde durch den Glauben. Jedoch man glaubt Gott nicht wirklich, da man Ihn nur für einen Bibelgott hält, nicht aber für einen allgültigen Weltgott, der den Heiden, den Juden, den Gottlosen, den Muslimen und jeden Menschen gleich lieb hat und in Seine Wohnungen aufnimmt, wenn er demütigen Herzens auf Seine Worte lauscht, sie annimmt und befolgt. Wäre Er bloß ein nach dem toten Buchstaben gekennzeichneter Bibelgott, dann ginge ja beinahe die ganze Welt in die

Hölle, die nicht bibelfest glaubt!

Ja, blinde Buchstabenreiter der Bibel glauben, dass der herrliche, allerliebevollste, ewige Schöpfer und Vater... Kinder erschafft um sie dann, weil sie nie eine Bibel gesehen und gelesen haben, in die Finsternis der Hölle zu verstoßen!?... Ihr Brüder und Schwestern im Herrn: Wo ist da eure Vernunft und eure Liebe? Wo das Verständnis von einem all-liebenden Gott?...

Glaubt ihr im Ernst, dass, wenn einer stirbt der die Bibel nicht gelesen hat, er dort im Geisterreich sofort gefragt wird: „Hast du die Bibel gelesen? Hast du nach der Bibel geglaubt? Hast du dich ja genau darnach gerichtet, wie die Bibelbuchstabenworte lauten?“... Nein, von all dem ist dort keine Rede, sondern allein nach dem: Wie war dein Handeln nach der Liebe beschaffen gegen deinen Nächsten?

➔ Nicht das Glauben nach der Bibel, noch nach dem Talmud, noch dem Koran, noch sonst einem Religionsbuch ist im Reich des Geistes maßgebend, sondern einzig und allein nur das Maß der Liebe. Darum hat Gott als JESUS gesagt, das die Liebe das größte Gebot im Gesetz ist...

Vom Buchstaben der Schrift dem inneren Sinn des Wortes

In der Schrift steht alles und nichts, oder warum erwarten die Juden noch immer den Messias, worüber wir uns nur wundern? Mit der Wiederkunft Jesu verhalten wir uns ebenso, wie noch heute die Juden mit der Ankunft des Messias, welche erst einen Elias am naturmäßigen Himmel herumfahren sehen müssen, bevor ihr Messias kommen soll. Auch sie denken im Fleisch und nicht im Geist.

Warum glauben wir denn, dass wir besser seien als die Juden? Sie haben Moses, wir haben Jesus, doch beide können wir uns nicht von fleischlichen Begriffen losmachen, und daher erkennen die Juden in Christus nicht den Messias, und die Christen in der Wahrheit nicht Seine Wiederkunft. Und "Gericht" und "Errettung" haben eine ganz andere Bedeutung, als es uns die Buchstabenhelden heute erklären, die Gott nicht kennen. Würden sie Gott kennen, hätten sie die Wahrheit. Aber sie haben den toten Buchstaben nur und daher sind sie in der Finsternis.

Der Geist allein führt uns ein in alle Wahrheit, in alle Erkenntnis Gottes. Warum haben sie dann nicht in ALLEM Erkenntnisse und noch so viele unbeantwortet Fragen in sich?... Es ist leicht mit Bibelversen um sich zu werfen, aber aus der Lebenstiefe jedes "Warum so und nicht anders" beantworten zu können, solches vermag allein der Geist Gottes im Menschen. Die solches tun, die reden nicht mehr aus sich selbst, sondern was sie sehen und hören, das geben sie wieder. Doch dann versteht sie niemand mehr, der nicht geweckten Geistes ist, und ihre Rede klingt wie Unsinn...

Dem Herrn erging es damals so, und es ergeht Ihm heute nicht anders wenn Er aus einem Menschen redet. Die Zunge der Sprache des Geistes ist klar und verständlich, denn Gott ist Licht, Klarheit und Wahrheit, und Er möchte uns in ALLEM Aufklärung geben. Der Herr erklärte dies dem Nikodemus. Aber was machen die modernen Christen heute und nennen es auch noch biblisch? Sie plappern schallend wirre Laute von sich und behaupten, das sei die Zunge des Geistes! Solches aber darf dann alles wahr sein? Welche Blindheit herrscht da vor!

Ja, die Wiederkunft JESU ist für alle Menschen eine wahrnehmbare Tatsache, ebenso, wie es Seine Niederkunft war. Nur das Erkennen obliegt allein dem Einzelnen, denn ebenso wenig, wie Sich der Herr Seinerzeit als Mensch jedem aufdrängte und doch unter ihnen weilte, so auch jetzt wieder, da Er unter uns ist als das Licht der Wahrheit und des Lebens, verhüllt und für jeden Menschen fassbar, der eines guten Willens ist! Jedweder Zwang wäre der Tod einer freien Seele!

Jesu Worte sind Geist und Leben

(Johannes 6. 63)

Der Geist ist es, der lebendig macht, das Fleisch nützt gar nichts. Die Worte, die ich zu euch rede, sind Geist und sind Leben.

Mit diesen Worten bekräftigte der Herr Seine Lehre und auf diese Worte stützen sich alle, welche die Bibel lesen. Jedoch ist Seine Lehre erst dann Geist und Leben, wenn sie geistig erfasst und geistig nach ihr gelebt und gehandelt wird, ansonsten ist sie tot und hat kein Leben in sich, weil sie nicht geistig erfasst wird.

Wie will man aber Jesu Lehre geistig erfassen, wenn man kein inneres geistiges Wort aus Seinem heiligen Geiste hat? Wie will man behaupten, dass Jesu Wort Geist und Leben ist, wenn man mit Ihm, dem Geist, Der das Leben des Universums oder des Weltalls ist, nicht Umgang pflegt, sondern an dem für sich todbringenden Buchstaben herumarbeitet und falsche (weil tote, da aus den toten Buchstaben heraus konstruierte) Menschensatzungen zusammen schmiedet!?

Daraus ersieht man, dass viele moderne Bibellehrer aus Jesu Lehren weder den Geist, noch das Leben haben, sondern selbstgemachte tote Lehrsätze, die sie und ihren Anhang nicht zu Gott, sondern in die Gottesferne (Hölle) und somit in die Unkenntnis führen, denn sie sind überheblichen Geistes. Das Schlimme ist, dass der Schlafende nicht merkt, dass er schläft, und er seine Träume als Wahrheit ansieht.

> JESUS: »Lasset euch daher von Mir belehren, und streitet Mir, eurem Gott und Richter, nicht das Verständnis der Bibelerklärung ab, wie ihr es bisher getan, sonst werdet ihr noch tiefer in die Finsternis geraten.«

Der Herr zu der Frau am Jakobsbrunnen:

(Johannes 4, 13f)

> Wer von diesem Wasser trinkt (des Jakobsbrunnen), wird wieder Durst bekommen; wer aber von dem Wasser trinkt, das ich ihm geben werde (dem Geist der Wahrheit) wird niemals mehr Durst haben; vielmehr wird das Wasser, das ich ihm gebe, in ihm zur sprudelnden Quelle werden, deren Wasser ewiges Leben schenkt.

Alles, was von außen kommt, kann uns nicht auf Dauer aufrichten und stärken. Das Wort aber, das uns der Herr gibt, kann unser Leben in alle Ewigkeit kräftigen, durch das Tun danach und der Befolgung Seiner Liebelehre.

Das Leben ist inwendig im Menschen beheimatet. „Gott ist Geist“(Joh.4.24) und durch unser Herz werden wir einst, an unserem jüngsten Tage, wenn das Zeitliche für uns endet, in die ewige Welt des Geistes übergehen, die wir aber schon zu Leibes-Lebzeiten in uns erwecken können durch die Befolgung der Worte Jesu, was uns einen unendlichen Trost schon hier geben wird.

Wie sagte der Herr zur Irhael, der bekehrten Frau am Jakobsbrunnen weiter: „Die endlos vielen Wohnungen im Hause Meines Vaters sind voll der höchsten Zierden, was du schon daraus recht wohl entnehmen kannst, wenn du aufmerksam die Blumen der Felder betrachtest, deren einfachste herrlicher geschmückt ist als Salomo in all seiner Königspracht."

In Anbetracht auf den Herrn gibt es nirgends einen Irrweg. Jeder ist Ihm wohlbekannt und jeder geht von Ihm aus als ein Lebensband und führt am Ende wieder zu Ihm zurück.

Wenn es uns auch noch an diesem lebendigen Vertrauen fehlt, und diese Quelle ewiger Hoffnung und Zuversicht noch nicht in uns sprudelt, so dürfen wir dennoch wissen, dass sie es einst wird, wenn wir glauben und *danach tun*, was der Herr uns verheißt.

Dann wird Sein Geist in uns der Tröster sein und alle Tränen trocknen.

Keine blinde Gesetzlichkeit

Gottes Ordnung besteht in der völligen Willensfreiheit der Menschen, denen Er stets nur väterliche Ratschläge, nie aber ein göttliches Muss-Gesetz erteilen möchte. Darum sollen wir uns davor hüten, in Gott einen Gesetzgeber zu erblicken! Er ist nicht gekommen, uns unter das Gesetz zu stellen, also uns dem Gericht zu übergeben, sondern dazu ist Jesus gekommen, uns von der Last des Gesetzes zu befreien und aus gerichteten, in enge Formen gedrängten Wesen, geistig freie Menschen, Ebenbilder, "Kinder Gottes" zu machen.

Wer in diesem Sinne Seinen uns erteilten Liebesrat der Gottes- und Nächstenliebe befolgt, dem wird er zum Segen werden. Wo aber nur der geringste Zwang herrscht, also nicht die reine Liebe zu Gott in Jesus die Motivation ist, da ist es für den Menschen besser, er lebt nach seiner alten Fleisch- und Eigenliebe. Denn alles was wir tun und lassen soll aus unserem eigenen Willen, aus unserem innersten Herzen hervorgehen, weil anders keine wahre Liebestat aus uns hervorgehen kann, die wir einst bei Gott gutgeschrieben finden werden.

Gott ist ein freier Nichtbefolger Seines Willens lieber, als ein aus Furcht und knechtischem Sinne willenlos Gehorchender.. Ersterem fehlt nur noch die rechte Erkenntnis und die lebendige Überzeugung, dass Jesus im Wort ist. Hat er diese einmal erfasst, so wird er aus freiem Willen mit aller Liebe seines Herzens die nun in sich erkannte Wahrheit annehmen und nach Kräften danach leben. Der Furchtsame dagegen wird stets nur eine halbe Liebe und kaum einen guten Willen Gott entgegenbringen, weil er nicht seiner innersten Überzeugung, sondern einer von Außen ihm beigebrachten Lehre lebt, die er im Grunde seines Herzens weder liebt noch versteht, sondern nur der vermeinten Vorteile wegen insoweit befolgt, solange es ihn keinen Nachteil und keine erheblichen Opfer kostet.

Vielfacher Zwang in den Kirchen und Gemeinden ist nicht Jesu Wille!

Jesus will uns kein Gebot geben, nur raten will Er uns, was wir für unsere Seele tun sollen. Denn auch Seine Liebelehre ist kein Gebot, weil die Liebe aus freiem Willen geübt werden muss, soll sie uns Erfolg bringen.

Ein Liebeswerk setzt auch die Liebe im Herzen voraus.

Niemals sagt Jesus zu uns: „ihr müsst“, sondern stets: „ihr sollt“.... Ein Zwang ist ein Gesetz, dessen Nichterfüllen Strafe nach sich zieht. Gott aber straft uns nicht, wenn wir das Gesetz der Liebe übertreten, weil dieses wohl an sich ein Gesetz ist, d.h. Seiner ewigen Ordnung angepasst, Er aber als Gesetzgeber, Der in Sich die Liebe Selbst ist, uns nicht bestraft, weil dies Seiner Liebe widerspricht.

Er kann uns nur warnen, ohne Liebe zu leben, also uns raten, uns selbst zur Liebe zu formen, um Seligkeit genießen zu können, die wir ohne die Liebe niemals empfinden. Was wir aber als Gebot befolgen, wird uns keine Seligkeit bringen. Also ist Jesus auch ein Gegner jeglichen Zwangs, weil die Freiheit das Anrecht des Wesens ist, das aus Ihm hervorgegangen ist.

Uns Menschen ist jeder Zwangszustand bewusst. Wird uns der freie Wille beschnitten, so verstößt das gegen Gottes ewige Ordnung, da Er uns den freien Willen gegeben hat, den wir nach eigenem Ermessen nutzen können und sollen.

Und nun urteilen wir doch einmal selbst, wer gegen Gottes ewige Ordnung verstößt, indem wir uns anschauen, wo Zwang die Menschen bestimmt zu ihrem Lebens-wandel. Gott kann den Zwang als geistiges Erziehungs-mittel nicht gutheißen, denn im Zwang wird kein Mensch zur Höhe streben.

Wo also Zwang angewendet wird zur geistigen Entwicklung, dort werden wir widergöttliches Wirken erkennen können, und Zwang ist überall dort, wo eine Strafe angedroht *oder ein Lohn* versprochen wird, denn beides sind Druckmittel, die den Menschen bestimmen sollen zu seiner Lebensführung.

- ➔ Und Zwang ist überall da, wo sich Organisationen bilden, die ihre Mitglieder durch Maßnahmen zu fesseln suchen, sie also unfrei machen in ihrem Denken und Handeln! Zwang ist auch dort, wo nicht geduldet wird, dass sich die Menschen auch wo anders Kenntnisse verschaffen, wenn sie also frei aus sich heraus forschen und zur Wahrheit zu gelangen suchen.

Jede Unfreiheit des menschlichen Willens ist nicht nach Gottes Willen, denn wofür sich der Mensch dereinst verantworten muss, das setzt auch seine Willensfreiheit voraus. Wo immer die Menschen zu ihrem Lebenswandel verpflichtet werden, durch Gebote oder Drohungen jeglicher Art, dort wird nicht Jesu Wille vertreten, sondern der Wille dessen, der Sein Gegner und also unser Feind ist, wenngleich Jesu Name im Mund geführt wird.

Denn aus der Unfreimachung des Willens gehen zahllose Irrlehren und zahllose Vergehen gegen Gottes Willen hervor. Es darf niemals der Wille eines Menschen als so unfehlbar richtig gelten, dass Tausende von Menschen blindlings ihm folgen und ihren Willen selbst nicht gebrauchen oder gegen ihren Willen zu denken und zu handeln gezwungen werden.

Selbst JESU reine, von oben uns heute in Seiner Wiederkunft neu zugeleitete Lehre (siehe letzter Abschnitt dieses Buches: „Die Neuoffenbarung“) darf nicht zwangs-mäßig den Menschen gegeben werden, sondern frei aus sich heraus sollen sie sich dafür oder dagegen entscheiden. Um so weniger eine Lehre, die nicht mehr so unverfälscht ist, wie Jesus Selbst sie auf Erden gepredigt hat, und wie wir sie heute vielfach in den übersetzten Bibeln oder Wortverkündungen vorfinden!

Immer muss den Menschen die Pflicht und auch das Recht zugebilligt werden, von Mitmenschen ihnen zugeleitetes Geistesgut zu prüfen und zu beurteilen. Und so die reine Lehre gepredigt wird, soll dies in Liebe geschehen, und die innere Überzeugung wird den Lehrenden dann die rechten Worte finden lassen, den Mitmenschen dafür zu gewinnen, doch jeglicher Zwang soll unterbleiben!

Der Mensch, der glaubenswillig ist und Gott sucht, der erkennt Ihn auch und kann überzeugt glauben. Er wird dann auch aus eigenem Antrieb die Liebe üben, doch nicht mehr aus Pflicht, sondern aus Liebe zu Ihm, an Den er glaubt.

➔ Zwang tötet die Liebe, und jedes Werk der Liebe ist dann nur eine mechanische Ausübung, die von Jesus nicht gewertet werden kann. Du sollst lieben, weil jeglicher Aufstieg die Liebe zur Bedingung macht, doch wirst du nicht gezwungen, du kannst auch dazu nicht gezwungen werden, weil dann die Liebe nicht Liebe wäre!

Bedenken wir das wohl und erkennen, welchen Irrtum das Verbreiten der Liebelehre des Herrn ist auf dem Wege konfessioneller Bestimmungen. Alles, was der Mensch tut zur Erlangung des ewigen Lebens, setzt Willensfreiheit voraus, also darf ihm kein Gebot gegeben werden, dessen Erfüllung mit Lohnverheißung oder Strafandrohung erzwungen wird. Er soll nur belehrt werden über Jesu Gebot der Liebe, das allein bedeutungsvoll ist und von dessen Erfüllen das ewige Leben abhängt.

Von Gesetz und Liebe

Nachdem Gott die Menschheit über Seinen großen Liebesplan, durch Sein Erscheinen im Fleisch als Jesus Christus, belehrt hat, hört das bisherige Verhältnis zwischen Gott und Mensch, das wie Herr und Knecht war, auf.

Die große Liebe, welche die Nachfolger Jesu nun in Ihm erkennen, löst die Furcht auf, und verwandelt sie in Gegenliebe...

Das ist der Übertritt vom Gesetz zur Liebe und zum freien Wollen, wenn ein Mensch Jesus in Seiner großen Liebe erfasst hat, wozu jedem Gelegenheit gegeben wird, weil der Geist der Gnade stets Wache hält, um alles zu benutzen was dem Menschen zu dieser Erkenntnis verhilft, und fängt er nun an über Jesus und sich ernsthaft nachzudenken, so muss er bald verstehen, dass seine Stellung zu Jesus nur dann richtig sein und ihn glücklich machen kann, wenn er Jesus liebt, weil dann in dieser Liebe das Glück ruht!

Somit sind dem Menschen Jesu Gebote dann keine Befehle mehr wie von einem Herrscher ausgehend, der nach der Erfüllung der Gebote belohnt, sondern die gegebenen Gebote in Gottes heiliger Schrift sind für ihn nur väterliche Anleitungen, um sein Glück zu finden und zu vermehren, und nach treuer Ausübung dieser Gebote wartet er auf keine Belohnung, weil die Freude und Befriedung seines Geistes in der Ausübung der Gebote selbst ihren Ursprung hat und belohnt.

Darum hört man oft von Menschen die Aussage: "seit ich den inneren Frieden habe, bin ich glücklich." Dieser Friede ist nur in der Treue und Liebe zu Jesus Christus zu finden, denn Er hat uns erwählt und gesetzt, dass wir hingehen und Frucht bringen. - gleich wie der Baum zwar die Keime zur Frucht in sich birgt, aber doch wenig Nutzen bringt, so lange der Keim nicht zuerst Blüte und dann Frucht bringt, so hat auch der Mensch, in dem ebenfalls die Liebe schon von Gott aus gelegt ist, wenig Wert, so lange diese Liebe nicht in der Tat sich äußert (sie ist die Frucht der Liebe), ohne die er seinen Mitmenschen nicht zum Segen wird.

Wie aber der Baum von der Sonne abhängig ist wenn seine Früchte gedeihen sollen, ebenso hängt der

Mensch von Gott ab, denn will er Früchte der Liebe hervorbringen, so muss Gottes Gnadensonne auf ihn einwirken.

Darum sagte Jesus uns: "So ihr den Vater bitten werdet in Meinem Namen, so wird Er euch geben"(Joh.16.23), d.h.

➔ wenn wir im vollen Vertrauen uns an die ewige Liebe wenden, die uns durch den Namen Jesu offenbart wurde, so wird uns die Gnade tüchtig machen, die Liebe in uns aufzunehmen, die uns zu Kindern eines Vaters und zu Brüdern untereinander macht, und so ist uns der Weg zur Seligkeit geöffnet.

Es liegt nur an unserem Wollen und Handeln, dieser Berufung nachzukommen!

Paulus forderte Umwandlung von Gesetz in Liebe

➤ *Siehe: Paulus Brief an die Römer, 8. Kapitel*

Der geistige Sinn ist es, der unser Herz beleben soll. Darum lesen wir viel in Gottes neuem Wort Seiner Neu-Offenbarung (siehe letzter Abschnitt dieses Buches), und der heilige Geist wird uns zu Hilfe kommen, und uns in alle Wahrheit leiten, die uns frei machen wird von der Angst vor einem strafenden Richtergott, denn wir werden Seinen Heilsplan und Seine Liebe immer mehr erkennen, auch in den dort angeführten Aussagen, wo immer ein väterlich liebewarmes Herz mit verbunden ist.

Diese Aussagen Jesu Liebegeistes rufen dann Liebe und in der Folge Grundsätze hervor, die uns frei machen von dem Muss-Gesetz und von Zwang, da sie es in lauter Liebesanordnungen verwandeln!

Gerade Paulus musste diese Worte niederschreiben, weil er die Umwandlung des Gesetzes in die Liebelehre am meisten an sich erfahren hatte, und fortan in einer Überfülle von Freude und Freiheit des Geistes Gott rühmen konnte, und er die Stellung zwischen Gott (JESUS) und Seinen Kindern genau wusste, und auch, wie das Fleisch dem Geist dienstbar gemacht werden muss!

Prüfen wir an uns, was Paulus in diesen Worten bezeichnet hat. Jesus will uns Selbst dazu helfen (zum richtigen Erkennen) und versichert uns, dass Seine Liebe seither nicht abgenommen hat, sondern stets bereit ist, auch uns, gleich einem Paulus, auszustatten mit Erkenntnis, Mut und Kraft, so wir uns ganz zu Ihm wenden werden!

Nur die Verbindung mit Gott garantiert Wahrheit, nicht das studieren der Bibel

All das Verstandeswissen nützt uns wenig oder nichts, wenn wir nicht auch eine große Sehnsucht nach Gott, nach Seiner Liebe und Wahrheit in uns entfachen. Nur so erfüllt sich die Verheißung, von Gott Selbst gelehrt zu werden.

Bemühen wir uns immer nur, in Verbindung zu treten und zu bleiben mit unserem Vater von Ewigkeit, dann werden wir auch hellen Geistes sein, es wird für uns keine ungelösten Probleme mehr geben, denn ein jedes Problem löst der Eine, Der um alles weiß und Der auch uns dieses Wissen übermitteln will.

Unserem Wissen sind keine Grenzen gesetzt, sowie wir den Weg zum Herrn gehen und von Ihm Aufklärung wünschen. Er weiß aber auch, welches Wissen uns zur Seligkeit dient, und immer steht uns dieses Wissen zur Verfügung, vorausgesetzt, dass unser Wahrheitsverlangen geistig gerichtet ist, und dass wir ernsthaft Aufklärung wünschen. Denn Gott gibt unbegrenzt, aber immer nur dem, der Wahrheit begehrt, und Er gibt so, wie es uns selbst und dem Kreis unserer Mitmenschen entspricht, denen wir Seine Gaben weiterleiten dürfen.

Jesus spricht einfach und verständlich zu uns, nicht etwa in magisch-geheimen Zungenplapperformeln, weil Er will, dass wir selbst in die Wahrheit eindringen, um diese dann auch lebendig vertreten zu können!

Und so können scheinbar unlösbare Probleme von Ihm in einer Weise gelöst werden, dass die Erklärung leicht verständlich ist für jeden, der wie wir Aufklärung wünscht, aber immer unverständlich bleiben für Menschen, deren Verstand allein sich damit auseinandersetzen will.

Gott redet zum Herzen des Menschen, und das Herz versteht. Wessen Verstand aber mehr angesprochen zu werden wünscht, der hat sein Herz noch nicht Ihm geöffnet, und es wird kaum Licht werden in diesem.

Darum kommen wir wie Kinder zum Vater, dass er uns belehre unserer Aufnahmefähigkeit gemäß, und das Licht, das in uns so entzündet wird, ist geeignet, uns vollstes Verständnis zu geben, denn es ist Sein Geist, der uns belehrt, und dieser ist wahrhaftig voller Kraft.

Ein unschätzbares Geistesgut steht uns Menschen zur Verfügung, doch nur wenige bedienen sich dessen. Die Menschen suchen verstandesmäßig einzudringen in ein Wissen, das nur Gottes heiligster Geist uns vermitteln kann, weil sie den einfachen Weg zur Wahrheit nicht wissen oder ihn gehen, so er ihnen gezeigt wird, und dieser ist die Verbindung mit Gott in Jesus durch die Liebe!

Nur die Verbindung mit Ihm ist die Quelle eines wahrheitsgemäßen Wissens, und so diese nicht hergestellt wird, bleibt uns das empfangene Wissen, auch wenn es der Wahrheit entspricht, unverständlich oder ein totes Wissen, das nicht beiträgt zu unserer Seelenreife.

Und die Verbindung wird erst dann hergestellt, wenn der Mensch Jesus Selbst ersehnt! Dann schaltet er alle anderen Quellen aus, dann sucht er nicht mehr, von anderen Menschen Aufklärung zu erhalten, dann wendet er sich selbst an Gott, und dann kann Gott so auf ihn einwirken durch Seinen Geist, dass er erkennt was Wahrheit ist aus Gott oder nur ein Wissen, das verstandesmäßig gewonnen wurde. Dann schöpfen wir aus der Quelle das lebendige Wasser, und werden gelabt und erquickt und werden unbegrenzt entgegennehmen können am Born des Lebens, was uns zum ewigen Leben dient.

Kapitel 3:
Vom Wort Gottes

Alle 2000 Jahre kommt es zu großen Neuoffenbarungen

(Großes Evangelium Johannes 6.76,10)

Jesus: „Das aber könnt ihr alle als völlig wahr annehmen, dass nahe alle zweitausend Jahre auf der Erde eine große Veränderung vor sich geht."

- Vor 6000 Jahren: Die Erschaffung des ersten (geistigen) Menschenpaares, und der Offenbarung des Willens Gottes an Adam durch den Geist Gottes, mit der bloßen Bedingung des Gehorsams. Adam und seine Nachkommen fielen im Ungehorsam.
- Vor 4000 Jahren: Die Offenbarung des neuen Willens Gottes an Moses durch den Geist Gottes, und die Verordnung des streng richterlichen Gesetzes. Phase der Zubereitung des Judenvolkes zur Aufnahme der göttlichen Wahrheit und Menschwerdung Gottes als der

Messias in Jesus Christus.

- Vor 2000 Jahren: Die Niederkunft Gottes als die göttliche Wahrheit in Christus („und das Wort ward Fleisch"), die Umwandlung des Gesetzes in die selbstlose, dienende Liebe und die Neuordnung der Himmel Gottes. Es folgte, durch den menschlichen Verstand, die Veränderung und Umbildung der reinen Himmelslehre, und der Verfall des reinen, von Jesus gestifteten Geistes-Christentums in ein zeremonielles Kirchen-Christentum.
- Heute: Die Neu-Offenbarung Gottes, als die verheißene und angekündigte Wiederkunft des verklärten Christus im Wort, offenbart u.a. durch: Jakob Lorber, Bertha Dudde, Gottfried Mayerhofer, u.v.a. zur Reinigung, Erneuerung und Vertiefung der ewigen, göttlichen Wahrheit und zur abermaligen Befreiung von Gesetzlichkeit und Lieb-losigkeit, vor dem beginnenden Geist-Zeitalter des 1000jährigen Reiches auf Erden.

Zudem nahmen und nehmen die Offenbarung Gottes vor allen großen, von den Menschen selbst herbeigeführten Gerichten immer zu, und ebenso leuchtet das Licht des Himmels gerade dann besonders hell, wenn tiefe geistige Nacht wieder in den Gemütern der Menschen herrscht und der moralische Verfall und die geistige Verrohung fortgeschritten sind.

Es ist daher nicht nur höchst dumm, sondern unverantwortlich von vielen Christen und besonders von ihren Lehrern und geistlichen Führern, heutige Offenbarungen und Mahnung Gottes, die weit über die Bibel hinausreichen, abzulehnen!

Dazu ein Wort des wiedergekommenen Christus:

(BD Nr. 6296, enthalten in Buch 68)

Der Herr: „Je mehr die Welt den Menschen fesselt, desto gleichgültiger ist ihm die Wahrheit, desto weniger begehrt er sie, und er nimmt gedankenlos alles an, was ihm als Wahrheit unterbreitet wird, oder er lehnt gedankenlos alles ab. Denn sein Herz verlangt nicht danach, die Wahrheit zu erfahren.

Und wieder seht ihr daher in der Welt eine große Gefahr für eure Seele, denn ohne Wahrheit lebt ihr nicht zweckentsprechend, ihr wisst überhaupt nicht um Sinn und Zweck eures Erdenlebens, weil ihr keine rechte Erklärung erhaltet, und ihr lebt daher auch nicht bewusst, sondern immer nur den irdischen Gütern nachjagend, von denen ihr aber doch wisst, dass sie vergänglich sind, dass ihr nichts mitnehmen könnt, sowie euer Erdenleben beendet ist.

Aber ihr glaubt auch nicht an ein Weiterleben nach dem Tode, wieder deshalb, weil es euch gleichgültig ist, weil ihr nichts darüber wissen wollt und weil ihr durch diese eure Gleichgültigkeit auch niemals zur inneren Überzeugung gelangen könnt, dass das Leben nicht aus ist mit eurem Leibestod.

Es würden Gottes Diener auf Erden weit mehr Annahmebereitschaft finden, wenn das Verlangen nach der Wahrheit im Mitmenschen vorhanden wäre, doch alles andere interessiert sie mehr als das Wichtigste: rechte

Erkenntnis zu gewinnen und dieser Erkenntnis gemäß nun das Erdenleben zu führen.

Und darum ist alles zu verurteilen, was in den Menschen die Gleichgültigkeit erhöht. Es ist zu verurteilen, wenn ihnen gelehrt wird, dass sie nicht darüber nachzudenken brauchten, was von ihnen zu glauben gefordert wird, dass sie nur das annehmen dürfen, was ihnen von bestimmter Seite geboten wird, und dass sie jeglicher Verantwortung enthoben seien, solange sie sich angeblichen Vertretern Gottes anvertrauen und unterordnen.

Alle solche Lehren tragen dazu bei, den Menschen zur Trägheit im Denken zu verführen, sie tragen dazu bei, andere Menschen für sich denken zu lassen und sich selbst unverantwortlich zu fühlen, und sowie nicht ein Liebewirken das Denken eines solchen Menschen wandelt, bleibt er bis zum Ende seines Lebens unwissend und im Irrtum verstrickt.

Doch nur die Wahrheit führt zu Gott. Also ist er auch noch sehr weit von Gott entfernt, wenn er abscheidet von der Erde.

Wäre das Verlangen nach der Wahrheit mehr anzutreffen unter den Menschen, es wäre wahrlich nicht eine so große geistige Finsternis unter ihnen, denn ihr Denken würde recht gelenkt werden als Folge des Verlangens nach der Wahrheit, und ein recht denkender Mensch lebt nun auch dem Willen Gottes gemäß und kommt Ihm dadurch immer näher.

Die Menschen aber wollen nur über Irdisches ihr Wissen erweitern, weil geistiges Wissen ihnen keinen irdischen Erfolg bringt, durch irdisches Wissen aber sie ihr körperliches Wohlleben verbessern können und sie darum auch für alles andere sich verschließen, selbst wenn es ihnen als besondere Gnadengabe angeboten wird.

Und darum bleibt die Erde in Finsternis gehüllt, denn das Licht bricht sich nur dort Bahn, wo es begehrt wird, niemals aber dort, wo ihm sein Leuchten verwehrt ist."

Von Buchstabe und Geist – Toter und lebendiger Glaube

Die meisten Gläubigen sind noch im Tode.

Es gibt manche Stellen in der Bibel, welche die menschliche Vernunft nicht zu deuten versteht, weil der Inhalt geistig, wir Menschen aber materiell sind. Daher muss Gott Selber eingreifen, um uns zu belehren was daraus folgt, wenn solche Verse nach menschlicher Vernunft gedeutet werden.

Ein Gläubiger muss wissen, dass die Bibel kein gewöhnliches Buch ist, in dem jeder Mensch nach seinem Verstand die Bibelstellen deuten kann und darf, dazu ist Gott da, Der sie schreiben ließ. Somit ist unsere Aufgabe, sich an JESUS, unseren Gott und Vater zu wenden und Ihn um Licht und Wahrheit zu bitten. Die Bibel ist ein geistiges Buch, und es kann sie niemand rein und richtig deuten, wenn nicht Gott Selber sie ihm zu deuten verhilft!

Wir leben in die Welt hinein, genießen sie und gehen mit ihr durch Dick und Dünn. Die Welt aber ist die Materie. Man mache sich bitte einmal bewusst: sie ist die gefestigte Seele des Satans... und wir glauben, dass wir durch das Leben und Handeln nach dem Satan (!) ein göttliches Licht der Wahrheit in uns entzünden können!? 0h, wie arm sind wir in der Finsternis unserer Verstandesweisheit... wir wollen Licht schaffen aus unserer Geistesfinsternis?! - Nein! Das geht allerdings nicht, dazu gehört das Leben nach dem Geist, und nicht nach der Tod bringenden Finsternis, die in jedem Menschen wohnt, der nicht strikt nach Jesu rein geistigen Lehre lebt.

Was verlangt aber JESU rein geistige Lehre?

Sie verlangt, dass wir in die Tugenden Jesu, unseres Vaters und Gottes, einkehren und sie in der Tat erfüllen. Diese Tugenden zu erfüllen, durch welche wir allein ein geistiges Licht beim Lesen der Bibel bekommen, ist aber nicht so leicht, wie sich mancher fromme Gläubige denkt. Daher muss Gott Selber uns die Bedingungen beleuchten, durch die wir das nötige geistige Licht bekommen um die Bibel selbst lesen zu können und sie auch zu verstehen. Haben wir dieses geistige Licht nicht, so sind wir geistesfinster und lesen uns Unheil statt das Heil aus der Bibel.

Wer die Bibel materiell nach ihrem Buchstabensinn liest und so in sich aufnimmt, der liest sich vielfach die Hölle aus der Bibel an, weil er, wenn er in das Geisterreich tritt, halsstarrig auf seinem todbringenden Buchstaben der Bibel verharrt und nur aus diesem Bibeltod das Leben des Geistes erwartet.

Solche halsstarrigen Bibelbuchstabenhelden finden

keinen Einlass in Gottes Himmeln, weil sie unverbesserlich und streitsüchtig sind und alles durch die Tod bringenden Buchstaben erzwingen wollen.

Gottes Engel geben sich wohl Mühe, ihnen begreiflich zu machen, wie diese und jene Verse der Bibel geistig zu verstehen sind, aber nicht alle Bibelchristen wollen diese Aufklärungen annehmen, und die Folge (biblisch „Strafe") für die Halsstarrigkeit des Bibelbuchstabenreiters ist die Geistesnacht der Hölle, um so doch noch darüber nachzu-denken, was es wohl zu bedeuten hat, dass sie, statt im Licht - in der Finsternis sind, obwohl sie doch die Bibel genau befolgten, um in den Himmel zu kommen. (Es sind dies die Lohn-Apostel, die nur um ihrer selbst willen den Glauben haben, aber nicht um der Liebe Selbst willen!)

Diese „Strafe" bringt sie am ehesten zur Besinnung, dass nicht alles richtig war, wie sie die Bibel aufgefasst haben. So verbleiben sie da in der Finsternis so lange, bis sie an die Wahrheit der Bibelworte nach dem Buchstaben-sinne zu zweifeln anfangen. Ist dieser Zustand eingetreten, dann sind Gottes Gesandte wieder da, die sie erneut zu belehren anfangen, und sind sie schließlich willig und gläubig, dann werden sie in diejenige Geistessphäre versetzt, die sie sonst nach ihren Tugenden gleich beim Eintritt ins Geisterreich eingenommen hätten.

So geht es den Halsstarrigen, den Gesetzlichen, den Fordernden nach dem körperlichen Ableben, wenn sie nach dem Sinn des Tod bringenden Buchstabens der

Bibel dort etwas erzwingen wollen. Statt Gnade, welche sie erwarteten, entspricht ihr seelischer Zustand dem der Hölle: egoistisch, lieblos und folglich lichtlos!

Jetzt kommt die Frage: Wie soll man denn leben, um ein Licht beim Lesen der Bibel zu haben?!

„Liebe Gott über Alles!“... Wenn wir Ihn in Jesus über alles lieben, so werden wir auch Seine Worte überall als von Ihm kommend erkennen, wenn sie der Wahrheit entsprechen. Er sagte, dass Er Geist ist und dass man Ihn nur im Geist anbeten kann und soll. Daher muss derjenige, der Seine Worte hört, sie nicht materiell deuten, sondern geistig, sonst läuft er falsch mit dem Handeln nach der Lehre.

Wenn wir aber die Liebe nicht haben, so handeln wir nicht nach Seinen Geboten der Liebe. Diese Gebote sind aber, dass wir nichts tun, was gegen die Liebe verstößt, die wir zu Jesus haben, wenn wir Ihm glauben! -

Die wahre Liebe zu Gott ist der Inhalt der ganzen Liebeskraft, die unser Herz entfalten soll. Können wir sagen, dass wir Jesus lieben, wenn wir Seinen Worten der Neuoffenbarung nicht glauben!?

Wir sprechen von der Rechtfertigung, das heißt im religiösen Sinne: sich geistig reinigen und befreien von der Sünde durch den Glauben. Aber wir glauben Gott nicht, da wir Ihn nur für einen Bibelgott halten, nicht aber für einen allgemeingültigen Gott, Der den Heiden, den Islamisten, den Juden, den Christen usw., d. h. jeden Menschen gleich lieb hat und in Seine Wohnungen aufnimmt, wenn er demütigen Herzens auf Seine Worte achtet, sie annimmt und befolgt!

Wäre Jesus bloß ein nach dem toten Buchstaben gekennzeichneter Bibelgott, dann ging ja fast die ganze Welt in die Hölle, die nicht bibelfest glaubt! - Die blinden Buchstabenhelden der Bibel glauben tatsächlich, dass Gott die Kinder schafft, um sie dann, weil sie nie eine Bibel gesehen und gelesen haben, in die Finsternis der Hölle zu verstoßen!?...Wo ist da ihre Vernunft und die Liebe? - Wo das Verständnis von einem all-liebenden Gott?!

Glaubt ja nicht, dass, wenn jemand stirbt der die Bibel nicht gelesen hat, er dort im Geisterreich gleich gefragt wird: Hast du die Bibel gelesen? Hast du nach der Bibel geglaubt? Hast du dich ja genau danach gerichtet, wie die Bibelbuchstabenworte lauten?!... Von all dem ist dort keine Frage,

➔ sondern allein nach dem: *Wie war dein Handeln nach der Liebe beschaffen?*

Nicht das Glauben nach der Bibel, noch nach dem Talmud, noch Koran, noch sonst einem Religionsbuch ist in Gottes Reich des Geistes maßgebend, sondern einzig und allein nur ein Leben nach der Liebe. Darum hat Jesus gesagt, dass die Liebe das größte Gebot ist im Gesetz...

Buchstabe und Geist – Vom Materieleben und dessen innerem Geistleben

Warum wir den inneren Sinn der Bibel nicht verstehen und wie wir dies können

Die Bibel ist ein geistiges Buch, nicht zu verwechseln mit "geistlich". Geist meint nicht "Hirntätigkeit", wie es in der Welt heute gebräuchlich ist, sondern Geist ist die Wahrheit alles Seins, das Innerste eines jeden Dinges. Der Geist ist der Grund und Anfang einer jeden Kraft und aller Materie, denn die Materie bestünde nicht ohne den Geist, weil diese nur das Ergebnis vorangegangener Geschehnisse im Geistigen ist. Geist ist Liebe, Weisheit, Wille, Ordnung, Geduld, Ernst und Barmherzigkeit in allen Dingen des Mikro- und Makrokosmos. Geist durchdringt, durchwebt, ordnet und belebt alles was ist, und Er möchte Sich im Herzen, dem Zentrum der Seele des Menschen, wirksam ausbreiten. Dieser, Sich Selbst aller klarst bewusste und allem vorangestellte, intelligenteste Ur-Geist, Der auch uns gestaltet und aus Sich herausgestellt hat, ist "Gott".

Die Sprache des Geistes ist eine Andere als die natürliche Sprache des Menschen, denn die Lebensverhältnisse des inneren Geistlebens sind ganz anderer

Art als die des äußeren Naturlebens. So ist denn auch das innere Hören, Sehen, Fühlen, Denken, Reden und die Schrift des Geistes ganz anders beschaffen, als hier unter uns Menschen in der äußeren Naturwelt, und darum kann das, was ein Geist tut und spricht, nur auf dem Wege der geistigen Entsprechung dem Naturmenschen begreiflich gemacht werden.

(Anmerkung: Dazu muss man wissen, dass auch wir ursprünglich Geistwesen waren, und es unserer Seele nach noch immer sind, wenn auch eingepfercht in einen materiellen Körper, der Raum- und Zeitgesetzen unterliegt, welchen wir aber nach diesem Prüfungsleben - denn nichts anderes ist dieses Erdenleben - wieder werden verlassen und in das ewige Leben des Geistes zurückkehren.)

Diese Entsprechungslehre haben wir durch eigene Schuld verloren, und uns selbst aus dem Verkehr mit den Geistern aller Regionen und aller Himmel gesetzt und können darum das Geistige in der Schrift nicht mehr fassen und begreifen. Wir lesen die geschriebenen Worte nach dem blind eingelernten Laut des toten Buchstabens und können nicht einmal mehr verstehen, dass der Buchstabe tot ist und niemanden beleben kann, sondern dass nur der innerlich verborgene geistige Sinn es ist, der als selbst Leben alles lebendig macht.

Wenn wir nun das begreifen, so müssen wir vor allem dafür sorgen, dass das Reich Gottes in uns wieder lebendig und tätig wird, so werden wir auch wieder in die besagte Lehre der Entsprechungen zwischen Materie und Geist gelangen, ohne die wir weder Moses noch irgendeinen Propheten je in der Tiefe der lebendigen Wahrheit nach werden verstehen können und dadurch in Unglauben, Zweifel, Sünden und allerlei Verirrungen geraten.

Darum trachten wir vor allem danach, dass wir im Geiste wiedergeboren und sehend werden, sonst werden wir tausend Gefahren, die auf uns lauern und uns zu verschlingen drohen, nicht entgehen!

Der Buchstabe tötet, aber der Geist macht lebendig!

(2. Korinther 3,6)

Der Buchstabe tötet, aber der Geist macht lebendig!

Der Buchstabe allein, d.h. die Außenform oder der Verstand, tötet... natürlich nicht den Leib, denn dieser ist sowieso im Gericht und im Tod, weil er ja sterben muss, - aber den Geist in des Menschen Seele, welcher die Liebe Gottes in uns ist. Und "tot" bedeutet "untätig", nicht etwa "ausgelöscht", denn Geist existiert ewig, weil dieser mit Raum und Zeit, was nur für die Außenformen gilt, nichts zu tun hat... und Geistwesen sind wir alle, da alles Leben geistigen Ursprungs, und unser Körper nur eine Außenform unseres Geistlebens ist, so, wie der Buchstabe der Bibel nur die Außenform des in ihm ruhenden Geistes Gottes (der Wahrheit) ist und in einer geistigen Entsprechung mit diesem steht.

Unsere Seele allein ist der Empfindung fähig, und der Körper mit all seinen Sinnen, mit dem Gehirn und seinem Verstand übermittelt der Seele bloß die Außenform, nicht aber den in der Form enthaltenen Geist. Diesen können wir wiederum nur mit unserem Geist erfassen, welcher im Gemüt der Seele seinen Sitz hat, weshalb die Gemütsbildung viel wichtiger ist als die Verstandesbildung. Da heute jedoch alles auf die Bildung des Verstandes gesetzt wird, weiß der Mensch (auch der moderne Christ) meist nicht mehr, dass auch er selbst aus 3 Wesenheiten besteht: Aus Körper, Seele und Geist und ebenfalls eine Drei-Einheit bildet, obwohl er doch nur 1 Mensch ist.

Er kennt sich selbst nicht, weiß nicht wer oder was seine Seele und viel weniger noch sein Geist sind... wie soll er dann erst Gott kennen?! Im Moses steht, dass man Gott nicht schauen und dabei sein Leben behalten kann. Dies besagt, dass, wer mit seiner Seele im Fleisch (oder der Außenform) sich aufhält mit seiner Betrachtung, Gott nicht wird schauen können, denn er muss sich nach Innen wenden in sein Herz, wo der Geist Gottes wohnt. Man muss also seinem äußeren Verstandesleben nach erst sterben, um das innere, geistige Leben zu gewinnen.

Jesus zeigt uns den Weg, wie wir zum Geist in uns gelangen, nämlich allein nur durch die Liebetat, welcher der Glaube an Ihn und an Seine Lehre vorangestellt ist, denn diese Liebe ist der Geist Gottes in uns. Sie ist das, was Jesus den „Vater“ nennt. Es besteht also ein direkter Zusammenhang zwischen Liebewirken und Gottes-Erkenntnis. Wir erkennen Gott nur über die Liebe und diese Liebe, als der Urgrund alles Seins, eröffnet uns alle Geheimnisse des Lebens und den Blick hinter die Scheinwelt der Materie.

Solches bedeutet der Vers:

(Johannes 14, 21)

wer aber mich liebt, der wird von meinem Vater geliebt werden, und ich werde ihn lieben und mich ihm offenbaren.

Das ist es, was den allermeisten Christen noch mangelt. Sie zitieren Bibelverse am laufenden Band und erklären alles aus dem Verstand, aber vom wahren, ewigen Leben des Geistes wissen sie noch wenig bis nichts und verfolgen sogar jene, die es wissen.

Der dreifache Sinn der Bibel

1. Nach dem Buchstaben ist sie materiell und tot.
2. Nach dem inneren Sinn der Worte ist sie geistig.
3. Durch das werktätige Umsetzen des geistigen Sinns aber himmlisch, weil man als Folge dafür den Himmel erlangt.

Darüber, wie man die Bibel richtig auslegen und verstehen soll, ist schon viel gestritten worden, aber Keiner findet die einzig wahre Deutung dieses geistigen Buches heraus, und darum muss man folgendes über die Bibel wissen: Die Bibel enthält einen dreifachen Sinn, und wer diesen nicht erkennt, der versteht den wahren Sinn der Bibelworte nicht, denn mit dem Streiten um das Richtige zieht niemand einen Nutzen aus der Bibel, sondern nur Schaden. Wie aber verhält es sich mit dem Sinn der Bibelworte?

- Erstens: Den materiellen oder natürlichen Sinn stellen die Worte (Buchstaben) dar, die man liest oder hört, nicht weiter darüber nachdenkt und sie gar nicht oder nur wörtlich beachtet, daher stellen sie den toten Sinn dar.
- Zweitens: Den geistigen Sinn stellt die Forschung nach dem Grundsinn im Wort und

dessen Verständnis dar.

- Drittens: Den himmlischen Sinn stellt alles Geistige darin dar, wenn man es in die Erfüllung zu bringen, oder danach zu leben und zu handeln trachtet.

Der erste Sinn ist tot...

Der zweite fängt an ein Leben zu bekommen, aber es ist noch keine Liebe, sondern bloß die Weisheit der Forschung nach der Wahrheit darin, daher noch kein Leben besitzend...

Der dritte Sinn ist aber himmlisch und ist voller Leben, weil die Liebe zu Gott und dem Nächsten in die Tätigkeit übergegangen ist, und dieser letzte Sinn hat allein den Wert, weil er das ewige Leben der Liebe in sich birgt. Nach diesem Sinn des Lebens der Liebe richte man sich und man wird das Reich Gottes der Liebe an sich reißen und erobern, weil nur der dritte Sinn bei Gott maßgebend ist!

Entsprechungskunde – Wortsinn / Geistiger Sinn

Um z.B. den Moses richtig zu verstehen gehört selbstverständlich mehr dazu, als dass man sich den Buchstabensinn ins Gedächtnis einprägt! Wer aber Gott je über alles lieben wird, dem wird dann auch der Gottesgeist eine rechte Aufhellung darüber gegeben, und der wird es dann auch wissen, dass die Genesis nicht die Erschaffung der ganzen Erde, sondern die geistige Erziehung und Bildung des ganzen Menschen und seines freien Willens, in die Gottesordnung eingehend und übergehend, darstellt.

Wer das begreift und einsieht, der sieht dann auch bald all das andere ein, weil es auf dem Wege der geistigen Entsprechung darin zu finden ist, und so wird er auch alle Propheten dem wahren, inneren Sinne nach verstehen. Die Entsprechungssprache ist eine Wissenschaft, bestehend aus dem tiefen inneren und äußeren Zusammenhang von Geist und Materie, die dem Menschen beinah vollständig abhanden gekommen ist.

Vom inneren Sinn des Buchstabens – Beispiel: Sprüche

Offenlegung Sprüche 5. 15-22

Betrachten wir einmal die Sprüche 5 und legen diese nicht wortwörtlich aus, sondern dem geistigen Sinn entsprechend. In der Bibel haben die Verfasser diesem die Überschrift „Warnung vor Unzucht" gegeben, weil sie diese wörtlich und mit dem Verstand auslegen. Es hat jedoch überhaupt nichts mit einem äußeren Verhalten des Menschen (in dem Fall sogar allein des Mannes) zu tun, wie wir dem inneren Sinn der Bildsprache entnehmen können, wo es heißt:

(Sprüche 5. 15-17)

15 Trinke Wasser aus deiner Zisterne und Fließendes aus deinem Brunnen. 16 Mögen nach außen sich ergießen deine Quellen, deine Wasserbäche auf die Straßen. 17 Dir allein sollen sie gehören, und nicht Fremden mit dir.

15 Die Zisterne ist der Verstand mit dem das Wort Gottes aufgenommen wird. Der Brunnen ist das Herz, und das fließende Wasser die Demut des Herzens, die Liebe zu Gott und die dem zufolge aus dem Herzen geschöpfte Erkenntnis.

16 Das Leben in und aus dieser Liebe, sichtbar für

die Welt.

Aus Vers 17 geht hervor, dass das Lebenslicht inwendig im Menschen entsteht aus der Liebesflamme, nicht aber aus dem Hirnverstand, dem toten Buchstaben und blinden Glauben. Es soll das eigene Erkennen sein, nicht das von Außen Aufgezwungene. Ein lebendiger Glaube aus Liebe und Weisheit, kein toter Blindglaube.

(Sprüche 5. 18-19)

18 Deine Quelle sei gesegnet, und erfreue dich an dem Weibe deiner Jugend; 19 die liebliche Hündin und anmutige Gemse - ihre Brüste mögen dich berauschen zu aller Zeit, taumle stets in ihrer Liebe.

18 Die Gotteserkenntnis aus der Liebe-Einfalt des Herzens.

19 Die Brüste der Säugerinnen hier als Sinnbild für Gottes Liebeseinfluss. Wir dürfen von der Liebe Gottes berauscht sein zu jeder Zeit und sie uns nehmen wann immer wir wollen.

(Sprüche 5. 20-21)

20 Und warum solltest du, mein Sohn, an einer Fremden taumeln, und den Busen einer Fremden umarmen? - 21 Denn vor den Augen Jehovas sind eines jeden Wege, und alle seine Geleise wägt er ab.

20 Wir sollen nicht mit der Welt fremd gehen. Die

Welt- und Eigenliebe ist damit gemeint.

21 Gott sieht auf die innere Absicht des Herzens, und nicht auf die äußere Form und das Werk.

(Sprüche 5. 22-23)

22 Die eigenen Missetaten werden ihn, den Gesetzlosen, fangen, und in seiner Sünde Banden wird er festgehalten werden. 23 Sterben wird er, weil ihm Zucht mangelt, und in der Größe seiner Torheit wird er dahin taumeln.

22 Man führt ohne Liebe und ohne Gesetz ein von Gott abgetrenntes, nur naturmäßiges Leben und wird sich im Geist nicht weiter entwickeln können hin zum Guten und Wahren, zum Licht und zum Leben.

23 Man führt ein Leben im geistigen Tod, ohne Erkenntnis, Sinn und ohne tiefen, inneren Frieden.

Man sieht also, dass der Buchstabensinn ein völlig anderer ist und was der Herr durch Paulus meinte, mit: "Der Buchstabe tötet, nur der Geist macht lebendig!" (2.Kor.3.6)

Es geht immer um die *Liebe* in Gott, denn diese ist das Leben. Wir sind aus dieser Liebe hervorgegangen und nur in der Liebe zu Gott können wir erkennen! Wir sind Geistwesen und Geist ist der Grund und die Wahrheit des Lebens. Daher: "Wer Gott anbeten will, der muss Ihn im Geist und in der Wahrheit anbeten"(Joh.4.24)... heißt: Ihn über alles lieben! Wer solches tut, der kann wirklich tun und lassen was er will und ist vollkommen frei von Gesetz und Sünde, denn was soll jenen von Gott noch trennen, der Ihn durch seine Liebe schon in sich hat?!

Es geht bei den Sprüchen 5 also nicht um das Fremd-gehen der Männer - was man auch schon alleine daraus entnehmen kann, dass die Frauen, laut der wörtlichen Auslegung, also durchaus Unzucht treiben könnten... - sondern um die Beschaffenheit der Liebe des Menschen und die Unterscheidung von der Liebe zu Gott und der Selbst- und Weltliebe.

Eine Aufklärung zum Verständnis der Propheten

Als Beispiel das 54. Kapitel des Propheten Jesaja:

Weil auch die Pharisäer vor über 2000 Jahren vielfach nur am Buchstaben hingen, und den inneren Sinn der Prophetensprache nicht mehr zu deuten verstanden (genau wie heute), erkannten sie nicht die Erfüllung dieser Prophetie vor ihren Augen. Aber auch heute erfüllt sich so mancher Text des Jesaja vor unseren Augen und wir sehen es nicht und denken, es wird sich alles irgendwann einmal buchstäblich ereignen.

Nun aber zum Bibeltext, was ist damit gemeint:

4 Fürchte dich nicht, denn du sollst nicht zuschanden werden; verzage nicht, denn du sollst nicht zum Spotte werden, sondern du wirst der Schande deiner Jungfrauschaft vergessen und der Schmach deiner Witwenschaft nicht mehr gedenken!

5 Denn der, der dich gemacht hat, ist dein Mann, Herr Zebaoth ist sein Name; und dein Erlöser, der Heilige in Israel, der aller Welt Gott genannt wird.

6 Denn der Herr hat dich lassen im Geschrei sein, dass du seist wie ein verlassenes und von Herzen betrübtes Weib und wie ein junges Weib, das verstoßen ist, spricht dein Gott.

7 Ich habe dich einen kleinen Augenblick verlassen; aber mit großer Barmherzigkeit will Ich dich sammeln.

8 Ich habe Mein Angesicht im Augenblicke des Zornes ein wenig vor dir verborgen; aber mit ewiger Gnade will Ich Mich deiner erbarmen, spricht der Herr dein Erlöser.

9 Denn solches soll mir sein wie das Wasser Noahs, da Ich schwur, dass die Wasser Noahs nicht mehr sollten über den Erdboden gehen. Also habe Ich denn auch geschworen, dass Ich nicht über dich zürnen, noch dich schelten will.

Dies ist eine ältere Übersetzung, es wird unmöglicher den inneren Sinn zu lesen, je mehr neue Worte diesem nicht mehr entsprechen, was heute leider sehr häufig vorkommt, und weshalb Johannes im Schluss seiner Offenbarung vor dem Hinzufügen und Weglassen warnt (Offb.22.19). Heute ist sehr, sehr viel verändert worden an der heiligen Schrift. Diese ältere Bibelübersetzung benutzt das Wort "Jungfrauschaft", was ein sehr bezeichnendes Merkmal ist. In neuen Übersetzungen steht dort "Jugend", was einen ganz anderen Entsprechungssinn hat, wenn man den eigentlichen Sinn dieses prophetischen Wortes verstehen möchte, welchen uns nur der hl. Geist im Herzen aufschließt, wenn wir darum bitten.

Es ist sehr bedeutend, auf den verborgenen, inneren Sinn der Prophetie zu schauen und nicht auf den Buchstaben allein. Leider sind auch die Buchstaben heute vielfach nicht mehr authentisch, weshalb die Verwirrungen immer größer werden.

- Das aber ist der innere, auf den Messias Bezug habende Sinn des 54. Jesaja:

Die „Jungfrau“, von der da die Rede ist, hat der Herr gemacht, denn es war diese Seine vor 2000 Jahren an die Menschen aus den Himmeln gegebene neue Lehre, und sie wird darum eine „Jungfrau“ genannt, weil sie noch nicht von einer selbstsüchtigen und hurerischen Priesterschaft missbraucht wurde zu ihren weltlichen Zwecken. (Der heute eingesetzte Begriff „Jugend“ ist da sinnentstellend, denn eine reine himmlische Lehre ist eine Gebärerin, weil sie Liebe und Erkenntnis hervorbringt, also weiblich ist.)

Seine Lehre wurde aber auch kurze Zeit Witwe genannt, weil Jesus ihr genommen wurde durch den Zorn der geistlich hochmütigen Schriftgelehrten und durch deren Rache, aber nur durch Zulassung Gottes.

Dieser Jungfrau und Witwe Mann aber war eben auch der Herr Selbst, weil sie von Ihm gemacht wurde! Wer aber eben der Mann ist, der die Jungfrau (das neue Evangelium, bzw. Testament) und die Witwe gemacht hat, das lesen wir in den folgenden Versen im Propheten, wie auch die der Lehre gemachten Verheißungen, denn Jesus ist der Mann, und die Verheißungen gehen nur die geheimnisvolle Jungfrau (Seine Lehre) an.

Dies also ist der innere Sinn dieser Prophetie des Jesaja, und man ersieht daraus, dass man mit dem bloßen Wörtlichnehmen prophetischer Texte nicht weit kommt.

Dieses 29. Kapitel des Jesaja hat also auf die Niederkunft des Messias Bezug und hat sich längst erfüllt. Jesaja bezieht sich auf die Verkündigung reiner Himmels-Lehre an die Menschen, denn das „himmlische Jerusalem", das „vom Himmel auf die Erde" kommen wird"(Jesaja) ist die reine, unverhüllte Lehre Gottes an Seine Kinder. „Himmel" bezeichnet immer das Göttliche, und „Erde" das fruchtbare Herz des Menschen, in welchem alles Gute ersprießlich wird durch das große „Es werde", was das Wort Gottes ist und woraus sich Wunder über Wunder bilden und vermehren.

Und Daher auch beziehen sich die Worte „Himmel" und „Erde" in den Propheten niemals auf Materielle Begriffe, sondern immer auf inwendige, geistige Geschehnisse, Jenseits von Raum- und Zeitvorstellungen.

Die Offenbarung des Johannes – Geistige Entsprechungen

Schon viele haben dieses prophetische Buch, die Offenbarung des Johannes, ausgelegt. Aber sie alle haben den inneren oder geistigen Sinn des Wortes nicht verstanden, und daher die Einzelheiten darin auf die nacheinander folgenden Zustände der Kirche bezogen, die ihnen aus der Kirchengeschichte bekannt waren. Weiterhin haben sie Dinge auf staatliche Zustände bezogen. Weil die Ausleger sich meist nur auf Vermutungen gründeten, kann man sie auch nicht als Wahrheiten annehmen.

Der Grund, warum die vorhandenen Erklärungen von solcher Art sind, ist der, weil sie (wie gesagt) nichts vom inneren oder geistigen Sinn des Wortes wussten, denn es ist alles, was in der Offenbarung geschrieben steht, in der gleichen Schreibart geschrieben wie die prophetischen Schriften des Alten Testaments. Überhaupt in der gleichen Schreibart, wie alle Teile des Wortes! Das Wort im Buchstaben ist aber materiell, doch in seinem Inneren ist es geistig, und was so beschaffen ist, das enthält einen Sinn, der gar nicht im Buchstaben erscheint...

Es gibt immer der innere Sinn der Prophetensprache den Ausschlag, nicht aber der natürliche Sinn. Deshalb ist das äußere Wort nur die Rinde und ein

Schutz der inwendig ruhenden heiligen Wahrheit Gottes.

Der innere Sinn des Wortes – Beispiel:

Anhand der Johannes-Offenbarung lässt sich sehr schön der Vers in der Bibel „Der Buchstabe tötet, aber der Geist macht lebendig"(2.Kor.3,6) darlegen, denn die Visionen des Johannes buchstäblich zu nehmen oder mit bloßem Menschenverstand zu deuten, lässt uns in die Irre gehen und keine Wahrheit und somit keinen Lebensnutzen aus dem Wort entnehmen.

Ich möchte hier an einem Beispiel aufzeigen, wie sich Buchstabe und Geist unterscheiden, und welche geistigen Entsprechungen im äußeren Wort für uns verborgen liegen, wenn wir nicht mit äußerem Verstand, sondern mit dem innerem Gemütsspiegel göttliches Wort reflektieren... wenn wir es nicht überdenken, sondern es nur empfinden, während unser Gemüt in echter, kindlicher Liebe zum Schöpfer ruht, was immer die Voraussetzung für den Empfang von Wahrheit ist.

Ich habe die nun folgende Stelle in der Offenbarung aus dem Grunde ausgewählt, weil sich das dort Gesagte bereits vor unseren Augen erfüllt:

Offenbarung 20, 11-15 Das Endgericht vor dem großen weißen Thron

(Offenbarung 20, 11)

Und ich sah einen großen weißen Thron und Den, Der darauf saß, vor Dessen Angesicht die Erde und der Himmel flohen, und keine Stätte ward für sie gefunden.

Durch den „weißen und großen Thron und Den, Der darauf saß“ wird das vom Herrn gehaltene allgemeine Gericht bezeichnet. Der Thron bedeutet den Himmel und auch das Gericht. Unter dem auf dem Thron Sitzenden wird der Herr verstanden. Der Thron erscheint weiß, weil das Gericht nach den göttlichen Wahrheiten gehalten wird, und das Weiße als Entsprechung der Wahrheiten dient. Groß, weil das Gericht auch nach dem göttlichen Guten gehalten wird, und das Große die Entsprechung des Guten meint.

„Vor Dessen Angesicht die Erde und der Himmel flohen“ bedeutet, dass die Lebensbegründungen (die Erde) und die Himmel (die Weltanschauungen und Werte-Vorstellungen), die sich die Menschen unserer Zeit gemacht haben, ganz zerstört werden wird.

„Und keine Stätte ward für sie gefunden“ bedeutet: Es gibt keine andere Lebenswahrheit und Lebensbegründung außer in Gott...

In diesem Verses wird also das allgemeine Gericht bezeichnet wird, das vom Herrn gehalten wird über alles Falsche, in dem sich die Seelen (ob mit oder ohne Leiber) gründen, die zwar zivilisiert und gesittet sind, aber in keinem geistigen Guten und Wahren stehen, weil sie zu viel Eigenliebe in sich haben und sich

Außen heuchlerisch als Christen darstellen, Innen aber - man muss es leider sagen - selbstliebige Teufel sind. Ihre falsche Lebensbegründung wird ihnen völlig genommen und sie werden ohne Wahrheit sein. Jedoch geschieht all dies ausschließlich zum Besten einer jeden Seele, damit sie nicht verloren geht und gerettet werden kann.

(Offenbarung 20, 12)

Und ich sah die Toten, Kleine und Große, stehend vor Gott.

Die „Kleinen" und „Großen" bezieht sich auf die Erdenstellung eines Menschen. Durch den Tod wird nicht nur das Ende des natürlichen Lebens, sondern in erster Linie das Totsein (= Untätigsein) des geistigen Lebens der Seele verstanden, welches die Verdammnis ist, was den untätigen, innerselischen Gottesgeist meint, welcher nicht durch ein Liebeleben geweckt und belebt wurde. Der Mensch ist dann folglich nur Seele, ohne Liebe und Erkenntnis (Weisheit) und somit dem Geiste und der Wahrheit nach Tod. Dass der Begriff „Tod" nicht die Auslöschung eines von Gott geschaffenen Wesens meint, möchte ich im Folgenden kurz darstellen.

Wir alle sind Geister und nicht auslöschbar, weil Gott Selbst der Geist ist aus dem wir sind und Er somit einen Teil von Sich Selbst verlöre, löschte Er einen Geist aus, was ewig unmöglich ist. Wir - das ist die Seele und der in ihr wirkende Geist - sind unsterblich, und somit gibt es verschiedene Begriffe für den „Tod“:

- ➔ Das Ablegen der Körpermaschine durch ihr zeitliches Absterben.
- ➔ Die bewusste Auslöschung der Begierden des Leibes oder der Gelüste des Fleisches durch die Selbstverleugnung der Seele, auf welche die Erneuerung des (geistigen) Lebens folgt.
- ➔ Im allgemeinsten Sinn aber wird durch den Tod dasselbe bezeichnet, was durch den Teufel bezeichnet wird, weshalb auch der Teufel „Tod“ genannt wird, worunter die Hölle, als Zustand der Gottesferne, zu verstehen ist, in der sich die befinden, die (jüdisch) Teufel heißen.
- ➔ Daher wird auch unter dem Tod das „Böse des Willens“ verstanden, was den Menschen zu einem Teufel (griechisch „Dämon“) macht und den Gottesfunken in ihm in Untätigkeit versetzt.

In diesem letzten Sinn wird der Tod im 14. Vers verstanden, wo gesagt wird, dass der Tod und die Hölle ihre Toten gegeben haben, und dass sie in den Feuerpfuhl geworfen wurden.

Hieraus sieht man, wer die sind, die durch „die Toten“ in verschiedenem Sinn bezeichnet werden. Es sind diejenigen, deren Körper gestorben ist, und die sich nun ihrer unsterblichen Seele nach in der Geisterwelt befinden.

Zu Beginn ihres Geisterlebens finden sich die ehemaligen Menschen vielfach (nicht alle! Wie im Verlauf zu lesen sein wird) im Mittelreich ein. Hier werden die Guten Geister zum Himmel und die Bösen zur Hölle vorbereitet. Eine jede Seele „richtet“ sich freiwillig selbst aus gemäß ihrer Liebe-Art, entweder zum Himmlischen oder zum Höllischen, jedoch nicht, ohne zuvor über ihren Zustand und ihre Optionen unterrichtet worden zu sein, welchen Dienst höhere Geister übernehmen.

Über jene, die in diesem Mittelreich sind, wird das „Jüngste Gericht“, oder: die aktuelle Ausrichtung ihrer Geisteshaltung, gehalten, nicht aber über solche, die sofort in den Himmeln sind, noch über die, welche gleich in den Höllen Eingang finden. Denn jene, die sofort im Himmel sind, wurden schon zu Leibeslebzeiten selig, und die in der Hölle waren schon auf Erden innerlich verdammt, aus ihrem freiem Wollen heraus.

Hier sieht man wie falsch Menschen lehren, die glauben, das Jüngste Gericht werde auf Erden gehalten, und dass dann alle Menschen mit ihren Leibern auferstehen... denn es befinden sich alle, die von der ersten Schöpfung der Welt an gelebt haben, in der geistigen Welt beisammen, und alle sind mit einem geistigen Leib bekleidet, und sie erscheinen vor den Augen derer, die geistig sind, ebenso in menschlicher Gestalt, wie die, welche in der natürlich materiellen

Welt sind, vor den Augen derer erscheinen, die natürlich materiell sind.

(Offenbarung 20, 12)

Und Bücher wurden geöffnet; und ein anderes Buch wurde geöffnet, welches das des Lebens ist.

Dieser Vers besagt, dass das Inwendige des Gemüts bei allen diesen Seelen aufgeschlossen wird und ihre Gesinnungen und Neigungen, die ihrer Liebe und ihrem Willen angehören, offenbar werden, auch ihre Gedanken, sowohl die Bösen als auch die Guten.

Unter den Büchern werden keine Bücher verstanden, sondern das Inwendige des Gemütes derer, die gerichtet (ausgerichtet, nicht etwa hingerichtet) werden. Das Gemüt derer, die böse sind, wird gerichtet zum ewigen Tode (bedeutet: Die Seele richtet sich selbst aus zur Gottesferne und beschreitet fortan die Wege des Todes, was die Hölle ist), und das Inwendige des Gemüts derer, die gut sind und gerichtet werden zum Leben.

Es wird „Bücher" oder „Buch" genannt, weil im Gemüt alles verzeichnet ist, was jeder aus seinem Willen oder mit seiner Liebe getan hat. Dies alles ist im Seelenherzen eines jeden eingeschrieben, und zwar so genau, dass nichts fehlt. Diese Beschaffenheit der Seele, wenn das geistige Licht und die geistige Wärme, was die Weisheit und die Liebe vom Herrn Selbst ist, einfließen, decken die Absichten und

Bestrebungen der Seele auf.

(Offenbarung 20, 12)

Und die Toten wurden gerichtet nach dem, was geschrieben stand in den Büchern, nach ihren Werken.

Dies bedeutet, dass alle (aus)gerichtet werden nach ihrem inneren Leben. „Die Toten“ sind hier alle die leiblich Verstorbenen, die sich nun in der geistigen Welt befinden.

„Nach dem, was in den Büchern geschrieben stand“, bedeutet, nach dem sodann aufgeschlossenen Inwendigen des Gemüts eines jeden.

„Nach ihren Werken“ bedeutet, nach dem inneren Leben eines jeden, denn dies wird durch die Werke im Wort bezeichnet. Es meint hier den Willen zur Tat und die Absicht, das Motiv, welche eine Tat antreibt, also die Liebe-Art der Seele: liebend Gut oder selbstliebend böse. Nicht jedoch das Gelingen des Werkes selbst, denn solches ist allein Sache des Herrn.

Wir finden solches auch bei Paulus:

(Römer 2. 5, 6)

Am Tage des Zorns und der Offenbarung des gerechten Gerichtes Gottes, der vergelten wird einem jeden nach seinen Werken.

(2. Korinther 5, 10)

Wir müssen alle offenbar werden vor dem Richterstuhl

Christi, damit einjeder empfange nach dem, was er durch den Körper getan hat, es sei gut oder böse.

- (Anmerkung: Sicherlich hat der Eine oder Andere von Seiten eines gesetzlich religiösen Christen schon einmal die Drohung vernommen, dass wir alle einmal vor den Richterstuhl Christi werden treten müssen, zum großen Gericht über unsere Seele...
  Dass man jedoch zu einem vermeinten strafenden Richtergott niemals Liebe wird entwickeln können, welche doch vom Herrn in Seinen beiden Liebegeboten „Liebe Gott über alles und deinen Nächsten wie dich selbst" (Lk.10,27) gefordert wird zur Erweckung und Belebung Seines Geistes in unserer Seele, versteht sich von selbst, denn was man fürchtet, das kann man folglich nicht lieben. Hierin liegt also ein großer Widerspruch und der Grund für so manche Irrlehre.)

(Offenbarung 20, 13)

Und das Meer gab die Toten, die in ihm waren.

Durch die Toten, welche das Meer gab, werden die leiblich verstorbenen, der äußeren Kirche angehörigen Menschen bezeichnet, die nur ein äußeres Glaubensleben führten, ohne lebendigen, inneren Glauben. Sie sind es, die im Mittelreich jüngst gerichtet werden, sich also zu bekennen und zu entscheiden haben, wohin die Reise gehen soll, denn diese haben das Wort der Bibel einigermaßen anerkannt auf Erden, das Evangelium Jesu Christi, den Glauben an Gott und an Himmel und Hölle. Diese sind es, die zum Gericht zusammenberufen werden. Von diesen werden viele selig werden, weil sie dem Licht der Wahrheit folgen, hinauf in die himmlischen Sphären. Die Entscheidung für oder gegen Christus findet auch am jüngsten Tage einer Seele in der Geisterwelt statt, und nicht, wie uns auf Erden falsch gelehrt wird, einzig und allein zu Erdenlebzeiten!

Jene Menschen aber, die alles Göttliche zu ihrer Erdenlebenszeit verachteten, also auch ein wie immer geartetes, selbstloses Liebeleben, und das Leben nach dem Tode leugneten, haben sich bereits entschieden, bzw. selbst gerichtet und werden nach dem Ableben sofort in dem höllischen Zustand verbleiben, in welchem sie schon zu Lebzeiten sich befanden: Sinnentleert und ohne jede Wahrheit, armselig, ohne Liebe und Lebensgrund... der Hölle. Aber auch diesen Seelen wird, entgegen der irrigen Lehre in der Welt, fortdauernd das Evangelium Jesu Christi dargebracht und ihnen die freie Entscheidung ermöglicht, sich zu bekehren und die Wege des Lebens zu betreten.

(Offenbarung 20, 13)

Und der Tod und die Hölle gaben die Toten, die in ihnen waren.

Unter dem Tod und der Hölle werden nun alle verstanden, die im Herzen gottlos sind und doch im Äußeren als Menschen der Kirche erscheinen, denn keine anderen werden zu diesem allgemeinen Gericht zusammenberufen, weil nur diejenigen, die im Äußeren scheinbar Menschen der Kirche sind, mögen sie Laien oder Geistliche sein, gerichtet werden, da bei ihnen das Äußere vom Inneren getrennt werden muss, und weil sie auch gerichtet werden können, da sie die Dinge der Kirche gewusst und bekannt haben.

(Offenbarung 20, 13)

Und sie wurden gerichtet, ein jeder nach seinen Werken.

bedeutet, dass ihr inneres Leben auch ihre Ausrichtung bestimmen wird. Jeder wird nach der Beschaffenheit seiner Seele gerichtet, und die Seele des Menschen ist sein Leben, sie ist das Produkt seiner Liebe und seines Willens.

(Offenbarung 20, 14)

Und der Tod und die Hölle (Hades) wurden in den Feuerpfuhl (heute in „Feuersee“ umbenannt) geworfen.

Durch den Tod und die Hölle werden die im Herzen

Gottlosen bezeichnet, die inwendig in sich Teufel und Satane sind, und doch im Äußeren als Menschen der Kirche erschienen. Durch den Feuerpfuhl wird die Hölle bezeichnet, in der diejenigen sind, die sich in der Liebe zum Bösen, und dadurch in der Liebe zu dem mit dem Bösen übereinstimmenden Falschen befinden, die also das Böse lieben und es begründen durch vernunftmäßige Verstandes-begriffe und, mehr noch, durch den buchstäblichen Sinn des Wortes der Bibel (!). Diese müssen notwendig in ihrem Inneren Gott leugnen, denn dies liegt im Bösen des Lebens verborgen, das durch Falsches begründet wird. Der Pfuhl bedeutet, wo Falsches in Menge ist, und das Feuer bezeichnet die Liebe zum Bösen.

Dass gesagt wird: „der Tod und die Hölle wurden in den Feuerpfuhl geworfen", ist nach der geistigen Sprache, in der keine äußere Person genannt wird, das, was in der Person ist und sie ausmacht, hier solches in der Person, was ihren Tod und ihre Hölle macht. Das dem so ist, erkennt man daraus, dass die Hölle nicht in die Hölle geworfen werden kann.

(Offenbarung 20, 14)

Dies ist der andere Tod.

(Heute umbenannt in „der zweite Tod")

bedeutet, dass diesen die eigentliche Verdammnis zuteil wird. Dass durch den anderen Tod der geistige

Tod bezeichnet wird, der die Verdammnis ist. Dies wird gesagt, weil die, welche im Herzen gottlos und in sich Teufel und Satane sind und doch als Menschen der Kirche erscheinen, vor den übrigen verdammt sind, sprich: in tiefer Geistesnacht sich befinden, welche die Gottesferne in ihrer Wider-Ordnung mit sich führt. Diese Wider-Ordnung ist die ewige Verdammnis. Es gibt jedoch niemanden, der ewig verdammt wäre. Er ist nur so lange verdammt, solange er sich in der Verdammnis gründen möchte!

Gott sucht das Verlorene wiederzufinden, diesem gilt Seine volle Aufmerksamkeit, aus diesem entstand die materielle Schöpfung, und für dieses gab Er Sein Blut zur Erlösung und somit zur Rettung all jener, welche ohne diese Erlösertat JESU, des Schöpfers, Seiner Gerechtigkeit hätten anheimfallen müssen, womit jede Seele unrettbar wäre verlorengegangen. Doch Christus hat alle die noch Verlorenen frei gekauft aus der Seins-Grundordnung Seines ewig göttlichen Geistwesens.

Wer behauptet, die Errettung könne nur im Erdenleben geschehen, hat die Erlösung nicht verstanden... kennt weder Himmel noch Hölle, noch Gott, noch Satan, und schmäht JESU Erlösungswerk am Kreuz. Sie sind es, die im anderen Tod sich befinden und nur der äußeren Kirche, nicht aber der Inneren Geistkirche Christi angehören, denn der Geist wird sie im eigenen Herzen die Wahrheit lehren!

(Offenbarung 20, 15)

Und wenn jemand nicht gefunden ward geschrieben im Buche des Lebens, wurde er in den Feuerpfuhl geworfen.

Kein anderer wird in dem Buch des Lebens als eingeschrieben gefunden, als der, welcher nach den Geboten des Herrn gelebt und an Ihn geglaubt hat, denn dies wird darunter verstanden.

Dass der, welcher nicht nach den Geboten des Herrn im Wort gelebt hat, folglich in den Zustand der Verdammnis und Finsternis gelangen muss, lehrt der Herr in:

(Johannes 12. 47, 48)

Wenn jemand Meine Worte gehört und doch nicht geglaubt hat, den richte Ich nicht; er hat schon, was ihn richtet; das Wort, das Ich gesprochen, das wird ihn richten am Jüngsten Tage.

(Johannes 3. 36)

Wer an den Sohn glaubt, der hat das ewige Leben; wer aber dem Sohn nicht glaubt, der wird das Leben nicht sehen, sondern der Zorn Gottes bleibt über ihm.

Es versteht sich von selbst, dass dem Glauben an Sein Wort auch die Tat nach demselben folgen muss, um dem Samen zur Entfaltung, zum anhaltendem Wachstum und schließlich zur Frucht zu verhelfen... was das Himmelreich im Menschen zur Folge hat.

Von Gott Selbst gelehrt. Materie und Geist. Wirken Satans

Das Leben ist ein inwendiges, geistiges Geschehen, welches im Außen, also in Raum und Zeit, nur einen entsprechenden Ausdruck, nicht aber seinen Grund hat. Alles äußere Leben, das wir mit unserem Verstand begreifen, ist nur ein Trug- oder Scheinleben. Wir müssen den Grund aller Er(schein)ung fassen, und dieser ist immer von geistiger Art und hat nichts mit Raum- und Zeitbegriffen zu tun. Die Grundursache alles Seins ist Geist, und Gott ist eben dieser Geist. Daher sagt Jesus, dass wir Ihn nur im Geist und somit aller Grundwahrheit des Seins anbeten sollen. Der Grund alles Geistigen, und somit der Urgrund Gottes ist ein Feuer, das Gott "Liebe" nennt. Diese Liebe zeugt die Wahrheit, wie die Wärme das Licht zeugt, daher die Liebe Gottes auch der VATER und die Wahrheit der SOHN (das Wort) heißt, und beides zusammen in der Wirkungskraft der HEILIGE GEIST ist.

Das bedeutet also, dass wir in den Zustand der Liebe gelangen müssen um in Gott zu gelangen, bzw. Sein Geist in uns zur Ausbreitung gelangt. Es bedarf dazu nichts weiter, als die freie Willensentscheidung des Menschen zur wahren Demut, denn diese ist der Schlüssel. Wahre Demut heißt, seinen Eigenwillen unter den Gotteswillen zu stellen und nach dem erkannten Willen Gottes tätig zu werden. Um diesen Gotteswillen vollgültig zu erkennen, ist eine wahre Offenbarung Gottes aus den Himmeln (Himmel = Geist Gottes) unbedingt notwendig. Jesus ist dazu wiederge-kommen in Seinem Wort (siehe im Propheten Jesaja: Das Himmlische Jerusalem, das vom Himmel auf die Erde kommen wird, sprich: Die reine, unverhüllte Lehre Jesu Christi an die Menschheit unserer Zeit!). Diese Neu-Offenbarung oder "Wiederkunft Christi im Wort" ist namentlich in den Niederschriften Jakob Lorbers, des Schreibknechtes Gottes, an uns ergangen.

Diese Neuoffenbarung enthüllt den geistigen Entsprechungssinn der Bibel und vertieft diese ins unendlich Geistige. Wir bekommen Licht in Fülle. Dieses Licht lässt uns Gott erkennen, was zur Folge hat, dass die Liebe zu Ihm wächst. Diese unsere Liebe zu Gott gebiert wiederum Wahrheit in unserem Herzen, (wie die Wärme das Licht gebiert und das Licht wieder die Wärme), und so entsteht ein Strahlen und Wiederstrahlen, und solches bedeutet „von Gott Selbst gelehrt werden“.

Dass der Lebensfeind Satan diesem entgegenwirkt, versteht sich von selbst. Er will es unter allen Umständen verhindern, dass wir in das Erkennen Gottes gelangen. Dazu braucht er die Gläubigen bloß daran hindern, durch alle denkbaren Ablehnungsgründe gegen neue Offenba-rungen Gottes, solche auch zu lesen. Die wahren Schatzsucher aber, also jene, denen es um Wahrheit geht, werden sich davon nicht abbringen lassen. Solche aber, die nur um irgendeines Lohnes wegen Glauben wollen, diese wird er Ihm abringen können!

(Z.B. um vermeintlich errettet zu sein, oder um Gaben zu empfangen, weil man schließlich ein "Königskind" sei... doch Königskinder sind wir erst, wenn wir in der Liebe vollendet sind! Dann aber werden wir niemals mehr Ansprüche stellen an Gott, sondern karg gegen uns selbst, dafür aber um so freigebiger sein gegenüber Anderen. Jesus sagt: „Wenn ihr aber alles getan habt, da bekennt, dass ihr faule und unnütze Knechte seid" Lk.17,10).

Wir brauchen Gottes reinstes Wort aus Seinen Himmeln (die Neuoffenbarung Jesus in Seiner Wiederkunft), damit alle Zweifel und Ängste verschwinden, wir uns nicht über andere erheben und Gottes Geist der Liebe in uns Nahrung erhält und angefacht wird!. Die Bibel ist heute leider wieder all zu sehr mit dem Verstand der Schriftgelehrtheit durchsetzt (der Sauerteig der Pharisäer) und voller Widersprüche. Und wie zu allen Zeiten es der Fall war, dass Gott gerade dann Sein reines Wort der Verunreinigung entgegenstellt, so ist dies auch heute wieder der untrügliche Fall!

Einem Nichtsuchenden und nicht nach Wahrheit Verlangendem aber nützt das reinste Wort Gottes ebenso wenig, wie es einem Schlafenden etwas nützt, wenn man ihm predigt. Denn wer nicht sucht, hat kein Bedürfnis, und wer schläft, fühlt keinen Mangel, und dies ist der eigentliche geistige Tod, wenn wir keinen Hunger nach der Wahrheit mehr in uns fühlen und lau sind, weil wir der irrigen Meinung sind, dass der Glaube allein genügt um bei Gott zu sein!

Kapitel 4: Von Bibel & Neuoffenbarung

Die Bibel ist nicht unverändert geblieben

Viele Worte in der Bibel wurden mit der Zeit verändert und ausgetauscht durch alte und neue Übersetzungen, was vielen Sätzen einen ganz anderen Sinn gibt, bzw. den Entsprechungssinn prophetischer Worte völlig entstellt.

Zum Beispiel steht in der Offenbarung des Johannes, in einer Bibelübersetzung von 1995, für das Wort "Hurerei" heute "sexuelle Ausschweifung". Der innere Wortsinn der Szene in der Offenbarungsschrift bezieht sich aber nicht auf ein körperliches, sondern auf ein geistiges Verhalten des Menschen. „Hurerei" in der Prophetensprache bedeutet: Das göttliche Gute und Wahre zu rein selbstsüchtigen Zwecken zu missbrauchen und im heuchlerischen, bzw. politischen Gewand seine eigenen Ziele und Interessen zu verfolgen. Dazu gehört z.B. auch, sich für Wohltätigkeiten bezahlen zu lassen, für die Verbreitung des Wortes Gottes und

Kanzelpredigten Geld zu vereinnahmen, oder bloß um des guten Ansehens und guter irdischer Stellung wegen zu handeln.

So wird vieles aus der Prophetie heute in den Schlamm der Materie herabgezogen und der geistige Entsprechungs-sinn verändert. (Im Verlauf dieses Buches werden einige prophetische Schriften ihrem inneren Sinn nach enthüllt.)

(Offbenbarung 22. 18-19)

Fürwahr, ich bezeuge jedem, der die Worte der Weissagung dieses Buches hört: Wenn jemand etwas zu diesen Dingen hinzufügt, so wird Gott ihm die Plagen zufügen, von denen in diesem Buch geschrieben steht; und wenn jemand etwas wegnimmt von den Worten des Buches dieser Weissagung, so wird Gott wegnehmen seinen Teil vom Buch des Lebens und von der heiligen Stadt, und von den Dingen, die in diesem Buch geschrieben stehen.

Die Offb.22:18-19 mahnt nur vor den Folgen, welche sind: Mangel an Erkenntnis (= Finsternis!). Denn das Wort Gottes soll doch eben für die Seele Nahrung sein! Das Brot war vom Sauerteig der Pharisäer (dem Verstandesglauben) durchsetzt, sagte der Herr Selbst Seinerzeit, und Er erneuerte Sein unveränderliches Wort, weil es verdeutet, verbildet und verändert wurde. Zu allen Zeiten der Geschichte leitete der Herr gerade dann Sein Licht aus den Himmeln zur Erde, wenn die Finsternis am größten war.

So ist es auch wieder heute der Fall bei Seiner Wieder-kunft im Wort. Daher kann man nicht behaupten, die Bibel sei abgeschlossen und Gott offenbare Sein unveränderliches Wort nicht mehr neu.

Die Wahrheit, die sich nun über die Erde ergießt, ist Jesu Wiederkunft, weil Christus, das Wort Gottes, diese Wahrheit Selbst ist, die sich nun auf der Erde ausbreitet... nicht durch die Bibel, nicht durch ein körperliches Wiederkommen Jesu in materiellen "Wolken des Himmels", sondern durch die mit Liebe und Wahrheit erfüllten Herzen Seiner Kinder kommt der Herr wieder, und Er wohnt nun wieder mitten unter uns, unerkannt von der Welt mit all ihrer Ideologie und unerkannt vom Verstand und aller Theologie... und der Herr Selbst lehrt die Seinen heute wieder persönlich, so, wie Er es einst tat auf Erden und wie Er es verheißen hat für Seine Wiederkunft.

In diesem Buch möchte ich dem aufmerksamen Leser einen tieferen Einblick in all dies vermitteln.

Die vielfachen Veränderungen an der Bibel verunreinigen das Gotteswort

Ständiges Zuleiten von Wahrheit aus den Himmeln nötig, heute wie einst!

Es kann uns Jersu Evangelium noch so rein zugeleitet werden aus der Höhe, die Menschen werden es nicht lange unverändert lassen, und es werden sich immer wieder Irrtümer einschleichen, die der Verstand des Menschen geboren hat, die darum aber immer wieder berichtigt werden müssen, sollen sich die Menschen in der Wahrheit bewegen, die solche ernstlich verlangen.

Wenn sich einmal Gedanken in einem Menschen festgesetzt haben, so werden sie kaum von ihm weichen wollen, und das ist der Grund, dass sich Gottes Gegner dann seines Verstandes bedient, um ihn in seiner irrigen Ansicht zu bestärken.

Immer vertreten wir die Ansicht, dass Gott die Wahrheit schützt. Der freie Wille des Menschen aber erklärt es uns, dass jegliche Veränderung der Wahrheit möglich ist. Doch ebenso können wir im freien Willen die reine Wahrheit begehren, und dann wird sie uns auch zugehen!

Sein Wort von oben ist wahrlich ein Gnadengeschenk von Jesus, das uns heilig sein müsste, dass wir uns nicht an die Veränderung dieses Wortes heranwagen dürften. Doch eben weil die Menschen unvollkommen sind und sich noch in finsteren Sphären bewegen, erkennen sie nicht den hohen Wert des Gotteswortes und schrecken nicht zurück, eigenes Verstandesdenken hinzuzufügen und damit den Wert dessen herabzusetzen, was Gott uns aus der Höhe zugehen ließ.

So werden sich im Laufe der Zeit dann irrige Ansichten ergeben, es wird das Licht getrübt und es verliert an Leuchtkraft, weil nur die reine Wahrheit helles Licht schenken kann, die von Gott Selbst ausgeht.

Bedenkt doch, ihr Schriftgelehrten, was ihr euch anmaßt wenn ihr das "Wort Gottes" korrigiert, wenn ihr glaubt, den Menschen eine besser verdauliche Speise auftischen zu können, indem ihr Änderungen daran vornehmt, wozu ihr wirklich nicht berechtigt seid! Es könnte nicht eine so große Finsternis sein auf der Erde, wenn Seinem Licht von oben nicht immer wieder die Leuchtkraft genommen würde, denn oft schon gab Gott von oben ein helles Licht denen, die es anforderten von Ihm, die Ihn um Zuwendung der reinen Wahrheit gebeten haben. Und wer diese anhörte, der stand ebenfalls im Licht der Wahrheit, und er konnte auch die Wahrheit weiterleiten.

Doch immer wieder schaltete sich der Menschenver-stand ein, immer wieder hat die Eigenliebe, das

Geltungs-bedürfnis der Menschen und ihre materielle Einstellung dazu Anlass gegeben, sich dem von Oben zur Erde geleiteten Worte Gottes zu bedienen und es im wahrsten Sinne des Wortes auszuschlachten zwecks irdischen Erfolgs.

Der geistige Erfolg wird dann nur spärlich sein, er wird auch nur dort zu verzeichnen sein, wo wieder tiefes Wahrheitsverlangen vorherrscht, so dass Gott Selbst, Sein Heiliger Geist der Liebe und Wahrheit, wirken kann in einem Menschen und ihn das klar erkennen lässt, was der Wahrheit entspricht, während Gott ihm für das falsche Geistesgut einen Abwehrwillen in das Herz legt.

Und darum kann Jesus uns nur immer zum Quell verweisen, so dass wir nur solches annehmen, was direkt von Ihm seinen Ausgang genommen hat und unverändert uns zugeleitet wird.

Wir sollten daher immer prüfen und nicht alles annehmen, was uns zugetragen wird, denn nur weil „Bibel" darauf steht, ist nicht auch rein nur Gotteswort darinnen enthalten, aber wir werden auch den rechten Quell zu erkennen im Stande sein, wenn wir dies nur wirklich und ernstlich wollen. Wenn wir uns dann daran halten, was wir empfangen, schöpfen wir von dem Wasser des Lebens, das wahrlich eine heilende Wirkung hat, das an Kraft nicht übertroffen werden kann, denn es geht direkt vom Geiste Gottes aus und strahlt ein in unser Herz, es berührt unsere Seele und ist für diese Speise und Trank, die ihr zum ewigen

Leben verhilft.

Darum können wir Menschen uns wahrhaft glücklich preisen, wenn es zu allen Zeiten Menschen gab und gibt, die Gott als Gefäß für Seinen Geistesstrom erwählen konnte, der für uns zu einem Quell geworden ist, dem das lebendige Wasser entströmt. Wir können uns glücklich preisen, zu wissen, dass uns dieses Lebenswasser so rein und klar dargeboten wird, wie es aus dem Quell fließt, den Jesus Selbst uns erschlossen hat.

Wenn wir aus solchen Quellen neuer Offenbarungen schöpfen, welche zu allen Zeiten zur Erde geleitet werden wenn das reine Gotteswort zu sehr getrübt wurde durch Menschen, werden wir gelabt und gekräftigt unseren Erdenweg fortsetzen können. Wir werden im Licht der Wahrheit wandeln und nun auch auf unsere Mitmenschen so einwirken können, dass auch sie den Weg nehmen zum Quell, wenn sie nur guten Willens sind.

➔ Doch das veränderte Wort Gottes wird stets mehr an Wert verlieren, und es wird auch nur von denen vertreten werden, denen das Verlangen nach der Wahrheit mangelt, die an ihrem Wohlleben festhalten, und die darum auch an den Veränderungen oder Irrlehren sich nicht stoßen, sondern bedenkenlos alles als Wahrheit vertreten, wenngleich es nicht in dieser Form vom Herrn einst ausgegangen ist.

Nichts wird sich lange rein erhalten, was die unvollkommenen Menschen in Besitz nehmen, doch der Herr sorgt immer wieder dafür, dass die reine Wahrheit zur Erde geleitet wird, und wir Menschen brauchen sie nur ernsthaft zu begehren, und sie wird uns zugehen, zu Seiner Zeit und Stunde.

Vom Hinzufügen oder Wegnehmen – Mahnung an Bibellehrer

Ich möchte zwei Stellen in der Bibel beleuchten, die ebenfalls vielfach unrichtig aufgefasst und ausgedeutet werden, und die moderne Bibellehrer immer als Totschlag-Argument gegen jede Neuoffenbarung gebrauchen, jedoch ohne Wissen um deren wahre Bedeutung.

- *Erste Bibelstelle:*

(5. Moses 4, 1-2)

Und höre, Israel, die Gebote und Rechte, die Ich euch lehre (sind dafür gegeben worden), dass ihr sie tun sollt, auf dass ihr lebt, und hineinkommt, und das Land (der Verheißung) einnehmt, das euch der Herr, eurer Väter Gott, gibt.

Ihr sollt (zu den zehn Geboten und göttlichen Lehren)

nichts dazu tun, das Ich euch gebiete, und sollt auch nichts davon tun; auf dass ihr bewahren möget die Gebote des Herrn, eures Gottes, die Ich euch gebiete.

Was wollte Moses in diesen zwei Versen Geistiges sagen? Wenn man sie genau liest und über den Sinn des Gebotes nachdenkt, dann muss einleuchten, dass es sich hier um nichts anderes handelt, als um die Erfüllung der zehn Gebote, und dass der Mensch im Geist der Liebe zu Gott und zu dem Nächsten leben soll, damit er das Land der Verheißung einnimmt, welches ist *der Himmel im Herzen*, den Gott für den Menschen vorbereitet hat.

Der zweite Vers sagt aus, dass Menschen zu den zehn Geboten nichts dazu tun und auch nichts wegnehmen sollen. Das heißt doch klar, dass man die zehn Gebote nicht nach eigenem Gutdünken falsch auslegen und deren Sinn verändern, sondern strikt erfüllen soll!

Nun aber haben die Menschen weltweit im Laufe der Jahrhunderte (und auch in heutiger Zeit), recht viel dazugetan und recht viel weggenommen und stehen als sehr arge Übertreter gegen die zehn Gebote da. Wie JESUS aber einst zu den Pharisäern sagte: „Wer sich rein fühlt, der soll den ersten Stein gegen die Ehebrecherin werfen“(Joh.8.7), so darf man heute fragen: „Wer sich rein fühlt von der Übertretung der zehn Gebote, der soll öffentlich seinen Namen vor der Welt nennen, damit die Welt den göttlichen Helden kennt, der so rein wandelt, wie Gott in CHRISTUS wandelte!“

Solches nämlich bedeutet das „nichts dazu und nichts davon tun" im geistigen Sinne, und das betrifft einen jeden Menschen, weil ein jeder genau dies immer wieder an den 10 Geboten tut und immer wieder aufs Neue aus der Liebe tritt... Im materiellen Sinne bedeutet es aber, dass man das Gesetz bis ins Kleinste erfüllen soll wie es gegeben worden ist, und wie Jesus es uns in der Schrift des neuen Testaments klar auseinander gesetzt hat.

Wenn wir unser Leben einmal genauer betrachten, so werden wir feststellen, dass wir alle unter der Anklage der Übertretung stehen, weil wir sehr viel zu Gottes zehn Geboten hinzugefügt und auch sehr viel davon weggenommen haben:

- Hinzugefügt haben wir, indem wir uns erlauben so viele Sünden zu begehen, die dort verboten sind und wir uns völlig sorgenlos in der Welt bewegen, als wären wir frei von Sünde. Der Atheist kann sich vermeintlich frei fühlen wegen seines Unglaubens, und der Theist, namentlich die modernen protes-tantischen Christen, wegen der falsch gelehrten Rechtfertigung vor Gott durch Christus (siehe die entspr. Kapitel in diesem Buch), da irrig behauptet wird, Jesus habe, für den der an Ihn glaubt, alle Sünden mit ans Kreuz genommen, auch (und das ist die Irrlehre) alle danach, bzw. alle künftig begangenen.
- Weggenommen hat sie der moderne Mensch,

weil er die zehn Gebote nicht mehr berücksichtigt um sie zu erfüllen. Die Menschen haben sie größtenteils weggetan, indem sie materiell und in Sünde (d.h. außerhalb der göttlichen Ordnung) leben, was überall auf Erden gegen die göttlichen Gebote verstößt.

Und dies ist der Sinn des Verbotes Mosis im fünften Buch, viertes Kapitel, erster und zweiter Vers!

Nachdem wir nun also Moses seinem Grundsinn gemäß erfasst haben, werfen wir einen Blick auf die Gebote des Neuen Testaments und lesen dort, was Jesus durch Seine Apostel sagt:

(Matthäus 5,17-20)

17 Ihr sollt nicht wähnen, dass Ich kommen bin, das Gesetz oder die Propheten aufzulösen; Ich bin nicht kommen aufzulösen, sondern zu erfüllen.

18 Denn wahrlich, Ich sage euch: Eher würde Himmel und Erde vergehen, als dass der kleinste Buchstabe oder der mindeste Punkt vom Gesetze verginge, bis alles geschieht.

19 Wer nun eines von diesen kleinsten Geboten auflöst und lehrt die Leute anders, der wird der Kleinste heißen im Himmelreich; wer es aber tut und lehrt, der wird groß heißen im Himmelreich.

20 Denn Ich sage euch: Wenn eure Gerechtigkeit nicht besser als die der Schriftgelehrten und Pharisäer wird, so werdet ihr nicht in das Himmelreich kommen.

Der erste Vers sagt aus, dass Jesus als Messias nicht gekommen ist, das Gesetz, durch Moses gegeben, aufzuheben, sondern es zu erfüllen. Denn alle Lehren, die der Herr gab, und die man in kleinsten Auszügen im Neuen Testament, oder aber im tatsächlichen Wortlaut und Zusammenhang nach dem Originalgeschehen in der Neuoffenbarung (empfangen von Jakob Lorber in den Jahren1840 bis 1865) lesen kann, sind nichts als Detail-Erklärung der zehn Gebote.

Der zweite Vers besagt, dass eher Himmel und Erde vergehen werden, bevor der kleinste Punkt von Gottes Gesetz vergeht, denn es muss alles zuvor erfüllt werden, bevor eine Änderung eintritt. Dasselbe berichtet auch der Evangelist Lukas:

(Lukas 16,17)

Es ist aber leichter, dass Himmel und Erde vergehen, denn dass ein Tüttel vom Gesetze falle.

Und auch:

(Matthäus 24,35 / Markus 13,31 / Lukas 21,33)

Himmel und Erde werden vergehen, aber Meine Worte werden nicht vergehen.

Diese Stellen aus den Evangelien sagen uns, wie ernst Gott Sein Gesetz durch Moses gegeben hat und wie ernst Er darauf besteht, dass es erfüllt werden soll.

Der dritte Vers gebietet uns, die Gebote so zu erfassen, zu lehren und zu erfüllen, wie der Herr sie gegeben hat! Allerdings, Gottes Gebote waren bisher schwer zu verstehen, weil sie sehr kurz und geistig gegeben sind, da sie die Evangelisten im Sinne der geistig Geweckten, die sie durch das prophetische innere Wort (2.Petr.1,19/Gal.1,11.12) erklären können, (Lies 1.Kor.14) niedergeschrieben haben.

➔ Dieser Vers wendet sich gegen alle diejenigen, welche bisher die Bibel nach ihrer Verstandes-Weisheit erklärt haben, ohne dazu das prophetische innere Wort, oder die Feuertaufe des Geistes zu besitzen. Alle diese stehen unter dem Gesetz als Fälscher und Verdreher des Grundsinns des neuen und alten Testaments...

daher stimmt die Auffassung der Bibelworte nach deren Erklärung mit der Wahrheit heute nicht mehr überein!... und weil es nicht nach deren Sinn, nach ihrer falschen Aufklärung stimmt, berufen sie sich auf die von ihnen missverstandenen Bibelverse und heißen den Gott und Vater Jesus einen Ketzer, Schwindler, Betrüger, Gottes-lästerer und Irrlehrer, wenn Er Sich heute durch Seine Schreibmedien überaus ausführlich neu offenbart in Seiner Wiederkunft im Wort; denn sie werden doch wohl nicht behaupten wollen, dass die Propheten, Apostel und Evangelisten auch Jesus Selbst darunter meinten, als sie von hinzutun, wegnehmen und anders lehren sprachen!?...

- ➔ Solches ging einzig und allein bloß die an, welche seit den Zeiten der Apostel, bis heute, die Bibel falsch auffassen, falsch erklären und falsche Lehren predigen... JESUS - als Gott - kann unmöglich darunter verstanden werden! Daher: Wer die Neuoffenbarung mit dieser Begründung ablehnt, der lehnt Gott Selbst ab, und er hat es sich selbst zuzuschreiben, dass ihm der Geist verschlossen bleibt und sich die Verheißungen des Herrn an ihm nicht können erfüllen!

Hier passt der Vers 20 ganz genau auf solche Frevler gegen Gott, die in ihrer Geistesfinsternis nicht mehr den Namen Gott oder Christus – Der in Seiner Neuoffenbarung in der ersten Person „Ich" spricht – von einem Menschen unterscheiden können, der in Demut und Liebe dem Herrn dient und tut, was Jesus ihm ins Herz legte oder in die Feder diktierte.

Wenn solcher Menschen Gerechtigkeit und Vorgehen nicht besser wird, so werden sie das Schicksal der Pharisäer und Schriftgelehrten teilen, welche auch die Schrift verdrehten, wie die oben beschriebenen Gläubigen und deren Bibellehrer und Prediger es heute tun... Etwas anderes ist es, wenn es aus Unwissenheit geschieht, diese aber tun es wissentlich, denn Jesu Worte sind klar und deutlich, und es berührt deren

Widerspruch schon die größte Sünde: Das Widersprechen gegen den heiligen Geist der Wahrheit...!

Als der Herr das sterbliche Kleid eines Menschen trug, sagten die Pharisäer, dass Jesus mit Hilfe des Belzebub, des Obersten der Teufel, die Teufel austreibe und Wunder wirke... heute erlauben sich die Buchstabenchristen, Seine Schreiber, durch die Jesus wirkt und uns Lehrt, zu Teufeln der Hölle abzustempeln, da man sie als falsche Propheten bezeichnet, die sich erfrechen, durch Missbrauch des göttlichen Namens Jesu, ein falsches Prophetentum zu predigen, indem man Bibelzitate gegen sie anführt, welche aber alle *gegen ihr eigenes* falsches Prophetentum gerichtet sind!

- *Zweite Bibelstelle:*

(Offenbarung des Johannes 22, 18-19)

Fürwahr, ich bezeuge jedem, der die Worte der Weissagung dieses Buches (Offenbarung) hört: Wenn jemand etwas zu diesen Dingen hinzufügt, so wird Gott ihm die Plagen zufügen, von denen in diesem Buch geschrieben steht, und wenn jemand etwas wegnimmt von den Worten des Buches *dieser* Weissagung, so wird Gott wegnehmen seinen Teil vom Buch des Lebens und von der heiligen Stadt, und von den Dingen, die in diesem Buch geschrieben stehen.

Das "Hinzufügen oder Hinwegnehmen" aus der Schrift bezieht sich hier allein auf die Offenbarung

(Weissagung) des Johannes (dieses Buches), an deren Ende diese Ermahnung steht. Diese Offenbarung ist ein einziges, riesiges, in Bildern geschildertes Entsprechungswerk geistiger Geschehnisse. Wer die Bilder verändert (den Buchstaben), der wird nicht mehr zum im Buchstaben ruhenden Geist vordringen können, und er bleibt in geistiger Dunkelheit über den wahren Sinn der Worte, und er kann somit keinen ewigen Nährwert für seine Seele mehr daraus schöpfen... nichts anderes ist damit gemeint.

Ein Beispiel: In neuen Bibelübersetzungen steht in der Offenbarung des Johannes für das Wort "Hurerei" das Wort "Sexuelle Ausschweifung". Hurerei in der geistigen Entsprechung bedeutet aber nichts Körperliches, sondern:

Mit der Liebe Gottes (dem Göttlich-Geistigen im Menschen) Unzucht treiben, Sie also für Zwecke der puren Eigen- und Weltliebe zu missbrauchen und sich dadurch die Trennung von Gott selbst zu bereiten. „Hurerei“ ist die Verwerfung der göttlichen, reinen Liebe im Menschen als der einzigen Lebenskraft; es ist eine „Sünde wider den Heiligen Geist“, d.h. die Trennung vom hl. Geist, oder das willentliche Abschneiden von der Lebensader Gottes.

Die an diese Stelle in der prophetischen Schrift heute getretene „Sexuelle Ausschweifung“ meint doch lediglich einen Akt der fleischlich-sinnlichen Begierde, der nur dann zustande kommt, wenn der Mensch ohnehin geistig tot ist durch seine geistige

Hurerei. Die Verwerfung des göttlich Guten und Wahren durch den Menschen zieht *alle* Laster nach sich, nicht nur Sexuelle.

Dieses Beispiel zeigt überdeutlich, dass es unerleuchtete Menschen sind, die, ohne den Heiligen Geist zu haben, seit Jahrtausenden, wie auch heute, das Gotteswort verbilden.

Wir müssen lernen, nicht alles blind zu glauben, die heutigen Worte der Bibel zu prüfen und in der Gnade des neuen Gotteswortes der Neuoffenbarung (Jesu Wiederkunft im Wort) zu leben und diese auch anzunehmen!

Verwirrung durch falsche Bibelauslegungen

Gottes Geist kann nur wirken in einem Menschen, der sich zur Liebe gestaltet hat.

Sind wir doch mal ehrlich: Wir legen uns oft die Worte der Schrift so aus, wie es uns nützlich erscheint. Die geistige Bedeutung des Wortes entspricht nämlich zu oft nicht den Zielen und Plänen, die wir – egoistisch wie wir noch sind – vielfach verfolgen, und wir legen den Buchstaben aus, der, mit dem Verstand gedeutet, jedoch vielerlei Sinn enthalten kann.

Daher sind viele Irrtümer verbreitet worden unter den Gläubigen, an denen mit einer Zähigkeit festgehalten wird, immer im Hinweis auf Stellen in der Schrift...! Und diesen Irrtum aufzudecken und auszurotten ist schon fast unmöglich geworden, weil die geistige Finsternis stets tiefer und größer wird. Dabei sind gerade solche Irrtümer die Klippen, an denen Suchende scheitern können, die bestrebt sind, die Wahrheit zu finden, doch dann zu zweifeln beginnen und die gleichen Zweifel zuletzt allem entgegensetzen, was in der Bibel geschrieben steht.

Sind es strenge Wahrheitssucher, dann werden sie auch die Wahrheit finden, wenn auch auf anderen Wegen als den gewohnten durch die Verkünder des Gotteswortes. Mangelt es ihnen aber an Wahrheitsernst, dann genügen ihnen schon solche Irrtümer, um sich ganz zu lösen vom Glauben oder Glaubenslehren, die doch der Wahrheit entsprechen können... und das ist die große Gefahr, die jede falsche Lehre mit sich bringt!

Falsche Auslegung der Schrift ist auch auf die Einwirkung des Gegners von Gott zurückzuführen, denn dieser versucht, große Verwirrung zu stiften in den Gemeinden der Gläubigen, und kann er deren Führer beeinflussen, so ist ihm ein großes Verfinsterungswerk gelungen. Es sind viele Worte der Schrift verschlüsselt, d.h., dem Verstand des Menschen ist ihr innerer, geistiger Sinn nicht offensichtlich. Es kann also verschieden ausgelegt werden und wird auch erst dann richtig ausgelegt, wenn der Geist des Menschen erweckt ist, der ihren Sinn ergründen will. Es ist dies von Gott aus so gewollt, dass die Menschen mit rechtem Ernst, im Verlangen nach Wahrheit und in Verbindung mit Gott ein jedes Wort lesen sollen, auf dass dann Er Selbst zu ihnen sprechen kann, Der sie dann auch recht belehren und aufklären wird.

Da aber auch die angeblichen „Vertreter Gottes" zumeist mehr ihren Verstand sprechen lassen, da sie studieren und grübeln, um hinter den Sinn des Wortes zu kommen, wird ihnen der geistige Sinn verschlossen bleiben, bis sie in engster Fühlungnahme stehen mit Gott und Seinen Geist erbitten. Der Geist Gottes wird sie dann recht belehren, aber auch immer das gleiche den Menschen offenbaren.

Kein Mensch sollte sich fähig wähnen, aus eigener Kraft – nur mit seinem Verstand – das Wort Gottes verstehen zu können, und kein Mensch sich anmaßen, es auszulegen ohne den Beistand Gottes! Und kein Mensch darf glauben, dass es nur genüge, Formgebete zu verrichten, um sich des göttlichen Beistandes zu versichern. Gott verlangt mehr.... Er verlangt ein Leben in Liebe, ein Herrichten des Herzens als Aufnahmegefäß Seines göttlichen Geistes, weil Er Selbst Sich nur mit der "Liebe" verbinden kann und weil Sein Geist nur wirken kann in einem Menschen, der sich zur Liebe gestaltet hat!

Daraus wieder ist zu ersehen, wie eine Auslegung der Schrift gewertet werden kann in Bezug auf Wahrheit. Denn wo ein Lebenswandel es unmöglich macht, dass Gottes Geist sich äußern kann, dort kann auch der schärfste Verstand nicht die Wahrheit ergründen, denn Geistwirken ist nicht durch Verstandestätigkeit zu ersetzen. Und es hätten nicht so viele Irrlehren in der Welt Verbreitung finden können, wenn stets diese Grundregel beachtet worden wäre, dass "von den Dornen keine Früchte geerntet werden können...." Gerade die Menschen, die dem Gegner Gottes gute Helfer waren, haben sich am meisten hervor-getan mit Auslegung und Übersetzungen der Schrift, deren Auswirkungen sich aber erst später zeigten, weil sie zu Spaltungen und Streitfragen führten und immer größere Verwirrungen anrichteten.

Soll gegen solche Irrtümer angegangen werden, dann ist das wieder nur möglich durch die reine Wahrheit aus Gott, deren Zuleitung also auch die Erweckung des Geistes in der Menschenseele erfordert. Doch annehmen werden eine solche Berichtigung auch nur jene Menschen, die in der Liebe leben und dem Geist in sich die Möglichkeit geben, ein Licht zu entzünden in den Herzen der Menschen. Aber nur die Wahrheit ist segenbringend! Jeder Irrtum ist ein Hindernis auf dem Wege nach oben. Darum soll die reine Wahrheit mit allem Nachdruck verkündet werden von denen, die sie empfangen von Gott Selbst. Denn das ist ihre Aufgabe, die ihnen zugleich mit der Zuleitung der Wahrheit gestellt ist, weil nur allein die Wahrheit Licht ist, weil nur allein die Wahrheit zur Seligkeit führt!

Beispiel und Aufklärung eines Widerspruchs in der Bibel

Zwei Verse zum Nachdenken, der erste heißt:

(Lukas 6, 52)

So ihr die liebet, die euch lieben, was tut ihr da sonderliches?

und der zweite lautet:

(Lukas 14, 26)

So Jemand zu Mir kommt und hasst nicht seinen Vater, Mutter, Weib, Kinder, Bruder, Schwester; auch dazu sein eigen Leben, der kann nicht Mein Jünger sein.

Diese beiden Aussagen kommen von Jesus, nur wurden sie bei verschiedenen Gelegenheiten gegeben: Das erste Mal war es nötig, einem eigenliebigen Selbstgerechten klar zu machen, wie wenig Liebe er noch gegen seine Mitmenschen habe, und ihm dadurch zu sagen, dass wahre Liebe keine Grenzen hat... So gilt auch heute die Meinung in einigen christlichen

Sekten, dass es sich bei dem „Nächsten“, im Gebot der Nächstenliebe, um einen Glaubens-Nächsten handelt, also nicht um einen jeden Mit-menschen... Auch auf solche trifft jener Vers zu.

Die zweite Aussage gilt Denen, die sich so gern entschuldigen, durch ihre Verhältnisse gehindert zu sein Jesus so zu dienen, wie es oft ihr Gewissen verlangt. Ihnen deutet der Herr an, dass, wer solchen entschuldigenden Einflüsterungen Gehör gibt, nicht zu Ihm kommen und Ihm eine völlige Hingabe vorheucheln kann, denn diese verlangt unbedingtes Vertrauen zu Ihm, auch wenn das *Kreuztragen* damit verbunden ist! Oder glauben wir etwa nicht von Seiner Liebe und Weisheit, dass sie uns alles in veredeltem Maß wieder zu ersetzen weiß?

Wie könnte Jesus (als Liebe) von uns Hass verlangen gegen die, wo ja schon die naturgemäße Liebe ihr Recht verlangt?.. Also muss hier der Sinn doch ganz anders gemeint sein, und zwar:

Wir sollen solche Entschuldigungen hassen, fliehen und vermeiden, die wir Jesus vorzubringen versuchen, wenn unser Gewissen uns sagt, dass wir Ihm in der einen oder anderen Sache untreu sind. Denn Er kann wohl das Erste und Beste von uns verlangen, weil Er uns dies auch bloß als Haushalter zuvor anvertraut hat.

➔ Darum sollen wir *Allem*, was wir haben, um Seinetwillen leicht entsagen können, denn nur so können wir Seine wahren Kinder sein!

Dies ist der Sinn der beiden Verse, die, wörtlich verstanden, sehr widersprüchlich sind. Daher sollte man vorsichtig sein mit Pauschalaussagen, dieses oder jenes stehe so nicht in der Bibel, denn in der Bibel steht Alles und Nichts, der Buchstabe ist tot, nur der Geist ist lebendig.

Ist die Bibel abgeschlossen?

Wie falsch ist es von uns anzunehmen, dass mit der Schrift, dem Buch der Väter, Gottes Wort abgeschlossen sei, und dass Gott Selbst eine Grenze gesetzt habe insofern, als dass Er Sich nun nicht mehr äußere und nicht mehr zu uns Menschen spreche. Wer gibt uns die Berechtigung zu einer solchen Annahme? Wer will es dem Schöpfer verwehren, wenn Er als Vater immer wieder zu Seinen Kindern spricht? Wer gibt uns das Recht, eine solche Behauptung aufzustellen, dass die Bibel allein genüge, dass wir Menschen kein weiteres Wort mehr benötigen?

Wir, wenn wir jegliche Neuoffenbarung zurückweisen, befinden uns noch im tiefsten Geistesdunkel! Und in diesem Dunkel werden wir auch nicht die Bibel verstehen, und so ist diese für uns auch noch ein verschlossenes Buch, denn wir verstehen nicht den geistigen Sinn der Buchstaben, denn sonst würden wir in diesem Buch auch die Hinweise auf Seine immerwährenden Offenbarungen finden und uns wäre das Wirken Seines Geistes verständlich. Doch solange wir selbst noch ungeweckten Geistes sind, fassen wir nicht den Sinn des Wortes, das Gott als JESUS Selbst zu Seinen Jüngern sprach, als Er über die Erde ging.

Wie arm wären wir Menschen, wenn wir uns beschränken müssten mit einem Buch, das wir selbst nicht mehr zu prüfen im Stande sind auf seinen unveränderten Inhalt, wenn uns nicht immer wieder die reine Wahrheit von oben gegeben würde, an der wir den Maßstab anlegen können, ob wir uns überhaupt in der Wahrheit bewegen. Wir, wenn wir nur dieses Buch der Väter gelten lassen wollen, sind selbst noch nicht eingedrungen in "das Wort," haben es nur mit dem Verstand gelesen, nicht aber den Geist in uns sprechen lassen, der uns belehrt und über den geistigen Sinn des Wortes Aufschluss gibt. Wir hängen am Buchstaben und verstehen nicht dessen Sinn. Und wenn Gott uns selbst einführen will in die Wahrheit, dann leugnen wir Sein Wirken, und verdächtigen Seine Diener des Umganges mit Seinem Gegner; wir sprechen Gott den Willen und die Macht ab, zu reden mit denen, die sich Ihm voll-gläubig zum Dienst anbieten und die darum auch fähig sind, Seine Stimme in sich zu vernehmen, und bleiben stur bei der Ansicht, dass Sein Wort abgeschlossen sei mit der Schrift, die wir als alleiniges Buch anerkennen, durch das Gott Sich offenbart habe.

Das ist unser Schaden, denn wir beweisen durch die

Ablehnung Seines Wortes aus der Höhe nur, dass wir tote Christen sind, denn ein lebendiges Christentum ist ein "Wirken in Liebe", und diese würde uns Erhellung des Geistes eintragen und also auch Verständnis für Gottes außergewöhnliche Hilfe zu Zeiten geistiger Not. Wir würden dann auch die Worte in der Bibel verstehen, die Verheißungen, die Gott Selbst uns gab und die darauf hinwiesen, dass Er Selbst Sich offenbare denen, die Seine Gebote halten.

Wie also wollen wir diese Seine Verheißungen auslegen, wenn wir jegliche "Neuoffenbarungen" leugnen? Wollen wir Gott Selbst Lügen strafen, wenn Er uns Seinen "Tröster" ankündigte, der uns "einführet in alle Wahrheit...."?!(Joh.14.26) Wie verstehen wir diese Worte, die sich erfüllen müssen, weil sich eine jegliche Verheißung erfüllt, die Gott den Menschen gab zur Zeit Seines Erdenwandels? Und warum wollen wir nicht glauben?...

Weil wir überheblichen Geistes sind!

Weil es uns an der inneren Lebendigkeit, an der Erweckung des Geistes, mangelt und wir darum glauben, Gott und Sein Wirken bestimmen zu können, es selbst zu begrenzen, wie es uns gefällt!

Doch wir irren uns, auch wenn wir durch ein Bibel-Studium das Wissen erlangt zu haben glauben, das uns berechtigt zur Ablehnung Seines Wortes aus der Höhe. Dann sind wir überheblichen Geistes und können darum auch niemals selbst eine Offenbarung von Gott empfangen, denn nur dem Demütigen schenkt Er

Seine Gnade, und an dieser Demut mangelt es dann! Darum wandeln wir Christen auch noch zu allermeist in der Finsternis, und werden diese nicht durchbrechen können, weil wir dem Licht ausweichen, das uns Erkenntnis schenken könnte, wenn wir in seinen Schein zu treten Verlangen hätten.

Der Glaube allein, ohne die Liebe und das Verlangen nach Wahrheit, führt niemals zur Erkenntnis. Niemals hört Gottes Liebe zu Seinen Geschöpfen auf, und niemals wird Er daher versäumen uns Menschen anzusprechen, wo nur die Voraussetzungen dafür vorhanden sind. Und immer wird Sein Wort ertönen denen, die eines guten Willens sind, zu denen der *Vater* sprechen kann wie zu Seinen Kindern und die lebendig an Ihn glauben, und ihnen wird Er Sich auch beweisen, und die Seinen werden auch Seine Stimme erkennen, denn ihnen kann Gott gegenwärtig sein.... ihnen kann Er Sich offenbaren, wie Er es verheißen hat!

Die Auseinandersetzung unter den Gläubigen: Nur die Bibel!?

Ist Gott nicht ein Geist (Joh.4.24) und das Reich Gottes nicht inwendig in uns (Lk.17.21)? Ist der Buchstabe nicht tot und nur der Geist lebendig (2.Kor.3.6)? Ist es nicht besser, heiß oder kalt zu sein und nicht lau (Offb.3.16)? Niemand muss sich vor dem toten Buchstaben fürchten, aber vor Überhebung und Lieblosigkeit, davor sollten wir uns wahrlich alle fürchten, denn solches war und ist der Grund des Falles Luzifers und seines Anhangs.

Will man den unendlichen, ewigen Gott wirklich in ein einziges, endliches Buch bannen? Sagt die Bibel nicht, das die Welt die Bücher nicht fassen (verstehen) würde, die zu schreiben wären, wollte man das Viele, das Jesus noch gelehrt hat, aufschreiben (Joh.21.25)? Und sagte Jesus nicht, dass uns künftig der Heilige Geist lehren und in alle Wahrheit einführen wird, nicht aber, dass wir nur von einem künftigen Buch gelehrt werden sollen (Joh.14.26)? Was aber, wenn sich Jesu Verheißungen an einem Menschen erfüllen und sich ihm das innere Wort Gottes eröffnet durch den Heiligen Geist?!

Was wäre das für eine Mutter, die ihrem Kinde immerzu nur einen Brei verabreichte? Wenn das Kind heranwächst, so verändert sich auch die Nahrung, und das Kind wird nicht bei dem Brei verbleiben. Was wäre das für ein Vater, der nur ein Kinderzimmer für seine Zöglinge bereit hielte? Irgendwann wird er sie aus dem Zimmer herausführen, um ihnen die Welt mit all den Vielfältigkeiten des Lebens zu zeigen und anfangen, sie darin zu unterrichten und darüber aufzuklären. Hat nicht ein Geliebter unendlich viele Worte für seine Geliebte übrig, und möchte nicht die Geliebte möglichst alles über ihren Geliebten erfahren?

"Bittet, und es wird euch gegeben, klopfet an, und es wird euch aufgetan" (Lk.11.9), spricht der Herr. Was, wenn jemand darum bittet, Gott immer mehr erkennen zu dürfen? Können wir uns anmaßen, Gott vorzuschreiben, wie Er Sich zu offenbaren hat?!.. Nein, Gott in nur ein Buch zu bannen, bei dem allein es zu verbleiben habe, ist eine Erfindung des Satans, denn es soll kein Geistwirken mehr zulassen. Aber der Geist weht wo Er will (Joh.3.8), und wo Er nicht im Herzen eines Menschen weht, da ist es ohnehin völlig gleich, ob Altoffenbarung (Tora und Bibel) und oder Neuoffenbarung (Jesu Wiederkunft im Wort), denn es gilt letztlich doch allein das durch die Liebetat lebendig gewordene Wort Gottes im Menschen.

Ich möchte hier eine Frage stellen, die jeder bitte ganz für sich persönlich beantworten soll: Warum glauben sie? Weil sie zum Glauben erzogen wurden? Glauben sie aus Furcht vor der Hölle? Glauben sie, um in den Himmel zu kommen? Oder glauben sie aus tiefer Sehnsucht nach ihrem Schöpfer und einer lodernden Liebe zu Ihm? Und wenn Letzteres, wären sie da nicht bereit, auf allen Lohn zu verzichten und wollten lieber mit Jesus in der untersten Hölle sein, als ohne Ihn im obersten aller Himmel? Wie weit geht ihre Liebe zu Gott?... Und wenn sie dies für sich geklärt haben, dann können sie sich vielleicht vorstellen, warum Gott Sich dem einen mehr und dem anderen weniger Offenbart.

Ja, es gibt nur *eine* unumstößliche, ewige Wahrheit der Ordnung aller Dinge und Beschaffenheit aller Verhältnisse, aber es kann ewig nicht nur *ein* Buch darüber geben, denn allein das Wort "Liebe", wollte man es ergründen, würde unendlich viele Bücher füllen. Und wenn unser wunderbarer Gott Kinder hat, die mehr von Ihm und über Ihn erfahren möchten schon hier auf Erden, dann wird von Seiten dieses unseres überherrlichen Vaters sicher auch schon dafür gesorgt sein, dass ihnen wird wonach ihr Herz ein aufrichtiges Verlangen hat. Wer ist der, der sich anmaßt, Gott darin zu begrenzen?! Es sind nur jene Kinder, die den Vater nicht kennen und die kaum Verlangen nach Ihm haben. Wer aber den Vater kennt, der kennt auch den Sohn. Oder anders gesagt: Nur ein liebendes Herz ist auch ein erleuchtetes Herz!

Wer einmal den Mut aufbringt, in der großen Neuoffenbarung zu lesen, der wird erkennen, dass diese der Bibel nicht nur auf ein Haar entspricht, sondern sie in einem Maße aufschließt und vertieft, wie es die Bibel selbst bereits vielfach angekündigt hat, dass solches geschehen wird. Doch auch die Neuoffenbarung ist nur wieder ein Geländer, das uns verhelfen soll zum Geist und damit zur inneren, lebendigen Wahrheit in uns zu gelangen. Und ebenso, wie uns keine Bibel etwas nützt wenn wir nur beim Gelesenen verbleiben, so schadet uns auch keine Neuoffenbarung. Nur wenn wir nach der Wahrheit streben in der Liebe, werden wir in die Kraft des Heiligen Geistes gelangen!

Dies ist etwas ganz praktisches und für jeden erfahrbares, und nur so finden alle Auseinandersetzungen unter den Gläubigen irgendwann einmal ein Ende.

Vom Einwand der Menschen, dass Gottes Wort mit der Bibel abgeschlossen sei

Eine ungemein irrige Annahme ist es, das geschriebene Wort Gottes für abgeschlossen zu halten und jegliche göttlichen Offenbarungen als Machwerk böser Kräfte abzuweisen.

Es gibt gute und böse Kräfte, die ihren Einfluss auf den Menschen geltend zu machen versuchen. Alle guten Kräfte führen den göttlichen Willen aus, die schlechten Kräfte arbeiten dem göttlichen Willen entgegen. Unwissende Kräfte werden niemals gute

Gedanken übertragen wollen und können, da sie in ihrem Dunkelheitszustand noch unter der Gewalt des Gegners Gottes stehen, also dessen Einfluss zugänglicher sind als dem Einfluss der Lichtwesen. Sobald sie jedoch erkannt haben, überlassen sie sich den Lichtwesen und ordnen sich dem göttlichen Willen unter, erkennen ihr mangelndes Wissen und geben nun nur das weiter, was sie durch die Lichtwesen übermittelt bekommen haben. Dies muss erst klargestellt sein, um die irrige Annahme zu widerlegen, dass sich willkürlich die Kräfte des Jenseits äußern, wo solche Offenbarungen der Menschheit geschenkt werden.

Es hat der Herr auf Erden gelehrt und Sein Wort den Menschen nahegebracht. Es war Sein Wille, dass dieses Wort niedergeschrieben wurde, um der Nachwelt erhalten zu bleiben. Er hat durch dieses Sein Wort den Menschen Sein Geisteswirken angekündigt. Er hat ihnen gleichsam die Zusicherung gegeben, bei ihnen zu bleiben im Wort bis in alle Ewigkeit: "Ich werde euch den Tröster senden, den Geist der Wahrheit"(Joh.14,26).

Es gibt jedoch keinen Ausspruch des Herrn, aus dem zu entnehmen ist, dass Sein Wort als abgeschlossen betrachtet werden müsse! Es sollte unverändert bestehen bleiben, und also sollte dem Evangelium, das der Herr den Menschen brachte, kein Wort hinzugefügt noch hinweg genommen werden, was den *Sinn* des göttlichen Wortes verändern könnte. Doch die menschliche Weisheit suchte zu verändern und zu „verbessern“.

Im Willen, der Menschheit das Wort Gottes verständlicher zu machen, ist oft der Sinn dessen entstellt oder verschleiert worden, was dazu geführt hat, dass selbst das von Ihm angekündigte Wirken des Geistes nicht mehr recht verstanden und daher auch nicht anerkannt wird. Es ist der Menschheit völlig das Wissen darum verloren-gegangen, dass Gott immer und immer wieder zu den Menschen spricht und sprechen möchte, dass das Hören des Wortes Gottes in direkter Verbindung ja das ist, was der Mensch auf Erden anstreben soll. Statt dessen schrecken die Menschen vor der Äußerung des göttlichen Willens in dieser Form zurück. Es naht Sich Gott ihnen mit Seinem Wort, doch sie erkennen Ihn nicht mehr.

- *Die Verwüstung, als Folge der „Vertreibung aus dem Paradies“, aus dem der Mensch sich selbst vertrieben hat:*

Es ist das Wort Gottes nicht mehr lebendig in den Menschen, sie lesen das tote Wort, fassen aber nicht den Sinn desselben. Es ist eine öde Dürre eingetreten, der Quell ist nahe am Versiegen. Und Gott lässt erneut einen Strahl des lebendigen Wassers hervorbrechen aus den Felsen inmitten aller Unwirtlichkeit. Er lässt Ströme des lebendigen Wassers aus den Lenden dieser fließen, die verlangend nach dem köstlichen Labetrank Herz und Ohr öffnen und Sein göttliches Wort in

Empfang nehmen, und es erfüllt sich damit die hl. Schrift.

Es wären ja die Worte des Herrn bei Seinem Erdenwandel hinfällig, so Gott Sich nicht mehr offenbarte und Er nicht *im Wort bei den Menschen* wäre. Es hat der Mensch keine Berechtigung, Sein Wirken für abgeschlossen zu erachten! Tut er das, so beweist er nur seine Unkenntnis des geschriebenen Wortes und sein Unverständnis diesem gegenüber. Denn die zahlreichen Hinweise auf das Wirken des göttlichen Geistes würde er dann ungültig machen wollen, also selbst das göttliche Wort nicht sinngemäß erfassen. Folglich gehört er zu denen, die selbst irren und ihren Irrtum den Menschen weitergeben wollen, während sie die reine Wahrheit nicht erkennen und sie den Mitmenschen darum vorenthalten.

Gottes Liebe ist unbegrenzt, und sie verausgabt sich nie. Es wird immer und ewig sich diese Liebe äußern, also geben wollen, und immer wird empfangen dürfen, wer selbst in der Liebe steht und göttliche Liebe begehrt. Gott ist die Liebe, Gott ist das Wort. Wer die Liebe Gottes begehrt und empfängt, der empfängt Sein Wort und wird es empfangen dürfen bis in alle Ewigkeit.

Bibelbuchstaben-Christen sind gegen eine Neu-Offenbarung Gottes

Als Gott in Jesus auf der Erde lehrte, da sagten die Pharisäer, dass Er mit Hilfe des Obersten der Teufel die Teufel austreibe und Wunder wirke. Heute erlauben sich die Bibelchristen, Seine Schreiber und Redner, durch die Er wirkt und uns lehrt, zu Teufeln der Hölle zu brandmarken. Sie werden als falsche Propheten bezeichnet und führen Bibelzitate an, die aber alle nur gegen ihr eigenes falsches Prophetentum gerichtet sind!

Was schrieb Johannes zu Gunsten Jesu?
Seine Worte lauten:

(Johannes 21, 25)

Es sind auch viele andere Dinge, die Jesus getan hat; so sie aber sollten eines nach dem anderen geschrieben werden, achte Ich, die Welt würde die Bücher nicht begreifen, die zu beschreiben wären.

Dieser Vers klärt darüber auf, dass Jesus zu Seinen Aposteln und den geistig fortgeschritteneren Menschen noch ganz etwas anderes sprach, als was wir im Neuen Testament finden. Es steht aber zugleich nicht dabei, dass es Gott verboten sei, im Lauf der Zeiten das Geoffenbarte auch Seinen Kindern neu zu offenbaren, wenn sie geistig fortgeschrittener sein werden als es damals die große Masse des Volkes war.

Die weiteren Lehren die Jesus damals gab und die Wunder, die Er wirkte und die nur erwähnt, aber nicht im neuen Testament aufgezeichnet sind...

(Johannes 20, 30)

Jesus tat aber noch viele andere Zeichen oder Wunder vor seinen Jüngern, die nicht geschrieben sind in diesem Buche (des Evangeliums im Neuen Testament).

...diese finden wir in dem großen Evangelium, das Gott durch Jakob Lorber schreiben ließ, weil die jetzige Generation geistig höher steht, als sie zu Jesus irdischen Lebzeiten stand.

Dass die modernen Bibelchristen diese Lehren des Großen Johannes Evangeliums für Ketzerei, falsches Prophetentum, Betrug, Schwindel, spiritistische Mitteilungen, Gotteslästerung, Wahnsinn, usw, also im Klartext: als direkt vom vermeinten Teufel kommend halten, beweist deutlich genug, dass sie noch nicht soweit geistig fortgeschritten sind um diese Kost aus den Himmeln verdauen zu können, weil sie die Wahrheit von der Lüge nicht unterscheiden können, da sie die Wahrheit für Lüge und die Lüge für Wahrheit halten und gegen die Wahrheit vorgehen! Sie verwerfen die göttlichen Aufklärungen, aber die falschen Auslegungen ihrer Bibellehrer halten sie für wahr und richtig! (Ganz zu schweigen von jenen Frevlern, die dies Gotteswort ungeprüft in den Müll befördern...)

Jetzt aber wollen wir Paulus anhören was er spricht in Bezug auf die falschen Lehren. Er schreibt:

> (Galater 1, 6 - 8)
>
> Mich wundert, dass ihr euch so bald abwenden lasset von dem, der euch berufen hat in die Gnade Christi, auf ein anderes Evangelium; so doch kein anderes ist; außer, dass etliche, die euch verwirren, und wollen das Evangelium Christi verkehren. Aber so auch wir oder ein Engel vom Himmel euch würde das Evangelium anders predigen, als so wie wir es euch gepredigt haben, 'der sei verflucht'.

Wir wollen zuerst den 6. Vers betrachten, in welchem Paulus die Galater tadelt, dass sie sich so bald abwenden lassen von dem echten Evangelium Jesu Christi auf ein anderes, welches ein falscher Prophet verkündete...

Diese Rüge auf die jetzige Zeit angewendet heißt, dass man den Lehren der falschen Auslegung der Heiligen Schrift durch die modernen Bibellehrer - die weder durch die Feuertaufe des heiligen Geistes, noch durch die Gabe der Auslegung begnadigt und eingeweiht wurden - volles Vertrauen entgegenbringt, Gottes neues Wort aber für falsches Prophetentum hält und nachdrücklich bekämpft!

Wenn nur ein wenig geistiges Licht in den Köpfen solcher Widersacher wäre, so könnte unmöglich das papageimäßig eingebläute Falsche und Widersprechende als Wahrheit angesehen werden, aber leider:

das sind eben die Toten im Geiste (Mt.8,22 / Lk.9,60) denen das Papageien-tum imponiert, Gottes Wahrheit aber viel zu hoch steht, um ihr hohes Licht vertragen und sich in ihren heiligen Strahlen der Liebe sonnen zu können!

Ja wahrlich, es gibt kein anderes Evangelium als das, was Jesus Selbst lehrte, und es ist auch keine andere Auslegung des Evangeliums richtig als nur die, welche Er Selbst uns durch von Ihm Berufene - einst Propheten genannt - gibt. Alles andere Auslegen ist unzuverlässig, weil vielfach verworren und verkehrt.

Im achten Vers schwingt sich Paulus in die feurige Höhe des Eifers und donnert den Galatern einen förmlichen Fluch gegen die falschen Propheten zu. Stärker hätte sich Paulus hier allerdings nicht ereifern können, denn in seinen letzten Worten liegt eine Lieblosigkeit, die in Jesu Liebelehre nicht vorgesehen ist, und solches soll daher nie gegen einen Feind oder Widersacher gesagt, bzw. empfunden werden, weil die Liebe niemals einen Menschen verflucht, sondern barmherzig ist gegenüber jedermann.

So müssten ja die Bibelbuchstabenlehrer hier konsequenterweise ihren Paulus als einen Verfehler gegen Jesu Liebelehre sehen, weil dieser anscheinend noch nicht tief genug in diese Lehre eingedrungen war, um fehlerfrei zu sein. Dasselbe tat er im 1. Sendschreiben an die Korinther, Kapitel 16, Vers 22.

Ein „Fluch" oder eine „Verdammnis" meint aber den gottesfernen Zustand, in welchen sich eine

Menschenseele selbsttätig hineinmanövriert in der freiwilligen Missachtung der göttlichen Liebelehre, was immer die Licht- und Kraftlosigkeit zur Folge hat, was aber nur solange andauert, wie die Seele in der Lieblosigkeit verharrt, ob diesseits oder jenseits, das spielt da keine Rolle, denn eine freiwillige Umkehr ist jedem Wesen immer und ewig möglich.

Und im 4. Kapitel, Vers 5 dieses 1. Sendschreibens sieht man Paulus sich gar einen „geistigen Vater" nennen, da er nicht dabei war als Jesus den Jüngern sagte: „Ihr sollt Keinen von euch auf Erden Vater (im geistigen Sinne) nennen, denn es gibt nur einen Vater, und Der ist im Himmel." (Mt.23,9)...

Und so gibt es noch da und dort Irrtümer in den Übersetzungen, die sie nicht erkennen, weil sie samt ihren Bibelauslegern nicht von Gott zum Amt der Bibelwahrheit-Verkünder berufen und auserwählt sind! Was drängen sie sich dann auf als Verteidiger der Bibel, da sie diese geistig nicht verstehen?!

Wo ist die Salbung durch die Gaben, (1.Joh.2,27) die sie von Jesus empfangen hätten und womit sie sich legitimieren könnten, dass sie Seine Diener, Berufene, Auserwählte oder mit Seinem Geiste Getaufte sind!?

Ja, wären sie Seine Auserwählten, Seine Diener, so wären sie demütig und würden die Stimme ihres Gottes und Lehrers kennen! Da sie Ihn aber in Seinem wieder-gekommenen Wort der Neuoffenbarung bibelschulmeistern wollen, so zeigen sie bloß ihre Finsternis, denn wer den Geist der Bibel in sich hat durch ein tätiges Liebeleben, der ist geistig wiedergeboren und er erkennt seinen Gott, König, Richter und Vater an der Stimme Seiner heiligen Liebe. Wer aber das nicht erkennt, der gehört zu den Toten im Geiste, wenn er auch fleischlich lebt...

Dass Paulus trotz dieser unbewussten, argen Verstöße gegen Jesus ein wahres Evangelium predigte ist gewiss, weil Jesus Selbst es war, Der es ihm offenbarte im Geist. Aber das sollte man sich nicht einbilden, dass Paulus auch Christus, seinen Gott, irgendwie als Ketzer, Schwindler, Betrüger, falschen Propheten, Gotteslästerer, Wahnsinnigen und einen vom Teufel gelehrten ansah - wie viele heutige Bibellehrer dies tun - wenn der Herr den anderen Jüngern wieder andere Lehren gab, die Paulus nicht kannte. Wer nicht finster ist, der muss aus der Verschiedenheit der Lehren im Neuen Testament erkennen, dass Gott nicht gebunden ist, bloß nach einer Schablone Seine Lehren zu offenbaren, sondern dass Er es tut, wie es Ihm beliebt, und dass Er keine irrenden Menschen als Seine Schulmeister braucht.

Frage an die Bibelbuchstabenreiter: Sind Jesu Apostel auch Ketzer, Schwindler, Betrüger usw., da ein jeder andere Nachrichten bringt oder sie anders wiedergibt und die als Eigenheit des einen oder anderen Apostel oder Evangelisten gelten?.. Warum bringen denn nicht Alle dieselben Nachrichten und dieselben Lehren? Ist das nicht auffallend? Und warum ist euch nun Jesu heutiges, neues Vaterwort verdächtig?

Seht ihr nicht selbst ein, dass ihr im Irrtum seid, und dass ihr, statt Gott des falschen Prophetentums anzuklagen, reuevoll und zerknirschten Herzens, kniefällig um Vergebung eurer Vermessenheit bitten solltet, damit nicht ihr „verflucht“ werdet, d.h. geistig noch tiefer in die Unbußfertigkeit und Finsternis verfallt, als ihr ohnehin schon seid... ?!

Angst vor Neuoffenbarung: "Der Satan im Lichtgewand"

(2. Korinther 11.14)

Der Satan verstellt sich zum Engel des Lichts.

Diese Bibelstelle ist die Standart-Absage vieler Bibel-Christen gegen die Neu-Offenbarung der ewigen Liebe durch den Sohn, welcher ist das ewige Licht der Wahrheit in den Worten JESU, auch genannt und verheißen als: „Die Wiederkunft Christi“...

Wovor müssen wir denn in Wahrheit Angst haben?...

➔ Vor dem Hochmut!

Was ist die eigentliche Gefahr, die von Satan ausgeht?...

- ➔ Verführung zu: Genuss und zu Vergnügungen aller Art, zu Eitelkeit, zu Rechthaberei, zu Geltungs- und Ehrsucht, zu Hab- und Eigensucht im Hang zum Wohlleben, zu Trägheit und Stolz, Gleichgültigkeit gegenüber dem Wort Gottes (auch dem Neuen), gefolgt von Überheblichkeit und der Neigung, lieber oben, als unten stehen, und lieber befehligen, statt dienen zu wollen.

Kennt man denn die Hölle oder gar deren Grade und wo, wie und wann diese im Menschen erwachsen und welche Erscheinlichkeiten sie zeigen? Kennt man denn die Himmel und gar den obersten Liebehimmel und deren Beschaffen-heit? Weiß man, worin die Seligkeit und das Dasein in Wahrheit bestehen, wenn wir bei Gott sind? Was ist der Tod, was das Leben? Was die Materie und was der Geist?...

Ohne auf diese Fragen klarste Antworten zu haben, sollte man mit dem oben genannten Argument nicht vorschnell kommen, denn das Argument selbst ist schon ein Kunstgriff der Finsternis, da es, an der falschen Stelle angebracht, viel Licht vor der Herzenstüre belässt.

Natürlich genügte es, allein vollkommen nach den beiden Liebesgeboten zu leben, was aber niemand tut.

Und neben diesen beiden Geboten der Liebe gibt es ein aus der Liebe in alle Räume der Unendlichkeit hin ausstrahlendes Licht der Wahrheit. Dieses Licht ist das Wort Gottes, und diese Wahrheit ist es, die der *Vater* uns offenbart aus gutem Grund und unverdienter Gnade. Wenn wir dieses Licht, das der *Sohn* ist (weil vom Vater gezeugt), in uns aufnehmen, so gelangen wir auch zur Liebe (dem Vater), dem Zentrum und Ursprung des Lebens. Oder anders gesagt: Durch den Sohn zum Vater, oder noch anders: Über die Wahrheit zur Liebe!

Die trügerischen Worte: „Der Satan im Lichtgewand", sähen Zweifel in die Gemeinde Christi und bilden Stolpersteine zum Durchgang durch die Gnadenpforte des Himmels, denn nun ist Gnadenzeit, und die Pforte ist weit geöffnet. Man weiß dabei nicht, was man tut, weil man diese jetzige Gnadenzeit (Joh.Off.14,6) noch nicht kennt und noch nicht erkannt hat und vielfach auch noch nicht bereit ist, zu deren Annahme.

Verheißungen, göttliche Offenbarungen betreffend

Gott der Herr, JESUS CHRISTUS, möchte Sich uns offenbaren, so lautet Seine Verheißung, die auch all jene nicht abstreiten können, die solche Offenbarungen leugnen wollen. Wie aber kann der Herr Sich einem Menschen offenbaren, wenn dieser nicht daran glaubt, dass Jesu Wort Wahrheit ist, welches Er Selbst zu uns gesprochen hat, als Er über die Erde ging?

Der Herr möchte Sich uns zu erkennen geben, und Er fordert als Bedingung nicht den alleinigen Glauben, sondern vielmehr, dass man Ihn wahrhaft liebt und Seine Gebote hält. Doch diese Verheißung gilt den Meisten nichts, ansonsten sie gläubig horchen und Seine Offenbarung erwarten würden. Man stützt sich auf die hl. Schrift, auf das Buch der Bücher, und glaubt selbst nicht wahrhaft, was darin geschrieben steht. Denn es sind noch viele Verheißungen, die Gottes Wirken durch den Geist ankündigen, durch den Er Selbst Sich immer wieder neu offenbaren will.

Wie also versteht man diese Seine Worte aus der Bibel:

(Johannes 14, 26)

Ich will euch den Tröster senden....

(Matthäus 28, 20)

Ich bleibe bei euch bis an der Welt Ende....

(Johannes 7, 38)

Aus euren Lenden werden Ströme lebendigen Wassers fließen....

(Joel 3. 1, 2 / Apostelgeschichte 2, 17)

Ich will Meinen Geist ausgießen über alles Fleisch.... - ?

Warum will man es in den heutigen Kirchen und christlichen Gemeinschaften nicht wahrhaben, dass der Vater immer wieder zu Seinen Kindern spricht? Warum beschränkt man Sein Wirken auf das Maß, das man selber gelten lassen will?

Jeder von uns muss wissen, dass der Verstand viel Unheil anrichten kann, wenn das Herz dabei ausgeschaltet bleibt und man es nicht sprechen lässt, das uns wahrlich eines Besseren belehrt!

Man will den direkten Verkehr des Geschöpfs mit seinem Schöpfer unterbinden und will es für unmöglich erachten, dass Er Selbst zu Seinen Kindern spricht...

und doch hat Gott auch gesagt:

(Johannes 10, 27)

Meine Schafe erkennen Meine Stimme....

Laut dieses biblischen Beweises muss also der Herr

zu Seinen Schafen auch sprechen, und das tut Gott auch und wird es tun bis in alle Ewigkeit! Denn nur was Seinem heiligen Mund entströmt ist die reine Wahrheit, also sehe man bitte auch das als Wahrheit an, was man "Sein Wort" nennt, was in der Schrift geschrieben steht.

Denn Gott muss immer und immer wieder zu uns Menschen sprechen, weil wir - als Folge unserer Unvollkommenheit - immer wieder Sein reines Wort verunstalten oder falsch auslegen.

Darum muss ein jeder Christ zuerst um die Erweckung seines Geistes bemüht sein, d.h., Jesu Evangelium der Liebe, das Er auf Erden gelehrt hat, ausleben, und hell und klar wird dann bald sein ganzes Denken sein, und er wird ein tiefes Verlangen danach haben, dass der Herr Sich ihm persönlich offenbart und im inneren Wort begegnet... Er wird sich ein bewusstes Gefühl der Gegenwart Jesu im Geiste erbitten, und wahrlich, er wird dieses erhalten, denn es ist der Glaube nun lebendig geworden durch die tätige Liebe zu Gott... Der Christ stellt jetzt eine lebendige Verbindung her mit Gott, und was er zuvor nicht zu glauben vermocht hat, wird ihm nun ganz selbstverständlich sein: dass der Vater von Ewigkeit, unser aller Gott und Schöpfer, Sich Seinen Geschöpfen offenbart, weil Er von ihnen erkannt und geliebt werden will.

Darum also gibt Er Sich zu erkennen. Er offenbart Sich als ein Gott der Liebe, der Weisheit und der Macht (d.h. Vater, Sohn und hl. Geist). Und wenn es einem Menschen ernst ist darum, diesem höchst vollkommenen Wesen nahezukommen, wird Er ihm auch ein helles Wissen schenken, so dass er nicht mehr in der Finsternis des Geistes einhergeht, der die Folge seines einstigen Abfalles von Gott war.

Denn ob man auch noch so eifrig die Schrift liest, und wenn man jeden Buchstaben auswendig lernt... es nimmt immer nur der Verstand das Wissen entgegen, das wenig Nutzen bringt für die Seele. Ein erweckter Geist erst wird volle Aufklärung finden, d.h., erst die Gestaltung unseres Wesens zur Liebe, die Erfüllung der göttlichen Liebegebote, gibt uns helle Erkenntnis.

Dann aber verstehen wir auch das Buch der Bücher richtig, d.h., seinem geistigen Sinn gemäß, während es zuvor nur für uns ein reines Buchstabenwissen bleibt, denn erst der Geist macht den Buchstaben lebendig!

Will ein Mensch Gott ernsthaft dienen und gute Weinbergsarbeit leisten, dann muss er zuerst die innigste Verbindung mit Ihm, seinem Vater von Ewigkeit, herstellen, und dann erst wird er selbst hellen Geistes sein und auch wissen, dass der Herr Sich uns tatsächlich offenbart, wie Er es uns verheißen hat, denn Jesu Wort ist Wahrheit und es muss sich erfüllen. Und es erfüllt sich auch, sowie nur die Voraussetzungen gegeben sind, sowie man ein Leben in Liebe führt und Gott in Jesus, und Seine Gegenwart ersehnt... und dann auch wird man horchen nach innen und nicht mehr zweifeln an der Liebe des Vaters, Der Sich uns immer wieder neu offenbart durch Seinen Geist.

Zweifel der Bibel-Christen an göttlichen Neu-Offenbarungen, und warum sie abgelehnt werden

Immer wieder werden die Menschen Gottes neue Offenbarungen anzweifeln, weil sie selbst nicht lebendig genug glauben, ansonsten ihnen Sein Wirken in der letzten Zeit vor dem Ende ganz verständlich wäre.

Der lebendige Glaube fordert ein Leben in Liebe, das die meisten Menschen außer acht lassen, denn sie pflegen nur ihre Eigenliebe, und in solcher verkehrten Liebe können sie nicht zu Gott finden, sie können Ihn nicht erkennen als ihren Gott und Schöpfer, Der auch ihr Vater sein will. Sie haben nur einen Formglauben, ein angelerntes Glaubenswissen, das in ihnen noch nicht lebendig werden konnte und darum auch die "Ausgießung Seines Geistes" von ihnen nicht verstanden wird, die Er allen denen verheißen hat, die "an Ihn glauben und Seine Gebote halten...." Denn denen will Sich Gott offenbaren.

Und je mehr sie diesem Formglauben verhaftet sind, desto feindlicher stellen sie sich ein gegen Seine neuen Offenbarungen, die Er jedoch immer wieder zur Erde leiten wird, weil Er es als einen Akt der Notwendigkeit ansieht, dass die Menschen die volle Wahrheit erfahren und nicht in verfälschten Lehren ihren Lebensinhalt suchen.... dass sie glauben, was weit von der Wahrheit entfernt ist und die schlichte, einfache Wahrheit aus Gott nicht mehr zu erkennen vermögen.

Und es ist wirklich leichter, einen völlig ungläubigen Menschen mit der reinen Wahrheit vertraut zu machen, als jene Menschen zu überzeugen, die übereifrig sind im Studium der Bibel, deren Verstand jeden Buchstaben zu erklären sucht und die Seine einfache Ansprache zurückweisen als ein Wirken der Dämonen. Gottes Gegner hat schon eine dichte Finsternis verbreitet, und er bedient sich auch der Bibel, indem er das Verstandesdenken verwirrt und den Menschen jegliche klare Erkenntnis nimmt, was ihm deshalb gelingt, weil die Bindung mit Gott nicht tief genug ist, dass Seine Liebekraft ein Menschenherz anstrahlen kann, was soviel bedeutet, als helles Licht zu empfangen und auch die Wahrheit vom Irrtum unterscheiden zu können.

Wie schlimm aber wäre es um die Menschen bestellt, würde Jesus Sich ihrer nicht annehmen und sie ungewöhnlich zu stärken suchen, würde Er ihnen nicht durch Seine direkte Ansprache sich Selbst und Seine Gegenwart beweisen und ihnen auch den Beweis dessen erbringen, indem Er zu Seinen Kindern redet wie ein Vater!

Wir Menschen suchen Gott immer noch in weiter Ferne, auch wenn wir an Ihn glauben, so ist es uns doch nicht glaubwürdig, dass der Vater zu Seinen Kindern spricht - dass Er Selbst Sich herab neigt und Seine Kinder zu bewegen sucht, sich Ihm vertrauensvoll hinzugeben und Ihn zu bitten, dass Er sie führe in ihrem Erdenleben.

Er ist für uns immer nur der strenge Gott, Der Gebote gibt, Der Gehorsam fordert und die Menschen straft, die Ihm nicht gehorsam sind....

Wir müssen wissen, dass Gott niemals Seine Geschöpfe "straft", sondern sie sich selbst jeden Qualzustand schaffen, dass sie auch selbst zur Tiefe strebten, dass nicht Er sie verdammt, sondern immer nur sucht, sie wieder zurückzuführen, ihnen aus der Tiefe zur Höhe verhilft und sie lockt und ruft, auf dass sie sich nicht verirren oder Seinem Gegner zur Beute werden!

Und wie kann Jesus Seinen Geschöpfen deutlicher Seine Liebe beweisen als durch Seine direkte Ansprache, als durch Offenbarungen, die Ihn Selbst und Sein Wesen uns erklären und die, weil sie göttliche Wahrheit sind, überaus wirksam von unserer Seele empfunden werden müssen, die dadurch gestärkt wird für ihren Pilgerlauf auf dieser Erde.

Denn es drängt Ihn Seine Liebe zu Seinen Geschöpfen, die als Menschen den Rückweg zu Ihm über die Erde gehen und nur dann ihr Ziel erreichen können, wenn Er Selbst ihnen die Kraft zugehen lässt, wenn Er sie speist mit Himmelsbrot und tränkt mit dem Wasser des Lebens.... mit Seinem Wort!

Und diesen Liebesakt wollen die Menschen nicht verstehen und lehnen daher auch Gottes wertvolle Gnadengabe ab.... Sie sind selbst nicht lebendig und bleiben auch dem toten Christentum treu, denn ihnen fehlt die Kraft des Glaubens, solange ihnen auch die Liebe fehlt, die den Menschen auch ein rechtes Bild von Gott geben würde, von Seinem Wesen, das Liebe, Weisheit und Macht ist.

Und es wird sich die Liebe immer und immer wieder verschenken und den schwachen Menschen, die eines guten Willens sind, alles zukommen lassen, was sie benötigen, um ihren Pilgerweg auf Erden mit Erfolg zurückzulegen. Gottes Liebe wird sich immer wieder zu erkennen geben, weil sie auch die Liebe derer gewinnen will, die aus Seiner Liebe hervorgegangen sind und sich wieder mit Ihm zusammenschließen sollen für ewig.

Kapitel 5:
Von Schöpfung & Paradies

Zeit und Raum – Ewigkeit und Unendlichkeit

Der Herr:

»Denke dir eine noch so schnelle Bewegung eines irdischen Gegenstandes, der zum Beispiel die Entfernung von dieser Erde bis zur Sonne in einem Augenblick zurücklegt, so könnte ein Geist in ein und demselben Augenblick eine tausend Mal größere Entfernung zahllose Male durchmachen; Ich sage zahllose Male, weil du für die Häufigkeit des hin und her Bewegens keine so große Zahl kennst.

Aus dem aber geht hervor, dass selbst die größte irdische Bewegungsschnelligkeit mit der geistigen ewig in kein Verhältnis treten kann. Daher ist das Irdisch-Materielle ein Eigenes und alles Geistige wieder ein ganz Eigenes. Beide haben nur entsprechende Beziehungen zueinander, aber der Wesenheit nach sind sie endlos weit voneinander unterschieden.

Wie du aber solchen Unterschied zwischen allem Irdischen und Geistigen nun sicher klar wirst wahrgenommen haben, so besteht derselbe und gleiche Unterschied zwischen allem, was sich dir irdisch als begreifbar, fühlbar, hörbar und beschaulich darstellt.

In Hinsicht der den Raum nicht beachtenden geistigen Bewegung kann Ich dir noch die Schnelle des Gedankenfluges deiner Seele als ein gutes Beispiel dartun: Siehe, du denkst dir nun eine Stadt, wo du schon warst, und dessen Entfernung von hier du wohl kennst, wie auch die Gestalt dieser Stadt! Mit dem Gedanken bist du auf eins schon dort und siehst gewisserart die Stadt, ihre Plätze, Gassen, Straßen und Umgebungen vor deinem inneren Geistesauge. Dein Gedanke hat demnach bis hin zu der Stadt auch keiner Zeit bedurft, weil der Raum für ihn gleich Null war!

Aus dem kannst du den sicheren Schluss ziehen, dass deine Seele, als ein geistiges Wesen, samt ihrer Tätigkeit sich auch außerhalb von Zeit und Raum befindet. Da wirst du denn doch einsehen, dass es für den reinen Geist weder eine Zeit noch einen Raum geben kann!

Der Geist Gottes und alle Engel bestehen gewiss auch im unendlichen Raum und dauern fort und fort durch alle ewigen Zeitenläufe; denn ohne Solchen gäbe es keine Kreatur, gäbe es auch keinen irdischen Raum, noch eine irdische Zeit. Aber diese rein geistigen Mächte und höchsten Intelligenzen stehen in allem endlos weit über Zeit und Raum.«

JL, Das Große Evangelium Johannes, 6, 28

Schon anhand weniger praktischer Beispiele aus dem alltäglichen Leben kann man leicht ersehen, wie das Geistige – also Ewigkeit und Unendlichkeit – weit über dem Materiellen – also Zeit und Raum – steht und alles in allem durchdringt:

Die mathematische Betrachtung eines Bruchs von 3 Dritteln ist 1 Ganzes, obwohl es mathematisch wiederum nicht 1 Ganzes ist. Teilt man nämlich 1 durch 3, so erhält man 0,33 ∞ (unendlich). Somit ist 3 x 0,33 ∞ (unendlich) nicht = 1, sondern = 0,99 ∞

(unendlich), und man wird niemals mehr 1 erreichen. In Wahrheit liegt also zwischen jeder Zahl, und sei sie noch so klein, eine Unendlichkeit und man kann, rein rechnerisch, niemals von einer zur anderen Zahl gelangen, weil hinter dem Komma einer jeden Zahl Unendliches liegt, und weil eine Zahl nur eine Markierung im Unendlichen ist... und doch können wir, materiell, diese Unendlichkeit überspringen, obschon die Wahrheit (der Geist) zwischen einer jeden Zahl, bis hin ins unendlich Kleinste liegt. Die Zahl selbst ist Materie (Endlichkeit) – gleich der Rinde eines Baumes, welche das innere Leben umschließt; aber ohne das innere Leben des Baumes gäbe es keinen Baum und somit auch keine äußere Rinde... Hier hätten wir also einen Beweis für die Existenz eines Seins außerhalb von Raum und Zeit, einem Jenseits, einer Geisterwelt. Die Wahrheit ist demnach der Geist in allem!

Dasselbe erkennt man am Zeiger einer analogen Uhr: Dieser überfliegt mit jeder Stunde, Minute, Sekunde, Millisekunde, Nanosekunde usw. die Unendlichkeit, die zwischen den Zahlen existiert, obschon dies nicht sein dürfte, rein mathematisch, weil es nicht zu berechnen ist, aber dennoch geschieht es in jeder abermillionsten Nanosekunde unendlich oft... weil Zahlen eben nicht die Wahrheit sind...

Oder an einem Auto: Eine Beschleunigung findet statt, obwohl, rein mathematisch, die Unendlichkeit zwischen den Zahlen nicht übersprungen werden kann und das Fahrzeug somit niemals die Geschwindigkeit von 0,00 ∞ überspringen können dürfte... Da dies alles aber dennoch stattfindet beweist, dass etwas hinter oder jenseits von Raum und Zeit existiert und wirkt, das mit unserem Gehirn, welches nur Raum- und Zeitbegriffe verarbeiten kann – weil es selbst nur aus Materie besteht – nicht und niemals erforscht und begriffen werden kann...

Der Mensch sollte sich also den Blick ins Universum und ultrateure Forschungs- und Raumfahrtprojekte besser ersparen auf der Suche nach Antworten, und stattdessen lieber kostenlos zum Geist vordringen, um alles zu entdecken und zu erfahren was, wo und wie das Leben ist, und das so eingesparte Geld für die vielen Hilfsbedürftigen einsetzen, die es in Zukunft immer mehr geben wird, und für Projekte, die unseren Planeten vor dem Untergang bewahren...

Aber was besagt nun die oben erwähnte Reise zu einem Ort in Gedankenschnelle? Um solches als Wahrheit zu fassen muss man zuvor wissen, was unser „Sehen" eigentlich ist, und dass nicht der Körper, sondern allein nur die Seele einer Empfindung fähig ist. Somit spielt es eine untergeordnete Rolle, ob man körperlich irgendwo äußerlich zugegen ist.

Die Seele trägt alles in sich was die Unendlichkeit fasst, wäre es nicht so, sie könnte nichts schauen. Denn alles äußere Schauen ist nur ein in der Seele durch das Gehirn erzeugtes Abbild, das durch unser Gemüt erst lebendig und eine diesem Abbild entsprechende Empfindung in uns herbeiführt. Diese Empfindung, welche allein Sache der Seele ist, ist das eigentliche Sehen, und diese steht in exakter Entsprechung mit dem äußeren Abbild.

Wenn wir träumen, dann ist es gerade umgekehrt, und unsere seelischen Empfindungen des Gemüts erzeugen die Abbilder in der Seele, die mit diesen in entsprechender Verbindung stehen. Solches ist dann schon das rein geistige Sein, und so ist der Schlaf wie ein kleiner Tod zu betrachten. Wenn wir, als Seele, einmal vom Körper getrennt sein werden durch dessen Absterben, dann wird unsere Gemütsverfassung, d.h. unsere Liebe-Art, unsere jenseitige Welt schaffen, in der wir dann weiter fortleben werden. Je nach Art und Beschaffenheit der Liebe wird diese dann entweder gut oder schlecht aussehen. Um so schöner und vollkommener, je mehr göttliche, selbstlose Liebe wir erlangt haben, und um so schlechter, je mehr Eigenliebe und Lieblosigkeit wir noch in uns tragen.

Die Wahrheit ist also immer der Geist in allem, in diesem Fall das lebendige Gefühl, welches im Gemüt erzeugt wird, nicht aber ein äußerer Schein, der in Wirklichkeit bloß reflektierte Lichtwellen eines Gegenstandes sind, die durchs Auge ins Gehirn gelangen und an dieser Schnittstelle von der Seele betrachtet werden können.

Wenn man das nun einigermaßen versteht, so kommt man der Tatsache schon näher, dass die Gedanken der Seele und die Empfindung ihres Gemüts unsere eigentliche Realität ist, nicht aber alles Äußere Sein, welches nur ein Scheinleben ist. Empfinden, Fühlen und Erleben kann der für sich tote Körper nichts, sondern dies ist Sache der allein einer lebendigen Empfindung fähigen, und schon im Körper ohne Raum und Zeit existierenden, unsterblichen Seele, welche den Körper nur auf eine kurze Zeit ihrer Anwesenheit in diesem belebt.

Dort wo wir gedanklich uns hinbewegen, dort sind wir auch wirklich, wenn auch der Körper räumlich nicht folgen kann... denn wir Menschen sind nicht der Körper, wir sind Seelen in einer Körpermaschine auf Zeit!

Herz und Verstand

Dem Weltweisen fällt es oft schwer, an eine Gottheit zu glauben, weil sein Verstand andere Schlüsse zu ziehen genötigt ist durch ein Wissen, das aber nicht ganz der Wahrheit entspricht. Schon eine irrige Ansicht über die Entwicklung der Erde führt zu falschen Vorstellungen, und dann ist es schwer, einen ewigen Schöpfer gelten zu lassen, ein Wesen, Das durch Seine Kraftäußerung wohl erkennbar sein müsste, jedoch zumeist nicht erkannt werden will.

Die Wissenschaft sucht alles zu beweisen. Wo ihr

dies nicht möglich ist, gibt sie aber nicht ihre Unfähigkeit zu, sondern sie erkennt einfach nicht an, was ihrer Forschung unzugänglich ist. Und so baut sie auf einer falschen Anschauung auf, und zuletzt ist der Weg zur ewigen Gottheit so schwer zu finden, selbst wenn der Wille dazu vorhanden ist.

Jegliche Forschung sollte damit beginnen, die Existenz Gottes klarzustellen, die zwar nicht bewiesen werden kann, doch geglaubt wird voller innerer Überzeugung. Dann wird jede Forschung einen schnellen und erfolgreichen Verlauf nehmen. Um aber zuerst zu diesem überzeugten Glauben zu gelangen, muss der Mensch trotz Verstandesschärfe letztere vorerst ausschalten und sich dem Empfinden des Herzens hingeben, er muss jegliche Wissenschaft beiseite lassen und einem Kind gleich sich von innen belehren lassen, d.h. als Wahrheit annehmen, was er sich empfindungsgemäß vorstellt oder wünscht. Er muss gewissermaßen wachen Auges träumen. Dann wird immer eine Gottheit ihm vorschweben, Die alles leitet und lenkt und von Der er sich getragen weiß.

Der innerste Wunsch eines Menschen ist und bleibt eine starke Macht über ihm, nur der Weltverstand sucht diesen Wunsch zu ersticken, weil zum Verstand auch der spricht, der eine Gottheit verdrängen will, der aber zum Herzen des Menschen nicht gelangen kann und darum desto ärger den Verstand des Menschen zu beeinflussen sucht.

➔ Durch das Herz äußert Sich Gott, durch den Verstand Sein Gegner, wenn nicht das Herz stärker ist und den Verstand mit auf seine Seite zieht.

Dann ist es auch möglich, verstandesmäßig Gott zu erkennen, und dann streben Herz und Verstand der ewigen Gottheit zu, dann wird auch die Wissenschaft auf anderem Fundament aufbauen, sie wird andere Schlüsse ziehen, die wahrlich keine Fehlschlüsse sind, denn sowie eine Forschung mit dem Glauben an eine Gottheit ihren Anfang nimmt, wird sie nicht ohne Erfolg bleiben und auch der Wahrheit nahekommen, ganz gleich, auf welchem Gebiet sie einsetzt.

Dann wird Wissenschaft und Glaube nicht mehr im Widerspruch zueinander stehen, sondern sich nur ergänzen, und dann erst ist das Wissen frei von Irrtum, wenn es harmoniert mit dem Glauben an Gott als allmächtiges, weises und liebevolles Wesen, Das allem vorsteht, was war, ist und bleiben wird bis in alle Ewigkeit.

Schöpfung oder Evolution? Henne oder Ei?

Was zuerst da war: Die Henne oder das Ei?

Die Weltweisen und Verstandesgelehrten werfen heute die „hochwichtige" Frage auf, was wohl zuerst da war, das Ei oder die Henne? Denn ohne das Ei könne weder ein Hahn noch eine Henne auf die Welt gekommen sein, und ohne die Henne und einen Hahn aber könnte kein befruchtetes Ei in die Welt gesetzt werden! – Ob dann zur Geburt eines Planeten, einer Sonne oder einer Galaxie auch ein vorhergehendes Ei notwendig war?

Wenn aber ein höchst weiser Schöpfer diese großen Dinge aus Sich hervorgerufen hat, dann muss Ihm von Seiten der „hohen Gelehrtheit" der Menschen auch erlaubt sein, entweder die Eier oder die Hühner mit dem Hahn zuerst ins Dasein zu rufen.

Das erste Menschenpaar bedurfte auch keiner Eier, um aus diesen zu schlüpfen. Der Mensch wurde vom Schöpfer, so wie jede andere Kreatur, sofort vollkommen in die materielle Welt gesetzt, mit der unmittelbaren Fähigkeit der späteren Fortpflanzung. Das ist doch viel natürlicher, als wenn Er zuvor auf die Erde lauter Eier gelegt hätte, die alle durch die Sonnenhitze hätten ausgebrütet werden müssen, was z.B. bei den Pinguinen in der Antarktis nicht funktioniert hätte, da diese ihre Eier sofort auf die Füße befördern und vom Eis nehmen müssen, sollen sie nicht augenblicklich erfrieren.

Ich meine, damit dürfte diese ewige Frage der Gelehrten- und Verstandeswelt, was wohl zuerst da war, verständlich genug beantwortet sein, und so kann man auch die folgenden Ausführungen leichter verstehen:

Die Evolutionstheorie:

Es gibt keine so genannte „Evolution" oder „Selektion der Arten", wie die Evolutionisten heute an den Schulen noch immer lehren. Diese Theorie ist falsch, da der Schöpfer Seine gedachten Formen sogleich ins Dasein setzt, weil die Schöpfung ein hohes Ziel verfolgt, voll tiefen Sinns ist und einer grundfesten Ordnung vom undenkbar Größten bis ins undenkbar Kleinste unterliegt.

Im Geist - und somit dem Grunde und Ursprung des Lebens - existieren die Ideen schon in Gott in aller Vollkommenheit. Das äußere In-Erscheinung-Treten der materiellen Hülle ist daher nur noch die Außenform des Lebens, welches Leben aber immer seelischer Natur ist, somit geistig und also wahrhaftig. Die Form dient nur vorübergehend zur Ausreifung der sie belebenden Seele, sie ist ein Nutzgefäß und bedarf keiner Korrekturen oder Anpassungen egal welcher

Art.

Es entstehen laufend neue Arten, auch heute, während vorhandene Arten verschwinden. Das Leben ist ein fortlaufender Prozess des Entstehens und Vergehens mit hochkomplexer Gesetzmäßigkeit. Aber dass die eine Art aus der anderen hervorgehen soll durch Mutationen über lange Zeiträume, ist ein großer Unsinn der blinden Welt-Gelehrten und ein Zeichen ihrer Ahnungslosigkeit.

Ein kleines Beispiel: Es heißt, Pflanzen mit Dornen oder Stacheln hätten solche als Verteidigungswaffen entwickelt, um sich zu schützen. Warum überleben dann aber Pflanzen ohne Dornen ebenso gut, wie jene mit?... In Wahrheit sind die Dornen nicht eine Waffe, sondern Aufnahmeorgane des sie umgebenden elektromagnetischen Feldes, welches die Pflanze für ihre jeweilige Eigenart benötigt, sei es zur Bildung einer Blüte oder einer Frucht. Ähnlich verhält es sich z.B. mit den Augenwimpern bei den Tieren, die das Auge nicht vor Schmutz bewahren sollen, oder auch mit den Schnurrhaaren bei manchen Tieren; dies alles sind zweckdienliche Einrichtungen für die mit diesen korrespondierenden Sinnesorgane.

Was und wo ist das Paradies

(1. Mose 3, 23 - 24)

So schickte ihn Gott der Herr aus dem Garten Eden, damit er den Erdboden bearbeite, von dem er genommen war. Und er vertrieb den Menschen und ließ östlich vom Garten Eden die Cherubim lagern und die Flamme des blitzenden Schwertes, um den Weg zum Baum des Lebens zu bewachen.

Garten bedeutet „fruchtbares Schaffen", was einst nur Geistiges betraf. Eden heißt „Lichtplatz", „Lichthilfe", beides also „Fruchtbare Hilfe". Mit dem Verlust Edens verlor das werdende Geschlecht die offenbare Bindung mit dem Licht. Der nun zu bearbeitende Erdboden ist das Seelenherz, bzw. Gemüt des Menschen, damit es wieder aufnahmefähig werde für das Licht, dem lebendigen Wort Gottes, der ewigen Wahrheit.

Geistig war das Paradies nicht zugeschlossen. Wer es sich nun (geistig) erwirbt, tut ein Stückchen Eden wieder auf. Gnädig hat es Gott uns ermöglicht, allgemein solchen Zustand wieder zu erwerben. Doch wer nicht wenigstens zur Anfangsstufe kommt, für den steht Cherub Michael noch immer vor der Tür! Denn der Baum des Lebens mit den Früchten der Liebe steht im Osten, im ewigen geistigen Morgen, dort, wo der Herr wohnt in Seiner Gnadensonne, von wo aus Seine ganze Liebe sich in die Unendlichkeit ergießt. Und zu

Ihm zu gelangen heißt, ganz in die göttliche Liebe einzugehen, doch nicht ohne das flammende Schwert der ewigen göttlichen Wahrheit.

(2. Korinther 12, 3 - 4)

Und ich weiß von dem betreffenden Menschen, dass er in das Paradies entrückt wurde und unaussprechliche Worte hörte, die ein Mensch nicht sagen kann.

Die Erde ist ein Prüfungsboden für die zur Kindschaft Gottes berufenen Menschen, und diese materielle, vergängliche Welt ist kein Paradies. Jedoch es könnte ein paradiesischer *Zustand* schon auf Erden sein, wenn alle Menschen im Willen Gottes lebten und einander dienten in Liebe.... Weder Not noch Trauer würde die Menschen bedrücken, und in friedvoller Harmonie würden sie zusammenleben, immer nur darauf bedacht, sich gegenseitig gutzutun, zu schützen und sich beizustehen wo es nötig ist.

Wo die Liebe herrscht, da ist kein Unfrieden mehr, kein Neid und keine Habsucht, keine Überheblichkeit, keine Ungeduld und keine Feindschaft. Denn Gott Selbst ist dort, wo Liebe ist, und Er segnet die Menschen, die durch die Liebe mit Ihm verbunden sind.

Die Erde aber ist kein solcher gesegneter Ort, dass sie ein Paradies genannt werden könnte. Die Erde ist beherrscht vom Gegner Gottes, dessen Wille allzu gern und eifrig ausgeführt wird, und die mehr Menschen trägt, denen es an der Liebe mangelt, die darum in Feindschaft leben untereinander und keiner des anderen Vorteil will, sondern jeder in Ich-liebe nur an sich selbst denkt.

Aber es ist die Zeit gekommen, wo dem Treiben des Satans ein Ende gesetzt wird. Es ist die Zeit gekommen, wo die Menschheit erneuert werden muss, wo die wenigen abgesondert werden müssen, die noch Liebe in sich haben und nach Gottes Willen zu leben sich bemühen. Es ist die Zeit gekommen, wo die Erde gereinigt und wieder umgestaltet wird, wo Gott Selbst wieder unter den Seinen weilen kann, weil die Liebe wieder auf Erden herrscht.

Diese Wandlung ist vorgesehen seit Ewigkeit, ist doch Ihm auch seit Ewigkeit der Zustand der Lieblosigkeit unter den Menschen bekannt, der keine Aufwärtsentwicklung mehr zulässt und darum auch das Ende dieser Menschheitsepoche bedingt.

Die Erde ist ein Schulhaus für angehende Gotteskinder. Es sollen sich während des Erdenlebens die Seelen zur Liebe gestalten. Sie können es auch, es ist ihnen möglich durch den lebendigen Glauben an Christus... und so könnten sich die Menschen selbst den paradiesischen Zustand schaffen schon im Erdenleben, und sie würden binnen kurzer Zeit den Reifegrad erreicht haben und zur ewigen Seligkeit eingehen können. Doch sie missbrauchen die Gnade ihrer Verkörperung auf Erden. Sie streben keine Wandlung ihres Wesens an und verbleiben in ihrem lieblosen

Zustand (d.h. in der Eigenliebe), welcher die Folge des einstigen Abfallens von Gott war, und sie erschaffen sich selbst ein Leben in Not und Elend, Krankheit und Kummer, und gehen körperlich und seelisch zugrunde durch ihre freiwillige Abtrennung von der Lebensader Gottes.

Die Erde wird ein neues Gesicht bekommen, schöpfungsmäßig sowohl als auch geistig, denn das neue Menschengeschlecht besteht aus solchen Seelen, die es ernst nahmen mit ihrer Umwandlung hin zur Gottesliebe, mit ihrer Reife, die sich zur Liebe gestaltet haben. Und Gott Selbst wird mitten unter ihnen sein, denn ihre Liebe lässt Seine Gegenwart zu. Und alle Not wird dann zu Ende sein.

Wir haben es selbst in der Hand das Paradies in Besitz zu nehmen, Diesseits wie Jenseits der Zeit, indem wir dafür sorgen, dass Einsicht, Reue und Liebe unsere Herzen erfüllt, dass wir die kurze Erdenlebenszeit nutzen, nach dem Willen Gottes zu leben, Der nur von uns verlangt, dass wir Seine Liebegebote erfüllen.

➔ Die biblische Erzählung vom Paradies ist nur ein geistiges Entsprechungsbild für Gottes Lehr- und Erziehungsweise am Menschen. Ein materielles Paradies, wie man es sich gerne vorstellt, der Trägheit, Vergnügung, Lauheit und Völlerei gab es nie!

Zusammengefasst kann man also sagen, dass das

Paradies auf Erden den Zustand der Liebe und Güte unter den Menschen meint im lebendigen Glauben an den einen und wahren Gott JESUS JEHOVA. Die durch die Gottes- und Nächstenliebe folglich auch mit der göttlichen Wahrheit erleuchteten Menschen stehen wieder in Verbindung mit den seligen Geistern und Engeln der Himmel und werden von ihnen innerlich angeleitet. Sie sind sinnerfüllt, glücklich und im inneren Frieden mit sich und der Welt.

Da die Erde ein Prüfungsboden ist und sein muss, werden die Menschen auch weiterhin die Kämpfe mit der Materie und ihrem Fleisch zu bestehen und für ihr Überleben zu sorgen haben. Auch werden sich die Tiere nach wie vor töten und fressen, weil dies Teil des Seelenbildungsprozesses der materiellen Schöpfung ist, welche aus der gerichteten Seele des gefallenen Luzifer besteht. Ein Paradies z.B. nach dem Bild der „Zeugen Jehovas", wo Lamm und Löwe friedlich nebeneinander her leben, kann es materiell nie geben, sondern nur in geistiger Entsprechung für das Seelen-Innere des Menschen, wenn er seine Leidenschaften und Begierden nach der Anleitung Jesu gezähmt hat.

➔ Das „Paradies" bedeutet die Verbindung des menschlichen Seelenlebens mit der geistigen Welt Gottes, durch Einsicht, Reue und Gehorsam, und allen daraus erwachsenden guten Zuständen (Früchten) für die Seele.

➔ Der „Himmel" bedeutet das göttlich-geistige Leben, und das „in den Himmel kommen" benennt den Zustand der Seele, da sie in das geistige Schauen gelangt durch die selbstlose Liebe zu Gott.

Der Sündenfall

Die Erbsünde ist diejenige Sünde, welche die Ur-Eltern Adam und Eva einst im Paradies gegen das göttliche Gebot der Keuschheit begangen haben, und wovon Moses in den ersten 4 Kapiteln des ersten Buches „Genesis“ spricht. Moses sagt:

> „Jehova, sprach zu Adam: Aber von dem Baum der Erkenntnis (des Guten und Bösen) sollst du nicht essen, denn wenn du davon isst wirst du des Todes.“

Hierunter ist einmal zu verstehen:

Das Zuwiderhandeln gegen den erkannten göttlichen Willen führt unweigerlich zur Gottesferne und damit zum Verlust des geistigen Lebens, was das „Paradies“ ist. Da aber die lüsterne Selbstsucht des Genusses (geistig „Schlange“ genannt) nicht nachgab, bis ihre Frucht (Kain) da war, - erfolgte das Urteil Gottes:

> „Weil du das Gebot der Keuschheit durch deinen hochmü-

tigen Ungehorsam gegen Mich, deinen Gott und Schöpfer, gebrochen hast, darum sollst du im Schweiße deines Angesichts samt den Deinen dein Brot essen, bis du wieder zu Erde wirst, davon du genommen bist. (4)

Denn Gott wollte durch die gehorsame Abstinenz so lange Adam und Eva heiligen (oder reinigen), bis die Zeit gekommen wäre, durch die geistige Liebe beider, eine gesegnete, sündenlose, geistige Frucht zu erwecken, wie Er auch den Leib Jesu in Maria erweckte.

Unter dem vorzeitigen Essen vom „Baum der Erkenntnis“ ist das Eingehen des Menschen in den Hochmut seines Verstandes gemeint, noch bevor er den „Baum des Lebens“ erkannt, er also zuvor die Bildung seines Gemütes genossen hat, was den Verlust des Paradieses, d.h. des geistigen Lebens zur Folge hat.

Der Mensch soll also nicht nur nach eitlem Wissen trachten, sondern nach der Erkenntnis der Liebe Gottes. Nur dann wird die Frucht eine gesegnete sein in der daraus fließenden Gnade in und durch die demutsvolle Einfalt des Herzens.

Die Vertreibung aus dem Paradies

Die Menschheit kann heute meist nur noch materiell denken und hat vom Geist hinter dem Vorhang der Materie, welcher die ganze Materie ihrer Außenform nach bildet, zusammenhält und vom Größten bis ins Kleinste vollkommen durchwebt und durchdringt, keinen Begriff mehr und kann ihn nicht fassen. Dieser Menschheitszustand ist mit der „Vertreibung aus dem Paradies“ bildhaft dargestellt, denn die „Frucht“ von der die Eva aß (das Weib steht sinnbildlich für die Eigenliebe des Menschen), war die vom Baum der Erkenntnis (des Verstandes, welcher mit den Sinnen nach Außen in die materielle Welt gerichtet ist, und der nur Raum- und Zeitbegriffe kennt und berechnet). Der Baum des Lebens aber – was das Gemüt, als das geistige Grundleben des Menschen, mit all seiner Liebe, Inspiration, Fantasie und Vorstellungskraft ist, und welches als das lebendige Empfindungsvermögen nach Innen gerichtet ist – wurde vernachlässigt (Übrigens gilt dieses Gemüt heute gar nichts mehr, weil der moderne Mensch sich nur noch über das Gehirn definiert, wo eine so genannte Amygdala all das angeblich erzeugt und bewertet. Es gibt keine Seele mehr, nur noch Botenstoffe im Gehirn, Ströme und eine sogenannte Psyche, und für alles Unerklärliche erfand der Verstandesmensch das schöne Wort „Unterbewusstsein“)...

Der Mensch begann also damals, sich Außen zu gründen und verlor sein Inneres aus den Augen. Der Geist aber, ohne den die Materie nicht bestünde, ist das Innerste, Inwendige und eigentliche, echte Sein alles Existierenden. Er ist das Reale, Wahre, Wirkliche, denn die Materie bestünde ohne diesen überhaupt nicht. Könnte denn je ein Baum erwachsen ohne die treibende und bildende Kraft, die in seinem Keim zuvor vorhanden war? Muss der Mensch nicht zuerst die Regung in seinem Gemüt erfahren und einen Gedanken fassen, bevor er seinen Körper antreibt, etwas zu tun? Der Geist ist also die Wahrheit und das allein Lebendige in uns und in allem. Er ist auch die Kraft, welche die Teile im Makro- und die Teilchen im Mikrokosmos in anhaltende Schwingung versetzt. Daher sagte Jesus ja auch, dass Sein Reich nicht von dieser Welt, sprich: nicht materiell sei. Und Er sagte auch, dass, wer den Vater anbeten möchte, Ihn im Geist und in der Wahrheit anbeten solle.

Dieses Sein nicht mehr zu kennen und zu fühlen ist der Zustand, außerhalb des Paradieses, außerhalb der Wirklichkeit zu leben und wird auch als die „Finsternis“ bezeichnet. Der Blick in die geistige, wirkliche Welt, war bis zu der einsetzenden Alleinherrschaft des äußeren Verstandestums möglich, und ebenso auch der Kontakt mit den Jenseitigen Wesen und Welten.

Der Blick in die materielle Außenwelt aber ist ein Blick in den Schein und er ist auch immer ein Blick in die Vergangenheit, nicht in das Sein, nicht in das Jetzt, denn der Geist allein ist das Jetzt und die Wahrheit. Betrachtet man z.B. einen Sonnenuntergang, und die Sonne steht knapp über dem Horizont, so ist sie in Wahrheit aber schon unterhalb des Horizontes, also gar nicht mehr da, obschon wir sie noch sehen. Das Licht, das von der Sonne auf die Erde trifft, ist sieben Minuten alt. Wir sehen also die Sonne, wie sie vor sieben Minuten ausgesehen hat. Alles Außen ist nur ein Abbild auf unserer Seele. Daher sagt Jesus auch „Im Geist und in der *Wahrheit*", denn der Geist ist das lebendige Gefühl des Menschen, das so oft zitierte „Herz".

Geist hat also überhaupt nichts mit Gehirnverstand oder dem Denken zu tun, wie man heute falsch lehrt, sondern mit der einzigen Lebenswirklichkeit des Seins. Daher ist die Liebe zu Gott auch ein beständiges „Beten ohne Unterlass" im Geist und in der Wahrheit, weil die Liebe der Größte der 7 Geister (Eigenschaften oder Wesenhaftigkeit) Gottes ist. Sie stellt also eine direkte Verbindung mit Gott in uns her, was das Eingehen ins Paradies gleichsam ist. Und aus dieser Ur-Lebenskraft in uns entwickelt sich dann folglich alle Erkenntnis (Weisheit, bzw. die edlen Früchte) und die Ordnung in allen Dingen.

Gott brachte uns in Jesus dieses Wissen wieder, damit wir alle wieder heimkehren können, die wir Seinen Worten Gehör schenken, ihnen glauben und uns danach richten. Und aus dieser Ur-Lebenskraft in uns entwickelt sich dann folglich alle Erkenntnis

(Weisheit) und die Ordnung in allen Dingen.

Aber wer nur glaubt und nicht nach dem Geglaubten handelt, weil die Handlung schon die vermeinte "Werksgerechtigkeit" sein soll - so wird es heute leider in vielen Kirchengemeinden gelehrt - der ist ein Narr, denn er hat zwar den Samen und weiß auch was mit diesem zu geschehen hat, damit er Frucht bringt... sorgt aber weder für ein gutes Erdreich, noch legt er den Samen da hinein und nährt ihn. Er glaubt nur an den Samen und hofft auf die Frucht...!

➔ Nur die werktätige Liebe desjenigen Menschen, der aus Liebe tätig ist und nicht aus Lohn, ist frei von jeder Werksgerechtigkeit, denn sie ist der tätige Gottesgeist im Menschen höchst Selbst.

Ein selbstverliebter Lohn-Apostel aber wird niemals eine Frucht des Himmels ernten, und er wird auch den Herrn nicht wiederkommen sehen, weil ihm die Ursache solcher Wirkung im Herzen fehlt!

Es ist wahr: Allein der Glaube kann den Menschen zur Lebens-Ursache führen, aber es wird heute gelehrt, dass der Glaube bereits die Lebens-Wirkung sei, was eine Irrlehre ist, weil die Wirkung die Kraft des Geistes ist!

Der Verlust des Paradieses

Von Herz und Verstand, Geist und Materie.
Die wahre Bedeutung der Entrückung

Um das alles in der Wahrheit verstehen zu können muss man wissen, dass es hinter allem Materieleben ein geistiges Leben gibt, bzw. dass das Geistige das Innerste eines jeden Dinges ist; von dort nimmt alles seinen Ausgang. So ist auch inwendig in uns der Himmel, was das geistige Leben meint, so, wie die Frucht im Keim das Leben in sich trägt.

Der Geist ist das Reale, Wahre, Wirkliche, denn die Materie bestünde ohne diesen nicht, sie ist nur Ausdruck des Inwendigen, doch die Wahrheit ist immer nur der Geist in allem. Gott ist dieser Geist... ER ist die Wahrheit, die alles schafft, erhält und allenthalben durchdringt.

Für den Menschen bedeutet der Zustand, da er in die Verbindung mit dem göttlichen Geist in sich gelangt, das „Paradies"; und weil das Urzentrum dieses Gottesgeistes Liebe ist, so entfachen wir diesen Gottes-Geistfunken – welcher in einem jeden Menschen ruht – nur wieder durch die Liebe und nähren dieses Liebefeuer dann mit dem Licht der ewigen Wahrheit Seines Wortes, welches Gott uns immer wieder zuleitet.

Diese Liebe ist beschrieben mit dem „Baum des Lebens“, und der Zustand, in solch einer lebendig wahren Bindung und Verbindung mit dem Lebens-Urborn – mit Gott – zu stehen, wird als das „Paradies“ umschrieben. Es ist das Paradies also kein materieller Ort für materielle, vergängliche Körper, die dort etwa in Trägheit und Wollust schwelgen... sondern ein über alles beglückender Zustand der Erkenntnis und Gegenwart Gottes im Menschen!

Was ist nun der „Baum der Erkenntnis“ und dessen Früchte, und was die Vertreibung aus dem Paradies?

Der Mensch, der seinen Verstand nicht mit der Liebe und Weisheit Gottes erleuchten lässt und selber forscht und berechnet, vergräbt sich in die Materie und findet auch nichts anderes als nur wieder Materie. Er definiert sich und das Leben im Gehirn, welches selbst nur aus Materie besteht und folglich nur in Raum- und Zeitbegriffen denken und handeln kann. Er befindet sich in der harten (Nuss) Schale des Seins, nicht aber im geistigen Kern und der Wahrheit, Jenseits von Raum und Zeit.

Solche Menschen vertreiben sich also nur selbst aus dem Paradiese, aus der Verbindung mit dem ewig wahren Leben in und aus Gott.

Wir sind Seelen, die hin und her gerückt sind zwischen Fleisch (materieller Anschauung) und Geist. Wer sich im Fleisch gründet, fühlt die Endlichkeit, denn das Fleisch ist im Gericht und im Tod. Die Seele muss also entrückt werden vom Fleisch und hin gerückt zum geistigen, ewig wahren Leben Gottes in ihr, denn dieses Gottesleben wurde ab Adam in die Seele eines jeden Menschen hineingelegt und bedeutet die „Erschaffung des (geistigen) Menschen".

(Natürlich gab es vor Adam schon Menschen, die sogenannten Prä-Adamiten, das ist längst bewiesen, aber eben nur Seelen-Hüllen, ohne geistiges Leben, d.h. ohne den lebendigen Gottes-Funken, Der allein uns zur Höhe streben lässt.)

Das also ist die „Entrückung" im Geist und somit in der Wahrheit des Seins, wenn ein Mensch seine Seele abrückt vom Fleisch (dem sinnlichen Genuss- und kalt berechnenden Verstandesleben) und hinrückt zum Geiste Gottes in ihr; und weil es einen Himmel und ein Paradies nur inwendig im Herzen des Menschen gibt und solches keine äußeren Orte sind, so bleibt die Entrückung dem Fleischauge unsichtbar, so, wie auch die Wiederkunft Christi, welche ebenfalls innere Vorkommnisse der Erkenntnis (Wolken) Gottes (des Himmels) im Menschen sind...

Der geistige Tod

Der geistige Tod ist keine unwiederbringliche Vernichtung oder Auslöschung, wie wenn etwa der Leib stirbt, der als Gefäß für die Seele materiell und somit endlich ist, wogegen die Seele geistig und somit ewig ist. Er ist auch kein unveränderlicher Dauerzustand, sondern er ist die Tendenz einer Menschenseele hinunter in die Tiefen der Eigenliebe seines einst mit Luzifer gefallenen Geistes. Sich im geistigen Tod zu befinden bedeutet eine zunehmende Untätigkeit des göttlichen Geistes im Menschen, bzw. das Abflauen der ewigen Wahrheit und Liebe in und zu Gott, hervorgerufen durch Unglaube, Ängste, Zweifel, Trotz, Zorn, Überheblichkeit, Hochmut, Selbstsucht und anderer unguter Gemütszustände, wie: den Hang zum Wohlleben, zur Sinnlichkeit und zu Vergnügungen aller Art und Gattung.

Man kann unterschieden zwischen A) dem „*toten* Menschen", der keinen Glauben hat und für den das körperliche Leben allein gilt, und der nur aus dem Verstand lebt und handelt, B) dem „*geistlichen* Menschen", der gläubig ist aus Liebe zu sich selbst, der also Vorteile sich erhofft aus seinem Glauben, und C) dem „*himmlischen* Menschen", der um der Liebe und der Wahrheit selbst willen glaubt und handelt:

1) Der tote Mensch erkennt kein anderes Wahres

und Gutes an, als welches Sache des Körpers und der Welt ist, und dieses betet er auch an.
Der geistliche Mensch erkennt das himmlische Wahre und Gute an, aber mehr aus dem Glauben, aus dem heraus er auch handelt, nicht aber aus der Liebe.
Der himmlische Mensch glaubt und vernimmt das geistige und himmlische Wahre und Gute und erkennt keinen anderen Glauben an, als den aus der Liebe, aus der heraus er auch handelt.

2) Die Zwecke des toten Menschen zielen bloß auf das Leben des Leibes und der Welt, und er weiß nicht, was das ewige Leben und was der Herr ist. Und wenn er es weiß, so glaubt er es nicht.
Die Zwecke des geistlichen Menschen zielen auf das ewige Leben und so auf den Herrn.
Die Zwecke des himmlischen Menschen zielen auf den Herrn und so auf Sein Reich und das ewige Leben.

3) Der tote Mensch, wenn er im Kampf ist, unterliegt beinahe immer, und wenn er in keinem Kampf ist, so herrscht bei ihm Böses und Falsches und er ist Sklave. Seine Bande sind Äußere, wie: Die Furcht vor dem Gesetz, vor dem Verlust des Lebens, des Vermögens, des Erwerbs, des guten Rufs.
Der geistliche Mensch ist im Kampf, aber er

überwindet immer. Die Bande, von denen er betätigt wird, sind Innere, und sind Bande des Gewissens.
Der himmlische Mensch ist nicht im Kampf, und wenn Böses und Falsches ihn anficht, so achtet er es nicht, daher er auch Überwinder genannt wird. Bande, von denen er angetrieben würde, hat er keine, er ist frei. Seine Bande, die aber nicht erscheinen, sind das immerwährende bewusste Vernehmen des Wahren und Guten."

Kapitel 6: Von Wahrheit

Der Geist der Wahrheit

Von Weltgericht und Wiederkunft CHRISTI

(Johannes 16.13)

Wenn aber Jener Kommt, der Geist der Wahrheit, so wird er euch in die ganze Wahrheit führen.

Ja, Gott lehrt uns persönlich, das ist Seine Verheißung an uns, die sich erfüllen muss. Doch dann redet der Mensch nicht mehr aus dem Fleisch (Verstandeslicht), sondern aus dem Geist (Liebe-Weisheit des Herzens) und er hangelt sich nicht mehr nur entlang am Buchstaben der Schrift, sondern er sieht mit feurigen Buchstaben deren geistigen, inneren Sinn vor sich ausgebreitet.

Dies führt wiederum zu Unverständnis, Verfolgung, Angriffen und Spaltungen, und der Überbringer von Wahrheit wird zum Stein des Anstoßes. Wenn das alles so einfach wäre mit der Wahrheit, hätte Jesus nicht am

Kreuz für uns geblutet.

Gott richtet nicht die Menschen, sondern sie richten sich selbst, wenn sie aus der Liebe-Ordnung Gottes treten, weil nur die Liebe der Urgrund alles Lebens ist. Wer wieder in der Wahrheit lebt und durch diese in der Liebe zu Gott mehr entbrennt, in dem wird alles Böse weichen, alle Krankheit und alles Verderben, weil er wieder in der Lebens-Ordnung ist, und so, wie sein Leib gesunden wird, so auch wieder die ganze Erde.

Das Gericht, das Gott hält, ist nicht das eines Tyrannen, sondern es bedeutet die Aus"richtung" des Menschen hin zur Wahrheit, und die Wahrheit ist, wie wir wissen, der Herr Jesus Selbst. Er ist das Innerste eines jeden Äußeren, so auch aller Materie... die Wahrheit ist der Geist in allem!

So wird, beim einzelnen Menschen angefangen, nach und nach das Böse in der Welt verschwinden, aber nicht auf einmal... solches ist eine Irrlehre, und es veranlasst den Menschen, von sich weg zu schauen und auf ein Ereignis zu warten, wo dann endlich die "Bösen" bestraft werden...

Wer so insgeheim denkt und hofft, in dem ist Jesus, der Geist der Barmherzigkeit und Liebe, noch nicht im Herzen wiedergekommen, denn der Herr sagt: "Siehe, die Erde ist eine Kinderstube, und so gibt es auf ihr auch allzeit blinden Lärm und viel Geschrei. Aber glaube mir, ich sehe das mit ganz anderen Augen als du, ein Mensch dieser Erde." (HGT3.67,18)...

So lasst uns mit erbarmungsvollen Blicken auf all

das böse Treiben in der Welt schauen, denn all die Bösen sind nur die noch verirrten Kinder des Allerhöchsten, die verlorenen Schafe. Ihnen gilt es besonders, das Gute zu bringen, als da sind die Demut, Sanftmut und Geduld und es ihren Handlungen entgegenzusetzen, damit auch sie den Weg zur Liebe finden in den Wirren dieser Zeit.

Bewegen sich die Menschen in der Wahrheit?

Wie man die göttliche Wahrheit findet und warum wenig Einigkeit unter den Gläubigen herrscht:

Der Wille, zur göttlichen Wahrheit zu gelangen, garantiert uns auch solche! Wie selten aber ist ein solcher ernster Wille zu finden?! Die Christen nehmen bedenkenlos an was ihnen als Wahrheit vorgesetzt wird und stellen dann ihr Denken danach ein, d.h., entsprechend diesem ihnen zugetragenen Wissen bewegen sie sich nun im Licht oder im Dunkeln; denn Licht kann nur die reine Wahrheit schenken! Irrtum aber wird immer den Geist verdunkeln!

Es geht hierbei um geistiges Wissen, nicht um irdische Kenntnisse, die mit Beweisen erhärtet werden können, die aber keinen Einfluss haben auf das

Seelenleben eines Menschen, dem das Erdendasein geschenkt wurde zur Ausreifung der Seele.

Wer die reine Wahrheit ernsthaft begehrt und sucht, der wird sie garantiert von Gott empfangen! Doch was uns als Wahrheit angeboten wird, wer garantiert uns, dass es auch die Wahrheit ist? Diese Frage müssen wir uns immer wieder stellen. Wir müssen wissen, dass viele Geistesrichtungen ihr Geistesgut als Wahrheit vertreten, dass alle etwas anderes lehren, aber dass es nur *eine* Wahrheit geben kann!

So dürfen wir weder der einen noch der anderen *bedenkenlos* glauben, sondern wir müssen uns an die höchste Instanz wenden: an die Ewige Wahrheit Selbst. Wir müssen uns an Den wenden, Der über allem steht, Der alles erschaffen hat, Der höchst vollkommen ist, Der um alles weiß und Der die Liebe Selbst und durch Christus für uns *in uns* ansprechbar ist. Der also auch uns, Seinen Geschöpfen, Licht geben will, weil Er uns liebt; Der nicht Seine Wesen für die Finsternis des Geistes geschaffen hat, es aber auch nicht verhinderte, als sie im freien Willen der Finsternis zustrebten und dem Herrn der Finsternis - Luzifer - in seinen Bereich folgten.

Gott, Der uns das Leben gab, will aber nicht, dass wir in der Finsternis verbleiben. Er will uns Licht zuführen und jederzeit können wir es aus Seiner Hand entgegennehmen, jederzeit ist Er bereit, unser Denken zu erleuchten und uns klare Erkenntnis zu geben über alle Fragen, die uns bewegen; über *alle* geistigen

Zusammenhänge, über unseren Daseinsgrund und unseren Daseinszweck.

Und wenn uns die *Ewige Wahrheit Selbst* belehrt, so kann und wird Sie uns nichts anderes als reinste Wahrheit vermitteln, und dann können wir auch überzeugt glauben und werden es wissen, dass wir in der Wahrheit stehen und in dieser wandeln. Wir können ganz gewiss sein, dass uns die Wahrheit geschenkt wird, sowie wir sie nur ernsthaft begehren!

Dies ist die erste Bedingung, denn erkennt der Mensch nun Gott als die Ewige Wahrheit an, dann wird er sich auch an Ihn Selbst wenden und Ihn um Zuführung der Wahrheit bitten. Er öffnet sich also bewusst der Einstrahlung des Lichtes, er stellt die Verbindung wieder her, die *Zweck und Ziel* des Erdenlebens ist, die er einst im freien Willen abgebrochen hat und weswegen er zur Tiefe gefallen war in Lichtlosigkeit.

Nun also öffnet sich der Mensch bewusst und lässt sich anstrahlen von der Liebe Gottes, was auch bedeutet, dass sein lichtloser Zustand sich wandelt in einen Zustand des Lichtes und der Mensch nun zu einem Wissen gelangt, das ihm bisher verschlossen war.

Dass also dieser Vorgang stattfinden kann und stattfindet, das können wir glauben. Dass jeder Mensch ihn erleben könnte, das dürfen wir auch glauben, aber er erfordert Voraussetzungen, die nicht jeder Mensch aufweisen kann, was aber nur den *Selbstempfang* der Wahrheit einschränkt, nicht aber die Zuführung der reinen Wahrheit in indirekter Form von Außen.

Denn ein *jeder*, der die Wahrheit von Gott ernsthaft begehrt, wird die Wahrheit auch direkt empfangen, wenn er nur ein Leben in uneigennütziger Liebe führt, durch das er nun den Geist in sich zum Leben erweckt, der als Anteil Gottes in einem jeden Menschen schlummert und durch die Liebe zur Entäußerung veranlasst wird, und der (jener göttliche Funke im Seelenherzen), weil Anteil Gottes, auch um alles weiß und den Menschen von innen heraus recht und wahr belehren kann.

Gehen wir also selbst den Weg zur höchsten Instanz und lassen uns nicht genügen daran, was Menschen uns bringen, und wenn sie auch die Wahrheit zu vertreten glauben. Es wäre nicht solche Finsternis auf Erden, wenn die Wahrheit Eingang gefunden hätte unter den Menschen. Dass aber große Finsternis herrscht ist offensichtlich, ansonsten ein harmonischer und friedvoller Zustand auf Erden und unter den Gläubigen zu verzeichnen wäre, doch das Gegenteil davon ist der Fall!

Wahrheit ist nur dort, wo der Geist aus Gott im Menschen wirkt

Ein Wort an die Kirchen und Gemeinden. Wie Gott Selbst heute wieder durch Menschen redet.

Alle diesseitigen, irdischen Bemühungen, in die Tiefen göttlicher Weisheit einzudringen, können nur Erfolg haben, wenn der Geist im Menschen zum Leben erwacht und so die geistigen Übermittlungen aus dem Jenseits entgegen-nehmen kann, wenn also durch ein Wirken in der Liebe die Seele des Menschen fähig wird, die Stimme des Geistes in sich zu vernehmen, die nun die empfangenen Botschaften der Seele vermitteln möchte. Denn nur dann kann reine Wahrheit dem Menschen zugehen, weil der Geist im Menschen nicht irren kann, da er Anteil des göttlichen Geistes ist.

Die innere Stimme zu vernehmen ist nun ein Akt völliger Willensfreiheit. Es muss der Mensch den Willen aufbringen, still in sich hineinzuhorchen, er muss bemüht sein, alle äußeren Eindrücke sich fernzuhalten, aber im voll bewussten Zustand dem Geist in sich sein Ohr leihen. Er muss zu verhindern suchen, dass er schwach wird und in einen Zustand verfällt, in dem sich ein fremder Wille seiner bemächtigen kann, wenngleich dies nicht ausschaltet, dass der fremde Wille gut ist und einem Wesen angehört, das ebenfalls die Wahrheit dem Menschen vermitteln möchte.

Hier ist Vorsicht geboten!

Der Herr hat den Seinen versprochen, im Wort bei ihnen zu verbleiben, und das Wort muss von Ihm Selbst ausgehen, es muss Ihn Selbst zum Ursprung haben, wenn es auch von Seinen Boten zur Erde geleitet wird. Dann wird es tiefe Weisheiten in sich bergen, es wird die reine Wahrheit sein, die niemals angetastet und widerlegt werden kann, weil die Stimme des Geistes, die innerlich vernehmbar ist durch bildhafte, gedankliche oder auch hörbare Darstellungen, in keiner anderen Weise übertönt werden kann.

Das innere Wort empfangen im bewussten Zustand unter Anwendung des eigenen *freien Willens* ist allein Garantie für die reine unverfälschte Wahrheit. Folglich müssen auch alle geistigen Ergebnisse übereinstimmen mit diesem göttlichen Wort, das die offensichtliche Äußerung des Geistes ist, der in und durch den Menschen wirkt und durch diesen Menschen sich auch den Mitmenschen kundgibt.

Der Mitmensch wiederum vermag die Wahrheit der Geistesgaben zu prüfen, so er selbst durch ein Leben in *uneigennütziger Nächstenliebe* seinen Geistesfunken in seiner Seele zum Erwachen brachte und nun die ihm gebotenen Gaben als wahr erkennt.

Weisheit und Wahrheit können nur dort sein, wo der Geist aus Gott im Menschen wirkt, und darum muss auch solchen Kundgaben der Wert beigemessen werden, den allein göttliche Sendungen beanspruchen können. Es spricht auch heute wieder Gott Selbst zu den Menschen, und Sein Wort ist Wahrheit!

Gott hält immer Seine Wahrheit für uns bereit, wenn wir sie ernsthaft verlangen

Es hält sich nicht die Wahrheit lange so rein, wie sie von Jesus ausgegangen ist, darum hat Er uns schon zu Seinen Lebzeiten die Worte gesagt: "Ich will euch einführen in die Wahrheit...." Denn Er wusste es, dass auch Sein Wort, das Er Selbst uns brachte, nicht rein erhalten bliebe. Und das wird immer der Fall sein, sowie sich menschliche Unzulänglichkeit damit befasst, sowie das reine Wort in den Bereich unvollkommener Menschen gelangt und diese rein verstandesmäßig dazu Stellung nehmen.

Immer wieder hat der Herr darum Sein reines Wort von oben zur Erde geleitet, aber auch immer wieder ist dieses Wort verunstaltet worden, und wir haben keine Garantie dafür, dass die Bibel geschützt ist vor Veränderung, denn Gott tastet nicht den freien Willen der Menschen an und kann immer nur dann einen Verkünder Seines Wortes schützen, wenn dieser sich in Seine Obhut begibt und Gott um Schutz vor Irrtum bittet.

Wir sind aber nicht gefährdet durch falsches Denken, wenn wir im Geist und in der Wahrheit bitten (d.h. in der Liebe zu Gott), dass Jesus unseren Geist erhellen möge, dann werden wir auch erkennen, wo sich Irrtum eingeschlichen hat. Doch es ist falsch zu behaupten, dass Gott Selbst Sein reines Wort vor Verunreinigung schützt, weil dann unser freier Wille in Frage gestellt wäre. Dieser freie Wille kann aus Gottes Wort machen was er will. Und so müssen wir auch bei der Bibel berücksichtigen, dass im Laufe der Zeit sich Veränderungen ergeben haben und dass der Herr das nicht ändern konnte, eben des freien Willens der Menschen wegen.

➔ Und so ergab sich auch stets wieder die Notwendigkeit einer neuen Offenbarung (siehe letzter Abschnitt dieses Buches), die den bestehenden Irrtum klären musste. So brauchen wir nur ernstlich Wahrheit begehren, und Gott unser Vater wird sie uns zuführen, aber wir dürfen uns nicht in Sicherheit wiegen, die reine Wahrheit zu haben, nur weil wir die Bibel lesen, ansonsten Jesus uns nicht die Worte klar und deutlich hätte zu geben brauchen "Ich will euch einführen in die Wahrheit...."

Wir müssen bedenken, dass Gottes Geistes Wirken immer nur geistigen Inhalts ist, dass es Ihm um das Heil unsere Seele geht, die Er durch Sein Wort für

Sich gewinnen will, nicht aber um ein Wohlleben des Leibes auf Erden, und dass jede Äußerung, die Er getan hat, lediglich also unsere geistige Vollendung bezwecken soll. Und eben diese geistigen Hinweise sind oft mit menschlichen Zusätzen vermischt worden, die sich dann als falsch erwiesen haben und oft zu Zweifeln führten, wie auch Seine göttlichen Liebeworte oft verbunden wurden mit menschlichen Zusätzen und die Menschen an diesen festhalten und nicht abgehen wollen von Menschenwerk.

Und so sind auch Begriffe, die für die Menschen damals galten, hineingezogen worden in das göttliche Wort, wie z.B., "dass Frauen nicht lehren sollen".... Es ist dies keineswegs Gottes Gebot, sondern es wurde der damaligen Zeit Rechnung getragen, hatte aber keinerlei Berechtigung, als "göttliches Wort" zu gelten, wie es schon aus Seinen Worten ersichtlich ist, "dass Gott Seinen Geist ausgießen werde über alles Fleisch, Knechte und Mägde werden weissagen."(Joel 3.1)

Was der Herr also zu berichtigen für nötig hielt, das ist immer wieder durch Neuoffenbarungen getan worden, die sich aber auch nicht alle in ihrer Reinheit erhielten, und auch wieder bereinigt werden mussten.

➔ Aber die Verheißungen hat Gott uns gegeben, uns in die Wahrheit einzuführen, und darum können wir auch dessen gewiss sein, dass jeder, der nach der Wahrheit im Ernst verlangt, diese auch erhalten wird! Denn Gott lässt keinen Menschen im Irrtum dahingehen, der nicht dem Gegner verfallen will und der von ganzem Herzen die reine Wahrheit begehrt!

Doch anders als durch Neuoffenbarung ist es Ihm nicht möglich, weil um der Willensfreiheit der Menschen wegen Er nicht die Menschen hindern kann, das ursprünglich von Ihm ausgestrahlte Wort zu verändern, und dass dieses geschehen ist, ist in dem niedrigen Geisteszustand der Menschen begründet, der dem Einwirken des Gegners keinen Widerstand entgegensetzt. Aber der Herr wird immer dafür Sorgen, dass dennoch das Licht der Wahrheit denen leuchtet, welche die die Wahrheit begehren.

Ernsthafte Suche garantiert auch die Wahrheit

Die Gott ernsthaft suchen, denen ist auch Sein Wort verständlich, denn ihr Sinnen und Trachten ist geistig gerichtet, und so verstehen sie auch die geistige Sprache, die nicht weltliche Dinge berührt, sondern Erklärung gibt vom geistigen Reich, vom geistigen Leben des Menschen und seinem letzten Ziel. Wer Gott sucht, dem bietet nicht die Erde die letzte Erfüllung, sondern er weiß, dass nur bei Ihm das rechte Leben zu finden ist, er weiß, dass er Sein Anteil ist, und strebt deshalb zu Gott zurück. Ihm wird Sein Wort verständlich sein, er hört und liest den Sinn heraus, er weiß, wie der Herr Sein Wort verstanden haben will, und bemüht sich, dem geistigen Sinn des Wortes gemäß zu leben, und so erfüllt er Gottes Willen.

Alles hat Jesus durch Beispiele den Menschen zu erklären versucht, durch Bilder machte Er es ihnen verständlich, und es verstanden Ihn, die Ihm zustrebten, die gut waren oder gut zu sein sich bemühten. Die anderen aber ärgerten sich an Ihm, weil sie wörtlich nahmen, was geistig zu verstehen war.

Und so auch legen heute noch die Menschen Gottes Wort verschieden aus, je nach ihrem Reifezustand und ihrem Willen, der Ihm zu- oder abgewandt ist. So manche lesen nur das Wort und bleiben daran hängen, sie nehmen Anstoß, weil sie den tiefen Sinn nicht verstehen. Andere wieder befolgen ängstlich nur das äußere Wort, sie lassen sich an irdischen Verrichtungen genügen, ohne des geistigen Sinns zu achten. So ziehen diese Menschen nicht den Vorteil aus dem Wort für ihre Seele. Für sie bedeutet es nichts weiter, als was sie selbst daraus lesen in ihrer Unkenntnis, in ihrem lichtlosen Zustand, aber Sie könnten unsagbar viel daraus entnehmen, sie könnten unentwegt schöpfen aus einem Kraftquell, dem kein anderer gleichkommt, so sie des Gotteswortes geistigen Sinn erfassten und danach lebten.

Doch alles entscheidet allein das Herz, strebt dieses

dem überguten Gott und Vater zu, dann wird auch die Kraft Seines Wortes an ihnen wirksam werden, denn dann ist ihr Wille gleichsam der Schlüssel zur Herzenstür, durch die der göttliche Geist eintreten und Licht hineintragen kann, und es wird der Mensch erkennen und wissen, wie Gott Sein Wort verstanden haben will. Er stellt für das Verstehen Seines Wortes die Bedingung:

➔ Dass des Menschen *Herz* Ihn sucht, nicht nur sein Verstand, d.h. dass Gott ersehnt wird aus Liebe.

Und darum ist viel Unklarheit unter den Menschen, weil zumeist nur der Verstand tätig ist, der sich aber festrennen wird, so er sein Herz nicht befragt. Gott führt uns ein *durch das Herz (das ist die Liebe des Gemütes) in die Wahrheit!* Er macht uns Sein Wort verständlich, Er zündet uns ein Licht an, so wir Ihn nur um Rat bitten beim Suchen und Forschen, so wir uns mit Ihm verbinden im Gebet oder in Gedanken, so wir Ihn *wirklich* zu erkennen suchen.

Dann erscheint uns Sein Wort nicht mehr verschleiert, es enthüllt sich in hellster Klarheit und spricht zu unserem Herzen, und dann benötigen wir nicht mehr das geschriebene Wort, dann redet Jesus Selbst zu uns, und wir werden Ihn hören.

Warum die Wahrheit verhüllt gegeben wird

oder prophetisch gesagt: In den (das zu grelle Licht der Wahrheit abmildernden) „Wolken des Himmels“ (Mt.26.64 / Dan.7.13) zu den Menschen kommt:

Die Weltmenschen gefallen sich in der Welt, und so muss auch eine Gotteslehre ganz weltlich aussehen, wenn sie bei den Menschen einen Anklang finden soll. Die Wahrheit wird uns aber immer nur verhüllt gegeben, denn offen würden wir sie ebenso wenig ertragen, wie das Licht der Mittagssonne mit offenen Augen. Jeder Mensch muss denken lernen, dann suchen und selbst finden. Hat ein Mensch das innere Licht des Lebens nicht selbst gefunden, so nützen ihm auch tausend Lehrer nichts, und am Ende ist es egal, ob er das Licht für Finsternis oder die Finsternis für Licht hält, bzw. die Wahrheit für Irrtum oder den Irrtum für Wahrheit!

Daher muss ein Mensch zwar einen Anstoß erhalten, die Wahrheit zu suchen, aber er darf niemals die volle Wahrheit urplötzlich finden, denn diese würde ihm viel mehr Schaden als nützen, wenn sie ihm auf einmal völlig klar würde. Man kann hier einwenden: „Gut, aber ich begreife da die Weisheit Gottes nicht und noch weniger Seine Allmacht! Hat Er denn nicht diese ganze Erde samt der Menschheit erschaffen, und hängt nicht alles Sein von Ihm ab?"... Ja, aber auch die wahre, innere Lebensbildung und vor allem die volle Eigenständigkeit und Lebenskraft des geschaffenen Lebens eines jeden Menschen hängt von Gott ab! Und diese kann Gott nur durch Seine möglichste Zurückgezogenheit und eben auch nur durch ein stilles Einfließen in das Gemüt des Menschen nach und nach bewirken. Daher muss ein Mensch zunächst durch die vielen Erscheinungen in der Außenwelt, dann auch durch manche Träume und sogar durch kleine innere Anstöße und Impulse dahin gebracht werden, dass er über alle die Erscheinungen und Wahrnehmungen nachzudenken anfängt...

Aber nicht bei jedem Menschen geschieht dies so, sondern nur bei denen, die insgeheim von Gott dazu bestimmt sind. Die anderen hören es dann erst von solch einem geweckteren Menschen, machen dann auch Beobachtungen und denken darüber nach.

Wenn besonders geweckte Menschen viel darüber nachdenken, so wird es erst zugelassen, dass sie von selbst dahinter kommen, dass es einen Gott geben muss, der alles werden lässt und alles ordnet und leitet. Auf diese Weise entwickeln sie im Lauf der Zeit das Erkennen eines allmächtigen, allgütigen und allweisen Gottwesens.

Ist einmal die Menschheit allgemeiner zu dieser Erkenntnis gelangt, dann erst werden größere Offenbarungen und genauere Bestimmungen zugelassen, aus denen die Menschen schon deutlicher und mit einer größeren Zuversicht das Gottwesen zu erkennen anfangen, aber dabei doch noch einen großen, ganz freien Spielraum haben, alles das ihnen Geoffenbarte als Wahrheit anzunehmen und danach zu handeln oder auch nicht anzunehmen und nicht danach zu handeln.

Wer die Offenbarungen Gottes als wahr annimmt und danach handelt – das bedeutet, Gottes allgemeines Offenbaren, auch ewig weit, weit über die Bibel hinaus – der kommt dann auch bald zu stets hellerem Erkennen und zum wahren, selbständigen, freien Leben.

Wer aber das nicht annimmt, sondern sich nur auf seine Vernunft und an seine Erfahrungen hält und danach handelt, der begeht deswegen zwar keine Sünde, aber er bleibt dennoch zurück und wird sehr viel länger zu tun haben, bis er zur reinen Erkenntnis Gottes und zur Vollendung seines inneren, wahren Lebens gelangen wird.

Wer aber die volle Wahrheit einer Neu-Offenbarung des Herrn annimmt und sie mit seinem Verstand klar einsieht, aber eigenwillig dagegen handelt, der sündigt und verdirbt dadurch sein Leben auch jenseits auf eine undenkbar lange Zeit, denn der besitzt kein inneres Licht, weil er weder seiner absoluten Vernunft, noch der wohl verstandenen Offenbarung Gottes freiwillig gefolgt ist.

Wenn aber eine Seele demnach durch ihr eigenes

Verschulden in die größte Lebensfinsternis gelangt, so kann ihr Gott mit aller Seiner Allmacht auch nicht helfen, sondern muss sie in ihrem eigenen Zustand belassen, so lange, bis sie möglicherweise in sich anfängt, zu einiger Erkenntnis zu gelangen. Ist das der Fall, so hat Gottes Liebe und Weisheit genügend Mittel und Wege in endloser Fülle, solch eine Seele auf für sie unbemerkte Art zurecht-zubringen.

So also sieht das Verhältnis zwischen Gott und allen Menschen auf dieser Erde aus, die dazu existiert und ihre Bahnen um die Sonne zieht, um die Kinder Gottes zu tragen und zu heranzubilden.

In JESUS aber geschah von Gott aus für uns Menschen dieser Erde die höchste Offenbarung, denn mehr als Gott Selbst in einem menschlichen Körper dieser Erde konnte zu uns nicht kommen... Wohl dem, der an Ihn glaubt, sich nicht an Ihm ärgert und so lebt und handelt, wie Er es vor allem in Seiner für uns heute gegebenen Neuoffenbarung lehrt, die eine Vervollständigung des neuen Testaments und weitere Vertiefung des Gotteswortes ist! Denn wer Seine Worte hält und genau danach lebt und handelt, der wird es selbst bald erfahren, dass diese Worte, die Jesus heute zu uns redet und auch schon vor 2000 Jahren zu den damaligen Menschen geredet hat, nicht Menschenworte, sondern Gottesworte sind, die in sich selbst Leben, Licht und die ewige Wahrheit sind.

Aber wohl gemerkt: Nur durch das Handeln nach dem Geglaubten gelingt der Beweis für die Echtheit einer Lehre und nur so können sich die Verheißungen des Herrn ganz individuell an uns erfüllen!

Das Merkmal der Wahrheit - vom Buchstaben und Prüfen des Wortes

Wahrheit ist, was gut ist, und ein liebender Mensch wird genauestens zu unterscheiden wissen, was gut oder böse ist. Während der lieblose Mensch, der noch in der Eigenliebe steht, das für gut hält, was ihm nützlich ist und ihm einen Vorteil bringt, bzw. einen Gewinn einträgt. Er macht keinen Unterschied zwischen gut und böse, richtig und falsch und daher auch keinen Unterschied zwischen Wahrheit und Irrtum. Er erkennt nicht das Göttliche und somit auch nicht die Wahrheit, weil er beides nicht anstrebt auf Grund seiner Lieblosigkeit. Wir sehen solches heute z.B. überdeutlich daran, dass die Schere zwischen arm und reich immer weiter auseinanderklafft oder daran, dass sich Wohlstand immer nur zu Lasten von Mensch und Natur, der Umwelt und aller notwendigen Lebensgrundlagen bewerkstelligen lässt.

Wo daher Liebe zum Ausdruck kommt, Liebe zu Gott und zum Nächsten, dort muss auch die Wahrheit vertreten sein, und es ist das Merkmal der Wahrheit, dass sie Liebe atmet und Liebe ausstrahlt, dass sie

Liebe lehrt und zu Gott hinführt, weil alles, was gut und edel ist, die Menschen mit Gott zusammenschließen muss!

Folglich wird auch die Wahrheit niemals erkannt werden aus dem Buchstabensinn, sondern immer nur an ihrer Wirkung: Erzieht sie zur Liebe, dann kann sie auch nur von Gott kommen. Bestärkt ein Wissen aber die Eigenliebe, dann ist es das Werk des Gegners von Gott, der die Menschen von Gott abwendig zu machen sucht und niemals Wahrheit geben kann.

Daran also müssen wir den Maßstab anlegen wenn wir prüfen wollen, so wir noch nicht von selbst erkennen, was uns geboten wird. Sind wir selbst liebefähig und liebetätig, dann wird unser Herz uns auch belehren, so wir dieser Herzensstimme keinen Widerstand entgegensetzen durch zuvor verstandesmäßig aufgenommenes Wissen. Dies ist zu Beginn nicht ganz einfach, weil die Verstandesstimme zunächst viel vordergründiger in uns anliegt als die sanfte Stimme des Gemüts.

Daher ist die Gemütsbildung so wichtig, und es sollte das Gemüt des Menschen noch vor dem Verstand gebildet werden, was heute leider verlorengegangen ist, denn die Wahrheit geht uns Menschen nicht schulmäßig zu, sondern der Geist in uns diktiert sie, der Geist in uns erhellt uns, dass wir die reine Wahrheit erkennen können, wo und wie sie uns auch geboten wird. Doch die Liebefähigkeit und Liebewilligkeit des Herzens (des Gemüts) ist erste Bedingung, soll der Geist in uns wirksam werden. Dann aber erkennen wir hell und klar, dass alles Gute und zu Gott-Hinweisende die Wahrheit sein muss, deren Ausgang Gott Selbst ist! Und wir zweifeln nicht mehr, weil uns die Wahrheit beglückt, sowie wir in diese eingedrungen sind mit Hilfe des göttlichen Geistes, der unser Denken leitet dem rechten Erkennen entgegen.

Darum also: Lassen wir den Geist in uns wirken, greifen seinem Wirken nicht vor, indem wir verstandesmäßig zu prüfen versuchen, was allein nur das Herz zuwege bringt. Achten wir auf unser Empfinden, geben uns der Wirkung dessen ohne Widerstand hin, was uns als Wahrheit geboten wird, und wir werden das Gute bejahen und das Schlechte ablehnen, also die Wahrheit vom Irrtum unterscheiden können!

Doch unser Bücherwissen allein nützt uns wenig. So uns dieses nicht von geistig erleuchteten Menschen dargeboten wurde, von Menschen, die gleichfalls liebefähig und liebewillig waren, so sind uns nur Buchstaben vermittelt worden, denen das innere Leben fehlt. Das Leben aber erweckt nur die Liebe, also ist nur der liebende Mensch fähig, den rechten Sinn der Buchstaben zu erfassen. Und es wird dieser Sinn immer mit der ewigen Wahrheit übereinstimmen, die Gott zur Erde leitet, so die reine Wahrheit auf dieser nicht mehr vertreten ist.

Gottes Liebe und Güte weiß Seine Wahrheit zu schützen und sie dem Wahrheit verlangenden Menschen unverfälscht zuzuführen. Ist aber das

Verlangen des Menschen nicht ausschließlich der Wahrheit zugewandt, dann wird auch seine Fähigkeit zu prüfen nachlassen. Dann kann er nicht die Wahrheit vom Irrtum unterscheiden, und jegliche Willensschwäche, jeder Mangel an Wahrheitsverlangen nutzt der Gegner Gottes, um den Irrtum in uns Menschen zu festigen, um uns in Zweifel zu stürzen und die Wahrheit zu untergraben, weil es das Bemühen des Gegners ist, die Wahrheit zu verdrängen, die zu Gott hinführt....!

Und dieser Gewalt können wir uns nur entziehen, so wir innigst Gott um Erleuchtung des Geistes bitten, so wir Ihm gegenübertreten als schwache, unwissende Kinder, die um Kraft und Gnade und um Erkennen der reinen Wahrheit bitten. Dieses Gebet lässt Gott wahrlich nicht unerhört, Er stärkt uns und macht uns fähig, die Wahrheit vom Irrtum zu unterscheiden.

Kapitel 7: Vom Himmel & Reich Gottes

Wesen und Reich Gottes

Gott ist ewiger, unendlicher Geist, die Urkraft und der Urgrund alles Seins. Seine höchsten Attribute sind Liebe, Weisheit und Willensmacht. Sein Heiliger Geist erfüllt das ganze All (die "Weltseele" der antiken Religionen). Allein, dieser unendliche Allgeist hat als innerstes ein Machtzentrum, von dem wie aus einer Sonne Gedanken und Willenskräfte in die Schöpfung hinausströmen, um nach einem großen Lebensvollendungskreis wieder zurückzukehren. In diesem Urmachtzentrum ist Gott wesenhaft gestaltet, und zwar in der höchsten aller Lebensformen: als vollkommener Geistes-Urmensch. ("Gott schuf den Menschen nach seinem Bilde"!) Von diesem Urmachtzentrum aus ist der Gottesgeist ewig schöpferisch tätig. Die ganze Schöpfung ist ein gewaltiger Entwicklungs- und Vervollkommnungsvorgang der göttlichen Gedanken und Ideen. Er vollzieht sich in ungeheuren, durch Ruhezeiten geschiedenen Perioden ("Schöpfungstagen", "von Ewigkeit zu Ewigkeit").

Das Wesen Gottes ist den Menschen schleierhaft. Ein Atheist hat es da vermeintlich leicht, weil dieser Gott einfach leugnet, jedoch ohne wirklich zu wissen, ob Er existiert oder nicht. Allerdings, würde ein

Gottesleugner voll ernstlich Gott zu suchen beginnen, so müsste er Ihn auch bald und leicht finden. Die Position seiner Geisteshaltung ist daher nur dem Nichtwollen geschuldet und somit nicht ernst zu nehmen.

Ganz anders verhält es sich da bei einem Christen. Dieser hat sogar ein Liebesgebot von Jesus erhalten, Gott über alles zu lieben. Doch lieben kann man bekanntlich nur, was man auch kennt und kennen nur, was sich offenbart. Wer den Willen hat, Gott zu lieben, der findet überall in der Natur um sich herum wunderbare Zeugnisse eines Schöpfers, der Liebe, Weisheit, Wille, Ordnung, Geduld, Ernst und Sanftmut in Sich in einer sich einander bedingenden und ergänzenden Vollendung vereinigen muss, ansonsten nichts entstehen, bestehen und fortbestehen könnte, was an Leben, Formen und Farben auf dieser Erde und im ganzen Schöpfungsraum existiert...

Von diesem Gottesgeist trägt der Mensch einen eingehüllten Funken in seiner Seele, und dies ermöglicht ihm, in Kontakt mit seinem Schöpfer zu treten, sofern er diesen Funken in sich zur freien Tätigkeit erwecken will nach der Lehre Jesu. Der Mensch begehrt und empfängt dann mehr und mehr die göttliche, ewige Wahrheit, erst durch das äußere Wort, - was den geweckten Gottesfunken nährt und Ihn zu immer mehr Wachstum innerhalb der Seele veranlasst - und folglich auch durch das innere Wort, welches der nun stets mehr erleuchtete Menschengeist in sich selbst und im Buchstaben findet.

Und so erfahren wir heute sehr viel mehr über das Wesen unseres wunderbaren Schöpfergeistes, da Er Sich so herablassend und liebevoll uns neu offenbart hat in den großen Neuoffenbarungen unserer Zeit, zu Beginn des dritten Jahrtausends, durch die Wiederkunft Christi im Wort (siehe den letzten Abschnitt dieses Buches „Die Neuoffenbarung“).

Wo das Reich Gottes ist

(Johannes 18, 36)

Mein Reich ist nicht von dieser Welt!

Immer wieder sagte Jesus dies und es bedeutet: Sein Reich ist ein Reich des Geistes und dieses wird mit dienender Liebe am Mitmenschen aus selbstlosem Antrieb gebaut, aus den jeweiligen Taten der Liebe und wächst und entsteht im Herzen eines jeden Menschen, der aus Gottesfurcht nach besten Kräften seine Mitmenschen unterstützt und über die Liebe zum Mitmenschen zur Gottesliebe oder den direkten Weg zu Jesus in der stillen Zuwendung im eigenen Herzen findet.

(Lukas 11, 9)

Wer sucht, der findet, wer anklopft, dem wird aufgetan!

Jesus hat nie eine irdisch-weltliche Kirche gegründet gleich welcher Art. Er hat Seine Jünger ausgesandt, die wahre Lehre vom Reich Gottes zu verkünden. Er hat ihnen versprochen:

(Matthäus 28, 20)

Ich bin bei euch alle Tage, bis an das Ende der Welt!

Seine wahren Anhänger wissen wo sie Ihn jederzeit finden können, und dass Er Wort gehalten hat. Er hat die Menschen nie verlassen, sie Ihn aber wohl!

Jesus braucht nicht äußerlich wiederzukommen, da Er der Lebensgrund in jedem Menschen ist und der Mensch ohne diesen nicht existieren kann! Doch wir Menschen nehmen unsere Verkehrtheit, unseren Wahn, unsere falschen Vorstellungen und irrtümlichen Glauben mit ins Grab und finden dann nicht, was man uns versprach und befinden uns in der finsteren Welt von Irrtum und Lüge, die auch im Jenseits keinen Bestand hat.

(Johannes 14, 6)

Ich bin der Weg, die Wahrheit und das Leben. Wer an Mich glaubt und Mir folgt, wird nicht in die Irre gehen.

ER aber gab uns ein leichtes Gebot:

(Lukas 10, 2)

Liebe deinen Nächsten wie dich selbst und liebe Gott, Der dir die ganze Schöpfung zu deiner Verfügung gestellt hat.

Doch wir fahren lieber nach Rom oder ins "Heilige Land“. Suchen den lebendigen Gott bei den toten Menschen und Orten und lassen uns lieber betrügen von falschen Lehrern und nehmen statt Brot Steine und suchen darin das Leben und beißen uns doch daran die Zähne aus und sind am Ende die Betrogenen.

(Matthäus 6, 33)

Suchet zuerst das Reich Gottes und alles andere wird euch dazugegeben werden.

Daher sollten wir ernsthaft nach der Wahrheit suchen und alles verwerfen, was wir mit unserer Überzeugung nicht in Einklang bringen können. Prüfen wir die schönen gleisnerischen Worte in unseren Kirchen und Gemeinden und verlangen wir ernstlich die Beweise, und lassen uns nicht mit einem Jenseitslohn abspeisen, denn unser aller Gott Jesus Christus ist da, hier und heute der Lebendige, der wahre Gott, und Er will endlich Umgang pflegen mit Seinen Kindern im Geiste der Wahrheit und in der Macht und Kraft Seines schon heute und immer gegenwärtigen Reiches Gottes

Die innere Kirche – Verbindung mit Gott

Wie ein Mensch in seinem Inneren uneins wird, wenn er nicht mit Christus vereint ist, so müssen heute die Kirchen und Gemeinden feststellen, dass sie in sich und unter sich nicht eins sind. Sie suchen einen Weg, auf dem sie die Menschen wieder gewinnen können, aber sie besitzen nicht den Heiligen Geist, um zu erkennen, dass die Kirche doch nur inwendig im Menschen zu finden ist.

Auch wir müssen aufgerüttelt werden. Gottes Vaterliebe muss zulassen, dass Glaubensprüfungen, Krankheiten und mancherlei Not und Elend über uns kommen. So schwer dies für uns anzuhören ist: Es geschieht doch nur deshalb, damit wir uns an Jesus wenden und uns Ihm *völlig* hingeben. Dass wir nicht warten auf das Jenseits, um dann erst in den Himmel (= die lebendige Verbindung mit Gott) zu kommen, sondern dass wir jetzt und hier schon den Himmel in uns finden. Der Himmel ist ein innerer Zustand: Christus in uns ist der Himmel.

Unter dem Himmel ist nicht der materielle, natürliche Himmel zu verstehen, auch keine andere materielle Welt hinter irgendwelchen Sternen, sondern dieses „Oben“ ist eine Entsprechung für das ewige Geistleben Gottes, des Allerhöchsten, im Menschen, welches tief im menschlichen Seelenleben ruht, und das durch einen lebendigen Glauben erst geweckt und dann genährt werden muss. Das Geistleben des Menschen (was sein empfindsames Gemüt, seine Liebe und sein Wille ist) wird mit dem Begriff "Erde" bezeichnet. Ist dieses noch ohne Gott, so spricht man in der Prophetensprache (der Sprache des Geistes) von der "Erde", also dem „Unten“, die noch wüst und leer ist.

Nur so kann man z.B. die Schöpfungsgeschichte in der Genesis verstehen; auch diese ist entsprechend bezogen auf das entstehende Geistleben im Menschen und nicht auf eine vergängliche, materielle Erde, denn die Wahrheit ist der ewige Geist in allem. Und wenn der Mensch also in die Wahrheit eingeht durch den göttlichen Geist der Liebe, so geht er gleichsam auch in den Himmel ein... und das kann auch schon im Diesseits geschehen!

„In den Himmel kommen“ bedeutet also einfach gesagt: „in das geistige Schauen überzugehen“. Der Mensch geht durch sein Herz in den Himmel ein, und zwar durch seine Liebe zu Gott, nicht aber durch den Glauben. Aber ohne den rechten Glauben hätte der Mensch keine Wahrheit und somit keine reine, göttliche Liebe im Herzen.

Aufenthaltsort Gottes und der höchsten Geister

Wir wissen nicht, was wir bei dem Wort „Himmel“ eigentlich aussprechen. Nein, wir können es nur ahnen, denn „Himmel“ bezeichnet den höchsten Wohnort, als Aufenthalt der höchsten Geister, und auch Gottes Wohnstätte. Himmel ist die höchste Potenz aller Seligkeiten, wo die Geister im reinsten Licht, ohne Leidenschaften, ohne Fehler, ohne anderen als nur Gottes höchsten, Ihm eigentümlichen Eigenschaften nach-kommend, ein Leben der Seligkeit führen, das wir im Fleisch nie begreifen und kaum ahnen können!

Es gibt zwar auch an diesen Orten verschiedene Stufen der Vervollkommnung, ja, die Vervollkommnung hört nie auf, weil Gott stets Neues schaffend, neue Wirkungskreise sich entwickeln lässt.

Von dem Himmel aus gehen alle Lebensfunken aus Gott durch Seine größten Engelsgeister bis in die untersten Schichten, wo nur noch ein Funke Seines Ich schwach in schwere Materie eingeschlossen glimmt. In den Himmeln, die weit über alle Hülsengloben (das sind die zahllosen Kugel-Universen) und materiell erschaffenen Sonnen-systeme hinaus liegen, strahlt ewige Ruhe und ewige Liebe. Dort besteht die größte Seligkeit darin, aus Liebe zu Gott Seine Befehle und

Wünsche zu vollführen. Es ist das erste Grundprinzip des hohen geistigen Lebens für einen jeden Geist, den göttlichen Eigenschaften des Schöpfers nachzukommen.

Dort in den höchsten Himmeln, wo ewige Harmonie der Geister ist, dort ist auch Einfalt, Demut und die Nächstenliebe in ihrer höchsten Stufe, deren Ausdruck ja Gott, der Herr JESUS Selbst ist.

Dort hat der Herr Sich Seinen Aufenthalt so eingerichtet, wie es Seinen Gedanken und Wünschen nach in der ganzen Schöpfung sein sollte, und auch wohl nach namenlosen Zeitläufen sein wird, wenn alles geistig Verlorene sich wiederfindend, durch Prüfungen geläutert, kämpfend zu Ihm zurückgekehrt sein wird.

(Anmerkung: An dieser Stelle sei erwähnt, dass solches nichts mit einer so genannten „All-Versöhnung" zu tun hat – denn eine Versöhnung mit Gott gibt es nur freiwillig – sondern hier geht es vielmehr um die zahllosen Universen, was diese sind, und dass sie einst wieder vergeistigt sein werden. Der Begriff „Versöhnungs-All träfe es besser. Dazu unten mehr.)

Wenn das der Fall ist, dann werden, wie Jesus es schon einmal sagte, alle Welten umgestaltet, denn dann haben sie alle als Prüfungs- und Läuterungs-Schulen ihren Zweck erfüllt und alles vollendet, und müssen natürlich dann für höhere geistige Wesen auch anders eingerichtet und mit größerem Glanz, Pracht und Seligkeiten ausgestattet sein, damit dann eben diese geläuterten Geister wieder neuen Stoff zu ihrer weiteren Vervollkommnung, zu ihrer höheren geistigen Reife finden, denn unendlich ist der Raum, unendlich sind die Stufen der Vollendung, und unendlich ist Gott Selbst – als Höchstes All in allem!

Dieser geistige Himmel, wo ewiges, mildes Gnadenlicht aus Gott in alle Geister einströmt, wo die reinsten Harmonien den geistigen Ohren die größte Sehnsucht nach Ihm in die Herzen einhauchen, ist der Inbegriff Seiner unbegrenzten Liebe, in Tönen, Farben und Worten ausgedrückt. Dort lebt alles in allem, und jeder sieht sich nur glückselig in der Seligkeit des andern!

Die größte Erhebung – sei es im Gebet, im Gedicht oder im Gesang, deren wir Menschen auf dieser Erde fähig sind, und die uns, wie wir sagen, „bis in die höchsten Himmel erhebt", und uns so den Vorgeschmack eines besseren Seins bietet – ist dort in den Himmeln die unterste Stufe der Seligkeiten, und zwar als ein bleibendes und kein vorübergehendes Gefühl.

Der Herr kann es uns nicht erklären und noch weniger fühlen lassen – wie es einem Geist dort zumute ist, denn wir könnten es nicht ertragen solange wir noch in der Körperhülle sind, weil uns alles auf dieser Erde anekeln würde, wenn wir auch nur eine Sekunde solche Seligkeit in der Erinnerung behalten könnten.

Wo kein Tag mit der Nacht, nicht Kälte mit Wärme, nicht Leben mit dem Tod mehr wechselt, wo ein gleiches, stetiges, ewiges Lichtmeer die seligen Geister umgibt und alles ihrer Umgebung beleuchtet, dort ist auch ebenfalls alles Erschaffene der anderen Welten wieder geistig dargestellt, wie zum Beispiel eine Blume: Wir betrachten hier auf Erden eine Blume, deren Farben unsere Augen beeindruckt, deren Geruch die Nerven angenehm berührt... aber wir wissen ihre geistige Bedeutung nicht und kennen nicht ihre geistige Substanz, aus der sie besteht. Wissen nicht, was Geistiges in ihren Röhrchen oder Äderchen auf- und abströmt als lauter Ausflüsse einer höheren Natur, welche, von der Sonne, deren Licht die Mutter dieser Blumenfarben und Gerüche ist, bis hinauf zu den höchsten und feinsten Potenzen, in Verbindung mit dieser Erdenblume steht...

Diese Blume befindet sich auch in den Himmeln, als geistiger Spiegel alles Erschaffenen. Würden wir diese Blume dort sehen können: In Form nur Licht, in Farbe nur Leuchtfarbe, und ihr Geruch in höchst geistiger Entsprechung ein ewiges Loblied ihres Schöpfers..! Dort würden wir erst begreifen, was das sagen will: „geistige Anschauung“, und würden erst recht erkennen, wie stumpf unsere Sinne auf dieser Welt sind...

Aber wir brauchen über diesen Zustand unserer Sinne auf dieser Erde nicht beunruhigt sein, denn die weise Hand unseres liebevollsten Vaters hat es so eingerichtet, und Seine Zwecke, wenngleich wir diese hier nicht begreifen, noch je sie ganz begreifen können, sind doch der Art, dass sie immer die höchste Weisheit und Liebe zum Grunde haben, und dass triftige Ursachen vorhanden sein müssen, dass dies alles uns erst nach langen Kämpfen und Zeiträumen, und auch dann nicht allen, sondern nur einzelnen (ihrer Liebe gemäß), solche Glückseligkeit, zuteil wird.

Wollte Gott uns dies alles auf einmal genießen lassen (was Er nur denen vorbehält, die Ihn wahrhaft lieben, und also auch mit allem Ernst danach gestrebt haben, Seine Kinder zu werden), so wären ohne vorherigen Kampf diese unaussprechlich großen Seligkeiten ohne großen Wert und ohne dauernden Reiz, denn man hätte solche ja nicht selbst errungen, sondern gleichsam nur geschenkt bekommen, und zwar ohne Mühe, weshalb dann deren Wert nur halb und von kurzer Dauer wäre.

Nur was man mit Kraftaufwand erkämpft wurde, das genießt man erst im vollen Maß, wie es dem Verdienst auch gebührt!

Ein Fürst oder König, der als Königssohn geboren ist, was hat er für Verdienste, wenn einst sein Haupt eine Krone ziert? Wir können sicher sein, es ist ihm bei weitem gleichgültiger, als die unter ihm Stehenden es glauben. Was aber ist so ein „Geburtskönig“ gegen einen Menschen, der mit allen Leiden, körperlicher und geistiger Art, gekämpft, und am Ende sein Ziel erreicht hat, das er nie aus den Augen gelassen hatte!... Er ist eine Geistesgröße, während der andere vielleicht gar keine Größe, sondern auf seinem hohen Posten manchmal eine wahre Null ist...

Deswegen: - (Zwischenruf: All jenen Bibelchristen,

die sich am alleinigen Glauben genügen lassen möchten, und die sich an dem nun Folgenden stoßen könnten, sage ich: Bitte weiterlesen) - Wer Gottes Kind werden will, für das der Herr die größten Seligkeiten aufbewahrt hat, der muss sich auch diesen Namen verdienen, dann erst wird er alle Leiden und Kämpfe segnen, die ihn zu der Stufe der Seligkeit führten, wo erst das Geistige alles Seins ihm begreiflich zu werden anfängt, und dort, eben in der Ausführung und Ausübung aller Engelspflichten, die höchste Seligkeit für einen geschaffenen Geist beginnt. Da Jesus aber einst gesagt hat, dass jeder Mensch das ganze Universum in sich trägt, so trägt er auch, obwohl im Kleinsten nur, diesen eben beschriebenen Himmel in sich...

Bei jeder guten Tat, mit jedem über seine Leidenschaften errungenen Sieg, dringt ein Lichtstrahl dieses kleinen Liebehimmels aus der Sphäre seines Geistes in seine Menschenbrust. Es ist ein vorübergehender Strahl, ein Ahnen, ein Aufjauchzen der Seele, aber (leider) nicht bleibend, es ist nur ein Moment, wo der Geist dem Menschen zeigt, was er in sich trägt, was ihm dereinst wird, wenn er treu aushält auf dem schwierigen Weg des Lebens.

Der Geist im Menschen lässt der Seele nur ein sanftes Nachwehen davon zurück, sonst nichts. Der Strahl aus den Himmeln war nur ein Mahnruf, der sagen will: „Wanke nicht und harre aus! Einst wirst du für immer bleibend haben, was hier blitzschnell nur an dir vorüber streift!

Der Himmel steht uns offen. Soweit es unsere körperliche und geistige Konstitution erlaubt, lässt Gott uns diesen auch manchmal fühlen, um uns aufzumuntern. Mehr können wir hier ja nicht ertragen, und würde auch einer von uns imstande sein, mehr zu ertragen, so wäre er aber inmitten der andern Menschen unglücklich, und statt mit Eifer auf seiner Bahn fortzuschreiten, würden ihn Niedergeschlagenheit und Verzweiflung zu Boden drücken. Deswegen bedenken wir es, dass Gott, unser aller Vater, alles wohlweislich so gestellt hat, wie Seine Kinder es ertragen und auch Nutzen daraus ziehen können.

Was und wo der Himmel ist

Wo ist der Himmel? Ist es ein Ort? Warum haben wir alle einen schweren Leib, und wie könnten wir in der Endlichkeit von Raum und Zeit je Gottes Ebenbilder sein, da Er doch ewig und unendlich ist? „Werdet vollkommen, wie euer Vater im Himmel vollkommen ist“(Mt.5.48), spricht der Herr. Gott hat durch Sein Erlösungswerk in Christus Seine Himmel neu geordnet... wo also sind die Himmel?

„Gott ist Geist“(Joh.4.24), sagt die Bibel, und „Gott ist Liebe“(Joh.4.16). So ist die göttliche Liebe der Urgrund und das Wesen alles Seins, aller Wahrheit und aller Schaffenskraft.

Da Gott also ein Geist ist, werden Seine Himmel nicht aus Materie bestehen und keine Örtlichkeiten sein hinter irgendwelchen Sternen. Wenn aber Geist das Inwendige eines jeden Dinges ist, und wir ja schließlich auch Geistwesen sind, die einen Prüfungsleib auf kurze Zeit bewohnen, so muss der Himmel, wie auch die Hölle, in uns, im Menschen sein!

"Das Reich Gottes ist inwendig in euch"(Lk.17.21), spricht der Herr... Dann ist der Himmel, wie die Hölle, also kein Ort, sondern eine Beschaffenheit unseres Herzens, ein Zustand, je nach Art unserer Liebe. Ist diese göttlicher Art, wie Jesus sie uns vorlebte und lehrte, ist man in Gott, im Geist und der Wahrheit, was wir „Himmel" nennen... Ist sie luziferischer Art, was die Selbst- und Eigenliebe ist, in der Lüge, im Gericht der Materie und im Tod, was „Hölle" heißt.

Man sieht also, dass wir nicht irgend in einen Himmel oder in eine Hölle hinein kommen, sondern dass die Wahrheit oder die Lüge im Menschen Einzug hält und Wohnung nimmt, je nach dem wie man sich selbst (aus)richtet, und dass schon zu Leibeslebzeiten man sich entweder in der Hölle, wie auch schon im Himmel befinden kann...

Deshalb sagte Jesus einst zu den Pharisäern: „Auf dass euch um so mehr Verdammnis (Finsternis, Erkenntnis-losigkeit) überkomme"(Mt.23.14), und nicht: „Auf dass ihr auf ewig verdammt werdet.", denn Gott richtet nicht die Menschen, sondern die Menschen richten sich selbst (aus), je nach ihren Neigungen, ob himmlischer oder höllischer Art, und es gilt für jetzt und für alle Zeit was Jesus sagte:

(1. Korinther 2. 9)

Kein Auge hat es je gesehen, kein Ohr gehört, und in keines Menschen Sinn ist es je gekommen, was Gott denen bereitet, die Ihn lieben!

Anmerkung

Der Inhalt dieses bedeutsamen Kapitels hat nichts mit einer etwaigen „Selbsterlösung" oder „Werksgerechtigkeit" zu tun, wie hier die Kritiker wieder behaupten werden, sondern mit einem lebendigen Glauben in der Nachfolge JESU, was die tätige Befolgung Seiner Lehre aus dem Glauben heraus bedeutet. Dazu gehört auch die Selbstüberwindung vieler höllischer Eigenschaften unseres Egos, wie: Lauheit, Trägheit, Rechthaberei, Ehrgefühl, Genusssucht, Habsucht, Buhlerei, schlechte Rede, Überhebung, und dergleichen Dinge mehr, die der Herr **nicht(!)** mit ans Kreuz genommen hat, wie es Wohlstands-Christen gerne lehren! Denen sage ich noch hinzu: Die Lehre der „Werksgerechtigkeit" ist ebenso falsch, wie die von ihnen gelehrte „Glaubensgerechtigkeit"!... Wer die rechte Liebe hat – und der Herr allein kennt jedes Herz – der geht den rechten Weg im rechten Glauben und tut die rechten Werke...

Wo der Himmel ist – Erste und zweite Wiedergeburt

Obwohl die Seligen Geister in Luft- und Ätherregionen wohnen, so ist doch der Himmel kein äußerlich sichtbarer Ort, sondern er entsteht im menschlichen Herzen, worin Jesus, unser Gottvater, Selber wohnt und zwar für jeden nach dem Grad seines geistigen Fortschritts. Die Stufen des Himmels sind unendlich und unsichtbar, daher kann kein Neid der Bevorzugung entstehen, weil jeder in seinem Grad der Glückseligkeit lebt. Diese Einrichtung zeigt die höchste Weisheit unseres wunderbaren, ewigen Vaters.

Wenn wir uns aus uns selbst nach der „ersten Wiederge-burt“ des Geistes, welche ist das Erwachen des Gottes-funkens im menschlichen Geist,...

(Anmerkung: Auch „seelische Neugeburt“ genannt, weil das freie Wollen des Menschen in der Seele begründet ist, die sich freiwillig Gott übergeben muss, was aber noch nicht das volle Wiedergeborensein ist, wie heute falsch gelehrt wird, sondern nur ein Neugeborensein. Der neue, geistige Mensch ist also noch ein kleiner Säugling und muss langsam erwachsen werden, wie das nun Folgende zeigt)

...tugendhaft und voll Gottes- und Nächstenliebe emporgearbeitet haben, so verwandelt Jesus, als unser eigener, innerer Gottesgeist, diese Seine lebendige Kirche oder Wohnung in einen Himmel für uns voll

Licht, voll Liebe, voll Freude, voll zahlloser unaussprechlicher Schönheiten und unendlicher Seligkeiten. Es ist dies das sogenannte „Ausgießen des Heiligen Geistes“ in unsere Seele.

Diesen Zustand nennt man die „zweite Wiedergeburt“. Hier hört jede Versuchung, jedes Sündigen auf. Seele und Leib sind eins mit ihrem inneren Geist. Man steht im Genuss der Gotteskindschaft, im Anschauen Gottes, des Vaters.

So manche Lehrer gelangen erst dann auf diese Stufe, wenn sie ihre zum Hochmut neigende Weisheit aufgeben und demütig, gläubig und voll Liebe Jesus als ihren Gott und Vater anerkennen.

Im Jenseits geschieht jedem nach seiner Liebe aus dem Glauben! … Daher sagte der Herr:

(Johannes 14, 6)

Ich bin der Weg, die Wahrheit und das Leben. Niemand kommt zum Vater, denn durch Mich.

Über den Himmel lesen wir in der Bibel:

(Lukas 17, 21)

Das Reich Gottes ist inwendig in euch.

(1. Johannes 4, 16)

Gott ist die Liebe, wer in der Liebe bleibt, der bleibt in Gott und Gott in ihm.

(1. Korinther 1, 9)

Kein Auge hat es gesehen, kein Ohr gehört und keines Menschen Herz je empfunden, was Gott denen bereitet hat, die Ihn lieben.

Nur das demütige Glauben, das Lieben Gottes und aller Seiner Kinder und der freie Wille führt den Menschen zur Kindschaft Gottes, d.h. zum Wohnen in Gottes Nähe und zum Anschauen Gottes, welches unaussprechliche Selig-keiten enthält. Daher sollten wir uns merken:

➔ Im Himmel leuchtet nur das Licht der Liebe, Demut und die oben angeführten Jesus-Tugenden. Solange sich der Mensch diese nicht aneignet, kann er nicht in den Himmel kommen, oder besser gesagt: Der Himmel *in* ihn!

Wer aber meint, er könne mit seinen bösen Lebenseigenschaften – durch bloßen Glauben oder das bloße Gebet bezahlter Fürbitte oder das bloße Werke-Tun – in den Himmel kommen, der betrügt sich gewaltig in seinen geistigen Zukunftshoffnungen... Nur diejenigen Gebete, die uneigennützig, nur aus Nächstenliebe zu Gott gesandt werden, haben bei Ihm einen Wert und werden erhört, berechnende oder bezahlte Werke aber nicht! Denn auch Gott als Mensch in Jesus hat Sich nichts bezahlen lassen. Dasselbe gebot Er auch Seinen

Jüngern zu tun. (Mt.10,8)

Weil also der Himmel nur in unserem ganz eigenen Herzen zu finden ist, wo Gott Selbst wohnt, so hat auch niemand anderer ein Verfügungsrecht darüber, außer wir selbst, d.h. unser innerer Gottesgeist! Somit kann niemand anderer den Himmel versprechen, noch geben...

Was ist die Himmelspforte?

Die folgenden Worte richtet der Herr an alle Seine noch verlorenen Kinder, die in den Höllen sich noch aufhalten Diesseits, wie Jenseits, denn der Vater sucht immer das Verlorene, und Er kommt jedem auf halbem Wege mit offenen Armen entgegen, der sich finden lassen will. Entgegen dieses freien Wollens aber kann niemand gerettet werden aus der Gottesferne, denn eben diese völlige Willensfreiheit macht den Menschen erst zu Seinem Ebenbild. So kann es zwar eine Errettung für alle aus den Höllen geben, jedoch nur, wenn alle es auch wollen... wenn sie nach Gott verlangen und bereit sind, die Pfade der Demut zu betreten; nicht mehr groß und angesehen, sondern gering und nichts mehr für sich selber sein möchten, um dann um so mehr einzugehen in die dienende Gemeinschaft der Kinder Gottes.

»Sie sollen alle Meinen Vatergruß empfangen und heute noch, wenn sie wollen, sollen ihnen die Pforten der Himmel geöffnet werden, das *die Augen ihres Geistes* sind, und Ich will noch heute wohnen in ihren Herzen.«

Himmelsgaben, Band 3, Nr.85,1

Von den Wolken des Himmels und Jesu Wiederkommen

Wozu dienen Gleichnisse?

Natürliche Bilder entsprechen geistigen Verhältnissen und Zuständen. Dieser Entsprechungen bedient sich jede Prophetensprache, weil das Materielle nicht die Wahrheit ist, sondern der Geist, ohne den die Materie nicht bestünde und der das Innerste eines jeden Dinges ist. In Wahrheit gibt es überhaupt kein äußeres Leben, denn das Leben ist immer etwas Inwendiges. Gott ist immer das Inwendigste in allem, auch in uns, daher können wir alles nur *in uns* finden, auch alles geistige Geschehen... niemals aber außerhalb von uns selbst.

Unser Problem heutzutage ist, dass wir Menschen in der Finsternis sind, ohne Selbsterkenntnis, welche doch die Gotteserkenntnis voraussetzt. Wir erwarten immer Dinge von Außen... das ist die Finsternis... denn "das Reich Gottes ist inwendig im Menschen"(Lk.17.21). Der Mensch ist eine Drei-Einheit, bestehend aus Körper, Seele und Geist. Wenn man sich soweit selbst erkannt hat, und und diese 3 Beschaffenheiten voneinander unterscheidet, dann versteht man den inneren Sinn der Bibel. Denn ebenso wenig, wie die Bibel nur aus Buchstaben besteht, besteht der Mensch nur aus dem Leib. Das Wort Gottes hat also einen natürlichen, äußeren Sinn, einen inneren seelischen, und einen geistigen Sinn.

Wenn die Propheten doch solches wissen, von welchem "Auge" spricht der Prophet in der Bibelstelle:

(Offb.1:7)

Siehe, er kommt mit den Wolken, und jedes Auge wird ihn sehen.

Vom fleischlichen oder vom geistigen Auge?... Vom geistigen Auge!... Was erschaut dann das geistige Auge in einer Wolke am Himmel?... "Himmel" ist für den Geist das Göttliche, "Licht" ist Wahrheit und eine "Wolke" verhüllt das Licht.

Wenn ein Fleischauge in die Sonne blickt, dann schadet ihm solches bis zur Erblindung. Ebenso wäre es für unsere Seele, wenn sich Gott nicht verhüllte. ("Niemand kann Gott schauen und dabei behalten das Leben", Moses). In JESUS verhüllte sich die Gottheit und wir konnten Ihn annehmen, dafür standen die "Wolken" in Daniel 7:13.

Jesus ist der Geist der Wahrheit Gottes, und durch den Mund als ein Mensch erging Sie einst an uns. Für Seine Wiederkunft bedeutet das: Er, die ewige Wahrheit aus Gott, ergeht wieder an die Menschheit in einer für sie heute fasslichen und annehmbaren Weise im geschriebenen Wort.

So geschehen in den großen Neuoffenbarungen!...

Und die Vorbereitungen für Sein Kommen in der Wahrheit sind die vielen Wissenschaften, weil Gott den Baum der Erkenntnis wieder gesegnet hat. Aber auch die zahlreichen Geschichten, Filme, Künste und Musikwerke, welche den Menschen Wahrheiten vermitteln und sie begeistern, dienen der Vorbereitung der Herzen für das Kommen des Herrn.

Jesus kommt nicht nur religiös wieder, weil viele Menschen heute durch den Aberglauben und ein falsches Gottesbild keinen Gott mehr anerkennen wollen... und die Wahrheit wohnt nun wieder mitten unter uns, und wir erkennen nicht, dass sie der Herr Selbst, Christus ist, in Seinem Geist der Wahrheit.

Vom neuen Himmel – "Ich will euch Vater sein!"

Wer da JESU Kreuz liebt, der wird auch die Krone erwerben - zuerst die Dornenkrone, dann aber auch die Siegeskrone, die aus dem Leiden gewachsen ist und ein Bestandteil unserer Herrlichkeit werden wird.

Darum hat der Herr gesagt: "Diese Erde wird vergehen und dieser Himmel, und eine neue Erde und ein neuer Himmel wird werden", weil Seine Engel die tiefe Liebe Seines Wesens nicht fassen konnten. Sie beugten sich vor Seiner Heiligkeit in Ehrfurcht, sie waren Ihm gehorsam, weil sie wussten: Er ist der Herr... Doch das genügt nicht, denn auch ein Luzifer konnte sich noch gegen Ihn auflehnen und wollte sich messen mit Seiner Macht, ehe er den tiefen Fall tat.

Gottes neue Himmel werden gegründet auf der neuen Erde, die getränkt ist mit Jesu Blut -, und die dann in diesen Himmeln leben, werden Kinder Gottes sein, neugeboren aus dem Blut und dem Geist und dem Wasser.

In Seinen Himmeln gibt es dann nur einen Vater und Seine Kinder, und die Kinder *leben den Willen* des Vaters aus und haben Teil an Seiner Herrlichkeit und Güte. Dazu dient all das Leiden auf dieser Erde, durch das auch wir, Seine Kinder, gehen müssen in sehr vielfacher Weise, auf dass wir in aller Demut immer wieder zu Ihm kommen und Kraft schöpfen, dass wir uns als schwach und elend erkennen, auf dass wir Ihn – Jesus - erheben in unserem Herzen, weil Er uns nicht in der Trübsal lässt, sondern weil Er Sich unserer erbarmt und uns herausführt und uns königlich tröstet.

Wir, Seine Kinder, sind geboren aus Seiner Liebe, indem Er Sein Leben für uns gab.

Darum ist es ein ganz anderes Verhältnis zwischen dem alten und dem neuen Bund mit unserem Gott, denn *Er ist uns Vater geworden*, und das wirkt sich schon in unserem Leben aus, dass wir nun nicht mehr in Furcht und Zittern vor dem heiligen Gott zu wandeln brauchen und doch trotz aller Anstrengungen das Gesetz nicht erfüllen können... sondern wir dürfen "Abba, lieber Vater" zu Gott sagen und dürfen glauben, dass Er Sich auch als ein solcher erweist an Seinen Kindern.

Dem die Augen geöffnet sind, der sieht Jesu Wirken im Alltag, der kann loben und danken in allen Lagen, denn er weiß, Gott hat Seine ewigen Pläne... Mit einer jeden Seele hat Er einen Heilsplan, und am Ende dessen steht der Vater mit ausgebreiteten Armen, um das verlorene und wieder-gefundene Kind in Seine Arme zu schließen.

So sind wir nicht allein, sind nicht preisgegeben irgendeinem Schicksal. Ja, selbst die kleinen Dinge unseres Alltags sind eingeplant von Ihm, unserem ewigen Vater in Christus, auf dass wir uns bewähren, auf dass wir in die Aufgabe hineinwachsen, die hier zum Teil, aber mehr noch drüben, Jenseits von Raum und Zeit, im unvergänglichen Leben des Geistes, auf uns wartet. Denn wir sind Gotteskinder, Königskinder, die nicht mit Gott regieren sollen nach der Art irdischer Könige, sondern nach Seiner göttlichen Art, die sich auswirkt im ...

➔ Lieben, Tragen, Verzeihen und Dienen.

Kapitel 8: Jesus Christus

Anlass und Zweck der Niederkunft Jesu

Der Kern der Lehre Christi ist das Liebegebot, weil die Liebe den Menschen mangelt und die Liebe doch das Wichtigste ist, wenn unsere Aufwärtsentwicklung fortschreiten soll und die Seele am Ende des Erdenlebens Eingang finden will in das Lichtreich.

Darum kam Gott Selbst zur Erde im Menschen Jesus, um uns den Weg zu zeigen, der zurückführt zu Ihm und unser Wesen wieder so gestaltet, wie es einst aus Gott hervorgegangen ist.

Der Mensch Jesus lehrte die Liebe und lebte sie Selbst uns Menschen vor. Er bewies uns durch Sein Liebeleben auch das Erreichen der Vollkommenheit, Er bewies uns, dass es möglich ist, durch die Liebe in einen Zustand zu kommen, der den Zusammenschluss mit Gott möglich macht und somit Licht und Kraft in Fülle einträgt. Denn Er war als Mensch gleich wie jeder andere Mensch. Was Ihn zur Vereinigung mit

Gott führte, was Ihm die Kraft eintrug, Wunder zu wirken, was Ihm lichtvolles Erkennen und tiefste Weisheit schenkte war nur die Liebe, die in Ihm übermächtig glühte zu Gott und zu Seinen Mitmenschen.

Diese Liebe wollte Er uns Menschen erstmals als Wichtigstes hinstellen, dass wir es Ihm gleichtun, wir also Ihm nachfolgen sollten in unserem Lebenswandel, um wieder die einstige Vollkommenheit zu erreichen, die wir alle durch unseren Abfall von Gott in der geistigen Welt verloren hatten.

Doch die Menschheit war eben durch diesen einstigen Abfall schwer belastet. Eine Sündenschuld lastete auf ihr, von welcher der Mensch Jesus frei war, eine Sündenschuld, welche auch die willigen Menschen immer wieder herabzog, welche auch einem anderen Herrn das Recht gab, den Aufstieg zu verhindern, einem Herrn, der Jesus entgegenstand, der völlig ohne jede Liebe war und der darum die Menschen, die durch den Sündenfall sein Eigentum geworden waren, am Liebewirken hinderte, wo es nur möglich war.

Die Liebelehre Christi hätte wohl angenommen, aber nicht ausgelebt werden können von den Menschen, solange sie noch unter der Gewalt dessen standen, der ihren Fall einst verschuldet hatte. Es musste also erst dessen Macht gebrochen werden, es mussten erst die Menschen befreit werden von ihm, es musste ihnen möglich gemacht werden, den Weg nach oben zu gehen, es musste ihnen einer helfen, weil sie allein zu schwach waren, selbst wenn sie guten

Willens waren. Es musste die Last von den Menschen genommen werden, die sie gekettet hielt an ihren Kerkermeister.

Diese Last, also die Sündenschuld der einstigen Auflehnung gegen Gott, konnten wir nicht selbst abtragen oder tilgen, weil sie ungeheuer groß war und ewig den Aufstieg zu Gott verhindert hätte!

Darum nahm Gott in Jesus diese Mission auf Sich, die Schuld zu tilgen, sie zu sühnen und uns zu erlösen aus der Gewalt des Gegners. Und Gottes übergroße Liebe bot sich zu dieser Hilfeleistung an, Sich auf Erden im Menschen Jesus zu verkörpern und der Ewigen Gottheit als Hülle zu dienen, der ewigen Liebe, Die jene Sündenschuld tilgen wollte durch ein Sühnewerk, das Sie im Menschen Jesus zur Ausführung brachte.

Erst nach dem Erlösungswerk war es den Menschen möglich, frei zu werden und sich aus der Finsternis zu erheben durch Liebewirken, durch Ausleben der Lehre, die Jesus auf Erden gepredigt hat. Denn zuvor wären die Menschen nicht dazu fähig gewesen, weil sie noch gefesselt waren, weil ihr Wille durch die Sündenlast derart geschwächt war, dass sie immer wieder zurückgesunken wären durch den Einfluss des Gegners.

Die Seelen gehörten ihm (Satan), und freiwillig hätte er sie niemals aufgegeben, Jesus aber bezahlte die Schuld durch Sein Leiden und Sterben am Kreuz. Die göttliche Liebe, Die Sich im Menschen Jesus verkörpert hatte, tilgte Selbst die Schuld, und wir Menschen sind nun frei, sobald wir Jesus als den göttlichen Erlöser anerkennen und Sein Barmherzigkeitswerk auch für uns in Anspruch nehmen durch die liebewillige Aufnahme Seines Wortes (dem symbolischen „Essen Seines Fleisches") und dem Handeln danach (dem symbolischen „Trinken Seines Blutes")...

Der Mensch muss also zuerst anfangen zu glauben, dass Gott in Jesus Sich seiner angenommen hat, um ihm den Weg der Rückkehr zu Gott möglich zu machen, und er muss dann auch ein Leben in der Nachfolge Jesu anstreben, d.h. ein Leben führen in der Liebe, und sich so wieder umgestalten lassen zu dem, was er war im Anbeginn: Ein licht- und krafterfülltes Wesen, das sich durch die Liebe vereinigte mit Gott.

Jesus als Gottvater – Beweise aus der Bibel

Jesaja (9,5) nennt die göttlichen Eigenschaften des neugeborenen Knaben Jesus, indem er sagt:

1. Er (Jesus) ist der ewige Gottvater;
2. Er heißt „Wunderbar", weil Er Selber der Schöpfer der Welt ist, was niemand erforschen noch nachmachen kann, sondern das glauben

muss, was davon gelehrt wird;

3. Er heißt Rat, somit der Rat des ewigen Gottvaters, und ein solcher kann niemand sonst sein, als die Weisheit Gottes, welche ist Christus nach Seiner Seele;
4. Er heißt Kraft, die Kraft des Gottvaters ist aber der Heilige Geist;
5. Er ist der Held göttlicher Tugenden und Vorzüge;
6. Er heißt Friedensfürst des geistigen Lebens.

An dieser Aufklärung aus Jesaja kann man sehen, dass Christus oder der Messias niemand sonst, als Gott, der Schöpfer der Welt Selber war. Diese Tatsache bewahrheitet sich dadurch, dass in den Weissagungen der Propheten Jehova oder Gottvater immer von Sich Selbst spricht, dass Er in die Welt kommen werde. Im Psalm 24 sagte Jehova über Seine Menschwerdung in JESUS:

(Psalm 24)

Machet die Tore (die da sind die empfänglichen Herzen) weit, und die Türen der Welt (die da sind die edlen Menschentugenden) hoch, dass der König der Ehren, Jehova Zebaoth, der Mächtige und Starke (nämlich der heilige Geist der Liebe Gottes) mit Ehren (in die Welt Seiner Kinder) einziehe.

Oder in Maleachi:

(Maleachi 3,1.23)

Ich, Jehova, sende euch Meinen Engel Elias, der vor Mir den Weg bereiten soll.

Elias war Johannes der Täufer. Jehova oder Gottvater aber sagte da, dass Er Selbst als Messias kommen werde... und Er kam und ließ Sich von Johannes im Jordan taufen! Aber Er bekannte Sich auch Selber, dass Er Gottvater sei:

(Johannes 10, 30)

„Ich und der Vater sind Eins“

(Johannes 12, 45)

„Wer Mich sieht, der sieht Den (Vater), Der Mich gesandt hat.“

Und beim letzten Abendmahl sagte Jesus dem fragenden Jünger:

(Johannes 14, 9)

So lange bin Ich schon bei euch und ihr kennet Mich noch nicht? Philippus! Wer Mich sieht, der sieht den Vater; wie kannst du also noch sagen: Zeige uns den Vater?

Dass Christus, der Schöpfer der Welt, somit Gottvater Selber ist, sagt Petrus im Hebräerbrief 1,2 und

Paulus im Brief an die Kolosser 1,13-17.

In Jesaja 9,5 wird Jesus, als Gottvater von Ewigkeit, ein Fürst des Friedens genannt. In anderen Weissagungen aber als König, wie folgt:

(Jesaja 6,5)

Ich habe den König Jehova Zebaoth mit meinen Augen gesehen.

(Jesaja 33,22)

Jehova ist unser Richter, Jehova unser Gesetzgeber, Jehova ist unser König.

(Jesaja 43,15)

Ich, Jehova, bin euer Heiliger; der Schöpfer Israels ist euer König.

(Jeremia 10,10)

Aber Jehova ist die Wahrheit; er ist ein lebendiger Gott und ein ewiger König.

(Daniel 4,34)

Ich verherrliche den König des Himmels; denn alles Sein Tun ist Wahrheit und Seine Wege sind gerecht.

(Micha 5,1)

Und du, Bethlehem Ephrata, bist zwar klein(er Ort) unter Judas Geschlechtern; aber aus dir wird Mir ein Herrscher Israels hervorgehen, dessen Herkunft aus der Vorzeit, aus den Tagen der Ewigkeit ist.

(Matthäus 2,2)

Die drei Weisen fragten: Wo ist der neugeborene König der Juden, denn wir haben Seinen Stern im Morgenland gesehen und sind gekommen, Ihn anzubeten.

(Zacharias schreibt in 9,9)

Du Tochter Zion, freue dich sehr, und du Tochter Jerusalem, jauchze! Siehe Dein König kommt zu dir, ein Gerechter und ein Helfer, arm und reitet auf einem Esel, auf einem jungen Füllen der Eselin.

(Johannes 18,37)

JESUS bekannte Sich Selbst vor Pilatus, dass Er ein König sei, aber dass Sein Reich nicht von dieser Welt ist.

Das Wort Messias oder Christus bedeutet „Gesalbter“, und das heißt nach der Bibelsprache soviel wie „König“. Jesus wird sehr oft als Solcher im Neuen Testament genannt.

Im ersten Sendschreiben des Paulus an Timotheus versteigt er sich in seiner Liebe zu Jesus zu dem Ausruf: „Ihm (Jesus), dem ewigen Könige, dem

Unvergänglichen, dem Unsichtbaren, dem einigen Gott sei Ehre und Preis in alle Ewigkeit. Amen."

Johannes sagte: „Christus ist der wahrhaftige Gott und das ewige Leben."

Aus diesen biblischen Anführungen ist ersichtlich, dass es außer Jesus Christus nie einen anderen Gott und Vater, nie einen anderen Erlöser als Jehova Zebaoth gab.

Grund der Erlösung

Die Erlösung begann mit dem Bremsen des Falles des Luzifer. Die materielle Schöpfung ist die gerichtete, in Untätigkeit versetzte Seele dieses Erstlings, um sie und die mit ihm gefallenen Geister (zu denen auch wir Menschen überwiegend gehören) durch mannigfaltige Seelenbildungs-prozesse zur Liebe zurückzuführen und wiederzubeleben (eigenes Buch zum Thema: „Errettung und Versöhnung").

Die Versöhnung Gottes in Sich Selbst (Seiner 7 Grund- Eigenschaften nach) durch Seine Menschwerdung in Jesus Christus, war der Sieg der Eigenschaften: Liebe, Erbarmung und Geduld über alles Gesetz der Gerechtigkeit, welche die Eigenschaften: Weisheit, Ernst und Ordnung fordern! Somit können wir alle unendlich froh und dankbar sein, nicht der Gerechtigkeit Gottes anheim gefallen zu sein, sondern Seiner erbarmenden Liebe. Denn ein Recht und einen Anspruch auf die Gnade und die Lebensfülle hat von uns allen niemand!

Das Ereignis mit der Ehebrecherin (Joh.8,1-11), die laut mosaischem Gesetz hätte gesteinigt werden müssen, gibt uns hier ein Entsprechungsbild über die Versöhnung Gottes mit Sich Selbst hinsichtlich alles in die Außer-Ordnung geratenen:

Sünde (anti-göttliches Verhalten) ist die Folge jenes Kindesfalles (Luzifers), weshalb Gott seit dem Beginn des Falls die Versöhnung schuf:

(Jesaja 43, 25)

Ich tilge deine Übertretungen um meinetwillen, und an deine Sünden will ich nie mehr gedenken!

(Hebräer 9, 12)

Mit seinem eigenen Blut ist Er ein für allemal in das Heiligtum eingegangen und hat eine ewige Erlösung erlangt.

(Großes Evangelium Johannes, Band 6, Kapitel 9)

»Aber nun sage Ich (Jesus) zu euch, ihr Meine getreuesten Propheten und nun Engel Meiner Himmel, und frage euch, ob ihr diesen großen Frevlern in Meinem Heiligtum vergeben könnt die große Unbill, die sie an euch begangen haben. Sagten beide: „Ja, Herr; denn Du allein bist ja unser aller Versöhnung! Nur wolle Du nach Deiner großen

Barmherzigkeit sie erleuchten, auf dass sie einsehen mögen, wie groß ihr Arges ist!“«

Wir alle sind versöhnt mit Gott durch Christus, auch die (noch) Ungläubigen, und somit errettet davor, den Lebensattributen der Gottes-Gerechtigkeit ihren Tribut leisten zu müssen, was das Ende des freien, selbständigen Lebens der Gefallenen zur Folge hätte! Alle Schuld der Gefallenen wurde durch Jesus getilgt und gesühnt, oder anders: In die göttliche Ordnung gebracht...

Wer nun umkehrt zur tätigen Liebe in Christus, gemäß Seines Evangeliums, der wird des seligsten Gotteslebens in sich teilhaftig, denn zu dem wird der Vater und der Sohn kommen (die Liebe und die Wahrheit in ihrer Wirkung als der Heilige Geist) und Wohnung bei ihm nehmen.

Wer aber nicht durch den Glauben an Christus nach Seinem Wort getreu *lebt und handelt*, in dem wird der Heilige Geist nicht wirken und ihm nicht das Licht des Lebens und die Erkenntnis Gottes bringen können, den Geist ist Leben und Leben ist Tätigkeit. Und so verbleibt jener in Unkenntnis über das Leben und getrennt vom Heiligen Geist, was die "ewige Verdammnis", mit allen bitteren Folgen von Gottesferne ist. Aber nur so lange, bis er freiwillig umkehren wird.

Und dazu hat jeder geschaffene Geist im Jenseits noch hinreichend Gelegenheit, wenn auch ungleich schwerer als hier in der Materie-Bannung!

(Lukas 15)

In meines Vaters Hause sind viele Wohnungen.

Denn die Liebe und Barmherzigkeit Gottes, des Vaters, hört nicht auf, das verlorene Kind zu rufen.

Dem Verlorenen gilt also alle Anstrengung, ja, diesem gilt die gesamte materielle Schöpfung, und deshalb tragen wir den Leib und leben durch diesen in begrenztem Raum und in begrenzter Zeit! Das ist die "Feindschaft" Gottes, von der Paulus spricht in Römer 5,10, in der wir leben, und nun aber dennoch versöhnt sind.

(Römer 11:16, 22, 23)

16 Ist die Erstlingsgabe vom Teig heilig, so ist auch der ganze Teig heilig; und wenn die Wurzel heilig ist, so sind auch die Zweige heilig.

22 Darum sieh die Güte und den Ernst Gottes: den Ernst gegenüber denen, die gefallen sind, die Güte Gottes aber dir gegenüber, sofern du bei seiner Güte bleibst; sonst wirst du auch abgehauen werden.

23 Jene aber, sofern sie nicht im Unglauben bleiben, werden eingepfropft werden; denn Gott kann sie wieder einpfropfen.

Solange ein Mensch das Blut Jesu nicht trinkt, das

heißt: Solange man nicht in der aufopfernden und dienenden Liebe sich befindet und diese lebt, befindet man sich nicht in Gott und hat noch nicht die Wiedergeburt des Geistes erlangt, sondern man ist noch im Zustand der ewigen Verdammnis (= Gottesferne). "Abgehauen" (Röm.11,22) ist hier als Folge der freiwilligen Trennung von der Lebensader Gottes zu verstehen, welche ein Leben in und aus der Liebe ist. Es ist also kein Akt der Willkür Gottes, sondern ein willentlicher Akt des Geschöpfes, indem es entweder nicht an einen Gott glauben oder/und nicht nach der Lebensordnung Gottes handeln und sich somit nicht der aufopfernden, dienenden und erbarmenden Liebe hingeben möchte, die allein ein seliges Leben bedingt.

Karfreitag

(Johannes 19, 20-37)

Sie werden sehen, in welchen sie gestochen haben!

Dieses Wort ist ein großes Wort, und hat eine tiefe Bedeutung, denn eine große Verheißung liegt in den Worten: "sie werden sehen". Es ist darin enthalten, dass alle Menschen zur wahren Erkenntnis gelangen sollen, gegen welch liebevollen Vater sie sich auflehnten. Allen Geistern wird dies noch - wenn nicht auf Erden - doch im Jenseits einst aufgedeckt - wer Jesus ist!

Jesus leistet auf alle Ehrfurcht Verzicht, die bei den Menschen durch die Betrachtung Seiner Werke hervorge-rufen wird, nur die Gegenliebe ist Ihm Bedürfnis! Darum muss Er allen Seinen Kindern diese Liebe vorstellen, was schon durch Seinen Erdenwandel, durch Seine Lehre und durch Seinen Tod geschah. Aber dies ganz so zu fassen, wie es Seine Liebe verlangt, gelingt leider selten einer Seele im Fleisch. Sie ist meist zu sehr in das Äußerliche hinein-gezogen, und besonders in der Jetztzeit - wo die ganze Kirchenlehre mit menschlichen Ansichten vermischt ist, anstatt dass der heilige Geist in sein Amt tritt, und den Ausleger der Heiligen Schrift macht (als der Geist der Wahrheit) - haben wir jetzt den Verstand dafür eingesetzt (das ist das Essen vom Baum der Erkenntnis, ohne Liebe)!

Wenige bedenken heute, dass wir Menschen durch dessen Einflüsterung (des Verstandes) das Paradies (den Geist) verloren haben, denn das beschränkte Verstandeslicht ist nur zum Gebrauch für natürlich-weltliche Zwecke, aber für geistige Wahrheiten nicht ausreichend, denn dazu dient nur das ewige Licht im Herzen!

Jesu Kreuzestod wird zwar noch in der Kirche als Hauptakt Seiner Liebe dargestellt, aber daneben wird dieser sogleich zu aller natürlichen Bequemlichkeit ausgebeutet, weil er die Versöhnung zwischen Ihm und dem Vater bewirkt hat, und somit die Menschen freispricht von aller Schuld und von aller Versäumnis!? Darum darf sich die Seele - nach dieser Auffassung - ganz dem Materiellen zuwenden, und braucht sich nicht zu bestreben mit dem Geist eins zu werden!

Da sehen wir, welch große Ver(w)irrung solcher Glaube schon angerichtet hat, wie Jesus dadurch soviel umsonst gelitten und geduldet hat, und wie Sein Leiden und Sein Trauern um uns Erdenkinder noch immer fortbesteht! Er muss warten, bis Er durch Sein sanftes Eingreifen nur erst wieder Einzelne auf Seine Seite gewinnt, damit Er durch diese dann wieder einige Weitere anziehen lassen kann.

Jesus hat uns durch Seine Neuoffenbarungen einen Blick in das Verhältnis tun lassen, das zwischen Ihm und uns Menschen besteht, und uns gezeigt, wie Seine Liebe schmachten muss, und fragt uns nun: "Wollet ihr ganz nach Meinem Sinne zu Mir halten? Auch wenn euch das gleiche Los der Schmach und Verfolgung in Aussicht steht?" Er wird uns dabei nicht zu viel auferlegen, sondern durch Seine göttliche Kraft uns mächtig unterstützen - jeden Einzelnen!

Grundfalsche Ansicht über die Erlösung am Kreuz

Es gibt heute vielfach falsche und unheilvolle Deutungen aus der Bibel. Besonders problematisch ist die Lehre in den evangelischen Freikirchen von dem Verdienst durch Jesu Erlösung am Kreuz, die Aufnahme in die Gnade und Liebe Jesu Christi und dadurch die Rechtfertigung vor Gott allein aus dem Glauben heraus... Die verschiedenen Bibelstellen, die den Menschen anweisen, dass er Werke der Nächstenliebe üben soll, ansonsten er nicht in den Himmel kommen kann, schmälert man mit dem Einwand so genannter „Werksgerechtigkeit", welche meint, dass niemand durch Werke, bzw. das Tun der Liebe sich den Himmel aneignen könne.

Die im Kapitel von der „Erbsünde" beleuchteten Stellen im Paulus an die Römer wurden bisher ganz falsch verstanden und irreführend ausgedeutet, wie folgende Stelle nach einer protestantischen Deutung zeigt.

Der Protestantismus lehrt irrig:

"Der Mensch wird ohne Verdienst, bloß aus Gnaden durch die Erlösung, die in Jesu Christi ist, gerechtfertigt vor Gott, und durch nichts anderes. Bist du aus Gnaden in das himmlische Wesen des Gottessohnes versetzt, dann tust du zwar nicht verdienstliche, aber doch gottgefällige Werke und bringst gute Früchte; vorher kannst du es nicht, weil

> die Liebe Gottes noch nicht in dir wohnt (!) und deine Handlungen und guten Werke nicht dieser Quelle entspringen, infolgedessen in Gottes Augen keinen Wert haben (!).“

Hier bringen sie zwei Dinge durcheinander:

A) Unsere Rechtfertigung als Geschöpfe vor Gott
B) Unsere Werke der Liebe aus Gott

A) Ja, nur durch Jesus haben wir, als von Gott geschaffene und mit Luzifer einst gefallene Geister, noch die Daseinsberechtigung. Unser Fall nötigte die Gottheit, Sich mit Ihrer Vollkommenheit und der Ordnung Ihrer Geisteskräfte (= die Himmel) auseinanderzusetzen, denn durch den Fall des Erstlings und die entstandene Erbsünde waren Seine Geschöpfe nun nicht mehr Zeugnis der Unfehlbarkeit eines allmächtigen Schöpfers, was Seiner Gerechtigkeit (Reinheit) einen Konflikt bereitete.

Er Selbst als Jesus bahnte durch die Neuordnung der Himmel den Weg der Wiederbringung der gefallenen Geister - indem Er die erbarmende Liebe allen Seinen anderen Eigenschaften voranstellte - und bewies dadurch Seine Vollkommenheit, dass jedes Geschöpf fortan und in Beibehaltung des freien Willens, zur Höhe streben und somit zur Vollendung in Ihm zurückgelangen kann.

B) Wer Werke der Liebe aus Liebe tut, wer anders,

wenn nicht Gott, die ewige Liebe und Güte Selbst im Menschen bewirkt denn diese Werke, selbst bei einem Heiden?! Wann und wie also soll dann diese Liebe Gottes in den Menschen kommen, da auch ein Heide oder Andersgläubiger durchaus zur Liebe fähig ist?!

Diese protestantische Auslegung ist eine sehr gefährliche und unheilbringende Irrlehre für die Seele, weil sie zur Lauheit und Sturheit anregt! Es fragt sich: Wer sagt uns und wie können wir wissen, dass und wann wir in die göttliche Gnade des Gottessohnes versetzt worden sind?! Denn die Irrlehre, es "nur im Glauben annehmen zu müssen" ist die Flucht nach vorne der blinden Bibellehrer, wie ich nun hier beweisen werde.

Wann hat der Herr je gelehrt, dass der Mensch keine verdienstliche, sondern nur gottgefällige Werke tun kann, wenn die Liebe Gottes *nicht* in ihm wohnt? Warum wird Christus, als Lehrer der Apostel Johannes und Pauli, und sie als Seine Jünger zu Lügnern erklärt, da man die Tatsache leugnet, dass die Liebe Gottes *immer* im Menschen wohnt?!... Ist nicht „Liebe Gottes“, „Gottvater“, „Jesus Christus“ oder „Gottesgeist“ im Menschen, nach Paulus und Johannes, ein und dasselbe?!

Gott ist die Liebe und diese wohnt seit der Geburt und dann in alle Ewigkeit im Menschen. Darum ist es eine Irrlehre, dass unsere Werke der Nächstenliebe nicht immer verdienstlich sein sollen, außer, es wohne die Liebe Gottes im Menschen! Denn die Gottesliebe wohnt in einem jeden Menschen, ja, wenn die Liebe Gottes nicht immer in uns wohnen würde, so hätten wir gar kein Leben, weil Gottes Liebe geistig und materiell dasselbe wie Feuer ist! Ohne Feuer existiert aber weder Licht noch Wärme...

Natürlich sind die Werke, die allein der Nächstenliebe angehören, nicht verdienstlich, wenn nicht die selbstlose Liebe und Barmherzigkeit die Motive des Handelns sind, z.B. wenn wir uns dafür bezahlen lassen, wegen Anerkennung oder um des vermeinten Himmelslohnes willen. Solche Beispiele gibt es unter den Namenschristen genügend.

Dagegen aber ist alles verdienstlich und zu jeder Zeit, was in guter Absicht und um der Güte selbst willen geschieht, auch wenn es nur ein freundliches „Hallo" oder eine Hand ist, die man jemandem reicht. Ich kenne viele Nichtgläubige, die solches täglich praktizieren.

Ist nicht Abraham durch die Barmherzigkeit gegen die Sodomiter gerechtfertigt worden vor Gott? Ist nicht der reiche Prasser deshalb in die Hölle gekommen, weil er die Werke der Nächstenliebe an Lazarus und anderen Armen nicht geübt hat? Hat der Herr im Beispiel vom barmherzigen Samariter nicht gesagt: „Gehe hin und tu dasselbe"!?, oder „Übe die Werke der Nächstenliebe zu jeder Zeit an Freund und Feind"!? Weiterhin steht im Matthäus, dass Gott nur Wohlgefallen an der Barmherzigkeit (Math.9,13) oder Nächstenliebewerken hat:

(Matthäus 7, 12)

Tu deinem Nächsten, was du rechter maßen wünschst, das er dir im Notfall täte.

Bei Jakob steht:

(Jakobus 2,13)

Die Barmherzigkeit triumphiert über die Gerechtigkeit.

Und, hat JESUS nicht gelehrt:

(Matthäus 25, 35-40)

Was ihr dem Geringsten von Meinen Brüdern getan, das habt ihr Mir getan.

Hat der Herr je Klauseln gesetzt, wann es verdienstlich ist und wann nicht, wenn wir aus Mitleid oder Barmherzig-keit den Nächsten Gutes tun?!

Wir ersehen daraus, dass die heutige Auslegung der Bibel eine Irrlehre ist, und müssten dem als Maßstab sogar noch hinzufügen: Wer nicht zu aller erst die Werke der Nächstenliebe übt, dem wird für sein jetziges Leben die Gnade Gottes *überhaupt nicht* zuteil, und somit wird er nicht gerechtfertigt durch Jesus, weil er seiner Bedeutung als Mensch nicht nachgekommen ist und seine Talente zinslos zurückgebracht hat! (Luk.19,20-26)

Jesus starb für die Erbsünde, nicht für die neuen Sünden

Die Erbsünde ist diejenige Sünde, welche die Ur-Eltern Adam und Eva einst im Paradies gegen das göttliche Gebot der Keuschheit begangen haben, und wovon Moses in den ersten 4 Kapiteln des ersten Buches „Genesis“ spricht. Moses sagt:

> „Jehova, sprach zu Adam: Aber von dem Baum der Erkenntnis (des Guten und Bösen) sollst du nicht essen, denn wenn du davon isst wirst du des Todes.“

Hierunter ist zu verstehen: Das Zuwiderhandeln gegen den erkannten göttlichen Willen führt unweigerlich zur Gottesferne und damit zum Verlust des geistigen Lebens, was das „Paradies“ ist...

Da aber die lüsterne Selbstsucht des Genusses (geistig „Schlange“ genannt) nicht nachgab, bis ihre Frucht (Kain) da war, - erfolgte das Urteil Gottes:

> „Weil du das Gebot der Keuschheit durch deinen hochmütigen Ungehorsam gegen Mich, deinen Gott und Schöpfer, gebrochen hast, darum sollst du im Schweiße deines Angesichts samt den Deinen dein Brot essen, bis du wieder zu Erde wirst, davon du genommen bist. (4)

Denn Gott wollte durch die gehorsame Abstinenz

so lange Adam und Eva heiligen (oder reinigen), bis die Zeit gekommen wäre, durch die geistige Liebe beider, eine gesegnete, sündenlose, geistige Frucht zu erwecken, wie Er auch den Leib Jesu in Maria erweckte.

Nachdem Adam und Eva gesündigt hatten, wurde von der *Weisheit* in Gott beansprucht, dass, wie in Adam, alle Menschen im Geiste mitgesündigt haben, also auch ein jeder für sich selbst durch Leiden und Kreuzestod sich die durch den Ungehorsam gegen Gottes Gebot verlorene Kindschaft Gottes wieder aneignen müsse...

Da diesen Anspruch die *Liebe* in Gott aber nicht annahm, so musste die *Weisheit* Gottes im Menschen Jesus Ihrem Anspruch gerecht werden (5), uns von diesem Schmerzenstod befreien (welcher als Sühne für die Erbsünde festgesetzt war) und so die Gottheit mit Sich Selbst wieder versöhnen (d.h. in die Reinheit zurückführen). Darum wurde dann dem Adam sogleich der Retter (6) im Messias (7) versprochen, worüber auch Petrus und Paulus Zeugnis geben.

Petrus schreibt daher:

(Hebräerbrief 9,15)

Christus ist deswegen Mittler eines neuen Bundes, damit durch die Erlösung von den Übertretungen des ersten Bundes, welche durch den Kreuzestod Christi erfolgte, die Berufenen das verheißene ewige Erbe (der Kindschaft Gottes) erlangen.

Mit dieser klaren Angabe, dass es sich um die Übertretungen des ersten Bundes handelt, ist es offen und bestimmt *verneint*, dass die Entsündigung oder Erlösung auch für den zweiten Bund geschehen wäre, dass heißt für die Sünden, welche die Menschen im zweiten Bund begehen, der nach dem Kreuzestod seinen Anfang nahm.

➔ Seit dem Kreuzestod Christi ist jeder für seine Sünden selber verantwortlich!

Paulus schreibt an die Römer:

(Römer 5, 12)

Wie durch einen Menschen die (Erb-) Sünde ist gekommen in die Welt und der (Seelen-) Tod durch diese Sünde, also ist auch dieser Sündentod dann auf alle Adamsnachkommen durchgedrungen, weil das ganze Menschengeschlecht vom Adam abstammt, und somit einst mitgesündigt hat.

(Römer 6,23)

Denn der Tod ist der Sünde Sold sowohl geistig, wie auch materiell.

➔ Es ist daher ein riesengroßer und schrecklicher Irrtum im Protestantismus, dass man trotz so klarer Gegenbeweise behauptet: dass Christus durch den Kreuzestod auch die Macht der jetzt begangenen Sünden gebrochen hat und dass die heutzutage begangenen Sünden dem Menschen nichts anhaben können.

Dieser Irrtum stammt von Paulus und wurde aus diesem von Martin Luther in die protestantische Religion einge-tragen.

Aber auch Paulus sagt im Römerbrief 3,25, dass durch den Kreuzestod die vormaligen Übertretungen, die *vor dem Kreuzestod* begangen wurden, gesühnt wurden und damit verneint auch Paulus, dass durch den Kreuzestod die Sünden, die nach dem Tod Jesu begangen werden, mit-gesühnt wurden!...

➔ Wer also weder Moses, noch Petrus, noch Paulus anerkennt und, nur auf den *irreführenden Galaterbrief* pochend, mit Entschiedenheit behauptet, dass Jesus auch für das neue Testament litt, der irrt sich selbst, und verneint auch des Herrn Ausspruch im neuen Testament, wo Er sagte: „Ich bin nicht gekommen, Moses und die Propheten (d.h. die 10 Gebote) aufzuheben, sondern zu erfüllen."

Wer somit gegen die 10 Gebote und Gottes „Jugend-lehren" sündigt, der hat keinen Mittler Jesus, keine Seligkeit aus Gnaden, sondern er muss dann der gerechten Ahndung durch zerknirschte Reue und Lebensbuße nachkommen, weil der Mittler Jesus *nur* für die Erbsünde und für die Sünden, die *bis* zum

Kreuzestod begangen wurden, dem Adam versprochen war... und für diese Sünden wird daher der Mensch aus Gnaden selig, weil nicht er für sich selbst, sondern Gott, Jesus, für ihn am Kreuz gelitten hat!

Dies möchte ich im folgenden Kapitel ausführlich und biblisch erläutern.

Keine Rechtfertigung vor Gott aus Gnade

Paulus schrieb irrig an die Römer:

(Römer 4, 5)

Wer keine Werke tut, aber an den glaubt, der den Gottlosen gerecht macht, dem wird sein Glaube zur Gerechtigkeit angerechnet, nach dem Ratschluss der Gnade Gottes.

Gegen diese Irrlehre antwortet die Bibel schon durch den Propheten Hesekiel wie folgt:

(2. Hesekiel 33, 14-19)

Wenn Ich, Jehova, zum Gottlosen spreche, er soll sterben, und er bekehrt sich von seiner Sünde, und tut, was recht und gut ist, so, dass der Gottlose das ungerechte Pfand wiedergibt, und bezahlt, was er geraubt hat, und nach dem Wort des Lebens wandelt, dass er kein Böses tut, so soll er leben und nicht sterben, und aller seiner Sünden, die er getan hat, soll nicht gedacht werden, denn er tut nun, was recht und gut ist; darum soll er leben. Wenn der Gerechte von seiner Gerechtigkeit ablässt und tut Böses, so ist es ja billig, dass er darum stirbt. Und wo der Gottlose sich bekehrt von seinem sündhaften Leben und tut, was recht und gut ist, so ist es ja billig, dass er deswegen lebt.

Diese Worte des Propheten Hesekiel belehren uns, dass der Herr den Gottlosen nicht aus Gnade gerecht macht, sondern dass Er erst dann, wenn dieser sich bekehrt und recht gut handelt, ihm seine Sünden verziehen werden und er in Gnade zum Leben aufgenommen wird.

Wenn uns jemand immer Böses tut, so steht er in unserer Schuld; wenn er aber das Falsche einsieht, uns um Verzeihung bittet und das Verbrochene wieder gut macht, so vergeben wir ihm auch seine Sünden. Ist das nicht derselbe Fall mit dem Gottlosen bei Gott? Ja, so ist es! Wie wir, die wir doch allesamt schlecht sind, einem Übeltäter vergeben wenn er um Vergebung bittet, so tut es auch Gott, und Er kann nicht anders tun, denn Er ist die ewige Liebe und Barmherzigkeit Selbst...

Daraus erkennt man, dass Paulus in diesem Fall nicht aus dem Geist, sondern aus sich selbst, und daher eine Lüge gesprochen und aufgestellt hat. Diese Tatsache beleuchten uns noch mehrere hier folgenden Lehren:

(Matthäus 12, 35-37)

Der gute Mensch bringt aus dem guten Vorrate Gutes, der böse Mensch aus dem bösen Vorrat Böses hervor. Aber

Ich, (Jesus) sage euch: Die Menschen werden am Gerichtstage von jedem unnützen Worte, das sie reden, Rechenschaft geben müssen. Nach deinen guten Worten (und Taten) wirst du gerechtfertigt und nach deinen (bösen) Worten (und Taten) wirst du verurteilt werden.

Des Herrn eigene Worte bei Matthäus sagen uns, dass die Bösen und Gottlosen nicht aus Gnade gerecht werden, sondern nach ihren bösen Worten und Taten gerichtet. Wer soll da die Wahrheit gesprochen haben: Christus oder Paulus? Verteidigt man hier den Paulus, so erscheint Christus offenbar als Lügner; glaubt man Jesus, dann muss man zugeben, dass Paulus eine Irrlehre aufgestellt hat, welche man verwerfen und stattdessen lieber dem Herrn glauben sollte...

In der Bergpredigt sagte Jesus:

(Matthäus 7, 1-2)

Richtet nicht, dass ihr nicht gerichtet werdet. Mit demselben Maße ihr ausmesst, wird euch (zurück) gemessen werden.

Diese Wahrheit klärt sich auf mit folgenden Wahrheiten aus der Bibel:

(Galater 6, 7-8)

Liebe Brüder! Irrt euch nicht, Gott lässt sich nicht spotten; denn was der Mensch sät, das wird er ernten. Wer auf sein Fleisch sät, der wird von dem Fleisch das Verderben ernten. Wer aber auf den Geist sät, der wird von dem Geist das ewige Leben ernten.

Durch das letzte Wort „das ewige Leben“ klärt sich alles auf und lautet: „Richtet nicht hier ungerecht über Worte und Taten eurer Brüder oder eurer Nächsten, dass ihr nicht im Jenseits von dem ewigen Leben oder Christus ob eurer Ungerechtigkeit gerichtet werdet (Joh.14,6). Denn mit dem-selben Maß ihr hier auf Erden Gutes oder Böses ausmesst, wird es euch im Jenseits als Belohnung zurück gemessen werden. So lautet dann auch der andere Satz: „Was der Mensch auf Erden sät, das wird er im Jenseits ernten.“

Somit gibt es keine Rechtfertigung aus Gnade, also ist in diesen Worten das direkte Verneinen, dass der Herr Gottlose (Ungläubige) aus Gnade gerecht mache.

Die Offenbarung des Johannes wird wohl kein verständiger Mensch für ein Menschenwerk ansehen und sie wörtlich nehmen, und doch steht auch dort:

(Offenbarung14, 13)

Ihre (der Menschen) gute Werke gehen ihnen ins Jenseits nach.

Aber es heißt da, dass auch die Werke des Bösen ihnen ins Jenseits folgen und dass sie auch nach ihren bösen Werken werden gerichtet werden (Offbg.20,12).

Also Gericht und Gerechtigkeit wird uns für das Jenseits angesagt, nirgends aber, dass Gott jemanden aus Gnaden gerecht macht, und noch weniger aber jene, die ohne Gott sein möchten und im Unglauben sind.

Weiter heißt es in der Bibel:

(Korintherbrief 15, 42)

So ist es auch mit der Auferstehung der Toten: Es wird gesät in Verweslichkeit und auferweckt in Unverweslich-keit.

und in (Johannes 4, 36. 37), dass ein Anderer, nämlich der Fleischmensch, sät, und ein Anderer, nämlich der Geist des Verstorbenen, im Jenseits erntet.

(Hosea 8, 7)

Wenn aber Böses gesät worden ist, so kann doch nicht Gutes geerntet werden, weil das Unkraut auch keinen Weizen reift, und wer Wind sät, der erntet Ungewitter.

(Matthäus 5, 26)

Wahrlich, es wird niemand aus dem Kerker herauskommen, bis er den letzten Heller bezahlt hat.

Dieser Vers bedeutet, dass niemand früher gerechtfertigt wird, bis er seiner Sünden entsagt, sie aus sich ausmerzt und sich den festen Vorsatz macht, fromm oder gerecht zu leben; weil die Sünde eben der Kerker und Tod der Seele ist.

➔ Also sagt uns ein jeder Vers, dass niemand aus Gnade allein selig wird, sondern nur durch seine eigene Mühe und sein eigenes Kreuz, wozu Jesus uns Seine göttliche Hilfe zukommen lässt!

Was wäre das überhaupt für eine göttliche Gerechtigkeit, wenn der Demütige - der sich lange Jahre im Kampf mit seinen Lastern, Schwächen und Untugenden, aus Liebe zu Gott und um Seinen Willen zu tun, in der Selbstver-leugnung übte, zum Überwinder wurde und seinen Herzens-Acker bereitet hat - dadurch dem Gottlosen gleichgestellt würde, dass der Gottlose - der nur Böses begangen hat auf Kosten anderer, die er geschunden, ausgebeutet, betrogen oder beraubt hat - ohne weiteres aus Gnade als gerecht angesehen und für selig erklärt werden möchte, bloß weil dieser sich mit seinem letzten Atemzug noch (nicht aus Liebe, sondern nur aus Furcht vor dem Jenseits) zu Christus mit den Lippen bekannt hat!?

Paulus schreibt an Timotheus:

(1. Timotheus 4, 16)

Habe acht auf dich selber und auf die Lehre, beharre dabei! Wenn du das tust, wirst du dich selber und die, welche dich hören, selig machen.

Und das ist die richtige und einzig wahre Lehre: Man zahlt den fleißigen Arbeiter, den Faulenzer jagt man aber davon. Soll der allweise Gott, unvernünftiger handeln als die Menschen es tun!?

Aus den vorliegenden kurzen Aufklärungen ist es ersichtlich, dass die protestantische Rechtfertigungslehre nach Paulus und Luther ganz falsch und für das Seelenheil des Menschen höchst gefährlich ist, weil, statt des erhofften Himmels, nur die Hölle der Selbstliebe, für das unbuß-fertige Leben erlangt werden.

Der Evangelist Johannes schreibt in 1, 5-8, und diese Bibelstelle gilt es für die heutigen Bibellehrer zu beachten:

(1. Johannes 5-8)

Das ist die Verkündigung (Jesu), die wir von Ihm gehört haben und euch verkündigen: Dass Gott Licht (das heißt, wie Kristall rein ist im Sinne der Lehre der göttlichen Liebe und Weisheit nach dem Evangelium) und dass somit in Ihm keine Finsternis (oder Sünde, Untugend und unheilige Eigenschaft) besteht. So wir sagen, dass wir Gemeinschaft mit Ihm haben und wandeln in der Finsternis (oder Sünde und falschem Glauben) so lügen wir, und sagen nicht die Wahrheit.

So wir aber im Licht...

(oder: ohne Sünden, ohne Untugenden, ohne Begehung der Fleischgelüste, ohne böse Eigen- und Leidenschaften, ohne irgendwelche Selbstsucht und Selbstliebe, in der höchsten Liebe zu Gott und in der vollkommen uneigennützigen

Liebe zum Nächsten, wie Gott zum Menschen, oder wie die Mutter zu ihrem Kind; ferner voller Demut, wie Jesus am Leidensweg, voller Geduld, voller Mitleid und Barmherzigkeit gegen Freund und Feind wie Gott, Der über Sünder und Gerechte gleich liebevoll den Sonnenschein und neu befruchtenden Regen schickt, voller Friedensliebe, voll ernster Keuschheit, Reinheit, Versöhnlichkeit, Vergebung und Selbstlosigkeit)

...wandeln, wie Gott in dem (oben beschriebenen geistigen) Licht ist, so haben wir Gemeinschaft untereinander wie im Urchristentum, wo mein dein und dein mein war, und dann macht uns das Blut Jesu Christi, welches die selbstlose, daher reingeistige göttliche Liebe Christi zu uns, Seinen Kindern, ist, rein von aller Sünde.

So wir aber sagen, wir haben keine Sünden, und dass Jesus auch die Sünden, die wir heutzutage begehen, mit Seinem vergossenen Blut am Kreuz ein für allemal getilgt hat, so täuschen und verführen wir uns selber und die Wahrheit ist nicht in uns, sondern selbst gewollte Lüge, weil falsche Propheten und Apostel dagegen lehrten, wie die vorne angeführten Beweise aus der Bibel zeigen.

Weiter schreibt Johannes:

(1. Johannes 2, 1)

Meine Kinder, solches schreibe ich euch, auf dass ihr nicht sündigt. Und ob jemand sündigt, so haben wir einen Fürsprecher bei dem Vater, Jesus Christus, der gerecht ist.

Wir haben nun vorne gesehen, dass niemand für seine neutestamentlichen, sondern allein für die alttes-tament-lichen Sünden bis zum Kreuzigungstode hin aus Gnade selig wird.

Jesus antwortete dem fragenden Petrus, wie oft man dem Nächsten (als Bruder) vergeben soll, dass dies nicht siebenmal, sondern siebzigmal siebenmal geschehen soll; (Mt.18.22) oder anders gesagt: Dass Vergebung bei Gott erst dann geschehen kann, wenn man darum kniefällig und mit dem festen Vorsatz alles Unrechte wieder gutzumachen, mit zerknirschter Reue um Vergebung bittet, und man selbst dies an seinen Feinden tut... anders nicht! - Wie wir an unserem Nächsten handeln, so auch Jesus an uns. Also ist Er ein gerechter Fürsprecher bei Seinem Vater, - wenn auch wir gerecht sind und tun unserem Nächsten, was wir wünschen, dass der Herr uns tun soll.

Der nächste Vers bei Johannes lautet:

(1. Johannes 2, 2)

Jesus ist die Versöhnung für unsere Sünden und für die Sünden der ganzen Welt.

Dieser Vers hat einen ganz anderen Sinn als der

vorhergehende. In diesem geht es um die Versöhnung Gottes *mit Sich Selbst* (1.Kor.5,18-19) durch die Erlösung am Kreuz von den alttestamentlichen Sünden. Dies ist auch aus Moses I. 2, 17 und Kapitel 3, dann aus dem Hebräerbrief 9, 15 und Römer 3, 25 zu entnehmen.

Dass diese Beweisführung auf Wahrheit beruht, ersieht man aus Johannes 2, 22-23, wo er sagt:

(1. Johannes 2, 22-23)

Wer Jesus Christus als den Sohn leugnet, der hat auch den Vater nicht; wer den Sohn bekennt, der hat auch den Vater.

Nun gibt es auf der Welt vier-fünftel der Menschen, die teils nie von Jesus gehört haben und teils nicht glauben, dass Er ein Sohn Gottes sei! Und doch sagt Johannes, dass Jesus die Versöhnung für die *ganze* Welt ist! - Bezieht man diese Nachricht auf die alttestamentliche Sünde, dann beruht sie auf Wahrheit; verkoppelt oder vereint man sie mit dem Vers 23 in einen Sinn, dann sieht nur Unsinn und Lüge heraus.

Tatsache ist, dass es keine Erbsünde, daher auch keine Vorhölle mehr gibt, wo die alttestamentlichen Frommen auf den Erlöser warteten; denn Jesus, der sehnsüchtig und lange erwartete Erlöser von Golgatha, kam und führte sie hinein in Sein heiliges Vaterhaus – und gründete damit das neue Jerusalem (Joh.19,17 / Hebr.10,10.14).

Für uns alle aber ist kein warten im Jenseits in der

Vorhölle mehr nötig, denn davon hat der Herr uns durch Sein Leiden und den Kreuzestod aus Gnade befreit, indem Er Selber für die, wegen der Erbsünde über uns verhängte Strafe (bzw. die Folge der göttlichen Widerordnung), litt und starb.

Allerdings: die im jetzigen Leben selbstverschuldeten Sünden müssen wir selber abbüßen, sonst kommt man nicht in den himmlischen, sondern bleibt im höllischen Zustand haften; denn dafür gab uns der Herr das Vaterunser-Gebet, dass die Menschen sich täglich erinnern, dass sie Sünder sind, dass die Sünde der geistige Tod der Seele, materiell aber der des Körpers ist. Und da Gott Selber kam, die zehn Gebote nicht aufzuheben, sondern zu erfüllen, so wird es doch einleuchtend sein, dass auch wir dasselbe tun müssen, weil, wie in diesem Kapitel bewiesen wurde, die auf Erden begangenen Sünden, wenn nicht vorher abgebüßt, mit ins Jenseits kommen und dort unsere Hölle bilden, da jeder auf dieser Welt nach seinem Leben und Handeln den Himmel oder die Hölle für das Jenseits baut.

Die Bedeutung des Erlösungswerkes Jesu Christi

Wir hören in heutigen Christengemeinden die folgende irrige Aussage:

> (Theologische Lehrmeinung):
>
> „Die Menschen die Jesus nicht angenommen haben, haben auch niemanden der das Gesetz für sie erfüllt hat und werden deswegen gerechtigkeitshalber bestraft (!). Die 10 Gebote hat uns Gott nur deswegen gegeben um uns zu zeigen das wir verloren sind, weil wir nicht in der Lage sind, danach zu leben, sondern einen Retter brauchen, und das ist Jesus Christus“

Zunächst einmal wissen wir doch, dass Jesus für *alle* gestorben ist (2.Kor.5 / Röm.11,32), also auch für jene, die Ihn noch nicht angenommen haben. Ja, sogar werden die "Toten in Christus *zuerst* auferstehen!"(1.Tes.4), sagt Paulus.

Mit der Erlösung bringt man gerne etwas durcheinander, vor allem aber, dass der Glaube an Jesu Erlösungswerk *allein genüge* um auf der „sicheren Seite“ zu sein. Er habe das Gesetz schließlich erfüllt, das müsse nur geglaubt werden und schon sei man errettet, so lehren sie. Aber wurde uns durch Jesus nicht unmissverständlich die Liebetat immer wieder gepredigt, welche erst alles Gesetz erfüllt?! Ist nicht das Reich Gottes und Seine Gerechtigkeit die *Liebe*?! Häufig hört man von Bibelbuchstaben-Lehrern das Urteil, man habe „Gerechtigkeit“ nicht verstanden, aber sie sollten sich vielmehr selbst einmal fragen, ob sie Gottes Gerechtigkeit verstehen, welche nichts Geringeres von ihnen einfordert, als ein Liebeleben. Wir sollen Jesu Fleisch „essen“, was das Aufnehmen Seines Wortes ist, und dann Sein Blut „trinken“, was die Handlung, die aufopfernde und dienende Liebetat für uns bedeutet, so deutete es der Herr beim letzten Abendmahle an.

Das Erlösungswerk Jesu Christi hat Bedeutung:

A) Für die Menschheit und das Geisterreich im Gesamten: Die Neuordnung der Himmel, bzw. Gottes Aussöhnung mit Sich Selbst, d.h. mit der Gerechtigkeitsanforderung an Sich Selbst gegen-über dem Gefallenen. Seine bis dahin führenden Eigenschaften von Weisheit und Ernst wurden der Liebe und Barmherzigkeit unterstellt.

B) Für den Menschen im Einzelnen: Nachfolge Christi! Liebeleben! Geringachtung des Welt-wohl-lebens und Hochachtung des geistigen Lebens.

Wie denn hat Jesus das ganze Gesetz erfüllt?
Durch die Liebe, denn diese beinhaltet alles Gesetz!

Wie können wir das Gesetz erfüllen?
Auch nur durch ein Liebeleben!

Was wir Menschen nicht vermögen, und was allein Gott Selbst als Mensch in Jesus zu tun möglich war, war ein Leben zu führen in der Materie (der Wider-Ordnung), ohne eine widergöttliche Handlung zu tun. Dadurch wurde Satan überwunden, seine Macht gebrochen und die Erlösung der mit ihm gefallenen Geister schlussendlich eingeleitet. Das ist das eigentliche, die ganze materielle Schöpfung betreffende große Erlösungswerk Jesu Christi.

Der Schöpfer hat zudem Seine Himmel neu geordnet und die Liebe zu Oberst gestellt. Er war der einzige Mensch dieser Erde, der nie gegen Seine göttliche Ordnung gefehlt hat, und damit war Gottes Gerechtigkeit (Seiner Liebe) genüge getan und der Rettungsplan Seiner geschaffenen und mit Luzifer gefallenen Geister, welche durch die materielle Schöpfung gebannt sind, gerechtfertigt, nachdem Adam samt Nachkommenschaft gefallen war im Ungehorsam.

Nur an dieses Erlösungswerk zu glauben trägt dem Menschen noch keine Errettung ein, sondern das geht nur durch die Tat nach Jesu Wort: „Liebet einander..." Denn der Liebegeist ist Gottes Geist im Menschen und stellt die Verbindung des Gefallenen zum Ungefallenen wieder her. Wir Gläubige müssen uns schon noch den Weg der Läuterung gefallen und uns von der Lieblosigkeit unserer Herzen in die Liebe umgestalten lassen und das „Kreuz auf unsre Schulter nehmen“ und Jesus nachfolgen. Denn die Eigenliebe ist die gefallene Liebe und diese muss gekreuzigt werden um aufzuerstehen.

Wer nicht auf Golgatha all der argen Triebe seines Herzens nach gestorben ist, in dem wird Christus nicht auferstehen können zum ewigen Leben Seines Geistes.

Kein Mensch wird je Gottes Gerechtigkeit von sich aus genüge tun können, das war und ist nur Ihm Selbst in Christus möglich, und so ist es uns allein nur möglich durch Christus in uns, und so wurden wir Sünder frei gekauft von dem Feuer der unerbittlichen Weisheit in Gott und Seinem Ernst, dem Zorn Gottes. Von da an sind wir Menschen allein nur gerecht vor Gott durch die Liebe zu Ihm in Christus und zu uns untereinander als Brüder und Schwestern, wie auch zu aller Kreatur.

Nicht allein im Glauben, sondern nur in der Liebe aus dem Glauben sind wir Kinder Gottes und wahre Nachfolger Jesu Christi! Das Alte ist vergangen und „Siehe, ich mache alles neu!“ spricht der Herr.

Liebe und Barmherzigkeit Gottes an den Seelen der Finsternis

Es wird die Aufgabe der vollendeten Gotteskinder darin bestehen, mit dem Herrn die verlorengegangenen und verirrten Kinder in den Tiefen zu suchen und nach Hause zu bringen. Immer wieder werden sich Seelen finden und retten lassen, und Gottes Bemühen und Geduld nimmt da kein Ende... In der vollkommenen Tätigkeit mit und aus dem Herrn besteht die größte Seligkeit eines Gotteskindes...

Und auch hier finden wir wieder eine gewaltige Irrlehre der Bibellehrer, welche behaupten, man genieße dann Jenseits ein lustvollstes Paradiesleben, und an die, die es auf der Erde nicht geschafft und nun verdammt in alle Ewigkeit im „Feuersee“(Offb.) die größten Qualen zu leiden haben, müsse man nicht mehr denken, weil Gott die Trauer um diese, oftmals Freunde und Verwandte auf Erden, dann schon zu nehmen wisse... Ein gruseliger Gedanke, der nur in einem finsteren Herzen gedacht und durch die Hölle gelehrt werden kann!...

Erlösungswerk gilt allen und ewig, auch Nicht-Christen

Ich möchte hier fragen: Ist Jesus nicht für alle gestorben?!

(2. Korinther 5, 14)

Wenn einer *(Jesus)* für alle gestorben ist, so sind sie alle gestorben.

(Römer 11, 32)

Denn Gott hat alle eingeschlossen in den Ungehorsam, damit er sich aller erbarme.

Das bedeutet, auch für jene, die Ihn nicht in ihrem Erdenleben annehmen wollten oder konnten, aus unterschiedlichsten Gründen.

Alle haben auch jenseits noch die Möglichkeit zur Einsicht, Reue und Buße und dadurch in die unteren Himmel zu gelangen, denn Gottes Arm reicht weit, und Er hat unendlich viele Wohnungen und unendlich viele Schulen. Lediglich das Höchste aller Ziele, die Gottes-kindschaft, erreicht man nur über den Erdengang, durch die freiwillige, bedingungslose Nachfolge Jesu und einem Überwinderleben in der aufopfernden und dienenden Gottes- und Nächstenliebe. Aber zu einem äußerst seligen Geist kann man es auch Jenseits noch bringen, wenn auch nicht mehr so leicht in den höchsten aller Himmel, den Liebehimmel, wo der Herr Selbst mit Seinen Kindern wohnt und wirkt. Aber bei Gott sind alle Dinge möglich. Daher warne ich hier noch einmal ausdrücklich davor, sich über Gott hinwegzusetzen mit einer Be- und Verurteilung Andersgläubiger!

(1.Thessalonicher.4)

Die Toten in Christus werden *zuerst* auferstehen!

Oder anders gesagt: Wir alle sind zunächst geistig Tod (2.Kor.5,14), und der geistige Tot wird durch die Annahme und *Befolgung* der Lehre Jesu Christi *„zuerst"* (aber nicht ausschließlich) aufgehoben... und solches gilt natürlich für einen jeden Geist! Ein Geist aber ist generell nicht körperlich, d.h. nicht an Raum- und Zeit gebunden, und also hat die Errettung überhaupt keinen zeitlichen Aspekt, wie es die modernen Bibellehrer irrig lehren, dass eine Errettung nur diesseits möglich sei.

Sie lehren solches daher, weil ihnen das Jenseits völlig dunkel und unklar ist, weil sie blind sind an der geistigen Sehe, weil es ihnen an Liebe, folglich an Gotteserkenntnis mangelt. Ja, sie kennen sich nicht einmal selbst, denn dann wüssten sie es, dass die Rettung nicht dem Leib, sondern der Seele gilt und ihrem einst mit Luzifer gefallenen Geist, in welchem der göttliche Funke ruht, der erweckt werden muss...

Ja, Jesus sprach zu den Pharisäern: "Auf dass euch um so mehr Verdammnis überkomme!", jedoch nicht: "Auf dass ihr auf ewig verdammt werdet!"...

Es ist wahr, dass es eine ewige Verdammnis gibt, doch es gibt keine auf ewig Verdammten! Die Verdammnis ist die Folge der freiwilligen Abkehr des Menschen von Gott, ausgelöst durch Gleichgültigkeit, Lauheit oder Hochmut, mit allen bitteren Folgen der Gottesferne. Kehrt der Mensch aber durch den Glauben an Christus und der Tat nach Seinem Wort zu Gott zurück, so wird die all-erbarmende Liebe Gottes dem reuigen Kind den Rückweg nicht verwehren, im Gegenteil: Deshalb kam Jesus in die Welt, um ihr das Licht des Lebens zu sein. Um die Brücke über die unüberwindliche Kluft zwischen der ewigen Verdammnis (Gottesferne) und der ewigen Seligkeit in Gott zu bauen! Er kam wegen der Toten, und jeder (!) Mensch ist tot im wahren Sinne, der im Geist noch nicht wiedergeboren ist. Und diese geistige Wiedergeburt ist nicht mit einem bloßen „Ja“ und Bekenntnis zu Christus erreicht, wie heute ebenso falsch gelehrt wird, sondern allein durch die Werke der reinen Liebe aus dem Glauben an Ihn und Sein Wort, so, wie der Herr Selbst es uns vorgelebt hat. Nur so erwächst im Menschen das Christusleben nach und nach und führt ihn ein in die Erkenntnis Gottes und das innere Wort des Lebens. (Siehe z.B. Spr.5 oder Joh.4,13f)

Das Bekenntnis zu Jesus und der der Glaube an Sein Wort sind nur die Vorbedingung, doch ohne die Werke der Liebe ist der Glaube so gut wie keiner! Denn wie bei der Kerze die Wärme das Licht gebiert und beides zusammen als die Flamme in wirkendes Erscheinen tritt, so gebiert die Liebe die Wahrheit, und beides wirkt im Menschen als der Heilige Geist! So hat ein Mensch, der die Liebe hat, auch das Licht des Lebens, denn er wird sodann vom Heiligen Geist Selbst gelehrt! Er erhält also innere Offenbarungen über die Bibel hinaus, daher auch Paulus sagte:

(1.Thessalonicher 5)

Den Geist dämpfet nicht, die Weissagung verachtet nicht, prüfet alles, das Gute behaltet!

Niedergefahren zur Hölle

(1. Petrus 3, 19 / 4, 6)

Im Geiste ist er auch hingegangen und hat den Geistern im Gefängnis die Botschaft gebracht, auch solchen, die einst ungehorsam waren, als die Langmut Gottes in Noahs Tagen zuwartete. ... Dazu aber ward die Heilsbotschaft den Toten verkündet, auf dass auch sie — dem menschlichen Lose entsprechend, zwar leiblich gerichtet — dennoch göttliches Leben haben sollten durch den Geist.

Diese Worte des Petrus in seinem ersten Brief sind ein hoch bedeutsames biblisches Zeugnis dafür, dass die ewige, unbegrenzte Liebe unseres himmlischen Vaters nicht Halt macht an der Schwelle des irdischen Todes, sondern mit ihrem Erbarmen auch hinüberreicht in das andere, jenseitige Leben, in die "Gefängnisse" der Geister und Seelen, die in der Zeit ihres irdischen Lebens blind und ungehorsam waren. Als ein Beispiel führt Petrus diejenigen an, die in den schlimmen Zeiten Noahs dem göttlichen Geist trotzten und sich nicht von der Hand Gottes leiten lassen wollten. Diese waren zur Zeit Jesu schon viele Jahrhunderte in den geistigen Gefängnissen und Kerkern des Jenseits, in die ihre eigene Hartnäckigkeit sie verbannte. Und nun hören wir durch Petrus, dass der Herr nach Seinem irdischen Tod im Geist, das heißt in Seinem verklärten Seelenleib, zu ihnen hingegangen ist und ihnen die große Heilsbotschaft der ewigen allerbarmenden Liebe verkündet hat, damit auch sie noch das selige, göttliche Leben haben sollten durch den Geist.

Dieses Hingehen zu den Unseligen in der Verdammnis geschah unmittelbar nach dem Tod des Herrn, solange noch der Leib im Grab lag. Es war das erste, was, vom Kreuz gestiegen, die Ewige Liebe tat! Und es gibt uns dies einen Begriff, wie wichtig ihr gerade diese Heilsbotschaft an die Geister und Seelen in den Gefängnissen des Jenseits war und auch heute noch ist.

Viele Christen leugnen zwar, dass es auch noch

nach dem irdischen Tod eine Gnade, Vollendung und Selig-machung gibt. Sie wollen nur noch Gericht und Urteil und, nach Maßgabe des irdischen Glaubensstandes, entweder ein ewiges, seliges Leben oder eine ewige Verdammnis gelten lassen. Dem widerspricht aber die frohe, beglückende Kunde in dem Briefe des Petrus!

Die Erbarmung des Vaters hat keine Grenzen! Ja des Herrn erstes war es, dass Er vom Kreuz herab gerade den Unseligen in der gerichteten geistigen Welt die Botschaft Seiner großen, versöhnlichen Tat und der allumfassenden Liebe Gottes brachte.

Diese endlose Liebe entfaltet der Herr in Seinem neuen Wort der Neuoffenbarung wie folgt:

(„Von der Hölle bis zum Himmel", Band 2, Kapitel 226)

"Da Ich Selbst das ewige Leben bin, so kann Ich nie Wesen für den ewigen Tod erschaffen haben!... Es steht wohl geschrieben von einem ewigen Tode, welches da ist ein ewig festes Gericht. Und dieses Gericht geht hervor aus Meiner ewig unwandelbaren Ordnung. Diese aber ist das sogenannte Zorn- oder besser Eiferfeuer Meines Willens, der ganz natürlich für ewig also unwandelbar verbleiben muss — ansonsten es mit allem Geschaffenen auf einmal aus wäre. Wer sich von der Welt und von ihrer Materie hinreißen lässt, der ist so lange als verloren und tot zu betrachten, als er sich von der gerichteten Materie nicht trennen will. Es muss also der Geschaffenen wegen wohl ein ewiges Gericht, ein ewiges Feuer und einen ewigen Tod geben. Aber darin liegt nicht, dass ein gefangener Geist auch ewig darin verbleiben müsse. — Ist denn Gefängnis und Gefangenschaft nicht zweierlei?! Das Gefängnis ist und bleibt freilich ewig, und das Feuer

Meines Eifers darf nimmer erlöschen; aber die Gefangenen bleiben nur so lange im Gefängnisse, bis sie sich bekehrt haben."

Kapitel 9: Von der Wiederkunft Christi

Die Wiederkunft Jesu - Grundsätzliches

Je näher man an der Wahrheit ist, und je mehr man wirklich beim Herrn ist und von Ihm gelehrt wird, um so größer werden die Angriffe aus gesetzlichen, religiösen Reihen. Jesus ist schon wiedergekommen! Es wiederholt sich alles Geschehen von damals nun im Geist. Der Herr ist wieder unter uns, wieder unscheinbar und unaufdringlich, entgegen aller Vorstellungen der rein Buchstabengläubigen und gesetzlichen Religionen. Er lehrt Wahrheit, ist wieder sehr arm an weltlichen Wertvorstellungen und man erkennt Ihn nicht als den Messias, weil Er nicht dem Bild entspricht, welches unser Verstand zeichnet, denn – mal ehrlich – wer von uns, die wir den Herrn noch nie mit fleischlichen Augen gesehen haben, würde Ihn als natürlichen Menschen erkennen nur anhand Seines Wortes, ohne dass Er offenbare Wunder täte? Das können nur jene lebendig Gläubigen, die Ihn wirklich lieben und somit

Jesus Selbst Seinen hl. Geist schon in sich tragen!

Käme Er, wie man glaubt, mit äußerer Wundermacht, hätte man wieder dieselben Verhältnisse wie früher, und kaum jemand würde Ihm aus reiner Liebe folgen... So gelingt kein Friedensreich auf Erden, welches zuerst ein inneres Friedensreich im Menschen sein, und von dort aus seinen Anfang nehmen muss.

Natürlich war der Herr immer bei uns (*"Ich bin bei euch alle Tage, bis an der Welt Ende"* Mt.28.20) und wie soll Er dann von irgendwoher wiederkommen?

Das wird erst klar wenn wir wissen, wer Jesus ist: Der Sohn der ewigen Liebe, das Licht aus der Ur-Wärme, das Strahlen der Liebe oder: Die ewige Wahrheit Gottes, welche ist das Wort Gottes. Diese Wahrheit heißt Jesus Christus, und sie ist erneut im Vollmaß an die Menschheit ergangen aus den Himmeln, während der letzten 150 Jahre, in den großen Verkündigungen und Evangelien der Neuoffenbarung Christi, welche ist Seine Wiederkunft im Wort.

Eine rein äußere Wiederkunft, so, wie damals, wird es zu Beginn des Wiederkunftgeschehens nicht geben, denn das würde die Herzen der Menschen nicht besser machen. Sondern erst muss die Erweckung erfolgen, und diese kann nur durch die reine Wahrheit geschehen, welche den Menschen zugeleitet werden muss aus der Höhe.

➔ Diese reine Wahrheit sind die großen, prophetisch benannten „Ausrufposaunen“!

Die heutige Bibel ist stark mit dem Sauerteig des Buchstaben- und Verstandesglaubens durchsetzt und gleicht stellenweise einem trüben Wasser, das krank machen kann am Geist, denn sie ist voller hinzugefügter, bzw. ausgetauschter Worte, welche nicht mehr dem inneren, geistigen Sinn entsprechen. Somit bekommt unser Geist nicht mehr nur gute Nahrung aus der Bibel. Zu beobachten ist solches daran, dass das Herz nicht leicht mehr zur Liebe zum Herrn entflammbar ist, sondern immer eine gewisse Heiligenscheu, eine Distanz zu Jesus bleibt, wegen vieler Ungereimtheiten und Widersprüchen im neuen Testament, welche mehr die allmächtige Gottheit, als den liebenden Vater beschreiben.

Dieser rein verstandesmäßige Glaube führt dazu, die Bibel in allem wörtlich zu nehmen, weil man keine Antworten mehr im Geist der Wahrheit in sich trägt, so dass man z.B. den Posaunenruf der Engel als einen materiell akustischen Ton, oder das Herabschweben Christi auf einer natürlichen Wolke aus Wasserdampf erwartet.

Man kann sich bei diesen Aussagen leicht vorstellen, welch harter Wind einem da ins Gesicht blasen muss von Seiten einer religiösen und gesetzlichen Christenheit, welche nichts außer der Bibel zulässt, diese vergötzt und man Gott in diese von Menschen zusammengetragene Schriftensammlung einpfercht - denn etwas anderes ist sie nicht, mit vielen Weglassungen (z.B. dem wichtigen Laodizäerbrief des Paulus oder den vielen bedeutenden Lebenslehren Jesu an Seine Jünger *„Noch vieles hätte ich euch zu sagen“*, Joh.16,12-14) und Hinzufügungen (z.B. den falschen historischen Tatsachen in Lukas und Markus, sowie ganzer Worte und Satzkonstruktionen in neueren Übersetzungen)...

Das erging Jesus und Seinen ersten Jüngern, welche noch das reine, ungetrübte Wort Gottes besaßen, ebenso von Seiten des Schriftgelehrtentums. Da wurden die Verkünder der Wahrheit als vom Teufel Verführte verpönt und verfolgt...

Heute hat man dafür Ausdrücke, wie: Ketzer, Sektierer, Mystiker oder Esoteriker... Dabei hat Jesus sehr, sehr viel Aufklärungsarbeit geleistet und gewirkt Seinerzeit, wovon die Bibel keine Erwähnung macht und auch nicht machen kann. Wir wissen aus der Schrift, dass uns ein *"ewiges Evangelium"* (Joh.Offb.14,6) zugehen wird, weil der Herr noch vieles gelehrt und gewirkt hat, das, hätte man es aufgeschrieben, die Welt nicht hätte fassen, begreifen, verstehen können (Joh.16,12-14). Erst "wenn der Geist der Wahrheit kommt, wird er uns in alle Wahrheit einführen". Das heißt, sobald die Menschheit reif ist dafür. Dies ist, knapp 2000 Jahre später, also heute, der Fall.

Wir wissen, dass die Menschheit nun viel aufgeklärter ist auch durch die Wissenschaften, welchen "alten Baum der Erkenntnis" der Herr in unserer Zeit wieder gesegnet hat, um die Herzen vorzubereiten für den Empfang der reinen Wahrheit, und um den so tief im Menschen verwurzelten Aberglauben auszumerzen.

Man betrachte hierzu bloß einmal die extrem auffallende, exponentielle Entwicklung der Erfindungen und wissenschaftlicher Entdeckungen der letzten 150 Jahre. Gleichzeitig werden die Herzen (die Gemüter) gebildet durch die Künste, mit Bildern, Geschichten und Musik.

Nun weilt dieses "ewige Evangelium", also der Herr Selbst im Wort, in den umfassenden Werken Seiner Neuoffenbarung, und in den vielen Verkündigungen weltweit, wieder mitten unter uns. (Dazu mehr im letzten Kapitel dieses Buches)

Verständlich aber auch, dass diese keinen großen Beifall finden in der Öffentlichkeit, solches tut die Wahrheit nie, sondern immer nur eine kleine Schar wird es sein, welche die Stimme ihres Hirten erkennen und ihr folgen wird, hin zur Bethlehemsütte, wo sie, ganz unbemerkt von aller Außenbetrachtung, im Herzen des Menschen geboren werden möchte.

Wer es wünscht und ein fragender Jünger des Herrn ist, der erhält vollsten Aufschluss, denn unser gütigster, liebevollster Vater in Jesus hält heute alle Antworten für uns bereit. So, wie Er damals die Jünger lehrte, so lehrt uns der wiedergekommene Herr auch wieder heute! Selig, wer sich an Ihm nicht stößt..!

Folgende Verheißung des Herrn hat sich bereits erfüllt:

"Ich werde zuerst unsichtbar kommen in "den Wolken des Himmels", das heißt Ich werde Mich der Menschheit nahen durch wahre Seher, Weise und Propheten. Auch werde Ich zu jener Zeit Menschen erwecken, denen Ich alles das, was zu Meinen Erdentagen in Meiner Gegenwart geschah und gesprochen ward, durch ihr Herz in die Feder sagen werde. Und es wird dann das Geschriebene auf eine dereinst wohlbekannte Vervielfältigungsart in kurzer Zeit unter die Menschen gebracht werden."

JL, Großes Evangelium Johannes, Bd.9, Kap.94

Die Menschen erwarten immer äußere Ereignisse nach ihren Vorstellungen und Auslegungen der Schrift. Die Bibel ist ein geistiges Buch, ich meine nicht "geistlich", sondern "geistig", so, wie nur im Keim das Leben ruht und auf Erweckung wartet und die Frucht nur die Umkleidung des geistigen Lebens ist. Die Evangelien der Bibel sind nicht wörtlich zu lesen bzgl. der Wiederkunft.

Die vielen falschen Propheten, die aufstehen und sagen: "Siehe, hier ist der Gesalbte!" oder "Dort ist er!"... was ist darunter zu verstehen? Übersetzt heißt dies, dass jede Gemeinde heute für sich beansprucht, die Wahrheit zu besitzen und zu lehren.

Christus ist die Wahrheit, weil Er der Sohn des Vaters ist oder das Licht der ewigen Liebe. Das bedeutet aber, dass *ohne* die Liebe niemand die Wahrheit haben kann, oder anders:

(Johannes 12)

"Wer mich sieht, der sieht auch Den der mich gesandt hat,

denn Ich und der Vater sind eins!"

Nur dort, wo die aufopfernde, uneigennützige Liebe die Herzen regiert, nur dort ist auch die Wahrheit!

(Mt.24.30 / Lk.21.26)

"Ich komme wieder in den Wolken des Himmels."

Das sind selbstverständlich keine Wasserdampfwolken eines natürlichen Himmels, denn erstens ist Gott ein Geist, wie auch der Leib Christi vergeistigt ward, und zweitens warten die Juden heute noch immer auf ihren Elias, der vor dem Messias kommen und schließlich ebenfalls in einem feurigen Wagen am Himmel fahren soll, was doch auch bis heute ausblieb, weil es eine geistige Entsprechung ist!

Sie werden noch ewig warten müssen, wenden sie ihren Blick nicht ab vom Außen und hin zum inwendigen wirken des Geistes im Menschen!

Wir Christen wissen es heute aus dem neuen Testament, dass der Geist des Elias im Johannes des Täufers gegenwärtig war, doch verhalten wir uns ebenso materiell wie die Juden wenn es um biblische Prophetien geht. Alle bildhaften Ausdrücke der Propheten sind nur natürliche Bilder geistiger Geschehnisse.

Jesus ist die Wahrheit, das Licht des Lebens und das Wort Gottes. Die Wiederkunft Jesu bedeutet, dass der Menschheit (in ihr irdisches Verständnis) heute

Wahrheit zugeleitet wird aus den Himmeln (der geistigen Welt), und zwar verhüllt in den Wolken, was bedeutet, dass Jesus (die Sonne, Licht, göttliche Wahrheit) verhüllt zu den Menschen dieser Erde (nicht nur den Christen) kommt, damit alle die ewige Wahrheit auch annehmen können.

Das sieht man heutzutage auf der ganzen Welt, denn nur durch Wahrheit und Aufklärung erwächst Einsicht und Güte. Jedes Gleichnis, eine jede Geschichte oder auch ein Kinofilm, welcher Wahrheiten vermittelt, ist so eine Wolke des Himmels! Würde ein Atheist Wahrheit von Gott annehmen, Den er leugnet, weil die Religionen ein zu schreckliches Bild von Gott zeichnen? Nein! Wie sehr machen sich Namens-Christen heute lächerlich vor dem Baum der Erkenntnis (der Wissenschaft), welcher doch schon längst wieder vom Herrn gesegnet ist zur Auslöschung des finsteren Aberglaubens und eines falschen Gottesbildes, wenn sie darauf pochen, die Bibel wörtlich zu nehmen!

Auch die Wissenschaft ist eine solche Wolke, in welcher der Herr wiedergekommen, sprich: die Wahrheit zu den Menschen gelangt ist. Man sieht dies heute, wie schon erwähnt, an dem sprunghaften Anstieg bahnbrechender wissenschaftlicher Erkenntnisse.

Jedoch die Seinen nur, welche mit geistigen Augen sehen, durch ein Leben in der Nachfolge Jesu, in der Liebe und Demut ihres Herzens, werden ihren Gott darin schauen... niemals aber die Fleisch-Augen der Menschen und auch keine materialistische Wissenschaft!

Zudem ist der Herr im Wort wiedergekommen. Denn seit über 100 Jahren nun wird der Menschheit das reine Evangelium neu verkündet und zur Erde geleitet, was das Himmlische Jerusalem ist, das vom Himmel auf die Erde gekommen ist (Jesaja), und was die reine, unverhüllte Lehre Jesu Christi meint, die wir als die Neuoffenbarung kennen. Es gibt seit ihrer Erscheinung das Bemühen, von Seiten der Schriftgelehrten und des Machtgefüges in den Gemeinden, diese zu verteufeln und zu vertuschen... das übliche Verhalten, wenn Jesus zu den Seinen kommt und sie Ihn nicht aufnehmen wollen!

Es ist also auch vollkommen biblisch, dass die Wahrheit abgelehnt wird.

Im Fleisch wird Jesus niemals mehr zur Erde kommen, und die solches erwarten, denen wird es ergehen wie den Juden, die noch immer keinen Messias haben, während wir schon seit 2000 Jahren im Licht des neuen Testaments stehen. Nur in der Demut unseres Herzens, und in der aufopfernden und dienenden Liebe werden wir Gott in Christus *in uns* schauen, aber niemals im Anspruchsdenken, nie in der Selbstgerechtigkeit und mit einem bloßen Bekenntnisglauben, wo von Selbstverleugnung, Dienen, Geringschätzung des Egos, Liebe und Demut wenig bis nichts mehr herausschaut!

Alle wollen groß und erhaben sein im Dünkel der Gotteskindschaft, mit Geistesgaben und Macht belohnt... wo sind denn die Kinder, denen es einzig darum geht, ihren wunderbaren Vater um seiner Selbst willen zu lieben, und dabei jeden Lohngedanken aus sich hinausgeschafft haben?! ... Dem Demütigen nur schenkt Gott Seine Gnade, Ihn in den Wolken des Himmels zu schauen, denn Er ist darinnen schon wiedergekommen!

Die Wiederkunft Christi begann um das Jahr 1840 und sie ist in vollem Gange. Eine äußere Wiederkunft Jesu wird es erst geben, wenn die Menschheit reineren Herzens geworden ist, denn das darauf folgende 1000-jährige Reich ist ein Reich des inneren und äußeren Friedens und des lebendigen Glaubens. Würden die Menschen denn zu besseren Menschen werden durch eine rein äußerliche Wiederkunft? Sicherlich nicht! Es muss zuerst eine weltweite Erweckung der Liebe erfolgen. Liebe braucht Geduld, Wahrheit und Erkenntnis. Daher leitet Jesus nun reine Wahrheit aus Seinen Himmeln (dem Geist) als "Wolken" (verhüllt) zur Erde.

Unkenntnis der Christen vom Wiederkunftgeschehen

Über kaum etwas herrscht heute mehr Unkenntnis und Uneinigkeit unter den Christen, als über die Ansichten und das Verstehen Jesu Wiederkunft. Dabei ist dies doch ein zentrales Geschehen des christlichen Glaubens.

Es verhält sich heute gerade so, wie zu der Zeit der Ankunft des Messias, da die Augen der Schriftgelehrtheit und des Verstandesglaubens eine ebenfalls all zu materielle Anschauung und Erwartung der Dinge hatten. Der Blick war abgewandt von weltlicher Niedrigkeit und Nichtigkeit, und hingewandt zu weltlicher Obrigkeit und Wichtigkeit, denn vom Geist, der ja alle Materie durchdringt und ohne den die Materie überhaupt nicht bestünde, wusste und weiß man auch heute nichts mehr.

Der Grund, damals wie heute, liegt darin, dass die Menschen im Allgemeinen zu materiell denken, fühlen und handeln, und ihr Sinnen, Wesen und Wirken allein nur materiell begründen. Dies um so mehr, je gottesferner, sprich: je selbstsüchtiger und eingebildeter sie sind und je mehr ihre Liebe an den verschiedensten Dingen der Welt hängt. (2. Mose 4,17: „Du sollst dir keine gegossenen Götter machen!“)

Vom Geist, in welchem sich das Reich Gottes gründen will, inwendig im Menschen, weiß ein materieller

Mensch nichts mehr. Er befindet sich im Zustand des geistigen Todes (Anmerkung: Tod ist nicht die Auslöschung des Geschöpfs, sondern die durch seine freiwillige Ablehnung des Schöpfers ausgelöste Schöpferferne und aller daraus hervorgehender Depressionen als Folge der Erkenntnis-losigkeit). Zwar glaubt er, quicklebendig zu sein, doch fühlt er in sich nicht das ewige Leben seines in seiner Seele noch schlafenden Geistes. Seine Seele sieht nur das Materielle und das, was sie mit den fleischlichen Sinnen erfassen kann.

Weil eben die Menschen, damals wie heute, so sehr verweltlicht sind, erwartete man damals und ebenso wieder heute die Ankunft des Messias vom natürlichen Himmel herab kommend, denn Daniel weissagte:

(Daniel, Kapitel 7, Verse 13 - 14)

13: Und siehe, es kam einer mit den Wolken des Himmels, gleich einem Sohn des Menschen; und er gelangte bis zu dem Hochbetagten und wurde vor ihn gebracht. 14: Und ihm wurde Herrschaft, Ehre und Königtum verliehen, und alle Völker, Stämme und Sprachen dienten ihm; seine Herrschaft ist eine ewige Herrschaft, die nicht vergeht, und sein Königtum wird nie zugrunde gehen.

Das es sich bei diesem Gesicht Daniels um die Ankunft Christi, und nicht, wie heute vielfach irrig gelehrt, um Dessen Wiederkunft handelt, und somit diese Prophezeiung sich bereits erfüllt hat, sehen wir daran, dass Gott Sein (geistiges) Reich durch Jesus bereits neu gründet, und dem Sohn in Christus die

Herrschaft verliehen hat. (Dan.7,14) Es war und ist *kein weltliches Reich* damit gemeint! Damals ebenso wenig wie heute!

Diese falsche Auslegung führte seinerzeit dazu, dass Jesus in Seiner Niedrigkeit nicht von den Juden als Messias angenommen wurde, weil sie Ihn prachtvoll und gebieterisch erwarteten. Nicht zuletzt sollte Er sie von dem Joch der Belagerung durch die Römer befreien und mit ihnen, als Seinem auserwählten Volk, die ganze Welt beherrschen. Dort, wo man Ihn aber als Messias angenommen und noch nicht richtig erkannt hatte, glaubte man insgeheim aber dennoch, es werde auch ein äußeres Königreich erstehen, mit Jesus als König und mit den Seinen als Seinem Regierungsanhang.

Ein verlockender Gedanke für manch einen. Solches war dann auch bei Judas Ischariot der eigentliche Grund seines Verrats Jesu an die Priesterschaft, denn er wusste um Jesu Wunderkräfte, und er war sich darum auch sicher, dass diese sich in der Gefangenschaft oder auch schon bei der Gefangennahme Jesu zeigten, und die Templer überzeugen müssten, dass Er doch der Messias sei. Denn zu oft schon durfte Judas es erfahren, wie Jesus mit den Seinen durch allerlei Wunder den ihnen nachstellenden römischen Soldaten und Pharisäern entkommen war. Als Jesus, der um Judas Vorhaben wusste, ihm beim letzten Abendmahl zurief: „Was du tun willst, dass tue bald!“(Joh.13.27), da fühlte Judas sich in seinem Vorhaben bestätigt

Heute führt diese Falschauslegung von Daniel 7.13 dazu, dass man glaubt, jene Prophetie müsse sich erst noch erfüllen. Und da auch Matthäus von solchen "Wolken des Himmels" schreibt ("Künftig werdet ihr den Sohn des Menschen sitzen sehen zur Rechten der Macht und kommen in den Wolken des Himmels!" Mt.26.64), so schauen die heutigen Christen vielfach zum materiellen Himmel empor und erwarten Jesu Wiederkommen von dort… von einer Materiewolke aus Wasserdampf auf die Erde herabschwebend!

Wie der Herr kommt (in Demut und Liebe)

Das Gleichnis von den Weingärtnern:

(Lukas 20, 9-19)

9 Er fing aber an, dem Volk dieses Gleichnis zu sagen: Ein gewisser Mensch pflanzte einen Weinberg und verpachtete ihn an Weingärtner und hielt sich längere Zeit außer Landes auf.

10 Und als es Zeit war, sandte er einen Knecht zu den Weingärtnern, damit sie ihm [seinen Anteil] von der Frucht des Weinbergs gäben. Die Weingärtner aber schlugen ihn und schickten ihn mit leeren Händen fort.

11 Und er fuhr fort und sandte einen anderen Knecht. Sie

aber schlugen auch diesen und beschimpften ihn und jagten ihn mit leeren Händen davon.

12 Und er fuhr fort und sandte einen dritten; aber auch diesen verwundeten sie und warfen ihn hinaus.

13 Da sprach der Herr des Weinbergs: Was soll ich tun? Ich will meinen Sohn senden, den geliebten; wenn sie den sehen, werden sie sich vielleicht scheuen!

14 Als aber die Weingärtner diesen sahen, sprachen sie untereinander: Das ist der Erbe! Kommt, lasst uns ihn töten, damit das Erbgut uns gehört!

15 Und sie stießen ihn zum Weinberg hinaus und töteten ihn. Was wird nun der Herr des Weinbergs mit ihnen tun?

16 Er wird kommen und diese Weingärtner umbringen und den Weinberg anderen geben! Als sie das hörten, sprachen sie: Das sei ferne!

17 Er aber blickte sie an und sprach: Was bedeutet denn das, was geschrieben steht: »Der Stein, den die Bauleute verworfen haben, der ist zum Eckstein geworden?«

18 Jeder, der auf diesen Stein fällt, wird zerschmettert werden; auf wen er aber fällt, den wird er zermalmen!

19 Da suchten die obersten Priester und die Schriftgelehrten Hand an ihn zu legen in derselben Stunde; aber sie fürchteten das Volk; denn sie erkannten, dass er dieses Gleichnis im Blick auf sie gesagt hatte.

Dieses Gleichnis, das Jesus einst den Pharisäern und Schriftgelehrten gab, und das deren geistige Zustände beim Erscheinen des Messias bezeichnete, gilt auch in der heutigen Zeit wieder bei den Christen, wo Jesu zweites Kommen erwartet wird, denn auch jetzt sind die Menschen wieder ganz materiell in ihrem Denken, Tun und Erwarten, und sie können sich kein besseres Los denken, als viel Besitz an irdischen Gütern, und weil sie ihr Besitz oft nicht befriedigt, so wünschen sie sich eine bessere Zeit, die sie durch Jesu Kommen erwarten. Weil sie ratlos sind wie die Verhältnisse für sie günstiger werden sollen, so hoffen sie dies von Seiner göttlichen Macht, denn soviel darf Jesus noch bei ihnen (den christlichen Welt-Menschen) gelten, dass sie zur Zeit der Not und Ratlosigkeit Seine Hilfe anrufen, die aber natürlich nach ihrem Sinn und Willen geschehen soll!

So war es auch bei den Pharisäern und Schriftgelehrten als Jesus unter ihnen lebte, lehrte und wirkte. Sie wollten das Joch der Römer, unter dem sie waren, abschütteln und sehnten sich nach einem (weltmächtigen) Erretter, deuteten daher alle Verheißungen der Propheten äußerlich, indem sie ihre große Geistes-Armut nicht mehr fühlten (gleich den heute Bibelgeschulten), von der sie zu erlösen der Zweck Jesu Kommens damals war und noch bleibt, auch bei Seinem heutigen zweiten Kommen, wo nun den Menschen im Äußeren alles geboten ist, so dass sie in Übermut und Dekadenz schwelgen, Jesu Geboten schon längst nicht mehr volles Gehör geben, sondern diese als „unausführbar“ bezeichnen, was bei ihrem verblendeten Zustand ihnen auch nicht anders möglich ist. Aus diesem Grund auch streiten sie Jesus die Göttlichkeit ab, um desto sicherer und ruhiger bei diesem

Glauben sein zu können!

Wie kann oder soll der Herr da nun kommen? Etwa in Seiner Herrlichkeit und Macht? Da würden die heutigen Menschen nicht bestehen können vor Seiner Heiligkeit - eine gänzliche Vernichtung müsste erfolgen. Kommt Er aber nun wieder in Seiner Liebe, wie das erste Mal, so heißt es: „Er kam in Sein Eigentum, aber die Seinen nahmen Ich nicht auf!“(Joh.1.11), und doch ist die Liebe göttlich, ewig, unveränderlich, und hat sich vorbehalten zu erlösen und zu erretten durch Langmut und Geduld, und durch ein immer währendes Anklopfen an den Herzen, denn *nur durch die Liebe* ist Gott in Christus Seinen Erdenkindern nahbar!

Das Urwesen der Liebe hat keinen andern Zugang als durch die Liebe, und darum auch geschieht Sein zweites Kommen in der Liebe, die still einhergeht, und segnet an geistigen Gütern alle, die sich segnen lasse, denn Viele sind dazu berufen, aber Wenige auserwählt, weil man sich nicht empfänglich macht die geistigen Schätze aufzunehmen, und diese höher als die vergänglichen, materiellen Güter zu stellen. Die Liebe ist der Grundstein, worauf der wahre Tempel gebaut werden muss, doch die Baumeister haben ihn heute zumeist verworfen.

Auch heutzutage wird Alles gesetzlich getan, gelehrt, regiert, und das Gesetz gepflegt, vermehrt und „verbessert“. Alles und Jedes ruht nun auf dem Gesetz! Auch bessere Zeiten soll das Gesetz bringen,

d. h. im Materiellen! Aber die Liebe, ohne die nichts bestehen kann was Ruhe und Frieden ins Herz bringt und somit das Glück der Menschen ausmacht... diese muss still verborgen walten, um doch noch dem Verderben entgegenzusteuern, das alles aufzulösen droht. Sie muss in der Bethlehemshütte sich aufhalten, sich flüchten, und sich im Stillen groß erziehen lassen, ehe sie hervortreten kann um zu segnen, und ist sie da oder dort im Begriff Einzug zu halten, so tönt ihr nur ein Hosianna entgegen..., das mit dem Kreuzigen endet!

Es wird heute Gottes wahren Kindern nicht schwer werden zu erkennen - wann, wie und wo Jesus erscheint, und sie werden zeugen können von Ihm, als von dem, der da ist und sein wird in alle Ewigkeit!

Wann, wie und wo Jesus kommt

Dies wird die meisten Christen sehr überraschen:

➔ JESUS ist schon wiedergekommen!

Eigentlich war Er auch niemals fort, wie wir hier lesen:

(Matthäus 28.20)

Und siehe, ich bin bei euch alle Tage bis an der Welt Ende.

Der Vers könnte aber auch verständlicherweise so lauten: "Ich bin bei euch alle Tage bis an das Ende eurer Welt in Euch", denn sobald wir wieder vollständig in Gott eingegangen sind, durch die Wiedergeburt des Geistes, leben nicht mehr wir, sondern dann lebt Christus in uns und dann ist Er nicht mehr bloß bei uns! Die "Welt" bedeutet immer die Gottesferne, und das von Gott abgewandte Sein. Jesus verbleibt also solange bei uns, bis wir diese Welt in uns (das Zuviel an Selbst- und Eigenliebe, und das Zuwenig an Nächsten- und Gottesliebe) durch die Befolgung Seiner Liebelehre überwunden und zu Kreuze getragen haben. Dann aber ist Jesus *in* uns und nicht mehr bloß bei uns - dann sind wir eins in Christus mit Gott, als Seine Kinder. Bis solches aber geschehen ist, bleibt der Herr bei uns und führt uns aufwärts Seine Wege.

Die Wiederkunft des Herrn bezieht sich also vielmehr auf Jesus als den "Sohn", was die ewige Wahrheit ist, und das Licht für die Welt *im Wort!* Das Wort Gottes - Symbolisiert durch die "Wolken des Himmels" - Kam also in Christus in die Welt (Dan.7.13) und ist in Jesus wiedergekommen durch die Neuoffenbarungen. (Mt.26.64, Joh.Offb.14.6 und Joh.16.12-14) Das ist die Wiederkunft Christi im Wort, im Geist und in der Wahrheit. Und das ist das "Himmlische Jerusalem" (Jesja), das vom Himmel (= aus dem Geiste Gottes, jenseits von Raum und Zeit) auf die Erde (= in unser materielles Verstandesleben, innerhalb von Raum und Zeit) gekommen ist!

Die Weissagungen und Prophetensprachen beziehen sich also immer auf das ewig andauernde geistige Leben, und so bleiben sie für einen noch nicht geweckten Geist unverständlich. Geistige Lebensverhältnisse sind andere als Materielle und können nur durch eine Sprache der Entsprechungen übermittelt werden. Eine unendliche Gefühlswelt, jenseits von Raum und Zeit, muss in eine endliche Welt des Raum- und Zeitbegriffes des Verstandes transportiert werden. Diese Schwierigkeit ist der Grund für die unterschiedlichsten Auslegungen von prophetischen Reden und das Unverständnis für entsprechende Verheißungen und Ankündigungen im Wort Gottes.

Wir finden in 'Daniel 7.13' und 'Matthäus 26.64' drei wesentliche Worte aus Naturerscheinungen als geistige Entsprechungen vor, die wir nicht materiell deuten dürfen, wenn wir zum wahren Verständnis dieser Weissagung gelangen möchten, und zwar:

1. Himmel (entsprechend = geistiges Leben aus Gott, jenseits von Raum und Zeit).
2. Wolken (entsprechend = Erkenntnis und die Wahrheit aus Gott).
3. Erde oder "Herabkommen" (entsprechend = materielles Verstandesleben, innerhalb von Raum und Zeit).

Von der vielfachen geistigen Blindheit der Menschen und dem Kommen des Herrn

(Matthäus 20,29)

Und siehe! - Zwei Blinde saßen am Wege, und da sie hörten, dass Jesus vorüber gehe, schrien sie und sprachen: "Ach Herr, Du Sohn Davids, erbarme Dich unser!"

Als der Herr auf Erden war, hat Er viele leiblich Blinde geheilt. Darin liegt eine Entsprechung für die heute so vielfache geistige Blindheit unter den Menschen, denn Jesus heilte sie auf verschiedene Art und Weise, teils durch das Wort allein, teils gebrauchte Er eine Handlung dabei, aber Er knüpfte stets auch eine Belehrung daran, weil Er die nun körperlich wieder Sehenden zugleich auch geistig sehend machen wollte, indem Er Seinen Weg so einrichtete, dass Er an diesen vorüber zog, wodurch ihnen Gelegenheit gegeben war, etwas von Ihm zu hören und zu erfahren. Dann wurde ihnen durch den göttlichen Geist in ihrer Seele offenbar, dass Jesus allein der wahre Arzt ist... (das bewirkte Seine Liebe in ihnen).

So ist es heute noch: Der Herr zieht stets an den geistig Blinden vorüber, entweder durch verschiedenste Heimsuchungen, damit sie sich nach Licht sehnen und ihre Finsternis begreifen sollen, oder auch durch innere Anregungen, die Vertrauen und Glauben in den Blinden wecken, damit sie Gott in JESUS um das wahre Licht anrufen.

Aber leider ist es heute wie damals, dass die Mehrzahl der Menschen einen Blinden auffordert zum Schweigen. Damals wollten die Menschen es aus guter Absicht nicht zulassen (das: nach Jesus Schreien), damit man Ihn nicht belästige und Ihm keine Umstände bereite. Heute aber ist es ein anderer Grund, denn viele wollen das wahre Licht nicht, weil dieses nicht zu ihrem materiellen Streben passt, und darum bedrängen sie auch Diejenigen, die nach dem wahren Licht suchen und geistig sehend werden wollen!

Wie aber ein leiblich Blinder ohne Hilfe eines Anderen nicht viel tun kann - und der Herr eben deshalb, weil die zwei Blinden den Weg zu Ihm nicht selbst finden konnten, zu ihnen kam und an ihnen vorüber zog - so macht Er es auch bei Menschen, die sich geistig blind fühlen: Er zieht an ihnen vorüber und gibt Sich ihnen zu erkennen mit der Frage: "Was wollt ihr, dass Ich euch tun soll?" - denn der Herr hat großes Erbarmen mit uns in unserer geistigen Blindheit, und darum möchte Er uns sehend machen.

So kommt Jesus auch heute und immer stets zu allen, die sich nach Ihm sehnen und Ihn rufen, und Er fragt:

(Matthäus 20.32)

Seine Liebe ist immer bereit, allen zu dienen, die sich nach Seiner Hilfe sehnen. Sagte Jesus doch ebenso bei einer anderen Gelegenheit: "Siehe, Ich stehe vor der Tür und klopfe an."(Offb.3.20)... Aber solches versteht man nicht, denn man erwartet Seine Ankunft in äußerem Geschehen, in Prunk und Tamtam, und versäumt so, in diesen falschen Hoffnungen gegründet, Ihm die wahre Empfangsstätte zu bereiten, welche da ist und ewig sein wird: *Unser Herz...* !!!

➔ Daher: Wenn Jesu Liebe uns fragt: "was soll Ich euch tun?" so sprechen wir mit jenen leiblich Blinden: "Herr, dass unsre Augen aufgetan werden!"...

Denn auch über uns will Gott der Herr in JESUS CHRISTUS Sich erbarmen, und uns geistig sehend machen für ewig, welches geistige Sehen das Eingehen in Gottes Himmel ist, da wir Wunder über Wunder werden schauen!

Die Neuoffenbarung ist die Wiederkunft Christi im Wort

(Johannes Offenbarung 14, 6)

Und ich sah einen anderen Engel fliegen durch die Himmelsmitte, der hatte ein Ewiges Evangelium zu verkünden über die Erdbewohner und über alle Nationen und Stämme und Sprachen und Völker ...

Das Gott auch in unserer Zeit nicht schweigt und nie geschwiegen hat ist eine Wahrheit, die vielen Juden, Christen, Moslems und auch Atheisten nicht so recht gefällt! Aber immer wieder gab und gibt es Einbrüche aus der geistigen- in die materielle Welt, aus dem Übernatürlichen in das Natürliche.

Vor ungefähr 150 Jahren, also kurz vor dem Beginn der so genannten "Endzeit", in der wir uns seit Jahrzehnten schon befinden, nahmen die Kundgaben und damit die Mahnungen Gottes an die Menschheit unserer Zeit dramatisch zu. Die so genannte "Neuoffenbarung Gottes", die hauptsächlich Jakob Lorber von 1840 bis 1865 diktiert wurde und die nirgends im Widerspruch zur "Altoffenbarung" (Bibel) steht, erläutert und vertieft die Bibel in einem Maße, wie es vor 2000 Jahren nur den Aposteln Jesu ansatzweise zu verstehen möglich war, und weit darüber hinaus.

Die heutige Menschheit ist reif geworden, auch dank der Erkenntnisse moderner Wissenschaften, tiefste Wahrheiten des Seins zu begreifen, und ihr wird jetzt alles völlig enthüllt, das heißt, meist ohne die Bildersprache der Entsprechungen, neu aus den Himmeln offenbart. Gott lehrt uns die Welt, uns selbst und das Leben zu verstehen und den Sinn unseres Daseins. Er eröffnet den Menschen unserer Zeit die durch den materiellen Stoffwahn längst vergessene Welt des Geistes wieder neu. Er macht uns klar, dass das Leben geistigen Ursprungs ist, und dass wir Kinder eines ewigen und unendlichen Schöpfergeistes sind und hilft uns, Ihn zu erkennen, nach Seinem Willen zu handeln und uns das Ewige Leben des Geistes in Ihm zu erringen.

Wir alle haben einen Gott der real ist, der existiert, der jeden einzelnen Menschen liebt und nur eines von uns will: Dass wir uns für Ihn um der Wahrheit willen interessieren und Ihn um Seinetwillen lieben lernen als den Vater aller Menschen, und wir uns untereinander wie Geschwister. Nur durch diesen Seinen göttlichen Liebegeist in unseren Herzen wird sich Sein Heiliger Geist wieder mit uns verbinden, nicht aber durch Unglauben oder durch alleinigen Glauben *ohne* die Liebe oder *nur* durch Beachtung des Gesetzes und Einhaltung der Gebote! Denn bloßer Glaube und Gesetzlichkeit sind noch kein Wehen des Gottesgeistes im Menschen, sie sind Sache des Verstandes und seines Kalküls, jedoch Liebe, Barmherzigkeit und Güte, das sind Zeichen der Gegenwart Gottes in einem Menschenherzen.

Gott redet zu allen Menschen jeden Standes und jeder, bzw. keiner Religionszugehörigkeit. Er offenbart sich als starker Gott, dessen größte Stärke die Liebe ist, der wir vor allem nacheifern sollen! Denn nur durch und in der Liebe zeigt sich der wahre Überwinder und der wahre Märtyrer, und nur durch die Fähigkeit zu lieben begegnen wir Gott, denn unsere Liebe zu Gott ist ja schon Er Selbst in uns!

Die wahre Anbetung Gottes besteht demnach in nichts anderem als in der Liebe zu Ihm, doch lieben kann man nur, was man kennt, und kennen kann man nur, was sich offenbart! Daher hat Gott ein so großes Interesse daran, Sich Seinen Kindern in aller Deutlichkeit und Verständigkeit ihrer Herzen zu offenbaren.

Da die heutige Menschheit die Sprache des Geistes nicht mehr versteht (denn Geist ist unser Sein und Ursprung), braucht sie das ausgesprochene oder geschriebene Wort. Da sie aber mehr am Buchstaben klebt und nur den Wortsinn sieht und nicht den entsprechend Geistigen, war es nötig, die Bibel durch eine unverhüllt gegebene Lehre Christi wieder neu, ihrem inneren Sinn gemäß, zu öffnen, daher auch die Neuoffenbarungen (die Hauptwerke ergingen an Jakob Lorber) als die größte Siegelöffnung aller Zeiten angesehen werden können: Der unverhüllt und ohne die Bildersprache der Entsprechungen (z.B. Schlange und Apfel) gegebenen Lehre Jesu, dem Wort Gottes, dem Himmlischen Jerusalem, das vom Himmel auf die Erde gekommen ist und der tatsächlichen Wiederkunft

Christi im Wort, im Geiste und in aller Wahrheit des Seins!

Wer auf eine materielle Wiederkunft Jesu wartet, der wartet vergebens, denn das Reich Gottes ist nicht von dieser Welt, ist nicht materiell! Die Wiederkunft Jesu ist im Vollzug durch die Erkenntnis Gottes, der Wahrheit (den "Wolken des Himmels") und der daraus folgenden Liebe zu Gott, durch das Erwachen der Gottesliebe in den Herzen der Menschen! Aber genau wie bei Gottes Menschwerdung in Jesus seinerzeit, kommt Er abermals zu den Seinen und diese erkennen Ihn nicht und nehmen Ihn nicht auf!

Doch die solches behaupten, werden mitleidig belächelt, aus Gemeinden ausgestoßen und verfolgt, die Schrift-gelehrten wollen es eben immer besser wissen, denn sie kennen den Buchstaben, und Papier ist bekanntlich geduldig! So warten die Juden noch bis zum heutigen Tag auf die Ankunft des Messias, worüber wir Christen uns nur wundern. Wir aber verhalten uns ebenso, wenn es heißt, dass Jesu Wiederkunft schon geschehen sei, weil wir uns aus der Schrift unsere eigene Wahrheit bilden und, wie auch die Juden, die Prophetensprache nicht mehr zu deuten wissen!

Die Wiederkunft Christi ist geschehen – unbemerkt von der Welt Augen

Obwohl die Juden die Gesetze Mosis und die Propheten hatten, wussten sie doch ihren Wortlaut nicht geistig zu deuten. Sie wurden von den Pharisäern und Schriftgelehrten in dem Wahn buchstäblicher Auffassung bestärkt, weil ihnen sehr viel daran lag die Gesetze so auszulegen, dass es nicht viel Mühe kostete ein Jude im Buchstabensinn zu sein.

Daher Jesu Niederkommen gerade in dieses Volk, das schon lange eine Religion besaß, die als Fundament zu Seiner Lehre am besten geeignet war. Es kam nur darauf an, die alten Gesetze nicht zu verwerfen, sondern sie dem Judenvolk gereinigt wiederzugeben, geistig zu erklären und auf diese Weise zu retten, was kurz davor war, in lauter zeremoniellen Gebräuchen des Tempels und in egoistischen Weltgenüssen unterzugehen.

➔ Die Juden erwarten ihren Messias heute noch immer und starren in die Wolken am natürlichen Himmel, und zwar wegen eines Verses aus dem Propheten Daniel, den sie buchstäblich nahmen und noch immer nehmen, und der da lautet:

(Daniel 7. 13)

Und siehe, es kam einer mit den Wolken des Himmels, gleich einem Sohn des Menschen.

Dieses prophetische Wort bedeutet, dass Gott verhüllt in einem Menschen erscheinen, der, wie jeder andere Mensch, im Fleisch geboren werden wird.

Wie damals, so auch wieder heute bei Jesu zweiter Ankunft auf der Erde. Wir Christen sind kein eigenes Volk, wie es die Juden sind, aber eine Gemeinde in vielen Völkern... Jesu Gemeinde, und Er kommt in dieser wieder. Und obwohl wir Christen das Evangelium des neuen Bundes besitzen, wissen wir ebenfalls den Wortlaut nicht geistig zu deuten, sondern lehren offiziell, die Bibel durchaus wörtlich zu nehmen! Da kostet es ebenfalls keine Mühe, Christ im Buchstabensinn zu sein...

➔ Die Christen erwarten ihren Messias heute ebenso zum zweiten Male wieder, wie Ihn die Juden noch immer zum ersten Male erwarten, und starren nun gleichfalls in die Wolken am natürlichen Himmel, und zwar wegen eines Verses im Matthäus, den sie buchstäblich nehmen, und der da lautet:

(Matthäus 26. 64)

Künftig werdet ihr den Sohn des Menschen sitzen sehen

zur Rechten der Macht *(d.h. der Sohn ist die göttliche Wahrheit, die mit der göttlichen Liebe waltet)* und kommen auf den Wolken des Himmels!

Dieses prophetische Wort besagt, dass Jesus (auch: die ewige göttliche Wahrheit) eingehüllt im Wort auf Erden erscheinen wird, welches uns zur Liebe verhelfen soll.

Muss es uns daher nicht ernsthaft Anlass zu der Überlegung geben, dass die Wiederkunft Christi nicht in einem abermaligen Äußeren, sondern diesmal vielmehr in einem Inneren Kommen besteht, welches durch eine äußere Offenbarung eingeleitet wird, und dass dieses äußere Kommen des Herrn im Wort schon längst geschehen ist in den Werken der Neuoffenbarung, die der Herr seit 150 Jahren durch verschiedene Seher und Schreiber zur Erde leitet?!

Der betreffende Text bei Johannes lautet:

(Johannes Offenbarung 14. 6)

Und ich sah einen anderen Engel fliegen durch die Himmelsmitte, der hatte ein Ewiges Evangelium zu verkünden über die Erdbewohner und über alle Nationen und Stämme und Sprachen und Völker…

Dieses „ewige Evangelium“, also diese ewige Wahrheit, ist Jesus Selbst...

(Johannes 14. 6)

Ich bin der Weg, die Wahrheit und das Leben.

...Und da diese große Verkündigung schon geschehen ist, hat sich die Wiederkunft Christi ereignet, still und verborgen vor den Augen der Welt, und wird sich ereignen im Geist und in der Wahrheit in den Herzen derer, die Ihn über alles lieben und Ihm willig nachfolgen. Ein rein äußeres Kommen des Herrn in der Welt wird es ewig nicht mehr geben, und Er wird auch kein weltliches Reich gründen, sondern ein ewig Geistiges in den Herzen Seiner Kinder.

Das monumentale Einleitungswerk Jesu Wiederkunft im Wort ist „Die Haushaltung Gottes“.

[HGt.01_001,00] So sprach der Herr zu und in mir (Jakob Lorber) für jedermann, und das ist wahr, getreu und gewiß:
[HGt.01_001,01] Wer mit Mir reden will, der komme zu Mir, und Ich werde ihm die Antwort in sein Herz legen; jedoch die Reinen nur, deren Herz voll Demut ist, sollen den Ton Meiner Stimme vernehmen.

[HGt.01_001,02] Und wer Mich aller Welt vorzieht, Mich liebt wie eine zarte Braut ihren Bräutigam, mit dem will Ich Arm in Arm wandeln. Er wird Mich allezeit schauen wie ein Bruder den andern Bruder, und wie Ich ihn schaute schon von Ewigkeit her, ehe er noch war.

[HGt.01_001,03] Den Kranken aber sage: sie sollen sich in ihrer Krankheit nicht betrüben, sondern sollen sich ernstlich an Mich wenden und sollen Mir ja ganz trauen. Ich werde sie trösten, und ein Strom des köstlichsten Balsams wird sich in ihr Herz ergießen, und des ewigen

Lebens Quelle wird unversiegbar in ihnen offenbar werden; sie werden genesen und werden erquickt werden wie das Gras nach einem Gewitterregen.

[HGt.01_001,04] Die Mich suchen, denen sage: Ich bin der wahre Überall und Nirgends. Überall bin Ich, wo man Mich liebt und Meine Gebote hält, – nirgends aber, wo man Mich nur anbetet und verehrt. Ist denn die Liebe nicht mehr denn das Gebet, und die Haltung der Gebote nicht mehr denn die Verehrung?! Wahrlich, wahrlich sage Ich dir: Wer Mich liebt, der betet Mich im Geiste an, und wer Meine Gebote hält, der ist's, der Mich in der Wahrheit verehrt! Meine Gebote aber kann niemand halten als nur derjenige, der Mich liebt; der Mich aber liebt, hat kein Gebot mehr als dieses, dass er Mich liebt und Mein lebendiges Wort, welches das wahre, ewige Leben ist.

Darum:

(1. Thessalonicher 5. 21)

Prüft alles, das Gute behaltet!

(Lukas 6. 21)

Glückselig seid ihr, die ihr jetzt hungert, denn ihr sollt gesättigt werden!

(Lukas 11. 9)

Bittet, so wird euch gegeben; sucht, so werdet ihr finden; klopft an, so wird euch aufgetan!

Die Tafel ist bereitet und die Gäste sind geladen.

Viele sind gerufen, doch nur wenige werden kommen!

Das Gotteswort der Bibel, der Neuoffenbarung und die Wiederkunft Christi

"Alles was wir brauchen steht in der Bibel!", so sagen heute die Bibelchristen, und darüber hinaus brauche es keine Offenbarungen Gottes mehr!... Aber versteht man die Bibel auch im Geist hinter den toten Buchstaben? Die Propheten, die Vision des Johannes, das Johannes- und Matthäus-Evangelium, all dies ist nicht durchgängig buchstäblich gemeint, weil zum Teil voller Widerspruch und Grausamkeit. Dass Dinge wie: das Abhacken einer Hand, das Augenausreißen oder Kinder gegen Felsen schleudern nicht wörtlich verstanden werden dürfen, weiß man heute, aber vieles wollen die modernen Bibellehrer, Theologen und Gemeinden heute wieder wörtlich nehmen, wie z.B. das Wiederkunftgeschehen Jesu und die damit verbundene Entrückung der Seinen.

Alle lesen dasselbe Bibelwort. Warum legen die einen die Bibel so aus und die anderen so? Wo ist die Einheit unter den Christen?... Wenn man ein Senfkorn betrachtet, was ich mit einem (unverfälschten) Wort Gottes aus der Bibel vergleiche, dann ist in diesem

Samen unendliches enthalten, was das natürliche Auge aber nicht sieht. Erst wenn man mit dem Samenkorn entsprechend verfährt und es in gutes Erdreich legt (was einem liebenden, demütigen Herzen gleicht), wird sich der in ihm ruhende Geist bemerkbar machen und sich entwickeln müssen, weil dies ein Gesetz der ewigen Ordnung Gottes ist, und es wird weit, weit mehr als nur das eine Samenkorn heraus-kommen, nämlich unendlich viele, welche alle in dem einen Samen (oder dem einen Wort Gottes) verborgen liegend ruhen und die auch wieder unendliche Samen in sich bergen. Deshalb ist die Bibel zweierlei: Ein äußeres Wort und ein inneres Wort im Äußeren Wort... aber niemals nur ein Buch!

Wenn, mal angenommen, der Heiligc Geist mir die Bibel schon weit mehr enthüllt hätte, als es bei den meisten Bibellehrern der Fall ist, und ich darum von ihnen angegriffen würde, weil ich Dinge sehe und sage, die tief im Wort der Bibel verborgen liegen, welche sie bloß noch nicht sehen können... sollte ihnen dann nicht die Bibel auch die Erklärung dafür geben:

(Johannes 3, 11)

Wahrlich, wahrlich, Ich sage es Dir: Wir (Geistigen) reden (ganz natürlich), das wir wissen, und zeugen (von dem), was wir gesehen haben, und ihr möget unser Zeugnis nicht (verstehen) und annehmen!

(Johannes 3, 8)

Der Wind weht, wo er will, und du hörst sein Sausen wohl;

aber du weißt es nicht, von wo er kommt und wohin er fährt. Also ist ein jeglicher, der aus dem Geiste geboren ist.

Das heißt: So verhält es sich mit *jedem*, der aus dem Geist kommt und spricht mit ihnen. Sie hören oder lesen es zwar in ihrer Muttersprache, aber weil er in seiner geistigen Weise zu ihnen spricht, so fassen und verstehen sie nicht woher er es hat und was er damit sagt und bezeichnet. Wer aber einen redlichen Glauben hat, der wird es zur rechten Zeit schon auch erfahren, dass er solche Dinge fassen und verstehen kann.

Die Bibel gibt uns doch die Anleitung, d.h. Jesus gibt sie uns, und ich sage noch hinzu: Würden alle Christen *nur* die Worte Jesu in Seinem Johannes-Evangelium der Bibel in der Tat und mit demütig liebendem Herzen befolgen... wir alle hätten denselben Aufschluss der Bibel!

Die Neuoffenbarung (eine ausführliche Erklärung darüber findet man im letzten Abschnitt des Buches) ist ein weiterer Aufschluss der Bibel für uns, weil die Christenheit heute - eben durch den Sauerteig der Pharisäer (Bibel-Ausleger), die nicht mit Demut und Liebe das Gotteswort deuten und gedeutet haben, sondern vielmehr aus Eigeninteresse - zerstreut ist. Zudem ist sie eine Vertiefung, Ergänzung und Weiterführung des Wortes Gottes an eine im Auffassungsvermögen heute fortgeschrittenere Menschheit.

Die Neuoffenbarung Jesu ist ein weiteres Geländer

für uns auf dem Weg in das himmlische Jerusalem, das inwendig im Menschen ist und das auch nur dort gefunden werden kann... ohne Verdienst, aber durch Redlichkeit, denn die Wahrheit ist der Geist in allem, und Gott ist dieser Geist in Jesus Christus.

Diese Wiederkunft der Wahrheit für die Menschen ist die Wiederkunft Christi und die Wahrheit ist, wie wir wissen, im Wort. Die Wahrheit als die geistige Person Jesu kommt verhüllt, so, wie auch die Sonne von Wolken verhüllt den Tag spenden kann, weil zu viel Licht der Frucht schadet... So steht es in der Bibel, dass der Herr „in den Wolken des Himmels" kommen wird. Auch der Prophet Daniel weissagte diese Wolken schon für das Erscheinen des Menschensohnes (Dan.7,13), doch auch damals schwebte Er nicht vom Materie-Himmel herab, sondern Er kam, wie jeder andere Mensch, durch eine Geburt zur Welt! Die „Wolken" beschreiben lediglich die Weisheit (Wahrheit), mit welcher Er in Erscheinung tritt, und die den großen Glanz Seiner Göttlichkeit verhüllen, damit niemand einen Schaden erleidet...

Warum also soll die Wiederkunft Christi im Wort nicht schon längst geschehen sein, da Christus doch die Wahrheit ist im Wort und Sein Wort wieder an uns neu ergangen ist, während die Christenheit in den gestirnten Himmel schaut, wie noch bis zur Stunde die Juden es ebenfalls tun, die zusätzlich noch auf einen feurigen Elias-Wagen am Himmel warten müssen, der vor dem Messias dort erscheinen soll?!

Wir Christen heute wissen, dass Johannes der Täufer eben dieser Vorläufer Elias war. Der „Himmel“ war der Geist aus dem er sprach, und das Feuer war die Schärfe der Wahrheit seines Wortes gegen die Pharisäer (als dem Sinnbild des Verstandestums)... So wie damals, so ist auch heute der Herr längst wiedergekommen im Geist (Himmel) und ist im Wort (das der Herr Selbst ist als die ewige Wahrheit, als der Sohn der ewigen Liebe – dem Vater) wieder mitten unter uns! ... Doch die Seinen Namen anrufen erkennen Ihn abermals nicht und starren in die Materie, denn sie erwarten nur was sie erwarten wollen und sehen sich selbst als die Auserwählten an. Das aber macht sie unbelehrbar, so, wie noch heute die Juden es sind.

Also werden nur jene den Herrn wiederkommen sehen, die auch genug Öl in ihren Lampen werden haben. Die Lampe ist das Herz oder Gemüt des Menschen. Das Öl aber ist sanft, weil es zart und geschmeidig ist, demütig, weil es wie das Wasser den Weg in die Niederungen sucht und liebevoll, weil entflammbar! ...

Und nun gibt es noch eine ganz andere, wichtige Betrachtung des heutigen Wiederkunftgeschehens Jesu:

Es waren damals nicht die Juden, die den Herrn erkannten und annahmen als ihren Messias, ganz im Gegenteil, diese verfolgten und töteten Ihn schließlich und verfielen daraufhin in Zerstreuung und Erkenntnis-losigkeit... Es waren die Heiden, die Andersgläubigen! Der berufene und schlagkräftige Paulus war ein Apostel für die Heiden, und mehrheitlich über ihn gründeten sich die neuen Gemeinden und schließlich das uns heute bekannte Christentum.

Die meisten heutigen Bibelchristen lassen sich an der Bibel allein genügen und lehnen jede Neuoffenbarung, als vom Teufel kommend, pauschal ab und bekämpfen sie. Auch für die Juden gilt das Neue Testament nichts. Hier besteht ein Zusammenhang, und es drängt sich die Frage auf: Wiederholt sich das alles, und werden die Bibelchristen Jesu Wiederkunft möglicherweise ebenso verpassen, wie die Juden die Ankunft des Menschensohnes verpasst haben, da jeder sich für Auserwählt hält, man biblisch, bzw. prophetisch begründete Vorstellungen vom Geschehen hat und dann aber doch alles ganz anders kommt als erwartet?

Die Juden töteten den Menschen Jesus. Verfolgen die Bibelchristen nicht ebenso den Herrn und bekämpfen Ihn, wenn sie die Wahrheit nicht gelten lassen wollen, welche ja der Herr Selbst ist in den sinnbildlichen „Wolken des Himmels“?

Darum muss Sich der Herr, die ewige Wahrheit Selbst, heute wieder an Menschen wenden, die frei von Aberglauben, Dogmen, Rieten, Gebräuchen, Gesetzlichkeit, Starrsinn, Unbeugsamkeit und Unbelehrbarkeit sind. Und es gibt heute sehr viele Menschen, die nach Antworten suchen, nach Sinn, die verständig und gebildet sind und bereit, tief begründete Wahrheiten nachzuvollziehen und anzunehmen, wenn diese ihnen zugeleitet wird. Die wissbegierig sind, Dinge hinterfragen, nach Antworten suchen, nicht blind glauben und papageimäßig nachplappern was man ihnen vorsetzt (z.B. dass die Erde in nur 7 Tagen erschaffen wurde, weil es so in der Bibel steht, usw.). An diese Fragenden und Suchenden Menschen, die heute eine größere Seelenreife besitzen, als dies noch vor 2000 Jahren der Fall war, da nur ein kleiner Kreis um Jesus in ein tieferes Wissen eingeweiht werden konnte, richtet sich das neue Wort Gottes, der wiedergekommene Jesus.

Zur Erinnerung: Damals waren es die Römer, als die damaligen Heiden, die Jesus tolerierten und annahmen, aber die vermeinten Auserwählten achteten Seiner nicht nur nicht, sondern verfolgten und töteten ihren Messias sogar hinterlistig!

Bei sehr vielen Menschen ist heute der Wunsch nach Religion (Religio = Rückbindung) stark vorhanden, aber sie sind ratlos und stellen die Pilatusfrage: „Was ist Wahrheit?“

An diese Suchenden wendet sich der wiedergekommene Jesus wie einst, und Er gibt ihnen Aufschluss - neben der detaillierten Heilsbotschaft - über alle, den Gelehrten heute physikalisch fassbaren Begriffe vom Mikrokosmos bis hin zum Makrokosmos.

Warum tut das der Herr? Die Erklärung ist naheliegend: In der Neuoffenbarung ist zum Beispiel vorausgesagt, dass die Menschen unserer Zeit fast völlig glaubenslos werden (hierzu betrachte man die vielen Kirchenaustritte und die riesige Anzahl von Atheisten). Die Mehrheit der Menschen und viele Wissenschaftler lehnen heute alles kategorisch ab, was nicht experimentell nachweisbar ist. Weil der Glaube transzendent ist, führt dies zur Ablehnung alles Geistigen, man nennt das den „Positivismus". Es müssen also auch diesmal vom Herrn Wunder bewirkt werden, wie einst. Heute sind es die vielen wissenschaftlichen Erkenntnisse, die Er vorweg nimmt, wie z.B. den Doppelcharakter des Lichts, die Elementarteilchen, Parallel-Universen oder Aussagen über den Vormenschen (Präadamiten). Bis heute gibt es ca. 40 bestätigte Aussagen, aber noch zahlreiche bislang unentdeckte wissenschaftliche Erkenntnisse, wie z.B. den Aufbau der Erde, des Universums oder des menschlichen Gehirns. Auf all das wird man noch stoßen, und man kann es schon jetzt erfahren.

Die Tafel ist bereitet, und der Mensch ist wie immer völlig frei in seinem Handeln. Wäre er nicht frei, dann wäre er kein Ebenbild Gottes...

Das Problem der allermeisten Christen heute ist, dass sie Jesus nicht erkennen wenn Er ihnen begegnet, weil man sich gewisse Vorstellungen macht, von denen man nicht abrückt, und der Herr gibt sich heute, nach Seiner Wiederkunft, nicht zwanghaft dem Menschen zu erkennen. Und so wartet man auf eine Wiederkunft Desjenigen, Der doch niemals fort war, sondern immer da... Er fuhr nach Seiner Auferstehung auch in keinen Himmel irgendwo da oben auf, sondern die Bibelstelle müsste heißen: "Er entschwand ihren Blicken", weil Jesus Gott ist und Gott ein Geist, also nicht materiell. Der Mensch, auch wenn er sich Christ nennt ist es, der fort ist, der zu materiell geworden ist, und er ist es, der wiederkommen muss, wieder zur Wahrheit finden muss, denn in dieser Wahrheit ist Jesus wiedergekommen, weil das Wort Gottes, welches ewig ertönt - nicht nur in der Bibel, sondern seit Seiner Wiederkunft gewaltigst außerhalb dieser - eben unser Herr Jesus höchst Selbst ist...

Wenn man Sein neues Wort Seiner Neuoffenbarungen nicht annimmt - in welchem Er uns in tiefste Lebens-geheimnisse einweiht und uns alle an Seine überreich gedeckte Tafel ruft zur Labung und Stärkung unserer Seelen in der Liebe und Kraft - so nimmt man Jesus nicht an, und so ist es nicht der Herr, Der verzieht, sondern es sind die Berufenen...

Aber der Christ, der Liebe zu Gott im Herzen hat, der also als „auserwählt“ zu betrachten ist, der hat Jesus Selbst im Herzen, und dieser wird die Stimme seines Geliebten in Seinem neuen Wort erkennen. All jene aber, die es verwerfen, haben einen Mangel an der wahren Gottesliebe und ihr Glaube ist nur eine Gewinnhascherei und daher ein toter Glaube, weil sie nur glauben um eines wie auch immer gearteten Vorteils wegen, nicht aber um des Guten und Wahren Selbst willen, um Jesu Selbst willen! Nein, es muss irgendetwas für sie dabei herausspringen. Der Glaube aber ist nur der Docht der Herzenslampe. Ohne das Öl, welches der Docht vollkommen aufnehmen muss, wird nie je ein Licht erzeugt werden können, oder anders gesagt: Ein Glaube ohne selbstlose, dienende, gütige Liebe, also ohne von der göttlichen Liebe erfüllt und durchdrungen zu sein, führt nicht zur Erleuchtung, bzw. zu der Erkenntnis der ewigen Wahrheit aus Gott und somit nicht zur Kraft, welche der heilige Geist ist, d.h. die Wirkung aus der Wahrheit und Liebe, und somit nicht zum Erkennen des schon wieder-gekommenen Herrn JESUS JEHOVA ZEBAOTH in den Wolken des Himmels.

Das Kommen Jesu in den Wolken des Himmels

(Lukas 21, 26)

Und die Menschen werden verschmachten vor Furcht und vor Warten der Dinge, die da kommen sollen auf Erden; denn auch der Himmel Kräfte sich bewegen werden. Und alsdann werden sie sehen des Menschen Sohn kommen in der Wolke, mit großer Kraft und Herrlichkeit!

Diese Worte werden heute sehr wenig beachtet, denn Wenige glauben, dass die Zeit gekommen ist, in der diese in Erfüllung gehen. Sogar den Lebendig-Gläubigen ist es noch nicht so ganz klar, dass sie schon in der Zeit der Wiederkunft Jesu leben... Der Glaube an ein äußeres Auftreten des Herrn mit Pracht und materiellem Prunk ist zu sehr bei den Menschen verwurzelt, weil ein großer Teil ihres Gottesdienstes in Äußerlichkeiten und äußeren Abläufen besteht. Sie lassen sich daran genügen, den äußeren Ansprüchen der Kirche nachzukommen, und so ist allmählich die Grundlage, auf der das wahre Glück oder die Seligkeit der Menschen beruht, ganz erschüttert worden.

Darum ist die Zeit der großen Erbarmung erfüllt, und Gott hat Seine Kinder wieder mit Schätzen des Himmels besucht, um sie reich zu machen an Wahrheiten und reiner Erkenntnis. Allerdings „des Menschen Sohn kommt in der Wolke“, d.h. Er kommt *verhüllt*... aber nicht, wie man heute leider falsch lehrt, leiblich und stehend herabschwebend auf einer Wolke, denn der „Sohn“ ist die ewige Wahrheit, sprich: Das Wort Gottes. So, wie die reinen Sonnenstrahlen blenden, wenn sie nicht hinter einer Wolke hervorleuchten, so geht es auch mit der direkten Kundgabe von himmlischen Wahrheiten, denn es steht noch zwischen Gott und Seinen Kindern eine verhüllende Wolke, damit die heiße Glut Seiner Liebe und das scharfe Licht Seiner Gerechtigkeit sie nicht unfähig macht, mit kindlichem Vertrauen zu Ihm aufzuschauen, d.h. ihr Herz in kindlicher Liebe zu Jesus zu erheben und Ihn – d.h. die Wahrheit – anzunehmen!

Obwohl wir die wahre Herrlichkeit durch die Wahrheiten und deren Enthüllungen schon erhalten haben mit der Neuoffenbarung, was die eigentliche Wiederkunft Christi ist im Wort, so muss doch jeder selbst deren Wert für sich erst herausfinden und die darin enthaltenen Anleitungen beachten, um durch die Anwendung derselben lebendig sehend und fühlend zu werden. Geschieht dies, so wird man auch erkennen, dass wir nicht mehr auf rein äußere Erscheinungen und auch auf keine Gestalt Christi zu warten brauchen, sondern werden durch unser Geistes-Auge Seine Herrlichkeit schauen, welche allen zu Teil wird, die ihr Herz als Wohnstätte für Jesus bereiten, denn sie werden zeugen können von einem Frieden und einer Seligkeit, die sie nicht mit den kostbarsten (vergänglichen) Schätzen der Erde je werden mehr vertauschen wollen!

So wissen wir nun, dass Jesu Erscheinen schon stattfindet, während viele Menschen noch in Angst leben vor den Dingen, die da vermeintlich alle kommen sollen, weil sie noch in der falschen Lehre sich gründen, die ihnen falsche Lehrer noch heute geben... Aber wir dürfen nun alle unsere Häupter erheben, weil sich unsere Erlösung naht!

Und dem Daniel erschien Einer, genannt der Menschen-Sohn oder der Mensch, was dasselbe ist:

(Daniel 7, 13 - 14)

Ich sah, und siehe, mit den Wolken des Himmels kam wie ein Menschensohn und gelangte bis zu dem Alten der Tage, und vor Ihn ließen sie ihn nahen, und Ihm ward gegeben die Herrschaft, und die Herrlichkeit und das Reich; und alle Völker, Völkerschaften und Zungen werden Ihm dienen. Seine Herrschaft ist eine Herrschaft des Zeitlaufs, die nicht vorübergehen, und Sein Reich, das nicht vergehen wird.

Der Herr nennt Sich auch öfter den Menschensohn oder den Menschen, und wie bei Daniel so auch weissagt Er bei Matthäus von Seinem Kommen in Herrlichkeit:

(Matthäus 24, 23 - 30)

Sie werden sehen den Menschensohn kommen in den Wolken des Himmels mit Kraft und Herrlichkeit.

„Wolken der Himmel“ wird genannt der buchstäbliche Sinn des Wortes. „Kraft und Herrlichkeit“ der innere Sinn des Wortes, der einzig sich bezieht auf den Herrn und Sein Reich im Ganzen und im Einzelnen. In diesem Sinn ist daher die Kraft und Herrlichkeit.

In der Neuoffenbarung spricht der Herr:

(JL, GEJ 9, 94)

Ich werde zuerst unsichtbar kommen in "den Wolken des Himmels", das heißt, Ich werde Mich der Menschheit nahen durch wahre Seher, Weise und Propheten. Auch werde Ich zu jener Zeit Menschen erwecken, denen Ich alles das, was zu Meinen Erdentagen in Meiner Gegenwart geschah und gesprochen ward, durch ihr Herz in die Feder sagen werde. Und es wird dann das Geschriebene auf eine dereinst wohlbekannte Vervielfältigungsart in kurzer Zeit unter die Menschen gebracht werden.

Diese Zeit ist heute und sie begann vor etwa 150 Jahren, gemäß dem Bibelwort der Offenbarung des Johannes:

(Johannes Offenbarung 14. 6)

Und ich sah einen anderen Engel inmitten des Himmels fliegen, der hatte ein ewiges Evangelium zu verkündigen denen, die auf der Erde wohnen, und zwar jeder Nation und jedem Volksstamm und jeder Sprache und jedem Volk.

Wir leben inmitten dieser Zeit der Wiederkunft Christi, doch die Christenheit schaut auf die materiellen Wolken am natürlichen Himmel, weil sie dem Buchstaben mehr glaubt und dabei den Geist im Wort begraben lässt. Der Herr ist schon längst wiedergekommen in der Wahrheit des Wortes! Sein Reich ist nicht von dieser Welt, es ist kein materielles Reich. Der Geist ist das Reale, Wahre, Wirkliche, auch unseres eigenen Seins, denn die Materie bestünde ohne den Geist überhaupt nicht, und eben auf dieser Ebene der Wahrheit ist Christus wiedergekommen – im Wort Gottes, denn Gott ist das Wort und Christus ist Gott. Aber die Seinen nehmen Ihn abermals nicht auf!

Was der Buchstabensinn von "Himmel" ist, ist jedem klar. Hinter diesem verborgen aber liegt ein geistiger Sinn, wie es immer beim Buchstaben der Fall ist. Der "Himmel" meint das ewige Leben des Geistes, welches Gott ist in seiner ganzen Wesenhaftigkeit. Die "Wolken" am natürlichen Buchstabenhimmel sind etwas Erkennbares am Himmel und das Licht Verhüllende. Ebenso sind die "Wolken" in der geistigen Entsprechung das "Offenbar werden göttlicher Wahrheit im Wort" in einer das zu starke Licht verhüllenden und erträglicher machenden Art und Weise. Übertragen auf Jesu Niederkunft (Dan.7,13) und Wiederkunft (Mt.26,64) besagt die Bibelstelle, da Er in den Wolken des Himmels kommen wird, also folgendes:

In Jesus offenbart Sich Gott Selbst im Wort auf eine den Menschen verständlichen und fassbaren Weise oder: Die Wahrheit ergeht an die Menschen durch das Wort. Im Daniel (7,13) ist beim Messias von einem Menschen die Rede, der im Fleisch geboren und aus dessen Mund das Wort Gottes ergehen wird. Er wird kein zeitliches, sondern ein ewiges Reich gründen, d.h. die geistige Kirche inwendig im Menschen. Im Matthäus-Evangelium (26,64) ist von dem nun verklärten, d.h. vergeistigten Menschen(sohn) die Rede, und er wird nicht mehr im Fleisch kommen, sondern im Geist der Wahrheit... im Wort!

Das Zeichens des Menschensohnes am Himmel

(Matthäus 24. 30)

Und dann wird das Zeichen des Menschensohnes am Himmel erscheinen, und dann werden sich alle Geschlechter der Erde an die Brust schlagen, und sie werden den Sohn des Menschen kommen sehen auf den Wolken des Himmels mit großer Kraft und Herrlichkeit.

Durch die Selbstverleugnung und die Demut des Herzens erscheint das „Zeichens des Menschensohnes am Himmel". Dies bedeutet des Menschen erwachendes Verständnis und die Aufnahmefähigkeit für die göttliche Wahrheit, welche der Sohn des Vaters ist, oder das Licht aus der Liebe.

Ist der Mensch soweit vorbereitet, und hat er die „Geschlechter der Erde", als da sind seine bösen Begierden und Leidenschaften des Herzens, aus sich hinausgeschafft, erfolgt „das Kommen des Menschensohnes auf den Wolken des Himmels mit großer Kraft und Herrlichkeit." Das heißt:

Der Mensch empfängt nun die wahre Taufe des Geistes, welcher ist die Wirkungskraft aus der göttlichen Liebe und Wahrheit. Die Wahrheit gelangt in den Menschen durch seine Liebe zu Gott und besteht in der Erkenntnis Gottes (= Wolken) und ist das ewige Leben des Geistes (= Himmel). Dies ist die Wiederkunft Christi!

Daher kommt der Herr *nicht* außerhalb wieder, sondern im Geist und somit in der Wahrheit des Seins eines jeden einzelnen Menschen, je nach dem Grad und der Beschaffenheit seiner Liebe...

In Vielen ist Jesus schon wiedergekommen, aber für jene, welche noch außerhalb von sich schauen, hinein in die gerichtete Scheinwirklichkeit der Materie, wird solange keine Wiederkunft Christi erfolgen, bis auch sie den Blick nach Innen werden zu richten anfangen mit den geistigen Augen ihres Gemüts, „hinauf“ in ihr ewiges, inwendiges Geistleben aus Gott, ihren eigenen, wahren und ewigen Himmel... in dem Gott wohnt, und wo wir uns alle finden und wiedersehen werden für ewig!

Was ist die „Himmelfahrt“? Wie kommt Jesus wieder?

Wer ist Jesus denn wirklich? Etwa eine Gestalt?... Wir wissen, dass auch wir selbst nicht die materielle Außengestalt oder Hülle, sondern die geistige, unsterbliche Seele sind, die allein der lebendigen Empfindung fähig ist, und ohne die der Körper nicht die geringste Bewegung und Funktion ausüben könnte?... Warum warten dann wir, die wir nicht sind was wir Außen scheinen, auf einen körperlichen Jesus, Der Er nicht ist?!... Würde das irgend-einen Gläubigen zu einem besseren Menschen machen, und geht es dem Herrn nicht allein um die Herzensbildung, um die Wandlung des inneren Menschen zur Liebe hin durch den lebendigen (Tat) Glauben?... Jesus ist seit der Himmelfahrt (Vergeistigung, bzw. Vereinigung auch des Leibes und der Seele Jesu mit dem Gottesgeiste) ganz vollkommen Gott, und Gott ist ein Geist und Geist ist das Innerste jedes Äußeren. Und im Geist ist Jesus immer und allzeit bei den Seinen durch den Heiligen Geist, redet mit ihnen wie ein Bruder mit dem anderen und führt und lehrt sie... Beweist ein äußeres Herbeisehnen Jesu da nicht den Mangel an Heiligem Geist, und dass ein Gläubiger noch viel zu sehr nach Außen schaut, statt nach Innen, wo allein das Reich Gottes zu suchen und auch zu finden ist?

Mal etwas ganz praktisches für alle Jesus-Liebenden:

Ist Jesus Ihr Bräutigam? Viele werden sagen: Ja!... gut sage ich. Nun stellen sie sich einmal vor, ihr Bräutigam erschiene öffentlich, wie erwartet, als Person vom Naturhimmel herabschwebend für jedermann sichtbar. Sie möchten zu Ihm, aber da drängten Millionen ebenfalls hin, und selbst wenn sie Ihn je irgendwann erreichten, sie könnten nur kurz mit Ihm reden. Dann aber müssten sie wieder in weiter Ferne von Ihm abstehen, denn unsere Leiber alle, die vielen Körper, wären einfach nur im Weg!... Verstehen sie?... Jemand, der wirklich unsterblich verliebt ist, müsste ganz traurig werden in so einer Situation, das würde Jesus niemals wollen...

Wenn wir den Herrn aber im Geist und in der Wahrheit wirklich in uns gefunden haben, dann haben wir *alles* gefunden, und wir würden in unserem Beispiel auch allen anderen den Vortritt lassen, denn Jesus ist ja *in* uns anwesend, ganz nah... und dort, wo Er die größte Liebe zu Sich finden wird, wird Er auch auf Momente äußerlich sichtbar erscheinen, aber wie der Name sagt: Er*(schein)*en, denn die Wahrheit (der Herr) ist nur in einem durch die Liebe lebendig gewordenen Herzen gegenwärtig.

Die Wiederkunft Jesu ist zwar ein allgemeines Ereignis, aber geschehen und gesehen wird diese ganz individuell, ebenso wie auch die so genannte „Entrückung“ (eigenes Thema im Anschluss). Der „Tag“ an dem der Herr wiederkommt ist kein Erdentag, sondern mit dem „Tag“ wird in der prophetischen Rede immer die Gegenwart Gottes im Menschen bezeichnet. Jesus sagte beim letzten Abendmahl:

(Johannes 14, 21 - 23)

Wer Meine Gebote hat und hält sie, der ist es, der Mich liebt, wer aber Mich liebt, der wird von Meinem Vater geliebt werden, und Ich werde ihn lieben und Mich ihm offenbaren. (Denn), wer Mich liebt, der wird Mein Wort halten; und Mein Vater wird ihn lieben, und Wir werden zu ihm kommen und Wohnung bei ihm machen.

Diese Wohnung Gottes im Menschen ist der vollkommene Übergang des Menschen in die Liebe, indem er das größte Gebot im Gesetz erfüllt und so die Gnaden der geistigen Feuertaufe der Liebe, Weisheit und Allmacht, nach dem Maßstab seiner Liebe und seines Bedürfnisses bekommt. Jeder von Gott berufene, gelehrte und auserwählte Diener Gottes muss Teile dieser Gnaden und Gaben haben, ansonsten ist er kein von Ihm erwählter Diener Gottes, sondern ein von Menschen ernannter Arbeiter im Sinne der Menschensatzungen und nicht der Gotteslehre.

Es fragte mich jemand nach der Bibelstelle mit der Himmelfahrt als Hinweis auf die Wiederkunft des Herrn:

(Apostelgeschichte 1, 9 - 11)

Und als er das gesagt hatte, wurde er zusehends aufgehoben, und eine Wolke nahm ihn auf vor ihren Augen weg. Und als sie ihm nachsahen, wie er gen Himmel fuhr, siehe, da standen bei ihnen zwei Männer in weißen Gewändern. Die sagten: Ihr Männer von Galiläa, was steht ihr da und seht zum Himmel? Dieser Jesus, der von euch weg gen Himmel aufgenommen wurde, wird so wiederkommen, wie ihr ihn habt gen Himmel fahren sehen.

Diese Bibelstelle veranschaulicht das Missverständnis recht gut, denn es geht da augenscheinlich um nur 1 Himmel. Es sind aber zwei gemeint: 1. Der natürliche, irdisch materielle Himmel, und 2. der Himmel, in den Jesus einging und aus dem Er wiederkommen wird - den Geist, als das Ursächliche aller Materie. Die Männer betrachteten nämlich den materiellen Erdhimmel, und da wurde ihnen gesagt, dass sie ihre Augen davon abwenden sollen, und dass der Herr genau so wiederkommen werde, wie Er vor ihren Augen plötzlich unsichtbar geworden war. Dieses „unsichtbar werden" wurde dann zu einer äußeren Himmel-Auffahrt übersetzt. In Wahrheit aber kann der Herr Sich jederzeit einen materiellen Leib aus den Bestandteilen der Luft formen und unseren materiellen Augen sichtbar, bzw. wieder unsichtbar werden.

Viele Begriffe in der Bibel stiften heutzutage Verwirrung. Sie mussten hunderte Abschriften und zahlreiche Übersetzungen und Auslegungen über sich ergehen lassen. Hinzu kommt der Mensch mit seinem zunächst rein materiellen Verständnis der Begriffe, weil er diese erst einmal mit seinem Verstand aufnimmt und sie dann leider nicht mehr vorverdaut in sein Gemüt weiterbefördert. Es ist dann so, als würde man ein Stück Brot im Mund zerkauen, ohne es herunter zu schlucken.

Welch ein abartiges Denken erfüllt doch die Menschen wegen ihres falschen Glaubens und falscher Vorstellungen von der Himmelfahrt Jesu. Sie werden von den frei denkenden Menschen belächelt oder offen verlacht. Nicht erst die Wissenschaftler wissen, dass "oben" kein Himmel (Gotteshimmel) ist, wenn wir von unserem irdischen Standpunkt aus nach oben blicken...

auch Jesu Jünger, die genauestens über die Schöpfungsverhältnisse im Universum unterrichtet wurden, wussten das. Doch die herrschende Priesterschaft hielt, wie immer um ihrer Herrschsucht willen, das Volk im Aberglauben und tut das heute noch. Die Dummheiten im Denken und Vorstellen sind im Glaubensbereich noch fast die gleichen wie vor Jahrhunderten. Die Glaubenswelt und die Welt der Wissenschaften stehen schizophren zueinander, und doch ist die Wissenschaft das Licht, das wenigstens die rein materielle Vorstellungswelt erleuchten sollte.

Warum sollte also der Herr in den Himmel "gefahren" sein, wenn es den Himmel da oben gar nicht gibt? In der korrekten Übersetzung muss es also heißen: *"Und er entschwand ihren Blicken"*, so wie auch die Engel nicht „hernieder gefahren“ sind, sondern lediglich den Jüngern als Menschen erschienen und ihnen verkündet haben, dass Jesus künftig unsichtbar bleiben werde, bis zu Seiner Wiederkunft in Herrlichkeit. Zuvor ist Er Seinen Anhängern an verschiedensten Orten und in anderen Ländern begegnet, indem Er in ihre Mitte trat mit den Worten: "Fürchtet euch nicht!" und "Der Friede sei mit euch!", denn Er trat trotz verschlossener Türen in ihre Mitte, weil Jesus Seinen Geistleib materialisieren und entmaterialisieren kann, denn Er ist als Geistwesen Herr über jede Materie. Seine "Himmelfahrt" bedeutet also lediglich, dass Er in den Zustand dauerhaft zurückgekehrt ist, in dem Gott vor Seiner

Einfleischung auf Erden schon Ewigkeiten gewesen und es auch noch gegenwärtig ist.

Und so wird der Herr auch bei Seiner heutigen Wiederkunft hier und da den Seinen (das sind, die Ihn lieben, nicht, die nur an Ihn glauben, wie heute falsch gelehrt wird) materiell erscheinen, und sie werden Ihn, ohne Schaden zu nehmen, erkennen, weil sie Ihn schon erkannt haben (im Herzen), und das wird sein ein Gericht für die Welt. Dieses Weltgericht besteht aber ganz unspektakulär „nur" darin, dass die noch welttümlichen Menschen den Herrn nicht werden erkennen. Sie selbst merken von dem Gericht aber gar nichts, denn der Schlafende merkt nicht, dass er schläft, und er hält seine Träume für Wahrheit! Das Gericht aber ist der Mangel an Erkenntnis und die Finsternis des Gemütes, welches seinen Schöpfer nicht mehr fühlen, nicht erkennen und folglich auch nicht lieben kann! Ein äußerst bedauernswerter Zustand des Menschen, welcher geistig Tod, weil ungeweckten Geistes, sinnentleert, ohne Hoffnung und nur flüchtigen Schatten nachrennend, durch sein Scheinleben trottet, und der voller Ängste und Verzweiflung ist.

➔ Jesu Wiederkunft ist also ein Kommen im Wort, im Geist der Wahrheit und des Erkennens!

Kurze Erklärung zu Materie und Geist

Nimmt man z.B. eine Nuss in die Hand, hat man materiell betrachtet nur eine Nuss, geistig genommen aber unendlich viele, denn aus dieser einen Nuss, legt man sie in die Erde, erwächst ein Baum mit wieder vielen Nüssen, usw. und so können unendlich viele Nüsse aus dieser einen hervorgehen. Die Wahrheit des äußeren Seins also liegt immer hinter der Schale, oder: hinter der Materie, oder: Jenseits von Raum und Zeit!

Ebenso verhält es sich mit dem Buchstaben der Schrift. Dieser ist die Schale, hinter welcher der lebendige Geist ruht, welcher der Ursprung alles Seins ist – Gott Selbst! Den Buchstaben nimmt man und legt ihn in ein gutes Erdreich, was ein liebendes Herz ist, und gibt ihm Wasser, was die Herzensdemut bedeutet, und der Geist wird ersprieslich gedeihen und tausendfältige Frucht bringen, was das innere Wort des äußeren Wortes ist und den Menschen in die Erkenntnis Gottes führt – dem eigenen, inneren Wort der Wahrheit.

Dies ist die Wiederkunft Christi, im Geist und in der Wahrheit, inwendig im Menschen, und ohne diese persönliche Wiederkunft wird es für den Menschen keine äußere Wiederkunft JESU geben, weil er das Licht der Wahrheit nicht wird fassen können... weil er am geistigen Auge noch blind ist!

Die Entrückung der Gläubigen bei der Wiederkunft Christi

Als Jesus von Kaiphas durch die Beschwörungssprache aufgefordert wurde, bekannt zu geben, ob Er Christus, der Sohn Gottes sei, antwortete Er ihm: du sagst es (Ich bin es). Und weiter: „Von nun an wird es geschehen, dass ihr sehen werdet den Menschensohn zur Rechten der Kraft Gottes sitzen (oder: durch die Kraft Gottes als Richter der Welt sitzen, d.h. die Wahrheit richtet den Menschen) und kommen in den Wolken des Himmels“. (Matth.26,63-64)

Wenn wir diese Worte genau mit den geschichtlichen Weltereignissen, die durch Jesu Vorhersagen geschahen und auch jetzt durch die nun so ungewöhnlich sich mehrenden Natur-, Elementar- und politischen Weltereignisse geschehen, und dass der Herr auch durch Seine Neuoffenbarungen Selbst – aber wie durch Wolken verhüllt – zu uns spricht, betrachten, so muss uns doch das Licht und die Einsicht aufgehen, dass die vor Kaiphas vom Herrn geweissagte Wiederkunft als Weltrichter und in Wolken jetzt vor uns in Erfüllung geht..! Wenn wir dies durch einige genauen Betrachtungen der Bibel einmal beleuchten, dann kann man sehen, wie hoch es gegenwärtig auf der Weltenuhr steht:

Johannes 10, 16 erzählt uns, dass einst eine Herde

und ein Hirte sein wird. Dieses wird aber so lange nicht sein, so lange die Menschen in viele Kirchen und Sekten getrennt werden, denn jede dieser Sekten nennt sich selbst rechtgläubig, andere aber ketzerisch und will von keiner Vereinigung etwas wissen. Es gibt so viele Herden wie Hirten, aber keinen Hirten der Liebe, Demut, Versöhnung, Duldung und Eintracht an der Spitze. Man nennt Jesus zwar den Oberhirten, aber die Herden und Hirten tragen nicht die Kennzeichen des Oberhirten, daher ist diese Weissagung von dem sichtbaren Inkrafttreten des tausendjährigen Reiches Seiner Liebe, Demut, Geduld, Versöhnung, Eintracht und Erfüllung aller Gebote und Seiner Tugenden als Menschensohn nicht erfüllt, sondern sie wird erst erfüllt werden müssen.

Hier täuschte sich Paulus in der Bedeutung seiner Inspiration als er schrieb:

(1. Thessalonicher 4, 13 - 17)

„In Hinsicht der Entschlafenen wollen wir euch, liebe Brüder, nicht ohne Aufklärung lassen, auf dass ihr traurig seid, wie die anderen, die keine Hoffnung haben. Denn so wir glauben, dass Jesus gestorben und auferstanden ist, so wird Gott auch, die In Jesu (*Lehre und Lebenswandel*) Entschlafenen, mit Ihm führen (*zur Auferstehung im geistigen Licht des Lebens in Gott.*) Denn das sagen wir euch, als ein Wort des Herrn, dass wir, die wir leben und übrig bleiben auf die Zukunft des Herrn, werden denen nichts vorhaben, die schon gestorben sind. - Denn Er Selbst, der Herr, wird mit einem Feldgeschrei und Stimme des Erzengels und mit der Posaune Gottes hernieder kommen vom Himmel, und die Toten in Christo werden auferstehen zuerst. - Danach wir, die wir leben und übrig bleiben (*oder überleben die Wartezeit*), werden zugleich mit denselben (*vom Tode Auferstandenen*) hingerückt werden in den Wolken, dem Herrn entgegen in der Luft, und werden also beim Herrn sein allezeit."

Hier sieht man, mit welcher Bestimmtheit Paulus von sich selbst und seinen Mitbrüdern spricht, dass er und sie Jesu Wiederkunft werden erleben und, in die Wolken hingerückt, Ihm in der Luft zueilen werden.

Frage: Hat das stattgefunden, obwohl er sagte, dass er das als ein Wort vom Herrn hatte? Nein! Es ist alles ein großes Missverständnis der Worte, die Jesus vor Kaiphas gesprochen hatte, und daraus können wir sehen, dass wir hierüber ganz falsch belehrt werden und daher auch alle anderen Stellen, wo Paulus von der Entrückung usw. spricht, ein religiöser Irrtum sind. Denn es ist das von Paulus für sich und seine Glaubensgenossen Versprochene und Erwartete bis heute nicht in Erfüllung gegangen, obwohl schon über 2000 Jahre von damals bis heute vergangen sind.

Ebenso falsch dargelegt ist auch folgendes, wo Paulus schrieb:

(1. Korinther 15, 51 - 52)

„Siehe, ich sage euch ein Geheimnis: Wir werden nicht alle entschlafen (oder sterben), wir werden aber alle verwandelt werden; und dasselbe plötzlich, in einem Augenblick, zur Zeit der letzten Posaune. Denn es wird die Posaune schallen, und die Toten werden auferstehen unverweslich, und wir werden verwandelt werden."

Wie das zuvor gesagte, so lautet es auch hier, dass, bevor er (Paulus) und seine damaligen Glaubensgenossen sterben, Jesus wiederkommen werde... und das ist nicht in Erfüllung gegangen!

Paulus starb im Jahre 65 in Rom und seine Glaubens-genossen auch schon vor knapp 2000 Jahren, und daher ist auch keine Verwandlung nach seiner Ansicht und Lehre geschehen.

Die Entrückung wird sich an der Seele, im Geist und in der Wahrheit, vollziehen, nicht aber an der materiellen, sterblichen Leibeshülle, an der nichts gelegen ist fürs ewige Leben, die durch die Luft dahinsausen soll - wohin denn eigentlich? Der Leib ist doch nur ein Avatar (Hülle) für unsere Seele zum natürlichen Leben auf diesem Planeten, mit dem können wir nirgendwo anders je etwas anfangen... Außerdem wäre ein solcher Flug durch die Höhe doch sicher nichts für jemanden mit Höhenangst, und einen Fallschirm hätte schließlich auch niemand dabei... also was soll der ganze Aberglaube? Wem hilft das? Wen macht solcher Unsinn zu einem besseren Menschen?

Jedoch, indem die Seele zur Höhe des Geistes sich emporschwingt, wie ein Adler in luftige Höhen, durch den lebendigen Glauben in der Gottes- und Nächstenliebe, das ist dann eine wahre „Luftfahrt“ die Sinn macht... Dies ist dann eine lebendige Entrückung, wenn der Mensch zur Liebe hingerückt wird!

Darum glauben wir doch lieber dem Herrn Jesus Christus, was Er uns sagt und lehrt, denn wir sehen, dass Paulus sich gelegentlich geirrt hat!

Auch beim letzten Abendmahl sagte der Herr:

(Johannes 14, 2 - 3)

In Meines Vaters Hause sind viele Wohnungen. Wenn dem nicht so wäre, so würde Ich es euch nicht gesagt haben: Ich gehe hin, um euch einen Platz zu bereiten. Und wenn Ich hingehe und euch einen Platz bereite, will Ich wiederkommen, und euch zu Mir nehmen, damit auch ihr da seid, wo Ich bin.

Diese zwei Verse bedeuten, dass Jesus wiederkommen wird in der Liebe Seines Geistes und wird die Apostel und die Geistesreifen durch die Feuertaufe des Heiligen Geistes in die Wohnungen Seines Geistes der Liebe, Weisheit und Allmacht nehmen, wodurch sie in Ihm und bei Ihm sein werden und das Apostelamt begleiten und einen geistigen Lebenswandel nach Seinem Liebeswillen führen und somit dort sein, wo Er ist, denn Jesus ist in der Liebe Seiner vollreifen, mit der Wiedergeburt des Heiligen Geistes erfüllten Kinder, da Gott nur im Herzen Seiner Kinder wohnt. Diese sind Sein lebendiger Tempel und Seine wahren Opferpriester, wenn sie nach Seinen Geboten und Lehren wandeln...

Lesen wir lieber noch einmal die Verse 2 und 3 im vierzehnten Kapitel Johannes und denken darüber nach, ob es wirklich geschehen ist, was Jesus den

Jüngern versprach oder nicht!... Er versprach, hielt das Wort und kam zu Pfingsten mit der Kraft vom Himmel herab (aus dem Geist) und nahm Seine Lieben in Seine Wohnung der Feuertaufe des Heiligen Geistes. Er sagte ihnen: „Ich werde euch nicht Waisen lassen, Ich komme Selber als Geist der Wahrheit zu euch“... und Er kam!...

Der Geist der Wahrheit ist niemand sonst als Christus Selber, und so ist Er auch heute im Wort der Neuoffenbarung, deren Hauptwerke der Herr durch Jakob Lorber aufschreiben ließ, wiedergekommen!

So, wie Gott die Schriften schreiben ließ, die wir heute in der Bibelsammlung finden, so auch finden wir Sein Wort abermals, neu unverfälscht und vertieft in der Neuoffenbarung. Doch die Ablehnung dieses neuen Gotteswortes begründen die modernen Bibellehrer heute damit, dass – laut Bibel – dem Wort nichts hinzugefügt werden dürfe. Jedoch betrifft diese Aussage aus der Offenbarung des Johannes (22,18) nur diese visionäre Schrift selbst, wegen der geistigen Entsprechung bildhafter Darstellungen. Es sind aber gerade die blinden Bibel-übersetzer höchst selber, die den Sinn entstellen und somit in noch mehr Unkenntnis und Verwirrung fallen (welcher Zustand mit der Mahnung „der sei verflucht“ im selben Vers angedeutet ist). So wurde z.B. das Wort „Hurerei“ gegen „sexuelle Ausschweifung“ ausgetauscht. Die geistige Entsprechung in dem Johannes-Text für die Hurerei ist aber: die Ausbeutung der göttlichen Liebe und Wahrheit für die Eigenliebe, also ums Geld, um Ansehen und Ehre, womit in erster Linie alle Kirchen und Bibellehrer gewarnt sein sollen!

Unsere bisherigen Bibelauslegungen sind auf Irrtümern gebaut. Daher klärt uns Jesus heute auch über die Rätsel der Bibel auf, damit wir nicht in der Finsternis wandeln.

Gehen wir weiter zum Propheten Joel. Er schreibt im Kapitel 3 nach Jesu Worten:

(Joel 3)

Die Ausgießung des Geistes Gottes auf das Volk:

1 Und nach diesem wird es geschehen, dass ich meinen
Geist ausgieße über alles Fleisch; und eure Söhne und eure
Töchter werden weissagen, eure Ältesten werden Träume
haben, eure jungen Männer werden Gesichte sehen; 2 und
auch über die Knechte und über die Mägde will ich in
jenen Tagen meinen Geist ausgießen; 3 und ich werde
Zeichen geben am Himmel und auf Erden: Blut und Feuer
und Rauchsäulen; 4 die Sonne soll verwandelt werden in
Finsternis und der Mond in Blut, ehe der große und
schreckliche Tag des Herrn kommt. 5 Und es wird geschehen: Jeder, der den Namen des Herrn anruft, wird gerettet
werden; denn auf dem Berg Zion und in Jerusalem wird
Errettung sein, wie der Herr verheißen hat, und bei den
Übriggebliebenen, die der Herr beruft.

Dieses geht seit über 100 Jahren bereits in Erfüllung.

Auch hat in dieser Zeit der Herr über Knechte *und* Mägde Seinen Geist ausgegossen, was man an den vielen, umfangreichen christlich theosophischen Büchern sehen kann, wie z.B. die Schriften von Bertha Dudde, Johanne Ladner, Elisabeth Pilz, Käte Pfirrmann, uva.

„Und Ich will Wunderzeichen geben im Himmel und auf Erden, Blut, Feuer und Rauchdampf.“...

Wunderzeichen sind seltene Erscheinungen wie: Frömmigkeit im Herzenshimmel der Kinder Gottes, wo Jesus wohnt, weil dies ein Wunder der Dummheit für Gott leugnende Materialisten sind, während die Materialisten mit dem Namen „Erde“ oder „Satan“ geistig bezeichnet, ein Wunder der geistigen Finsternis sind...

„Blut am Himmel“ ist die Liebe zu Gott und den Menschen in liebenden Herzen. „Blut auf der Erde“ ist Menschenunterdrückung und Ausbeutung. „Feuer am Himmel“ ist Liebesfeuereifer für das Geistige, Göttliche der Gotteskinder. Das „Feuer auf Erden“ ist Feuereifer für allerlei selbstsüchtige Zwecke, Mammonsdienst und seine schwarzen Pläne und Anstiftungen in Politik, Wirtschaft und Industrie. Und „Rauchdampf am Himmel“ sind liebende, demütige und heiß fühlende Gebete zu Gott im Herzen (als Himmel) Seiner Kinder für die Errettung der Welt aus den Satanskrallen, in welchen sie jetzt vollständig steckt... und „Rauchdampf auf Erden“ sind die Schmerzensseufzer der von der Welt ausgebeuteten und unterdrückten Gotteskinder.

„Die Sonne wird sich in Finsternis und der Mond

in Blut verwandeln, ehe denn der große und schreckliche Tag des Herrn kommt.“

Dieser Vers, materiell nach den toten Buchstaben gedeutet, ist für vernünftig denkende Menschen ein Unsinn, anders aber ist es, wenn man ihn geistig erklärt: Die beiden oben erklärten Rauchdämpfe rufen zu Gott um Mitleid und Erbarmung, um die Änderung der Weltzustände, denn „die Sonne“, als die Liebe zu Gott bedeutend, hat sich verfinstert in dem größten Teil der Menschheit und ist wie ausgestorben... und „der Mond“, als die Liebe zum Nächsten, hat sich in Blut, das heißt in blutige Menschenunterdrückung und Ausbeutung verkehrt...

So lautet also dieses Kapitel wenn die Verse in realistische Anwendung gebracht werden, weil prophetische Worte immer Zustandsbeschreibungen sind, die auf das innere, geistige Leben der Menschheit im allgemeinen, wie auch des einzelnen Menschen abzielen, denn jeder noch so unbedeutend scheinende materielle Außenbegriff steht für einen geistigen Zustand im Menschen. Dieses so genannte „Entsprechungswissen“ ist der Menschheit durch ihren Außenwandel heute völlig verlorengegangen.

Es ist schon alles in Erfüllung gegangen auf was die Gläubigen noch warten, und sie meinen, es sei noch Zeit, denn die Zeichen am Himmel und auf Erden sind noch nicht da! …

Offenbarung 20. Kapitel:

Wie wir aus den letzten Kapiteln 21 und 22 der Offenbarung ersehen, so wird, nachdem die Erde durch große Natur-, Elementar- und Welt-Ereignisse von allem Höllischen gereinigt, und alles, was nicht für die in himmlische Zustände verwandelten Menschen (als neue Erde und neuer Himmel) taugen wird, von der Welt weggerafft werden, denn das Herabsteigen des Neuen Jerusalems (als die reine Lehre Gottes) und die Verwandlung der Welt in paradiesische oder himmlische Zustände (als da ist die reine Gottes- und Nächstenliebe im Menschen), ist am Schluss der vom Herrn einst dem Johannes gegebenen Offenbarung angeführt, nachdem die argen, bösen und zu selbstsüchtigen Menschen durch den Tod weggeschafft wurden... was bereits teilweise schon in Erfüllung gegangen ist und jedermann sieht, der die heutigen und künftigen Ereignisse auf der Erde mit geistigen Sinnen betrachtet.

Bevor aber der Anbruch dieser himmlischen Zustände auf der ganzen Welt stattfindet, wird der Satan auf 7 Jahre losgelassen, um mit Hilfe der Heiden die Kinder Gottes zu verführen. Die „7 Jahre“ ist auch hier nicht irdisch zu verstehen, sondern, dass der Verstand des Menschen sich soweit aufschwingt, Gott zu leugnen und die Wissenschaften zu ihrem Gott macht, und der Irrtum ebenso toleriert wird, wie die Wahrheit, sofern dies einen Gewinn einträgt, und die

Liebe wird erkalten.

Denkt man einmal darüber nach, dass, sobald das tausendjährige Reich beginnt, die Erde sofort in himmlische Zustände verwandelt werden würde, wie könnte es dann tausend Jahre später - wo alles in ein Neues Jerusalem verwandelt sein wird, was sich bis zur zweiten (der geistigen) Wiedergeburt durchgerungen hat - noch Heiden auf der Welt geben!? Das ist doch die reinste Unmöglichkeit, weil der größte Widerspruch: Neues Jerusalem und die Heiden als Bewohner drin!?... Das tausendjährige Reich ist auch hier wieder keine Zeitangabe, sondern es beschreibt den Zustand der Gottes- und Nächstenliebe (das ist die geistige Wiedergeburt) durchgehend unter den Menschen auf der Erde.

Nein! Es ist das alles wieder ein Missverständnis: Erst dann, nachdem der Satan auf sieben (geistige) Jahre losgelassen wird, was gerade in *jetziger* Zeit des großen Antichristentums auf der Welt als Wüten des Satans schon besteht, fängt an das tausendjährige Reich, so steht es nach dem 20. Kapitel der Offenbarung zu lehren und nicht umgekehrt. Nach den Kapiteln 21 und 22 gibt es keine Änderung auf der Erde mehr, außer, dass die Menschen von Jahrtausend zu Jahrtausend immer geistiger leben werden!

➔ Es gibt also keine plötzliche Ablösung der 7 antichristlichen Jahre durch 1000 Christliche von heute auf morgen! Diese Umwandlung beginnt schon jetzt in den Menschen, die lebendigen Glaubens sind... Das Abrücken jener Seelen von den verschiedensten Weltlehren, Ideologien und weltlichen Zielen und Neigungen… und das Hinrücken zum göttlichen Licht der Wahrheit des himmlischen Jerusalems, welches ist die reine Lehre Gottes, die vom Himmel auf die Erde kommt (das ist die göttliche Wahrheit im äußeren Buchstaben) und einem Leben in der Liebe... das ist die Entrückung der Jesus-Gläubigen durch die Luft. Die „Luft“, bedeutet: das Geistige im Wort!...

Matthäus 24, 21-51 erzählt uns auch von den großen Trübsalen, die bei Jesu Wiederkunft stattfinden werden. Wer dies liest, der wird bei nur wenigem Nachdenken finden – wenn man sieht, wie die Menschen heute gegen Gottes 10 Gebote handeln, und wie sie auch zu solchem Handeln gezwungen werden – dass gerade jetzt die Trübsalszeit, die Zeit des Antichristentums und das Wütens des Satans ist, der unseren Geist regungslos halten will durch ein ständiges, überhöhtes Konsumverhalten und verführen möchte durch eine Flut wider-christlicher Schriften und Lehren, so dass man auch immer weniger und falscher die Bibel verstehen muss... Daher der Verfall des Christentums!... Daher die Wiederkunft Jesu (im Wort)!... Daher die Verkürzung der Tage!... Daher die

Entrückung der Seinen (Nach-Innen-Kehr)!

Man wartet auf das öffentliche Auftreten des Antichristen als eine Person und versteht nicht, dass jeder Mensch selbst ein Glied des Antichristen ist, der in allen Klassen der Menschheit lebt und heute milliardenfach auftritt, weil ein jeder Mensch, der nicht nach Gottes Geboten und Lehren lebt und handelt, ein Antichrist ist, da er gegen Gottes Willen lebt und handelt, und das heißt griechisch: Antichrist.

Die Wolken, in denen Jesus bei Seiner Wiederkunft kommt, sind die christlich-theosophischen Bücher, denn in diesen hört man Sein direktes Christuswort, jedoch, es verhüllen Ihn die Wolken, aus denen Er spricht, nämlich die Werkzeuge, durch die Er zu uns als Seinen Kindern spricht. Wir hören in Büchern Seine Stimme, aber Ihn sehen wir nicht. Die Wolken des Himmels sind daher zuerst Seine Schreiber, aus denen Jesus Selbst sprechend diktiert, dann sind es aber auch die christlich-theosophischen Bücher, denn auch in diesen spricht der Herr dasselbe, wie zuvor durch die Schreibmedien, ohne, dass man Ihn sieht.

Wohl werden den Herrn einst alle sehen, aber das werden nur diejenigen sein, welche nach der Sichtung der Bösen übrig bleiben werden, wie auch nach der Auferstehung nur diejenigen Jesus sahen, die Ihn liebten und wann Er ihnen die geistigen Augen öffnete. Von den bösen, Ihm feindlichen Pharisäern und Juden hat Ihn keiner gesehen. So wird es auch jetzt werden...

Die Christen und vor allem die erwähnten Bibellehrer sollten daher keine Widersprüche aus der Bibel deuten und klug daherreden, wie alles kommen wird, denn die Bibel kann nur Gott, Der sie schreiben ließ, uns richtig erklären.

Kommen wir einmal zurück auf das Kapitel 20 der Offenbarung des Johannes und betrachten die Verse 4–7:

> (Offenbarung 20, 4 - 7)
>
> 4 Und ich sah Throne, und sie setzten sich darauf, und das Gericht wurde ihnen übergeben; und [ich sah] die Seelen derer, die enthauptet worden waren um des Zeugnisses Jesu und um des Wortes Gottes willen, und die das Tier nicht angebetet hatten noch sein Bild, und das Malzeichen weder auf ihre Stirn noch auf ihre Hand angenommen hatten; und sie wurden lebendig und regierten die 1000 Jahre mit. 5 Die übrigen der Toten aber wurden nicht wieder lebendig, bis die 1000 Jahre vollendet waren. Dies ist die erste Auferstehung. 6 Glückselig und heilig ist, wer Anteil hat an der ersten Auferstehung. Über diese hat der zweite Tod keine Macht, sondern sie werden Priester Gottes und des Christus sein und mit ihm regieren 1000 Jahre. 7 Und wenn die 1000 Jahre vollendet sind, wird der Satan aus seinem Gefängnis losgelassen werden...

(Anmerkung: Was das Malzeichen des Tieres betrifft, so lese man das Kapitel „Das Malzeichen des Tieres und seine Zahl 666“ in diesem Buch.)

Wie sieht das alles in der Praxis nun aus:

Wenn diese Unglücksereignisse, von denen da die Rede ist, anfangen, entscheidend einzugreifen, so muss doch ein jeder vernünftige Mensch einsehen, dass Gott der Herr, als der all-liebende Vater, doch nicht die Menschen erbarmungslos preisgeben kann, ohne sie zu belehren, um was es sich handelt...! Wenn Gott die Menschen ohne Belehrung mit vernichtenden Ereignissen heimsuchen würde, so wäre Er nicht die ewige Liebe und Barmherzig-keit, sondern ein rasender Rachegott, ein liebloser Vertilger Seiner Kinder.

Zur Belehrung des Volkes in diesen schrecklichen Zeiten braucht Gott solche Menschen, die nach Seinen Geboten leben und mit denen Er daher verkehren kann, denn die Menschen müssen doch wissen, warum das alles so ist, und warum sie mit dem (geistigen) Tod „bestraft" werden oder anders gesagt: Warum die Finsternis (= Gottesferne, Unerleuchtetsein, Sinnentleertheit) die Folge ihres Handelns ist... Daher wird der Herr, wie es im zwanzigsten Kapitel der Offenbarung heißt, diejenigen, welche sich im Blut des Lammes (Offenbarung 7), das heißt, die in der Liebe zu Gott und den Menschen ihre Tugenden (als Seelenkleider) weiß und rein gewaschen haben, mit der Feuertaufe des Heiligen Geistes taufen, und das wird die erste Auferstehung aus der Sünde, da sie dadurch sündenrein vor Gott, dem Ewigen Leben wandeln werden.

Diese Erstlinge der Auferstehung zum Leben werden dann öffentlich Jesu Wiederkunft predigen und die Menschen zur Buße und zur wahren Religion – die sie als Theosophen oder direkt aus Gott gelehrte predigen werden – ermahnen, um zu retten, was sich retten lassen will. Diese aus der ersten Auferstehung und diejenigen, welche des Herrn christliche, theosophische Religion annehmen und danach leben und handeln werden, werden gerettet und als Pflanzlinge des tausendjährigen Reiches des Geistes der Liebe Gottes auf der in ein Paradies verwandelten Erde bleiben und wohnen. Alle anderen aber, die in ihrem Trotz und in der Unbußfertigkeit verbleiben, werden von der Erde weggerafft werden...

Daraus aber können wir nun auch erkennen, dass die Angaben des Paulus bloß seine falschen Einbildungen und daher nicht aus Gott waren, weil er, statt Gott zu fragen, hier seine eigenen Ansichten, die er aus Jesu Weissagung vor Kaiphas schlussfolgerte, aufschrieb... und darum sind sie auch nicht in Erfüllung gegangen!

➔ Darum träumen wir also nicht mehr von einer Entrückung der Kirche, das heißt der Kirchengläubigen! ... Denn das ist ein großer Irrtum und er entstammt der falschen Auffassung Pauli, der doch ebenso nur ein Mensch war und irren konnte.

Die ganze Offenbarung des Johannes wurde uns vom wiedergekommenen Herrn Jesus in Seiner Neuoffenbarung klargelegt, und da wird jeder recht Prüfende erkennen, dass die Bibel-Offenbarungs-Ausdeutungen der modernen Bibellehrer ganz anders lauten, als die vom Herrn Selbst uns gegebenen! Denn Gott ist ein Geist und als Geist spricht Er nicht wie ein Mensch, sondern geistig (in der Offenbarung, bzw. den Propheten) und darum versteht man Ihn nicht mehr, weil die Welt ganz materiell zu leben angefangen hat.

Der Schreckenstag nach Joel 3-4 hat bereits seinen Anfang genommen...

Die vielfach falsch gelehrte „Entrückung der Gemeinde“

Der Geist ist das Reale, Wahre, Wirkliche, denn die Materie bestünde ohne diesen nicht. Gleichzeitig ist die Materie ein Gericht für den freien Geist (wegen des Falles Luzifers). Sie ist, sozusagen, verdichtetes Geistiges... sie ist ein Rettungsbot für die gefallenen Geister, und das Reich Gottes ist nicht materiell, es ist ein geistiges Reich, das heißt: Wir können Gott nicht im Außen finden, denn Gott ist ein Geist und der Geist ist das Inwendigste eines jeden Dinges.

"Das Reich Gottes ist inwendig in Euch" spricht der Herr. Der Mensch ist eine Drei-Einheit aus Körper, Seele und Geist. Der Körper ist nur ein Gefäß für die Seele, der es ihr ermöglicht, die Materiewelt wahrzunehmen und in dieser für eine kurze Zeit anwesend zu sein. Da er also nur ein Avatar oder ein Werkzeug ist, eine Körpermaschine, scheidet dieser für die Entrückung aus, denn wir sind ewig existierende Seelen, also Geistwesen, und die Materie vergeht für uns spätestens mit dem Körpertod!

Unsere Liebe, welche uns Dinge begehren lässt, unser freies Wollen, welches den Dingen nachgeht und sie festhält und unser Ich-Bewusstsein, das alles sind wir als Seelen... aber nicht etwa als Körpergehirne, wie die Wissenschaftler heute unser Menschsein zu erklären versuchen, denn das Gehirn ist ebenso nur ein Organ des Körpers, eine Übermittlungs- und Schaltzentrale für die Seele, mehr nicht!

Weiterhin liegt in unserem Seelen-Geistleben der Geist Gottes, als ein Funke des Gotteslebens Selbst, eingehüllt verborgen, das ist der Odem, den Gott dem Menschen einblies. Dieser, wenn er geweckt wird in uns, führt uns in alle Wahrheit und hin zur Erkenntnis Gottes.

Wir hätten also geklärt, wo das Ich des Menschen ist, nämlich in der Seele. Nun meine Frage: Wer wird entrückt und wohin?... Wird der Körper entrückt? das wird er mit seinem Absterben sowieso, denn das einzig Lebende am Leib ist die ihn in allen Teilen durchdringende Seele.

Gott, unser Vater, hat also nur Interesse an unseren ewig lebenden Seelen. Die Entrückung kann sich demnach nur allein auf unsere Seelen beziehen. Wohin aber wird die Seele dann entrückt?... Sie wird entrückt *hin zu Gott!*

Wo ist Gott?... Gott ist im Innersten der Seele.

Die Entrückung also ist: Das sich Einen der Seele mit dem in ihr ruhenden Geist Gottes. Dieses ist zugleich das Eingehen in den Himmel, denn der Himmel ist das Leben Gottes, und Gott ist das Innerste des Menschen.

(Lukas 17. 21)

Man wird auch nicht sagen: Siehe hier! oder: da ist es! Denn sehet, das Reich Gottes ist inwendig in euch.

Wir (also Seelen) müssen "abgerückt" werden von aller materieller, vergänglicher, sinnlicher, fleischlicher Außen-betrachtung... und "hingerückt", oder "entrückt" werden zum ewigen Geiste Gottes in uns, damit wir wieder eins werden mit Gott, von Dem wir einstmals ausgegangen sind, und Den unsere Seelen verloren haben mit dem Fall der Geister.

Das ist die geheimnisvolle "Entrückung", welche sich innerhalb unseres Körpers, ganz unbemerkt von Außen vollzieht, außer "nur" dadurch, dass wir von der Liebe und Erkenntnis Gottes durchdrungen werden, und unseren Mitmenschen Wahrheit und Liebe entgegenbringen, und wir schon auf Erden Bürger des Himmels sind!

Das Problem ist nur, dass der Verstandesmensch gerne auf ein Geschehnis im Außen der materiellen Welt wartet, so, wie der Jude noch heute der Meinung ist, dass der Elias in einem feurigen Wagen am Himmel erscheinen müsse, bevor der Messias kommt... oder die Christen Jesu Wiederkunft auf einer Wolke aus Wasserdampf erwarten.

Doch beides ist längst geschehen:

Der Messias wurde bereits geboren (vor 2000 Jahren in der unscheinbarsten Behausung, nicht einmal eine einfachste Hütte war es, sondern eine kleine Höhle bloß, dem krassen Gegenteil von äußerlichem Glanz und Glorie!),

und Seine Wiederkunft vollzog sich ebenfalls außerhalb der Bücher und Theologie, unbemerkt von Amt und Würden, ohne Weltglanz und Glorie, denn die Wahrheit, die nun in die Welt kommt, ist das Licht für die Welt aus den Himmeln, sie ist Christus, der Herr Selbst.

Ebenso verhält es sich mit der Entrückung:

Nehmen wir einmal den Paulus:

(Hebräer 11, 5-6)

Durch Glauben wurde Henoch entrückt, so dass er den Tod nicht sah, und er wurde nicht mehr gefunden, weil Gott ihn entrückt hatte.

Dies bedeutet: Durch den Glauben nur und *das Tun des Willens Gottes* kann sich unsere Seele mit dem Gottesgeiste in ihr einigen. Durch diese Einigung wird der Mensch den Tod weder sehen, fühlen, noch schmecken... „und er wurde nicht mehr gefunden, weil Gott ihn entrückt hatte."... Das bedeutet, dass dann nicht mehr der Mensch wie aus sich lebt, sondern Christus lebt in ihm (Gal.2.20)... "das Alte ist vergangen und siehe, Ich mache alles neu" spricht der Herr (2.Kor.5.17).

Ein Beispiel: Man schaue sich einmal ein altes Foto aus Kindertagen an. Diesen Leib früherer Zeit gibt es nicht mehr, er wurde entrückt mit der Zeit, und dennoch aber findet man sich in sich selbst ebenso wieder, wie damals. Aber auch die Seele ist nicht mehr die, die sie war vor ihrem Weg mit dem Herrn, denn der Herr entrückt sie mehr und mehr zu Sich hin und nimmt sie hinweg aus der Gewalt des Satans und dem Gericht der Materie. Dies geschieht mitten im alltäglichen Leben, täglich, stündlich und jede Sekunde.

Die Entrückung geschieht mitten im Alltag, ohne Außenglanz und Glorie, doch dafür im Geist und in der Wahrheit bei allen, die Gott lieben! Denn ohne die Liebe zu Gott kann niemand entrückt werden, denn die Liebe zum Herrn ist schon der Herr Selbst, der Himmel und das ewige Leben, in uns...

Niemand kommt irgendwo in irgendeinen Himmel *hinein* durch vermeinte Gott wohlgefällige Verdienste oder durch ein vermitteltes oder unvermitteltes Erbarmen des Herrn, sondern der Himmel kommt *in uns hinein* allein nur durch die eigene Liebe zum Herrn und der daraus hervorgehenden Gnade des Herrn Jesus Christus, Der da ist der alleinige Gott und Herr aller Himmel und Welten! Denn es gibt nirgends einen Himmel außer in uns selbst! Diesen Himmel in uns müssen wir selbst eröffnen durch die Liebe zu Gott und zum Nächsten, wollen wir in ihn eingehen, und wohin anders könnte man je hin entrückt werden, als ins Reich Gottes, welches ist allein inwendig in uns?!

Entrückung - Kein untätiger Wartestatus

(Rbl. Bd. 2, Kap. 278, 6)

Jesus: »Ihr sollt euch Meine Himmel nicht irgendwo als recht weit entfernt vorstellen, sondern ganz nahe. Der Weg dahin beträgt drei Spannen Maß. Es ist dies die Entfernung vom Kopf bis ins Zentrum des Herzens. Habt ihr diese kleine Strecke zurückgelegt, so seid ihr auch im Himmel. Denkt ja nicht, dass ihr etwa eine Auffahrt über alle Sterne hinaus machen werdet, sondern denkt euch, dass ihr nur eine Niederfahrt in euer Herz macht. Und da werdet ihr euren Himmel und das wahre, ewige Leben finden!«

Diese Aussage des Herrn zeigt uns noch einmal den Unsinn auf, der heute mit der Entrückung veranstaltet wird, und den großen Aberglauben, zu dem dieser bei den Gläubigen geführt hat. Sie stellen sich eine Reise durch die Luft vor... Die Frage, die man sich aber stellen muss ist doch die:

- Wer oder *Was* wird *wann*, *wo* und *wohin* entrückt?

Denn der Mensch ist doch eine Drei-Einheit, bestehend aus Körper, Seele und Geist. Niemand sagt uns, dass die Verheißungen des Herrn der Körperhülle gelten, da der Himmel, bzw. das Reich Gottes doch inwendig im Menschen ist, wie wir aus der Bibel wissen, und nicht mit Äußerlichkeiten kommt... (Luk.17,20-22). Seele und Geist des Menschen sind inwendig, der Körper und die ganze Außenwelt sind Äußerlichkeiten! Wozu also soll da der Körper durch die Luft fliegen und wohin denn? Das alles wird uns erst dann klar und verständlich werden können, wenn wir uns zuvor selbst einmal erkannt haben werden.

Gehen wir also hier der „Entrückung" einmal auf den Grund, und betrachten einige Bibeltexte genauer. Zu Beginn möchte ich darauf eingehen, dass vom Herrn ein *untätiger Wartestatus* auf kommende Ereignisse oder auf die Erfüllung Seiner Verheißungen für uns Christen nicht bestimmt wurde, sondern, dass das alleinige *Handeln nach Seinem Wort* alle inneren Prozesse des Reiches Gottes in uns in Gang setzt... auch eine emotionale Entrückung von der Welt.

- ➔ Das „Was" ist unsere allein lebendige, ewig lebende Seele.
- ➔ Das „Wann" ist die wahre Gottes- und Nächsten-liebe in ihr.
- ➔ Das „Wo" ist unser Geist-Herz, bzw. das Gemüt.
- ➔ Das „Wohin" ist der göttliche Geist im

Körper, Seele, Geist – Selbstkenntnis ist äußerst wichtig um Entrückung zu verstehen

Unbegreiflich ist es den Menschen, in welchem Verhältnis Körper, Seele und Geist zueinander stehen, und darum ist auch das Wirken des Geistes ihnen schwer zu erklären. Es steht der Geist im Gegensatz zum Körper, während die Seele zwischen beiden steht, also gewisser-maßen für Körper oder Geist sich entscheiden muss, sich niemals aber beiden zuwenden kann. Die Seele ist bei Beginn der Verkörperung als Mensch ganz dem Körper zugetan, sie hat also das Bestreben, dem Körper alle Wünsche zu erfüllen, d.h. Denken, Fühlen und Wollen, die Seele des Menschen ist nur auf den Körper eingestellt, der, als selbst noch Materie, sich mit der Materie auch zusammenschließen möchte.

Also wird der Mensch Verlangen haben nach materiellen Gütern, weil diese der Inbegriff dessen sind, was dem Körper behagt. Der Geist kommt also so gut wie nicht zur Geltung, die Seele hört nicht darauf, was der Geist von ihr verlangt, er kann sich nicht durchsetzen, weil der Körper noch das Übergewicht hat und die Seele voll und ganz mit Beschlag belegt, also ihr Sinnen und Trachten beherrscht.

Es kann aber die Seele auch die Wertlosigkeit irdischer Dinge erkennen, sie kann des Körpers Begehren als unwichtig ansehen, sie kann mehr verlangen vom Erdenleben, als nur materielle Güter... dann kommt der Geist zum Recht:

Er äußert sich nun der Seele gegenüber und wird von ihr angehört. Es beginnt die Seele eine andere Richtung einzuschlagen, sie verlangt nun nicht mehr für den Körper, sondern strebt geistige Güter an, sie lässt sich belehren, d.h., sie nimmt widerspruchslos an, was ihr der Geist vermittelt, ja sie fühlt sich beglückt und beachtet stets weniger ihren Körper oder sucht auch ihn dem geneigt zu machen, was der Geist von der Seele verlangt: die irdische Materie aufzugeben und mit geistigen Güter einzutauschen.

Nun hat der Geist gesiegt über den Körper, beide, Geist und Körper, suchen die Seele für sich zu gewinnen. Und sowie es dem Geist gelingt, die Wünsche des Körpers zu verdrängen, ist er Sieger. Diesen Kampf nennt man auch den „Heiligen Krieg“, es hat ihn der Mensch inwendig mit sich selbst auszutragen auf dem Weg zu seiner ewigen Bestimmung.

Was aber ist unter Geist zu verstehen?

Es ist der Geist das Göttliche im Menschen, es ist

das, was den Menschen als Gottes Geschöpf kennzeichnet, es ist der Geist das Band, das den Menschen mit dem Vatergeist von Ewigkeit verbindet. Es ist das Bewusstsein im Menschen, mit dem Vater von Ewigkeit auf ewig verbunden zu sein. Sowie er in Aktion tritt, erkennt sich der Mensch erst als Geschöpf Gottes, zuvor ist er sich nur als Lebewesen bewusst, das dem Leben alles abgewinnen möchte, was dieses bietet. Erkennt sich der Mensch aber, dann ist ihm die Welt nichts mehr, dann sucht er höhere Güter, dann sind seine Gedanken dem geistigen Reich zugewandt, dann sucht er in Verbindung zu treten mit Dem, Der ihm das Leben gab, dann ist sein Denken richtig und sein Wollen und Handeln dem göttlichen Willen entsprechend.

Dann wirkt also der Geist aus Gott im Menschen, Dem sich nun die Seele überlässt, dass Er sie leite und belehre, auf dass Körper, Seele und Geist nun eins werden und den Zusammenschluss suchen mit Gott, weil der Geist im Menschen unablässig drängt zum Vatergeist, mit dem er untrennbar verbunden ist und bleibt bis in alle Ewigkeit.

Anmerkung zur Entrückung:

Weil es immerzu um „Geist“ geht, möchte ich hier noch einmal unser Wesen differenzieren, damit wir unterscheiden können. Wir alle sind Geister! Einst lebten wir in der Geisterwelt und eigentlich bcfinden wir uns auch jetzt in dieser, denn in Wahrheit gibt es gar keine Außenwelt, sie ist nur ein Schein, und wir erleben alles nur inwendig in uns.

1. **Körper**
   Der materielle Leib ist ein Angehör der Erde und dient uns nur als Hülle (ähnlich einem Raumanzug der Astronauten), um uns darin auf Erden bewegen und in und mit den hier geltenden Bedingungen auf dieser leben zu können. Er ist vergänglich und nicht Teil unserer wahren Persönlichkeit, welche sich im Leib gut verstecken kann. Er ist auch nicht der Empfindung fähig, weil er für sich genommen tot ist, sondern er ist nur ein Übermittler an die Seele.

2. **Seele und geschaffener Geist – Die Geistseele**
   Unser wahres Wesen ist geistig, nicht materiell. *Die Seele* ist ebenso nur eine Hülle, eine Geistige. Sie wurde aus der feinstofflichen Materie stufenweise aufwärts entwickelt, d.h. vergeistigt, bei ihrem Gang durch die Naturreiche: Mineral, Pflanze, Tier, und sie ist ein Angehör der Seele Luzifers. Die Seele bildet sich, unter Führung hoher Engelsgeister, den materiellen Körper aus und belebt und ordnet diesen. Sie allein ist der Empfindung fähig, und sie ist und

bleibt ewig unser Geistleib, denn sie ist unsterblich. Doch als nur Körper und Seele sind wir kein Mensch, es fehlt noch *unser Geist*.

Die uns zugeteilte Seele bildet nun die Wesens-Hülle unseres einst *aus Gott geschaffenen Geistes*. Unser Geist aus Gott ist mit der ihm nun zugeteilten Seele aus Satan (der Materie) fest verwoben und untrennbar eins. Vor dem Fall der Geister (die mit Luzifer einst zur Tiefe strebten) existierten wir ohne Seele und Leib. Erst durch den Geist in unserer Seele sind wir Menschen. Wir haben das Wort, die Kunst und die Kultur, machen Erfindungen und fragen und forschen nach Diesem und Jenem. Der Geist erst unterscheidet uns vom Tier. In ihm liegt unser freier Wille, unsere Liebe, unsere Neigungen, Wünsche und Begierden.

3. **Der Ungeschaffene Geist oder „Gottesfunke“**

Eingehüllt in unseren Geist hat Gott einen Funken Seines ungeschaffenen Geistes gelegt. Dieser ist der Himmel im Menschen, Gott in uns! Er regt sich leise und gibt sich als das Gewissen kund, sanft und unaufdringlich. Aber erst dann, wenn wir als Geistseele dieser Stimme mit unserem Willen und unserer Liebe Gehör schenken und ihr folgen, hat die

Wiedergeburt seinen Anfang genommen und man spricht auch von der „Neugeburt“ der Seele. Erst, wenn der Gottesgeist unseren Menschengeist einst ganz durchdrungen haben wird, ist die geistige Wiedergeburt vollbracht und die Geistseele zu einem Kind Gottes geworden.

Der Moment, da sich eine Geistseele dem in ihr ruhenden Gottesgeist zuwendet und Ihm folgt, ist der Moment der Entrückung!

Unter der Entrückung wird also verstanden:

Das Abrücken der Seele mit all ihrem Wollen, ihrer Liebe und ihren Wünschen und Neigungen vom körperlichen, materiellen Außenleben... und dem Hin-Rücken zum inneren, ewigen Leben des Geistes aus Gott!... *Das* ist die Entrückung, und sie ist kein Vorgang, der sich körperlich vollzieht (denn wir selbst sind ja nicht, wie wir gehört haben, unser Leib, der ja nur ein Avatar für die Seele ist), sondern inwendig in unserem Herzen, im Gemüt der Seele, denn der Geist, also Gott Selbst, ist ja das Innerste alles dessen was existiert, und wir werden nirgendwo anders hin entrückt, als zum innersten, ewig wahren Urgrund alles Seins, also hin zu Gott, und zwar nur durch die Liebe zu Ihm aus freiem Wollen...

Von der Entrückungs-Sehnsucht

Nachdem auch die kleinsten Atome und Elemente des Leibes Jesu sich beim Aufgang des dritten Tages ganz vergeistigt und geordnet und samt der Seele mit dem Vater, dem Urlicht – "ihrem Gott und unserem Gott" — völlig verbunden hatten und so die Auferstehung vollendet war, konnte der Herr, nun im völlig neuen, unverweslichen Geistleib, zu den Jüngern treten, die in Furcht und Hoffnung hinter verschlossenen Türen versammelt waren.

Warum begrüßte Er sie nun bei dieser Begegnung zweimal mit dem Wort: "Friede sei mit euch!"? Das erste Mal, beim Kommen, findet Er die führerlose, verlassene Jünger-Schar in Furcht und Sorge: Wird es sich bewahrheiten, was Jesus zu Seinen Lebzeiten verheißen hat und was Johannes glaubt, Petrus noch immer halb bezweifelt und Magdalena in übergroßer Freude allen erzählt? Wird der große Beweis der Göttlichkeit und des unvergänglichen Lebens durch die Auferstehung des Menschensohnes erfolgen?

Dies waren die Fragen, welche die aufgewühlten Gemüter der furchtsam hinter verschlossenen Türen versammelten Jünger bewegten.

Und wie den Jüngern damals, so geht es auch jedem Menschen, bevor der Herr als der Meister des Lebens zu ihm kommt und ihm den Gruß des Friedens in das verschlossene Gemach seines furchtsamen Innern bringt... Ja, der ganzen Welt geht es nicht anders, bis Er auch ihr mit dem Wort: "Friede sei mit euch!" Seine Auferstehung verkündet und Seine Wundmale vorweist.

Nur in Ihm, in dem für uns Hingegebenen und für uns Auferstandenen, haben wir alle einen wahren und ewigen Frieden!

Und darum lautete auch das erste Wort des wiedergekehrten Herrn so, wie Johannes es uns überliefert. Aber auch im Gehen sprach Jesus nochmals zu der Schar der Jünger: "Friede sei mit euch!" Jetzt, nachdem sie Ihn erkannt hatten als den vom Tode Auferstandenen, den Herrn und Meister des ewigen Lebens, war alle Furcht aus ihren Herzen gewichen. Wer wäre nicht am liebsten mit dem Auferstandenen sogleich in das Reich des himmlischen Vaters, in das Reich des Geistes eingegangen!? ... Kennen wir nicht alle diese "Entrückungs-Sehnsucht"?

Aber "Friede sei mit euch!" spricht der Herr zu den Jüngern, und nicht etwa: "Auffahrt und Entrückung in Mein unsichtbares Reich ist nun nach des Vaters großem Plan und weisem Willen eure Aufgabe", sondern:

"Wie der Vater Mich gesandt hat, so sende Ich euch! Empfangt Meinen Heiligen Geist, auf dass eure Liebe, Weisheit und Kraft eine vollkommene werde und ihr wirken könnt nach Meinem Willen. Lehrt und zeugt, was durch Mich euch der Geist gelehrt und gezeugt hat. Wem ihr die Sünden vergebt, dem sind sie vergeben. Wem ihr sie behaltet, dem sind sie behalten. Denn der Geist wird es euch sagen, wer in der Ordnung des Vaters steht und wer nicht in der Ordnung ist und von euch mit Liebe, Geduld, Erbarmung und Sanftmut weiter geleitet, belehrt und getragen werden muss zum Ziel der Vollkommenheit und des ewigen Lebens bei und in Mir."

Kapitel 10: Vom Glauben

Von Gott als Vater. Vater-Kind-Verhältnis

Es gibt nichts, was uns unmöglich wäre, wenn wir uns mit JESUS verbinden, wenn wir Ihn um Kraft angehen, wenn wir Ihn Selbst also wirken lassen durch uns. Wir haben nur noch nicht den rechten, mit Liebe gepaarten Glauben, und solange wir zweifeln, hindern wir selbst Ihn, dass Er unserem Willen nach tätig werden kann.

Doch wir sollen danach trachten, diesen Glauben zu gewinnen. Wir sollen uns in den Zustand versetzen, dass wir kindlich vertrauend mit Jesus reden, dass wir uns wirklich wie Kinder fühlen, die zum Vater kommen in jeder Bedrängnis, sei es geistiger oder irdischer Art.

Können wir dieses Verhältnis zu Gott in Christus herstellen, dann wird auch kein Zweifel mehr in uns sein, dass Er uns erhört. Denn so wir Ihn als *Vater* ansprechen sind wir auch überzeugt von Seiner Liebe, die sich Seinen Kindern zuwendet und ihnen Hilfe gewährt in jeglicher Not.

Wir haben doch einen Vater, wir sind nicht verwaist, wir haben Einen, Der um unsere Not und Sorgen weiß, Der nur angesprochen werden will, weil Er nach der Kindesliebe verlangt und sie erwidern möchte... Wie reich sind wir doch zu nennen! Wir haben einen Vater im Himmel, Der stärker ist als alle Mächte der Welt, Der also auch alles abwenden kann von uns, was von Seiten der Welt an uns herantritt!

Und weil wir einen solchen macht- und liebevollen Vater haben, wird uns selbst auch nichts unmöglich sein, weil Er uns stets mit Seiner Kraft zur Seite steht, weil wir nur fest zu glauben brauchen, um Ihn zu Seiner Macht-äußerung zu veranlassen.

Solange wir fern sind vom Vater (d.h. fern sind von der Liebe), sind wir auch ohnmächtig, sowie wir aber eine innige Verbindung herstellen mit Ihm, muss auch die Kraft von Ihm uns überströmen, und dann schaffen und bewältigen wir alles, und es gibt für uns keine Begrenzung, denn alle Grenzen fallen, wo Seine Kraft genutzt wird.

Vertrauen wir nur voll-gläubig auf die Liebe unseres himmlischen Vaters, und alle Sorgen werden von uns abfallen, sie werden immer zur rechten Zeit behoben sein, weil wir selbst die Zeit bestimmen durch die Stärke unseres Glaubens.

Grundsätzliche Gedanken zum Glauben

Glauben tut doch jeder Mensch. Als Kinder glauben wir den Eltern, dann den Lehrern und später der Wissenschaft. Glaube ist auch der Antrieb der Forscher und Wissenschaftler, Antworten auf ihre Fragen zu finden, denn – mal ehrlich – ein denkender, mit Vernunft begabter Mensch hat doch sicher immerzu Fragen, auf die er noch keine Antwort gefunden hat.

Der Wissenschaftler glaubt zunächst einer Hypothese, die theoretisch ist, doch nur durch den Glauben daran wird er tätig, in eine Richtung zu forschen, um den Beweis für seine Annahme zu finden... Der Mensch am Bahnhof glaubt dem Fahrplan, doch ob dieser Glaube gerechtfertigt ist, und er zum dort angegebenen Zeitpunkt am angegebenen Ziel ankommt, das wird sich nur im Tun nach dem Geglaubten beweisen...

So ist also ein Glaube nur dann als ein solcher ernstzunehmen, wenn danach gehandelt und geforscht wird. Selbst der Atheist, der an keinen Sich selbst bewussten, intelligenten Schöpfer und an keine geistige Welt hinter der Materiellen glaubt, ist ein Gläubiger seiner Zunft, nur mit dem Unterschied, dass er keinen Fahrplan hat, an dem er seinen Glauben prüfen kann. Er braucht bloß eine ablehnende Haltung einnehmen und weder das Für noch das Wider zu erforschen. Frage: Ist das besonders vernünftig? …

Nur wer sucht und forscht, der kann auch finden was er sucht. Nur wer einen Wahrheitsdrang in sich hat, ein Ziel, das es zu erreichen gilt, der gräbt auch tiefer. So verhält der Mensch sich doch auch mit den Edelmetallen dieser Erde: Das Gold liegt nicht an der Oberfläche, es muss zutage befördert werden, was Kraft und Mühe kostet, oft auch Mut, Zuversicht, Ausdauer und Geduld.... und ebenso ist es mit den tiefen, geistigen Wahrheiten des Lebens, welche eben geistig sind, nicht materiell.

„Der Geist ist das Reale, Wahre, Wirkliche, denn die Materie bestünde nicht ohne den Geist“... solches sagte schon der Physik-Nobelpreisträger Max Planck nach der Erforschung des Atoms, denn: „Der Geist ist die Kraft, welche die Teilchen (im Mikrokosmos), bzw. die Teile (im Makrokosmos) in Schwingung versetzt“. Er erforschte sogar weiter, dass dieser Geist ein sich selbst allerhöchst bewusster und intelligenter sein muss, und dass es somit keine wirkende Kraft im Universum aus sich selbst heraus geben kann, sondern einem Schöpfungs- und Erhaltungs-prozess untergeordnet ist.

Kurz: Wissenschaft und Glaube gehören eng zusammen.

So gibt es auch keinen Tod im klassischen Verständnis von „Auslöschung“, denn wir sind nicht Wesen körperlicher, sondern geistiger Art, die einen

Avatar in Bewegung versetzen, der nur eine Körpermaschine ist... und Geist unterliegt nicht den Gesetzen von Raum und Zeit.

Für unseren Verstand gibt es nur 2 mögliche Erklärung für das Dasein:

1. Der Mensch ist Zufallsprodukt
2. Der Mensch ist Schöpferprodukt

Das Erstere kann man ausschließen wenn man die Ordnung in allen Dingen betrachtet und weiß, dass es eine Kraft aus sich selbst nicht geben kann. Bleibt also nur das Letztere. Wenn aber so, dann muss es dem Geschöpf möglich sein, seinen Schöpfer zu finden und zu erkennen, denn man ist in dem Fall ja ein aus Ihm Selbst herausgestellter Teil.

Also fängt es zunächst an, sich selbst zu erkennen, um dann nach und nach auch Ihn zu finden... inwendig in sich... nicht irgendwo außerhalb, denn das Leben ist geistig und der Geist ist das inwendige und zugleich alles durchdringende Ganze eines jeden Dinges.

Es ist also nur logisch, dass man an die Existenz eines übergeordneten Geistwesens erst zu glauben anfangen muss, bevor man nach Diesem forschen und Es auch finden kann, und da versteht es sich von selbst, dass sich Geistiges nicht materiell erforschen, sondern nur mit geistigen Mitteln finden lässt. Welche das sind und wie man diese anwendet, das wird jeder selbst herausfinden, der es ernsthaft wünscht.

Daher es sich jeder nur selbst zuzuschreiben hat wenn er keine tieferen Erkenntnisse in allen Geheimnissen des Lebens besitzt, denn die Mittel, Möglichkeiten und Gelegenheiten dazu sind einem jeden Menschen von Natur aus gegeben.

Jesus Christus hat uns den Fahrplan gezeigt um an das große Ziel zu gelangen und unterwegs dort hin mehr und mehr in das geistige Schauen zu kommen, und es gibt immer einen sicheren Weg für jeden selbst es herauszufinden, ob eine Lehre wahr oder falsch ist:

1. An eine Lehre oder Hypothese glauben
2. nach dem Geglaubten handeln und tätig werden

Nicht beim bloßen Glauben verharren, und nicht nur das tun, was Andere sagen, also passiv sein - das verursacht nur Streit und Spaltungen und Kriege und Verwüstungen - sondern selbst tätig werden. Dann wird die Folge schon zeigen, welche Früchte das Handeln nach dem Geglaubten hervorbringen wird und ob es Wahrheit oder ein Irrtum ist.

Ein Slogan der Wissenschaft lautet: „Wir irren uns empor"... weil man immer wieder dem Irrtum Glauben schenkt, und sich so in der Materie empor irren muss zu mehr Verstandeswissen, was nur immer noch mehr Fragen aufwirft.

Jesus Christus spricht: „Ich bin der Weg, die Wahrheit und das Leben.“... warum denn will man Seinen Worten nicht glauben und danach handeln? Mehr als einmal mehr irren ginge ja schließlich nicht, und Irren gehört doch zur Wissenschaft dazu. Der Grund für die ablehnende Haltung kann demnach nur sein, die Wahrheit ohne Gott finden zu wollen, um keinen Schöpfer über sich annehmen zu müssen, ja, Ihn am liebsten als nicht existierend zu beweisen und sich selbst zum Herrscher zu ernennen.

Wenn es also heißt: „Dem Demütigen nur schenkt Gott Seine Gnade“, so wissen wir jetzt, dass dies keinen Willkür-Akt Gottes meint, sondern das Prinzip von Ursache und Wirkung ist, da es auch heißen könnte: „Der Hochmütige möchte kein Wesen über sich und keine Belehrung annehmen.“ …

So irrt sich die Wissenschaft zwar empor, jedoch niemals über die Schwelle von Raum- und Zeit hinaus, welche die gerichtete Materie ist, denn den Geist kann unser Verstand, der nur Raum- und Zeitbegriffe kennt, nicht fassen. Das ist allein dem Geist in uns vorbehalten, welcher ist die Liebe mit all seiner Vorstellungs- und Wirkungskraft. Sie ist der Urgrund alles geistigen, ewigen, unendlichen Lebens, Jenseits von Raum und Zeit, welche auch das Diesseits hervorbringt, vollkommen durchdringt und in Entsprechung mit diesem steht, welche nur mit dem Gemüt, dem geistigen Organ, nicht aber mit dem Verstand des Menschen korrespondieren kann.

Die Wahrheit liegt hinter dem Vorhang der Materie.

Dies zu glauben wäre ein großer Schritt, doch es erfordert auch eine Entmachtung des so hochtrabenden Menschenver-standes und die Rückkehr in die Einfalt des Glaubens und kindlichen Gemüts.

Welcher Glaube macht selig?

Paulus sagte dem Kerkermeister:

(Apg. 16, 31)

Glaube an den Herrn Jesum Christum, so wirst du und deine Familie selig werden.

Diese Worte bedeuten: Glaube an Jesu göttliche Mission, an Seine Lehren, Gebote und uns vorgelebten Beispiele und lebe und handle danach, dann wirst du selig werden. Denn Jesus ist nicht gekommen, Moses und die Propheten oder die 10 Gebote und die Lehren Jehovas aufzuheben, sondern sie zu erfüllen. (Mt.5,17)

Wer aber Jesus, den Sohn, leugnet, das heißt, Seine Lehren nicht beachtet, die doch die Lehren des Vaters oder der göttlichen Liebe sind (Joh.14,10), der leugnet auch den Vater in Christus, der Jesus Selber ist (1.Joh.2,23). Und daher wird ihm in keinem anderen Namen Heil zur Kindschaft Gottes, da es keinen anderen Namen gibt, um als Kind zu Gott zu gelangen.

(Apg.4,12)

Daraus erkennen wir, dass der Glaube, der selig macht, nicht bloß bedeutet, dass man an Jesus glaubt, sondern dass man *tut* was Er gelehrt hat, und dass der Herr daher auch von uns erwartet, dass wir uns alle Mühe geben werden, Seinen heiligen Willen zu erfüllen, der von uns verlangt, dass wir die 10 Gebote durch Moses erfüllen, welche geistig durch die zwei Liebesgebote: „Liebe Gott über alles, deinen Nächsten aber wie dich selbst"(Lk.10.27) erörtert sind.

Daher tun wir an unseren Nächsten all das, was wir vernünftigerweise möchten, das sie auch uns tun. Denn Paulus sagt ja selbst: dass nur derjenige Glaube bei Jesus gilt, der durch die Liebe tätig ist.(z.B. Röm.13.10) Dasselbe bestätigt Jakob (Jak.2.8), indem er sagt: dass der Glaube ohne Werke der Nächstenliebe wertlos ist, und das ist richtig, denn sonst hätte der Herr nicht auf den barmherzigen Samariter als ein Beispiel der Nächstenliebe gezeigt. Und so hätte auch Paulus nicht den hohen Wert der Liebe hervorgehoben.

Neben alledem betrachte man einmal sorgfältig die Tugenden Jesu als Menschensohn, und man wird zu dem Schluss kommen, dass der Glaube allein, ohne den Kampf mit sich selbst, d.h. mit seinen Untugenden, Lastern und Selbstsüchten aller Art und Gattung und demzufolge ohne die Werke der reinen Liebe... nicht selig machen kann.

Glauben wir richtig? Was ist Glaube? Wie verstehen wir ihn?

Der Glaube bedingt die Liebe und ist ohne diese nichts wert!

(Johannes 11. 25)

Wer an mich glaubt, wird leben, auch wenn er stirbt.

Wer an Jesus glaubt, der wird leben in Ewigkeit.

Dies sind Seine Worte, die auch Anlass gaben zu Spaltungen, weil der geistige Sinn nicht richtig erkannt wurde. Jesus fordert den Glauben an Ihn ein, um uns ein ewiges Leben geben zu können.

Was aber ist unter Glauben zu verstehen?

Nicht das Bekennen mit dem Mund, nicht das verstandesmäßige Anerkennen Seines Erlösungswerkes, sondern die innere Überzeugung von der Wahrheit alles dessen, was Er uns Menschen lehrte auf Erden, ist unter "Glaube" zu verstehen, und diese innere Überzeugung ist nur zu gewinnen durch die Liebe.

Also bedingt der Glaube auch die Liebe, und so ist doch die Liebe das Erste! Sie wird aber auch erfüllt von denen, die so an Jesus glauben, dass Er ihnen das ewige Leben schenken kann. Der rechte Glaube also ist darum Leben verheißend, weil er die Liebe in sich schließt.

Der Verstandesglaube aber führt nicht zum ewigen Leben, und dieser Verstandesglauben ist es, der notfalls noch unter den Menschen anzutreffen ist, den Gott aber nicht so bewerten kann, dass er dem Menschen das ewige Leben einträgt. Er will einen *lebendigen Glauben*, der aber nur gewonnen werden kann *durch die Liebe*.

Denn es lebt der Mensch erst, so er durch die Liebe eine Sicherheit in sich empfindet, einen Glauben, der wahrhaft beglückend ist, der nun sein ganzes Wollen und Denken bestimmt und einen Lebenswandel hervorruft, der ihm ein ewiges Leben gibt.

Verstandesmäßig glauben ist kein Beweis einer Seelenreife, denn es kann ein Mensch durch Erziehung auf einen christlichen Boden gedrängt worden sein, er kann also nicht mit Überzeugung Jesus Selbst, Sein Erdenleben als Mensch und Sein Erlösungswerk ablehnen, er hält alles für wahr. Und doch braucht sein Herz nicht davon berührt zu sein, es ist für ihn eine geschichtliche Begebenheit, die er nicht leugnen kann, es wird aber nicht von ihm empfunden als das, was es ist.

Es berührt nicht sein Herz, das erst dann beeindruckt wird, wenn in ihm die Liebe zur Entfaltung kommt. Dann wird der Glaube daran in ihm eine Seligkeit auslösen, dann wird etwas in ihm lebendig, dann fühlt sich der Mensch erst inmitten Jesu Wirkens an der Menschheit, dann erst kann er von dem Glauben sprechen, der zum ewigen Leben führt.

Wohl fordert der Herr als erstes den Glauben an Ihn, den göttlichen Erlöser, weil nur über JESUS CHRISTUS der Weg zum ewigen Leben ist, weil der Glaube an Gott allein nicht genügt, durch die Sündenbelastung, die nicht ohne Ihn getilgt werden kann. Darum sprach ER die Worte: "Wer an Mich glaubt, der wird leben in Ewigkeit...."(Joh.11.25)

Demnach:

- Jesus, als Erlöser der Welt, verlangte den Glauben, aber immer ist unter "Glaube" nur der durch die Liebe lebendige Glaube zu verstehen, weshalb wir also als erstes die Gebote der Liebe erfüllen müssen, die Er den Menschen gab, um ihnen den Weg zu zeigen, der zur ewigen Seligkeit führt.

Dann aber werden wir auch glauben können und in diesem Glauben eingehen zum ewigen Leben!

Wir sind nicht allein durch den Glauben gerechtfertigt

Eine Aufklärung über eine irrige Lehre der Bibel, allein durch den Glauben gerechtfertigt zu sein. Zu lesen im Sendschreiben des Paulus an die Römer:

Jeder Mensch muss durch die eigene Lebensbuße und die eigenen tugendhaften Werke der Nächstenliebe, die er in der Tat übt, sich das ewige Leben aneignen... denn durch den bloßen Glauben kann es nicht erlangt werden. Der irrige Bibeltext lautet:

(Römer 4.5)

Wer keine Werke tut, aber an Den glaubt, Der den Gottlosen gerecht macht, dem wird sein Glaube zur Gerechtigkeit angerechnet, nach dem Ratschluss der Gnade Gottes.

(Römer 3.28)

So halten wir nun dafür, dass der Mensch gerecht werde ohne des Gesetzes Werke, allein durch den Glauben.

Diese Verse in den heutigen Bibelübersetzungen sind so schlecht, dass sie kaum schlechter sein könnten, denn sie verleiten dazu, dass wir weder beten, noch Gutes tun, noch Werke der Nächstenliebe üben brauchen, sondern einzig und allein nur Glauben an

Gott in Christus haben, der den Gottlosen (Lieblosen) aus Gnade gerecht macht...

Würde also der Glaube an Christus schon genügen um damit das Himmelreich zu erwerben, dann gingen unter den Christen nicht bloß diejenigen in den Himmel ein, welche Gottes Gebote erfüllen, sondern auch die größten Verbrecher, wenn sie an Ihn glauben. Aber es heißt doch klar durch die Apostel Jakobus und Paulus, dass der Glaube *ohne* die Werke der Nächstenliebe wertlos ist. (Jak.2.17 / 2.26) - Weiter heißt es, dass, wer den Himmel nicht mit Gewalt an sich reißen wird, der wird auch nicht hinein kommen. (Mt.11.12) - Wenn aber der Glaube *ohne* Liebeswerke tot ist, so folgt doch offenbar daraus, dass die Gewalt, mit der man den Himmel an sich reißt, in der Erfüllung der zehn Gebote und aller vorgeschriebenen Werke der Gottes- und Nächstenliebe, der Aufopferung und der Bußen, der Enthaltsamkeit von Welt-Genüssen und Weltfreuden und der Verleugnung seiner selbst vor der Welt besteht...!

Ja, jeder Mensch muss etwas dafür tun wenn er gut oder böse werden will, so auch ist es bei Gott der Maßstab für das menschliche Leben. Was nützt Ihm unser Glaube, dass Er, Christus, von den Toten auferstanden und Gott ist und uns durch Sein Leiden und Seinen Tod von alttestamentlichen Sünden befreit hat? Das nützt Ihm gar nichts, denn es macht uns noch lange nicht zu besseren Menschen und noch längst nicht zu Seinen Ebenbildern!

Dass Er auch Gottlose im neuen Testament aus Gnade gerecht macht, und dass solches dem Glaubenden zur Gerechtigkeit gerechnet wird, hat Jesus nie gelehrt, vielmehr, dass seit dem Erlösungswerk des Herrn ein *jeder* die Möglichkeit hat in das Reich der Himmel einzugehen.

Es ist das der größte Fehler der Christen heute, dass sie diese Irrlehre, nach der sie gar nichts weiter zu tun brauchen als bloß Glauben um das Himmelreich an sich zu reißen, gedankenlos für gut heißen und annehmen... die anderen aber, welche ihnen Buße, Aufopferung, Entbehrung, Selbstlosigkeit, Demut, Liebe, Geduld, Keuschheit usw. auferlegen, stillschweigend übergehen, als wenn sie gar nicht in der Heiligen Schrift existierten, oder diese sie nichts angingen...!

Wenn der Herr jeden aus Gnade gerecht machen würde, so wäre der Himmel eine Räuberhöhle und Mördergrube, somit Teufelshölle, weil der, der keine Liebe hat, lieblos bleibt und weiter lebt, wie er gelebt hat. Ob ihm die Sünden verziehen werden oder ob er sie im Kerker abbüßen muss, das ist da gleich, denn wieder in Freiheit gestellt denkt er nichts anderes, als wieder sein altes Handwerk zu betreiben, wenn ihm nicht Mittel gegeben werden von welchen er sorgenlos leben kann, denn in seinem ungeläuterten Herzen bleibt er doch immer ein Räuber und Mörder.

Es ist hier im Paulus eine große Irrlehre zu finden, weil Der Herr keinen Menschen, noch weniger einen Lieblosen, aus Gnade gerecht machen kann, ohne dass dieser seine Handlungsfreiheit und somit sein Menschsein verlöre, denn ein jeder muss zuvor ernste Reue und den Wunsch zur Besserung in seinem Herzen empfinden und danach streben, den Willen Gottes zu erfüllen, was doch eine wahre Demut von einem Herzen verlangt. Noch schenken kann, da Gott dann kein gerechter Gott und Richter wäre, sondern jeder Mensch muss durch die Lebensbuße und eigene Errungenschaften seine Seele geistig entwickeln und diejenigen Tugenden, welche Gott Selber als Jesus uns zur Nachahmung vorlebte, in sich erziehen und zu seinem Eigentum des geistigen Lebens machen.

Wie niemand als Meister vom Himmel fällt, so kann auch niemand in den Himmel kommen, der nicht durch eigene Mühe ein Meister seines geistigen Lebens geworden ist, denn ohne die Selbstverleugnung seiner unlauteren Eigenschaften und Begierden wird niemandem etwas aus Gnade zuteil oder geschenkt, und ohne die schmalen und dornigen Pfade der Selbstverleugnung zu betreten ist keine Nachfolge Jesu je möglich.

Durch welchen Glauben man bei Gott gerechtfertigt wird

Bruder- und Nächstenliebe

(Math.7,12)

Alles was du willst, das Dir der Nächste tun soll, das tue auch du ihm!

(Math.22,39-40)

Liebe daher deinen Nächsten wie dich selbst, denn dieses ist das Gesetz und die Propheten.

Diese zwei Stellen aus der Lehre Jesu sind die größten im neuen Testament und verdienen *die größte Beachtung*, weil in diesen Lehren das Höchste der Liebe und Barmherzigkeit ausgedrückt wird. Wer Gott liebt und diese Lehre befolgt, der wird den Himmel mit Gewalt an sich reißen!

Das wirken der Barmherzigkeit

Als den Herrn ein jüdischer Gesetzeslehrer prüfte, welches das größte Gebot und wer sein Nächster ist, antwortete Jesus ihm mit einem geschichtlichen

Gleichnis und sagte:

(Lukas 10, 30 - 37)

30. Es war ein Mensch, der ging von Jerusalem hinab gen Jericho und fiel unter die Straßenräuber; die zogen und plünderten ihn aus, verwundeten ihn, gingen weg und ließen ihn halb tot liegen.

31. Es begab sich aber, dass ein Priester denselben Weg hinabging, und obwohl er ihn sah, ging er vorüber. Dasselbe tat ein Levit, der des Weges kam, er trat näher, besah ihn und ging ebenfalls vorüber.

33. Nun kam ein Samariter heran, der denselben Weg reiste, ging auf ihn zu, und als er ihn sah, wurde er vom Mitleid innigst gerührt.

34. Er trat hinzu, verband ihm die Wunden, goss Öl und Wein hinein, hob ihn auf sein Lasttier, führte ihn in die Herberge und pflegte ihn.

35. Am folgenden Tag zog er zwei Denare heraus, gab sie dem Wirte und sprach: Trage Sorge für ihn und pflege ihn, und was du über dieses Geld mehr darauf verwenden wirst, will ich dir nach meiner Rückkehr bezahlen.

Hier fragte Jesus den Schriftgelehrten:

36. Welcher dünkt dir nun, dass von diesen dreien der Nächste dem gewesen sei, der unter die Straßenräuber gefallen war?

Und er antwortete Ihm:

37. Der Mitleid und Barmherzigkeit an ihm bewies.

Da sprach der Herr:

So gehe hin und handle ebenso!

➔ Bei Christus gilt also nur der Glaube, der durch die Werke der Liebe tätig ist!

Paulus schreibt:

(Korintherbrief 13, 2)

Wenn ich den stärksten Glauben hätte, so dass ich Berge versetzte, es fehlte mir aber an Liebe, so wäre ich nichts.

(Galater 5, 6)

Denn in Christo gilt nur derjenige Glaube, der durch die Liebe tätig ist. (und sich durch Werke der Liebe am Nächsten tätig zeigt)

Der Glaube ohne die Werke der Nächstenliebe ist tot oder wertlos. Der Apostel Jakobus schreibt darüber folgende entscheidende Aufklärung:

(Jakobus 2, 14 - 26)

14. Was kann es nützen, meine Brüder, wenn jemand sagt, er habe den Glauben, aber er hat die Werke nicht? Kann ihn wohl der Glaube (allein) selig machen?

15. Es fehlt zum Beispiel einem Bruder oder einer Schwester an Kleidern und an der täglichen Nahrung;

16. Und jemand unter euch sagte zu ihnen: Gehet in Frieden weiter, wärmet euch und esset euch satt! allein ihr selbst gäbet ihnen nichts, womit sie ihren Leib wärmen und sättigen könnten, was würde ihnen das helfen?

17. So ist auch der Glaube, wenn er keine Werke (der Nächstenliebe) hat an und für sich tot!

18. Ich setze den Fall, es könnte jemand sagen: Du sagst, dass du den Glauben hast, aber ich sehe deinen Glauben nicht, schau ich habe aber Werke und kann dir durch die Werke meinen Glauben sichtbar beweisen — gib also auch du mir die Beweise von deinem Glauben, wenn es Dir ohne Werke möglich ist.

19. Du sagst, ich glaube, dass nur ein Gott sei. Das ist gut und richtig, aber auch die Teufel glauben das, und zittern (vor Ihm, allein sie bleiben doch Teufel!)

20. Willst du begreifen, eitler Mensch, dass der Glaube ohne Werke tot sei?

21. Ist nicht Abraham, unser Vater, durch die Werke gerecht worden, da er seinen Sohn Isaak auf dem Altar zum Opfer brachte?

22. Da siehst du, dass er seinen Glauben durch die Werke bestätigte und nur durch die Werke ist sein Glaube gerecht und vollkommen worden.

23. So ward erfüllt, was die Schrift sagt: Abraham hat Gott geglaubt, und da er diesen Glauben durch Liebe, Demut und Ehrfurcht und Gehorsam zu Gott und durch Werke der Nächstenliebe, die er durch Demut, Geduld, Friedensliebe, Barmherzigkeit und Selbstlosigkeit, wie seine Lebensgeschichte beweist, in die Erscheinlichkeit treten ließ, wurde ihm sein tugendvoller Glaube zur Gerechtigkeit angerechnet und erwarb ihm den Namen Freund Gottes.

24. Sehet ihr nicht daraus, dass der Mensch durch die Werke gerecht werde, und nicht durch den Glauben allein.

25. Wurde nicht auf eine ähnliche Art die Hure Rahab zu Jericho durch die Werke (der Nächstenliebe) gerecht erklärt, weil sie die Kundschafter aufnahm, und sie auf einem anderen Wege entkommen ließ.

26. Daraus ist es ersichtlich, dass wie der Körper ohne Seele tot ist, so ist auch der Glaube ohne die Werke tot.

Nicht nur hier kollidiert die Aussage moderner Bibelchristen: „Du glaubst halt nicht genug!“ mit der Bibel. Denn wie anders könnte man seinen rechten, lebendigen Glauben jemals – auch sich selbst gegenüber – unter Beweis stellen, wenn nicht durch die reine Gottes- und Nächstenliebe?

Die Gottesliebe trägt uns Erleuchtung ein, d.h. die Erkenntnis Gottes, bzw. den Heiligen Geist und damit die Weisheit in unserer Rede. Die Nächstenliebe macht uns barmherzig, geduldig und sanftmütig. Dies alles sind die Früchte, an denen man die wahren Nachfolger Jesu erkennen kann.

Jedoch bei den auf ihr Erbe pochenden, vermeinten „Königs“-Kindern Gottes ist der Herr nicht mit Seinem Geist der Liebe und Erkenntnis anwesend, was jeder Gläubige in seiner Gemeinde schnell herausfinden wird, wenn er einmal ernsthaft schlüssige Antworten auf die vielen Bibelrätsel verlangt. Ein vom Herrn durch die Liebe Erleuchteter, kann zu allen Fragen des Diesseits und Jenseits klar, fassbar, ausführlich und tief begründet Rede und Antwort stehen. Wer aber ausweicht, relativiert, pauschalisiert oder auf das Jenseits vertröstet, ist nicht im Besitz des Heiligen Geistes und kann als ein blinder Lehrer angesehen werden.

Die Werke der Nächstenliebe

Auch im Matthäus-Evangelium finden wir den unbedingten Aufruf zur Nächstenliebe (Siehe dazu auch das Kapitel „Das jüngste Gericht und die Auferstehung des Fleisches“):

(Matthäus 25, 31 - 46)

31. Wenn aber der Sohn des Menschen in Seiner Herrlichkeit, in Begleitung aller Engel kommen wird, dann wird er auf dem Throne Seiner Herrlichkeit sitzen.

32. Vor ihm werden sich alle Völker versammeln. Und Er wird sie voneinander scheiden, gleich wie ein Hirte die Schafe von den Böcken sondert. (Luk.17,24 / 2.Tess.1,7-10)

33. Und zwar wird er die Schafe zu seiner Rechten, die Böcke aber zu Seiner Linken stellen.

34. Dann wird der König zu denen zu Seiner Rechten sagen: Kommt ihr Gesegneten Meines Vaters! Nehmt das Reich in Besitz, welches euch von Anbeginn der Welt bereitet ist.

35. Denn Ich bin hungrig gewesen und ihr habt Mich gespeist. Ich bin durstig gewesen, und ihr gabt Mir zu trinken. Ich bin als Fremdling gewesen, und ihr habt Mich beherbergt.

36. Ich bin nackt gewesen, und ihr habt Mich bekleidet. Ich bin krank gewesen, und ihr habt Mich besucht. Ich bin gefangen gewesen, und ihr seit zu mir gekommen.

37. Dann werden Ihm die Gerechten antworten und sagen: Herr! wann haben wir dich hungrig gesehen und haben dich gespeist? oder durstig, und haben Dir zu trinken gegeben?

38. Wann haben wir Dich als Fremdling gesehen, und haben Dich beherbergt? oder nackt, und haben Dich bekleidet?

39. Wann haben wir Dich krank oder gefangen gesehen, und sind zu Dir gekommen?

40. Darauf wird der König (Jesus Christus) antworten und zu ihnen sagen: Wahrlich! Ich sage euch; Was ihr Einem dieser Meiner geringsten Brüder getan habt, das habt ihr Mir getan.

41. Alsdann wird er auch denen zur Linken sagen: Geht weg von Mir, ihr Verfluchten (Abgesonderten) aus Meiner Herde der Gerechten in das ewige Feuer, welches dem Teufel und Engeln bereitet ist!

(Hinweis: Das biblische "Verfluchen" ist an dieser Stelle unrichtig; denn Gott verflucht niemanden! da Er Selber in jedem Menschen wohnt!)

42. Denn Ich bin hungrig gewesen, und ihr habt Mich nicht gespeist. Ich bin durstig gewesen, und ihr habt Mir nicht zu trinken gegeben.

43. Ich bin als Fremdling gewesen, und ihr habt Mich nicht beherbergt. Ich bin nackt gewesen, und ihr habt Mich nicht bekleidet. Ich bin krank und gefangen gewesen, und ihr habt Mich nicht besucht.

44. Da werden auch sie Ihm antworten und sagen: Herr! wann haben wir Dich hungrig, oder durstig, oder als Fremdling, oder nackt, oder krank, oder gefangen gesehen,

und haben Dir nicht gedient?

45. Dann wird man ihnen antworten: Wahrlich! Ich sage euch: Was ihr Einem dieser Geringsten nicht getan, das habt ihr Mir nicht getan, weil Ich in jedem Menschen als Gottesgeist wohne!

46. Und so werden diese zur „ewigen Strafe“ in die Hölle, die Gerechten aber, welche die Werke der Nächstenliebe gewirkt haben in das ewige Leben des Himmels gehen.

(Wichtige Anmerkung: Dass es KEINE ewige Höllenstrafe für eine Seele gibt und geben kann, wird in diesem Buch ebenfalls erörtert, oder man lese das Buch „Errettung und Versöhnung“, das ich zu diesem Thema zusammengestellt habe. Erhältlich bei amazon)

Diese Stellen aus der Bibel beweisen uns wieder klar und deutlich, dass ein Glaube ohne die Werke der Liebe null und nichtig ist!

Für wen die hier vorgelegten Beispiele und Beweise aus Matthäus, Lukas, Paulus und Jakobus – die uns klar zeigen, worin die Gnade besteht um den Himmel zu erlangen – nicht maßgeblich sind, der folgt einem Irrglauben. Denn:

- ➔ der bloße Glaube, dass Jesus Gott, Schöpfer und der Heiland der Welt ist, bewirkt bei Ihm, ohne die Werke der Buße und Nächstenliebe, weder eine Sündenvergebung, noch Rechtfertigung, noch ein Erlangen des Himmels!

Gott richtet und verurteilt niemanden! Das Gericht

und Urteil liegt in den Geboten und Lehren, somit in der unwandelbaren, ewigen Ordnung, und so auch Lohn oder Strafe. Durch die Erfüllung des Gesetzes (aus der Liebe) nähert man sich Gott, dem Licht und Leben, an... Durch Unterlassung oder Gegenhandeln entfernt man sich von Ihm und nähert sich daher der Hölle (Gottesferne), Finsternis (Erkenntnislosigkeit) und dem geistigen Tode an.

(Anmerkung: Der „geistige Tod“ ist das Untätigsein im Glaubenswahren und Liebeguten eines Geistes. Es meint nicht dessen Vernichtung, sondern das gelöschte göttliche Licht und Walten, was allein nur die Freude, das Glück und die Seligkeit eines Wesens bedingt! Einem jeden Geist ist aber die Umkehr zu Gott ewig möglich, wenn er es ernstlich möchte, bereut und die Demut anstrebt. Aber wie schwer gerade die Demut für einen hochmütigen Geist ist, kann man sich sehr leicht vorstellen. Über diese Kluft muss er mit Jesu Hilfe aber gehen und sich demütigen, ansonsten kann es keine Errettung aus dem Zustand der Hölle eines Geistes geben.).

Der Glaube bedingt die Liebe und ist ohne diese nichts wert

(Johannes11,25)

Wer an mich glaubt, wird leben, auch wenn er stirbt.

Wer an Jesus glaubt, der wird leben in Ewigkeit....

Dies sind Seine Worte, die auch Anlass gaben zu Spaltungen, weil der geistige Sinn nicht richtig erkannt wurde. Jesus fordert den Glauben an Ihn ein, um uns ein ewiges Leben geben zu können. Was aber ist unter Glauben zu verstehen?

Nicht das Bekennen mit dem Mund, nicht das verstandesmäßige Anerkennen Seines Erlösungswerkes, sondern die tiefe, innere Überzeugung von der Wahrheit alles dessen, was Er uns Menschen lehrte auf Erden, ist unter "Glaube" zu verstehen, und diese innere Überzeugung ist nur zu gewinnen durch die Liebe. *Also bedingt der Glaube auch die Liebe, und so ist doch die Liebe das Erste!* Sie wird aber auch erfüllt von denen, die so an Jesus glauben, dass Er ihnen das ewige Leben schenken kann.

Der rechte Glaube also ist darum Leben verheißend, weil er die Liebe in sich schließt.

Der Verstandesglaube aber führt nicht zum ewigen Leben, und dieser Verstandesglauben ist es, der notfalls noch unter den Menschen anzutreffen ist, den

Gott aber nicht so bewerten kann, dass er dem Menschen das ewige Leben einträgt. Er will einen lebendigen Glauben, der aber nur gewonnen werden kann durch die Liebe. Denn es lebt der Mensch erst, so er durch die Liebe eine Sicherheit in sich empfindet, einen Glauben, der wahrhaft beglückend ist, der nun sein ganzes Wollen und Denken bestimmt und einen Lebenswandel hervorruft, der ihm ein ewiges Leben einträgt.

Verstandesmäßig glauben ist kein Beweis einer Seelenreife, denn es kann ein Mensch durch Erziehung auf einen christlichen Boden gedrängt worden sein, er kann also nicht mit Überzeugung Jesus Selbst, Sein Erdenleben als Mensch und Sein Erlösungswerk ablehnen, er hält alles für wahr.... und doch braucht sein Herz nicht davon berührt zu sein, es ist für ihn eine geschichtliche Begebenheit, die er nicht leugnen kann, es wird aber nicht von ihm empfunden als das, was es ist. Es berührt nicht sein Herz, *das erst dann beeindruckt wird, wenn in ihm die Liebe zur Entfaltung kommt*.

Dann wird der Glaube daran in ihm eine Seligkeit auslösen, dann wird etwas in ihm lebendig, dann fühlt sich der Mensch erst inmitten Jesu Wirkens an der Menschheit, dann erst kann er von dem Glauben sprechen, der zum ewigen Leben führt.

Wohl fordert Jesus als erstes den Glauben an Ihn, den göttlichen Erlöser, weil nur über Jesus Christus der Weg zum ewigen Leben ist, weil der Glaube an

Gott allein nicht genügt, durch die Sündenbelastung, die nicht ohne Christus getilgt werden kann.... Darum sprach Er die Worte: "Wer an Mich glaubt, der wird leben in Ewigkeit...."

Also: Jesus, als Erlöser der Welt, verlangte den Glauben, aber immer ist unter "Glaube" nur der durch die Liebe lebendige Glaube zu verstehen, weshalb wir also als erstes die Gebote der Liebe erfüllen müssen, die Er den Menschen gab, um ihnen den Weg zu zeigen, der zur ewigen Seligkeit führt. Dann aber werden wir auch glauben können und in diesem Glauben eingehen zum ewigen Leben!

Geheimnis des Glaubens

Das Wissen um den Geist ist uns Menschen der Endzeit fast vollständig verloren gegangen.

Gott, unser wunderbarster, ewiger Vater in JESUS, ist auch heute brandaktuell und hat großes Interesse daran, Sich Seinen Kindern zu offenbaren. Wir sollen zur Liebe zu Ihm heranreifen, aber lieben kann man nur, was man kennt und kennen nur, was sich offenbart. Durch die Liebe zu Jesus wird dann Er Selbst in uns zu sprechen anfangen durch Worte, Gedanken, Erkenntnisse oder Beweggründe des Herzens. Dann brauchen wir kein äußeres Wort mehr, weder aus Alt- noch Neu-Offenbarungen, welche nur ein äußeres Geländer sind, und haben nur noch Gott im Herzen und wandeln mit Ihm "wie ein Bruder mit dem anderen".

Doch zuvor brauchen wir heute die reine Wahrheit des Wortes Gottes, so, wie sie auch den Juden seinerzeit durch Christus neu gegeben wurde, als beinah alle Begriffe vom Reiche Gottes ins Materielle verkehrt waren.

Weil die Bibel ein lebendiges Wasser ist, das stark getrübt und verunreinigt wurde von unerleuchteten Menschen im Laufe der Zeit, und es dem Leser dadurch immer schwerer fallen muss, nicht nur den Buchstabensinn, sondern den im Buchstaben verborgenen inneren, geistigen Sinn des Wortes Gottes zu verstehen, hat Gott Sich Seinen Menschenkindern neu, rein und unverhüllt in neuen Offenbarungen, im Verlauf der letzten beiden Jahrhunderte, bis noch heute, im Wort offenbart.

Darin besteht das "Himmlische Jerusalem", das "vom Himmel auf die Erde" kommen wird"(Jesaja), sprich: Die reine, unverhüllt gegebene Lehre Gottes an die Menschheit unserer Zeit, oder wie es die Johannes Offenbarung 14.6 sagt: "Die Verkündigung eines ewigen Evangeliums über alle Nationen und Stämme der Erde".

Und auch deshalb gibt es heute neue Offenbarungen, weil die Menschheit mehr zu fassen im Stande ist, als noch vor 2000 Jahren.

(Johannes 16.12-14)

> Noch vieles hätte ich euch zu sagen, doch ihr könnt es jetzt noch nicht ertragen (fassen). Wenn aber jener, der Geist der Wahrheit, kommt, wird er euch in alle Wahrheit einführen. Er wird nicht aus sich selber sprechen; er wird vielmehr reden, was er hört, und wird euch verkünden, was künftig ist.

Gott ist Geist und Seine Worte zielen auf Ewiges, Geistiges ab, nicht auf Vergängliches, Materielles. Dies Wissen um den Geist ist uns Menschen der Endzeit fast vollständig verloren gegangen, weshalb die neuen Offenbarungen jetzt notwendig sind. Auch der Bibel entnehmen wir, dass zu allen Zeiten großer Umwälzungen im menschlichen Geschehen auch große Offenbarungen zur Erde geleitet wurden.

Die Neu-Offenbarung Gottes, die dem Schreibknecht Jakob Lorber während 25 Jahren täglich in die Feder diktiert wurde, ist die Größt-Offenbarung Gottes nach Seiner Menschwerdung, und sie ist die Wiederkunft JESU im Wort (Joh.Offb.14,6) und das zur Erde gekommene „Himmlische Jerusalem“ (Jesaja).

So eröffnet uns Gott wieder die innere Sehe des Geistes, und wir beginnen dann die ganze Schöpfung zu durchschauen und die Wunder Gottes zu sehen, was uns zu immer tieferem Begreifen Gottes und dadurch zu immer größerer Liebe zu Ihm verhilft, so weit, bis diese Liebe unser ganzes Wesen durchdrungen hat und wir dann wahrhaft wiedergeboren sind im Geiste und in der Wahrheit.

Das, kurz gesagt, ist das Geheimnis des Glaubens, und so wir die Stimme des *Vaters* - die leise, sanfte Stimme der Liebe - in uns erkennen, kommen Vaterworte in die Nacht dieser Welt, und wir müssen dann nicht mehr sagen: da oder dort steht es geschrieben, sondern die Glaubens-wahrheit im Menschen weiß es dann selbst, was wahr ist und was falsch.

Wissenschaft und Glaube

Die Gläubigen unserer Zeit können nicht mehr hinter den Vorhang der Materie schauen, zu materiell sind ihre Begriffe vom Dasein geworden, als dass sie vom Geist jenseits der Materie noch eine leise Vorstellung hätten. Daher bedient Gott Sich heute auch der Wissenschaftler, um der Menschheit wieder zu einem Wissen zu verhelfen, welches sie Aufnahmefähig für höhere Offenbarungen macht.

So führt der Physik-Nobellpreisträger Max Planck auf einem Physikerkongress in Florenz Beweise für die Existenz Gottes und einer Geisterwelt an, ohne welche die Materie nicht bestünde und bestehen könnte. Er sagte:

Max Planck: "Als Physiker, der sein ganzes Leben

der nüchternen Erforschung der Materie widmete, bin ich sicher von dem Verdacht frei, für einen Schwarmgeist gehalten zu werden, und so sage ich ihnen, nach meinen Erforschungen des Atoms dieses:

Es gibt keine Materie an sich! Alle Materie entsteht und besteht nur durch eine Kraft, welche die Atomteilchen in Schwingungen versetzt und sie zum winzigsten Sonnen-system des Atoms zusammenhält. Da es aber im ganzen Weltall weder eine intelligente, noch eine ewige Kraft aus sich selbst heraus gibt, müssen wir hinter dieser Kraft einen bewussten, intelligenten Geist annehmen. Dieser Geist ist der Ursprung aller Materie. Nicht die sichtbare, vergängliche Materie ist das Reale, Wahre, Wirkliche, denn die Materie bestünde, wie wir gesehen haben, ohne diesen Geist überhaupt nicht, sondern nur der unsichtbare, unsterbliche Geist ist das Wahre. Da es aber Geist an sich allein auch nicht geben kann, sondern jeder Geist einem Wesen zugehört, müssen wir zwingend den Bestand von Geistwesen annehmen. Da jedoch auch Geistwesen nicht aus sich selbst sein können, sondern geschaffen worden sein müssen, so scheue ich mich nicht, diesen geheimnisvollen Schöpfer ebenso zu nennen, wie Ihn alle alten Kulturvölker der Erde genannt haben: nämlich Gott! So sehen sie, wie in unseren Tagen, da man nicht mehr an den Geist als den Urgrund der Schöpfung glaubt und darum in bitterer Gottesferne steht, gerade das Winzigste und Unsichtbare es ist, das die Wahrheit wieder aus dem Grabe materialistischen Stoffwahns heraus führt und die Welt verwandelt und wie das Atom der Menschheit die Tür öffnet in die verlorene und vergessene Welt des Geistes“

Was der Physik-Nobelpreisträger Max Planck durch die Erforschung des Atoms entdeckt hat, das hat der Herr 50 Jahre zuvor durch Seine Propheten der Endzeit offenbart. Gottfried Mayerhofer empfing vom Herrn folgendes:

JESUS:

»Die eifrigsten Grübler, Naturforscher und Untersucher der Materie, alle kommen am Ende dazu und müssen trotz ihres Sträubens dazu kommen, dass hoch über der Materie ein großer Geist lebt, der die kleinsten Atome wie auch die großen Welten zu einem Ganzen vereinigt, und der, wie aus allen Werken zu ersehen ist, nur ein Gott der Liebe, der Gnade und der Langmut sein kann.«

GM, Predigten des Herrn 01-035,12

»Jetzt wähle Ich wieder Meine Jünger, die die goldene Saat Meiner Liebelehre aussäen sollen; nur habe Ich jetzt nicht mehr nötig, sie so zu führen wie einst. In jener Zeit musste Ich andere Mittel anwenden, Ich musste selbst kommen und ihnen das wirkliche Dasein Gottes durch Meine Worte und Taten beweisen. Jetzt braucht es diese Gewaltmittel nicht mehr; denn die Wissenschaft mit ihren Entdeckungen im Gebiet Meiner Weltschöpfung hat den mit Geist und Herz beobachtenden Menschen Wege genug geöffnet, Mich überall zu finden und Mein wirkliches Dasein anzuerkennen.

Der Glaubenslehre parallel läuft heutzutage die Lehre durch Überzeugung. Nur ein absichtlich blind sein Wollender wird das Dasein eines Gottes leugnen, welches doch in allen Ecken und Winkeln der Schöpfung, unten und oben, ja selbst in des Menschen eigenem Herzen trotz aller Gegenbeweise besteht.«

GM, Predigten des Herrn 01-025

»Geht aber hin, und lehrt die blinden Menschen so, wie Ich euch belehrt habe, und ihr werdet es nur zu bald erfahren, wie schwer die Menschen von ihrem alten (irrtümlichen) Wissen und von mystischen Vorurteilen abzuwenden sind!

Dazu gibt es auch eine Unzahl Menschen, die von ihren selbstsüchtigen Priestern und Beherrschern derart verdummt sind, dass sie solch eine Aufklärung im Wissen als einen niemals verzeihlichen Frevel gegen die „Götter" ansehen würden und einen Menschen gar übel zurichteten, der sie zu einem Frevel gegen ihre Götter verleitete.

Um bei den Menschen mit der Zeit in den Wissenschaften und den aus ihnen hervorgehenden Künsten eine volle Reinigung zu bewirken, muss ihnen zuvor Meine Lehre gepredigt worden sein, und die vielen Götzen samt ihren Priestern und Tempeln müssen zerstört werden. (Damit ist auch der heute stark entfesselte Weltgeist des Mammons gemeint, *HH*)

Ist das geschehen und Mein Evangelium, wenn auch durch viele falsche Propheten (wie es heute der überwiegende Fall ist, *HH*), den Menschen gepredigt worden, dann auch werden sie fähig, sich nach und nach in den Wissenschaften und Künsten zu reinigen; und diese werden dann ein Blitz sein, der vom Aufgang bis zum Untergange alles hell beleuchtet, was da auf der Erde ist. Unter dem „Aufgang" aber versteht man das Geistige, unter dem „Untergang" aber alles Naturmäßige.« (Lk.21,24 / Mt.24,27)

JL, Das Große Evangelium Johannes, Band 9, Kapitel 91

Wissenschaft und Glaube gehören zusammen, weil

Glaube Wissen schafft. Denn erst durch den Glauben an eine Lehre oder Hypothese wird man Tätig und dringt zur Wahrheit, bzw. den Fakten vor. Glauben heißt nicht Wissen, aber ohne vorherigen Glauben an etwas gibt es auch kein Wissen! Der Glaube an Gott in Jesus ist die Bedingung zur Annahme Seiner Lehre. Aber nur durch das Tun nach Seinem Wort gelangt man zur Wahrheit und Offenbarung Gottes in sich selbst durch die Gnade! Der Unterschied liegt nur darin, dass die Wissenschaft die Wahrheit in der Materie, in Raum und Zeit, sucht mit einem Organ (Gehirn), das nur in Raum- und Zeitbegriffen arbeiten kann, weil es selbst nur Materie ist. Der Gottgläubige aber benutzt ein Organ für seine Wissenschaft, das nicht aus Materie, sondern aus Geist besteht... das ist der Unterschied! Der Geist ist im Gemüt des Menschen, welches aus seiner Liebe, seinem Wollen und der Kraft aus beidem besteht! So tritt man mit jener, wie Planck sagt, bewussten, intelligenten Kraft in Verbindung, welche die Materie-Teilchen in Schwingung versetzt. Die Wahrheit ist der Geist in allem, der Geist ist Gott und Jesus ist Gott. Daher sagte der Herr: "Ich bin der Weg, die Wahrheit und das Leben!"

Wahrzeichen der Kirche Christi. Vom lebendigen Glauben

Jesu Geistes Wirken ist das Wahrzeichen der Kirche, die Er Selbst auf Erden gegründet hat. Immer wieder muss Er es uns sagen, dass wir nur daran Seine Kirche erkennen, dass wir nur dann Anhänger der Kirche Christi sind, wenn der Geist in uns wirken kann, und wenn unser Denken erleuchtet ist, auch dann erleuchtet ist wenn wir keine außergewöhnlichen Dinge zu leisten berufen sind. Denn ein erleuchtetes Denken beweist die Kraft Seines Geistes, die aber erst dann sich äußern kann, wenn die Vorbedingungen erfüllt sind, d.h. wenn uneigennütziges Liebewirken die Bindung hergestellt hat von dem *Geistesfunken in uns* und Gottes Vatergeist.

Dann werden wir auch lebendig glauben können, denn *die Liebe* in uns hat den Glauben zum Leben erweckt, und der Geist in uns sieht nun hell und klar, welche Lehren der Wahrheit entsprechen, die wir dann auch mit Überzeugung vertreten unseren Mitmenschen gegenüber.

Solange wir noch in Irrtum dahingehen, solange unser Glaube nur ein Formglaube ist ohne Leben, so lange wirkt der Geist noch nicht in uns, und so lange können wir auch noch nicht sagen, der Kirche Christi - der von Jesus Selbst auf Erden gegründeten Kirche -

angehörig zu sein.

Schon dass wir Menschen dieses nicht wissen oder, wenn es uns gesagt wird, nicht glauben wollen, beweist, dass wir noch nicht Seiner Kirche angehören. Es beweist, dass unser Geist unerleuchtet ist, und es beweist, dass unser Erdenwandel nicht liebe-erfüllt ist, ansonsten von selbst unser Denken sich wandeln würde und wir diese Wahrheit erkennen könnten.

Wir sollten uns ernsthaft anregen lassen zu einem Lebenswandel in uneigennütziger Liebe, denn das ist erste Bedingung, um den Geistesfunken in uns zum Erwachen zu bringen, dass er nun wirkt in uns, dass er uns Erkenntnis der Wahrheit schenkt.

Aber wir sollten uns nicht an äußere Formen halten, und nicht daran, was unerleuchtete Menschen uns sagen, was sie wieder von unerleuchteten Menschen übernommen haben und nun starr als Wahrheit vertreten. Wir dürfen uns selbst die Wahrheit verschaffen, indem wir Jesus, den lebendigen Gott, darum angehen. Wir sollten uns nicht zufrieden geben mit einem Lehrgut, das uns vorgesetzt wird, sondern es zuvor überdenken, ehe wir selbst uns dazu bekennen, und Jesus um Hilfe bitten, die Wahrheit zu erkennen. Und so dies unser ernster Wille ist, wird Er wahrlich unser Denken recht lenken, weil Er will, dass wir zur Wahrheit gelangen, und alles tut, um sie uns zuzu-führen.

Nur unser freies Wollen ist dazu erforderlich und dass wir die Wahrheit *ernsthaft* begehren.

Gott kann Sich nicht einverstanden erklären mit

unserer Trägheit im Denken, Er kann uns Menschen nicht dafür loben, dass wir bedenkenlos glauben, was uns gesagt wird, ohne selbst zuvor dazu Stellung genommen zu haben.... Er verurteilt uns nicht, wenn wir trotz bestem Willen etwas nicht annehmen können zu glauben, auch wenn es die Wahrheit ist, jedoch aber dann, wenn wir annehmen, ohne nachzudenken, weil Geistesgut in uns zur Überzeugung werden soll, dies aber nur möglich ist, wenn wir uns damit auseinandersetzen in Gedanken und, um dann recht zu denken, Gott Selbst in Christus um Unterstützung angehen.

Wie freut Sich der Herr an einer solchen Bitte, die Er wahrlich erfüllt, aber wie selten steigt eine solche Bitte zu Ihm empor?!

Und darum wird es uns dann auch unmöglich sein, lebendig glauben zu können. Es wird unmöglich sein, dass Sein Heiliger Geist in uns wirkt, weil wir Ihm nicht das Recht geben, sich zu äußern. Und darum werden wir indem Fall auch niemals uns rühmen können, Seiner auf Erden gegründeten Kirche anzugehören, deren Wahrzeichen *das Wirken des Geistes im Menschen* ist, der uns „in *alle* Wahrheit leitet....", der uns auch erkennen lässt, dass unser Leben ein Leerlauf ist, solange wir nicht in der Liebe leben und uns durch die Liebe mit Gott in Jesus verbinden.

Liebe üben im nächsten Umfeld

Wohl uns, wenn wir unser Leben unter die Liebe stellen und alle Gelegenheiten wahrnehmen, diese auch anderen zu erweisen, denn das ist der kürzeste Weg zur Vollendung.

Die tätige Liebe schließt ja ein, dass wir Dem von ganzem Herzen glauben, Der uns diese Verheißung, dieses Wort gibt: JESUS CHRISTUS, Der uns in Seinem Leben auf dieser Erde schon bis ins Kleinste alles vorgelebt hat, auf dass wir nur noch in Seinen Fußstapfen zu wandeln brauchen. Auch Jesus hatte Stunden, wo Er ringen musste mit der Feindesseite, die Ihn immer wieder zu versuchen die Gelegenheit wahrnahm, aber sie konnte Ihn nicht zu Fall zu bringen, und sie vermag es auch nicht uns zur Niederlage zu bringen, denn wir dürfen Seine Kraft in Anspruch nehmen.

Und sind wir schon in irgendetwas gefallen oder schwach geworden, so gehen wir zu Ihm, Sein Herz ist offen für uns, uns sofort wieder die Wunde zu verschließen, dass der Feind uns und anderen nicht noch mehr Schaden zufügen kann.

Jesus umgibt uns mit Seiner brennenden Liebe und möchte uns doch so sehr beglücken, wie Er es nach unserer Fassungskraft nur tun kann. Oft muss Er Seine Fülle zurückhalten, weil wir nicht den leichten und einfachen Weg der Liebe gehen, der Liebe, die sich immer bezahlt macht, auch wenn sie nicht sofort den Lohn einbringt. Liebe ist eine Pflanze des Himmels, die einen anderen, dem sie von Herzen gebracht wird, ansteckt, die ihn umwandeln kann, die ihn geöffnet machen kann für Gottes Wort und das Evangelium.

Aber wer Liebe übt, der suche sich nicht da und dort einen Platz zum Üben, sondern fange bei seiner nächsten Umgebung an, bei denen, die ihm vom Schöpfer in den Weg gestellt sind.

Und wenn er da seine Aufgaben erfüllt, dann will der Herr ihm auch andere zuführen und wird ihn ausrüsten mit *Vollmachten*, die er braucht: mit *Weisheit*, *Güte*, mit *Geduld* und *Freundlichkeit*, mit allem, was zu dem Handwerkszeug eines Gotteskindes dazugehört.

Denn wir wissen es ja, dass der Feind uns Menschen so vernebelt, uns so einhüllt in den Tand dieser Welt, dass es oft großer Weisheit, gepaart mit Gottes Liebe, bedarf, den Panzer, der uns umhüllt, zu durchdringen, das Inwendige zu erreichen, und Jesus dann den Samen Seines Wortes in uns legen kann.

Jesus hat uns berufen, Ihm zu dienen, und Er ist Selbst Derjenige, Der es vollbringt. Aber um unserer Seligkeit willen dürfen wir mithelfen.

Und je mehr wir selbst uns aufgegeben haben und täglich sterben unseren Gelüsten, um so leichter wird es uns werden, auch an andere weiterzugeben, was uns geworden ist. Denn wo Gottes Segen fließt, da will er weiterwirken, da will er nicht eingesperrt sein in den

Herzen, denn sonst müsste Gott den Zufluss sperren, er würde alle Dämme brechen. Aber weil Er ein jedes Herz bei Sich erhalten will, so geht Er auf uns ein und bringt uns dennoch ans Ziel, zu dem wir berufen sind. Durch die äußeren Umstände, durch unsere Mitmenschen, ja durch alles, was uns schwer scheint, arbeitet der VATER auch an uns und vollendet uns.

Wahrer-Christ und Namens-Christ

Ein gläubiger Christ muss auch nach seinem Glauben leben, d.h. in der Nachfolge Jesu Christi, Der den Menschen ein rechtes Leben auf Erden vorgelebt hat und also den Glauben an Sein Erlösungswerk fordert, um von Ihm als Christ anerkannt zu werden.

Die christliche Lehre muss aus dem Herzen heraus befolgt werden, denn die Liebe ist es, die Christus fordert von den Menschen, eine Liebe, die ohne Eigennutz ist und darum auch erlösend wirkt, eine Liebe, die Opfer zu bringen bereit ist, eine Liebe, wie sie Jesus den Menschen bewiesen hat durch Seinen Tod am Kreuz.

➔ Ein rechter Christ zu sein heißt also: Sein inneres Wesen zur Liebe zu gestalten im Glauben an Jesus Christus, denn ohne den Glauben an

Ihn ist der Mensch nicht fähig zu dieser Wesenswandlung.

Er kann wohl auch glauben an Ihn und doch nicht in der Liebe wandeln. Dann aber ist es nur ein Formglaube, ein Verstandesglaube, der wohl eine Existenz des Menschen Jesus gelten lässt und vielleicht auch Seinen Kreuzestod, der aber nichts weiß über die Bedeutung des Opfers, das der Mensch Jesus für die Mitmenschen gebracht hat. Denn das Verständnis dafür geht ihm erst auf, sowie er sich in der Liebe übt, weil ihm dann erst sein Geist durch das Herz das rechte Verständnis dafür gibt. Darum heißt "Christ sein" als erstes "in der Liebe leben", und dann bekennt sich auch der Mensch zu Jesus Christus als Erlöser der Welt.

Ein Mensch ohne *uneigennützige* Liebe aber ist niemals ein Christ, und ob er sich vor der Welt auch dafür ausgibt. Denn es geht bei dem Begriff Christentum niemals nur um den Glauben an die Existenz Jesu, es geht darum, dass der Mensch so lebt, wie Jesus Christus auf Erden gelebt hat, um den Namen Christ mit Recht führen zu können.

➔ Darum ist in der Welt kein rechtes Christentum mehr, trotz Kirchen und Glaubenslehren, denn der Geist Christi fehlt.

Es sind die Menschen unerlöst, d.h. ungeweckten

Geistes, weil Jesus Christus nicht wirken kann, wo die Liebe nicht vorhanden ist. Und die Liebe ist völlig erkaltet unter den Menschen. Ob arm, ob reich, ob hoch, ob niedrig, allen fehlt das Wichtigste des Christentums: *Die Liebe...*

Das Erlösungswerk Jesu wird von den Menschen nicht mehr in Anspruch genommen (durch die tätige Gottes- und Nächstenliebe, was das "Im-Glauben-Annehmen" im Geist und in der Wahrheit bedeutet), sie stellen sich außerhalb derer, für die Jesus Christus gestorben ist; sie sehen wohl das Kreuz, weil sie Jesus als Mensch und Seinen Kreuzestod nicht leugnen können. Aber es ist für sie ganz bedeutungslos geworden, es sind nur tönende Worte ohne Sinn und Kraft, weil die Liebe erst das Verständnis erschließt, die Liebe aber erstorben ist.

Für diese Menschen starb der Herr vergeblich am Kreuz, und doch nennen sie sich Christen... Keiner von ihnen macht sich die Bedeutung klar, keiner von ihnen bemüht sich, ein wahrer Christ zu sein, und viele Namens-Christen schauen verächtlich herab auf die Menschen, die in ihren Augen Heiden oder Ungläubige sind, weil sie nicht einer offiziellen Kirche oder Gemeinschaft angehören!

Und es wird für alle diese ein furchtbares Erwachen sein dereinst, wenn sie unerweckten Geistes von der Erde geschieden sind und sie Rechenschaft ablegen sollen über ihren Lebenswandel, wenn der Grad der Liebe so niedrig ist, dass kein Lichtschein ihn begleitet bei seinem Eintritt in das jenseitige Reich. Dann erst werden sie suchen müssen nach dem Erlöser der Menschheit und Ihn nur schwer finden, weil sie keinen rechten Glauben hatten an Ihn, ohne Den sie aber niemals selig werden können...

Wüssten die Menschen doch nur, was sie sich verscherzen auf dieser Erde durch ihre laue Einstellung zu den wichtigsten Dingen... wüssten sie, wie bitter sie es dereinst bereuen müssen...

Man kann niemals ohne Liebe selig werden! Man muss als ein wahrer Christ seinen Weg auf Erden gehen, man muss Jesus nachfolgen, d.h. Seine Gebote halten, und dann erst wird der Glaube an Ihn ein lebendiger sein, dann erst wird man Jesus Christus vor der Welt bekennen. Man wird für Ihn eintreten und als von Ihm erlöst (erweckt) auch den Mitmenschen eine rechte Erklärung abgeben können, dass und warum Er anerkannt werden muss, dass und warum es ohne die Erlösung durch Jesus Christus kein ewiges Leben gibt, und dass vor Gott nur das rechte Leben im Geiste Jesu gewertet wird, nicht aber das nach außen zur Schau getragene Christentum, das in Wahrheit kein Christentum ist!

Was es heißt, Jesus zu folgen. Der Heilige Geist und wie Er Sich äußert

JESUS CHRISTUS folgen bedeutet: Überwinden! All das überwinden, wo unser Herz noch an Dingen hängt, die uns von Ihm trennen.

Wohlleben macht träge und in der Trägheit liegt der Keim des Übels. Das Kreuz, weltliche Not und seelische Drangsal, schickt nicht die Welt (respektive der Feind, wie es immer so einfach heißt), sondern es ist dies eine Gnadenzulassung Gottes, denn die Not des Lebens ist ein Gefäß des Lebens. Wir sind nicht zu einem weltlichen, vergänglichen Wohlleben auf Erden bestimmt, sondern dazu, freie Geister zu werden und Gottes Geistleben in uns zu wecken und zur Entfaltung zu bringen durch den Erdengang, um für ewig wieder eins mit Ihm zu werden... was die Wiedergeburt des Geistes in Wahrheit bedeutet!

Der Geist Gottes kann sich umso mehr in uns ausbreiten, je weniger unser Herz in irgendeiner Form noch Teil der Welt ist... daher die Zulassung des Kreuzes, d.h. der Drangsale, denn im Kreuz liegt die Erlösung für uns.

Die Charismatiker lehren heute, durch das bloße „Im-Glauben-Annehmen" des Kreuzestodes Jesu, und den alleinigen Glauben an Ihn, errettet zu sein. Diese

„Glaubensgerechtigkeit“ ist eine Irrlehre und bedeutet genau so viel oder wenig, wie, dass der Glaube an ein gutes Essen allein uns schon sättigt.

Jesus lehrt uns das Leben verstehen. Es ist wie eine Gleichung: Ursache und Wirkung. Liebe gebiert Wahrheit, wie die Wärme das Licht gebiert. Die Kraft aus Liebe und Wahrheit in ihrer Wirkung ist der Heilige Geist, wie die Kraft aus Wärme und Licht in ihrer Wirkung die Flamme ist. Gott ist Geist, und Sein Urgrundwesen ist die Liebe. Aus Ihr geht die Wahrheit hervor, sie zeugt also die Wahrheit.

Daher ist Liebe der *Vater* und Wahrheit der *Sohn* und ihr Wirken ist der *Heilige Geist*. Jesus ist der Sohn, weil Er das Wort, die Wahrheit und die Erkenntnis des Vaters ist. Deshalb kommt niemand zum Vater, denn durch Ihn.

Im Klartext: Leben wir die reine Liebe, welche die Jesusliebe meint, die aufopfernd und dienend ist... die für sich selbst nichts fordert, aber um so mehr für andere... die nicht nur nimmt, sondern sich hin gibt, die von allen der Geringste und jedermanns Diener sein möchte, und die voller Sanftmut und Erbarmen ist... die tätig ist... dann gebiert dieser Liebegeist (der Vater) in uns die Wahrheit. Wir erlangen Erleuchtung und nun erst wirkt der Heilige Geist in uns als der Kraft aus Liebe und Wahrheit!

Wir können also den Heiligen Geist weder heraufbeschwören, z.B. durch mantramäßige Ausrufe oder einen kollektiven Verzückungstaumel, noch durch ein

Leben im alleinigen Glauben nur einfach so empfangen, sondern Dieser ist die natürliche Folge aus einem Leben in der Liebe und der Wahrheit.

Es hat also niemand den Heiligen Geist, der nicht auch voller selbstloser Liebe ist.

Die Liebe aber ist arm für sich und reich für andere... das bedeutet: Wer den Heiligen Geist hat, der führt ein weltlich überaus bescheidenes Leben. Er ist arm für die Welt und er hat auch kein Streben in sich nach irgendeinem Weltwohlstand, sondern flieht diesen wie die Pest, denn dieser trägt den (geistigen) Tod in sich.

Er hat in allen Dingen Erkenntnis, auch in solchen, wovon die Bibel nicht berichtet, wie: vollkommene Begriffe vom Jenseits und von der Welt des Geistes. Er durchschaut die Materie tiefer als die schärfsten Mikroskope und weiter als die größten Teleskope. Er kennt das Warum und den Aufbau der materiellen Schöpfung ebenso, wie der eigentlichen und dieser vorangestellten Geistigen. Es gibt nichts Verborgenes mehr für ihn, denn der Geist Gottes Selbst lehrt und zeigt ihm all dies inwendig im Herzen, und auch das äußere Wort ist ihm geistig aufgeschlossen...

Alles nur die Folge aus der aufopfernden, dienenden, für sich armen Christusliebe: dem Trinken des Blutes Jesu, dem lebendigen Glauben durch die Tat, nach dem Essen Seines Fleisches, was die Aufnahme Seines reinen Wortbrotes ist. Der Glaube an Jesus allein nützt da wenig, das tut selbst Satan, es ist dies nur die Bedingung zur An- und Aufnahme Seiner göttlichen Wahrheit, sondern nur die Werke der Liebe haben da Lebenswirkung.

Widerspruch in der Bibel: Frieden und Schwert

(Matthäus 10, 34)

Ihr sollt nicht meinen, dass ich gekommen sei, Frieden auf die Erde zu bringen. Ich bin nicht gekommen, Frieden zu bringen, sondern das Schwert!

Jesus heißt beim Propheten Jesaja (9,6) ein „Fürst des Friedens". Wie reimt sich das zusammen: Friedensfürst und Schwert? Das ist doch ein offenbarer Widerspruch. Aber in Gott gibt es keine und darf es keine Widersprüche geben. Predigte Er nicht immer Liebe, Demut und Geduld? Sagte Er nicht zu Petrus: „Stecke dein Schwert in die Scheide?"(Joh.18.11) Das heißt: Töte nicht! Und steht nicht in der Offenbarung des Johannes: „Wer mit dem Schwert tötet, der soll mit dem Schwerte getötet werden?"(Offbg. 13,10) … Das sind lauter Widersprüche, weil wir die Bibel, die ein geistiges Buch ist, nach materiellen Buchstaben deuten, statt sie mit dem lichten Geist (Eph.6,17) zu erfassen.

Das Schwert, das Jesus, der Geist der göttlichen

Liebe (Joh.I, 4,8-16; Mt.22,37-40) und der Fürst des Friedens im Sinn hatte, ist das Schwert des geistigen Kampfes gegen das *eigene* Fleisch, was voller Untugenden, böser Eigenschaften und Laster ist, die den Menschen andauernd zur Sünde reizen und ziehen... nicht aber ein materielles Schwert, womit man den Körper tötet.

Im Vers 35 heißt es weiter:

(Matthäus 10, 35)

Denn ich bin gekommen, den Menschen zu entzweien mit seinem Vater und die Tochter mit ihrer Mutter und die Schwiegertochter mit ihrer Schwiegermutter.

Diese Verse wörtlich aufgefasst ergeben keinen vernünftigen Sinn, ja sie sind sogar ganz widersinnig und gegen die Ordnung Gottes und gegen den gesunden Menschenverstand.

Diese gewaltigen Widersprüche, verglichen mit anderen Lehren der göttlichen Liebe und Weisheit, die im neuen Bund die Wahrheit Jesu bilden, sind geeignet für das Wort Jesu: „bittet und es wird euch gegeben“(Lk.11.9). Paulus sagte wohl: „Prüft alles, das Gute behaltet“(1.Thess.5.21); aber Jesus hat nie gesagt: Kritisiert, spottet und zieht in den Dreck, was euch nach eurer Vernunft nicht weise erscheint, sondern: „Selig sind die Armen im Geiste“(Mt.5.3), das heißt die Demütigen, „denn ihrer ist das Himmelreich“(Mt.5,3) das heißt: Erkennt eure Unwissenheit und Unfähigkeit und kommt demütigen Herzens zu Jesus und bittet Ihn um Erleuchtung, Antwort und Erklärung und sie wird euch zuteil werden.

Kommen wir nun aber zur Deutung dieses Bibeltextes:

Der Vater des Menschen, der hier gemeint ist, heißt im übertragenen Sinn: der *Hochmut* (der Verstandesweisheit), er ist derselbe Teufel, von dem Jesus zu den Pharisäern sagte:

(Johannes 8, 44)

Der Teufel ist euer Vater, und die Wünsche eures Vaters möchtet ihr gerne vollziehen. Von Anfang war er ein Menschenmörder und bestand nicht in der Wahrheit; denn in ihm ist keine Wahrheit. Wenn er lügt, so spricht er, was ihm recht eigen ist; denn er ist ein Lügner und ein Vater der Lügner.

War es denn nicht OK, dass Jesus gekommen ist, durch Seine Lehren diesen Teufel von den Menschen zu trennen? Denn dieser ist der Vater der Lüge im Menschen und ist ein Teufel, der den Menschen in die geistige Finsternis der Hölle (= Gottesferne, bzw. Lieblosigkeit) bringt.

Jetzt kommen wir zur Trennung der Tochter von ihrer Mutter. Was bedeutet hier Tochter und was Mutter? Die Tochter ist die „Weltweisheit", die Mutter aber die „Verstandcskluge Selbstsucht“, darum muss die Weisheit von ihrer Mutter getrennt und durch die Lehre der Liebe erzogen und selbst zur Liebe werden.

Und wer ist die Schwiegertochter, die von der Schwiegermutter getrennt werden soll? Die Schwieger-mutter ist die „Selbstliebe“ und die Schwiegertochter heißt „Begierde“. Diese Schwiegertochter muss von ihrer Schwiegermutter getrennt, und durch die Lehre der Nächstenliebe in die Barmherzigkeit und Selbstlosigkeit umgewandelt werden, wodurch die Begierde der Selbstliebe sich verliert und sich in eine die Menschen beglückende Tugend der christlichen Liebe verwandelt.

Im Vers 36 heißt es weiter:

(Matthäus 10, 36)

und die Feinde des Menschen werden seine eigenen Hausgenossen sein.

Und wer sind diese Hausgenossen? Diese Hausgenossen sind alle Untugenden und schlechten Eigenschaften, die den Menschen vom Geistigen zur Materie ziehen (das ist die Anti-Entrückung oder auch die „Abrückung“ vom Geist), daher sind sie Feinde des Menschen, weil sie ihn in den Tod des Geistes ziehen, und ihn nach dem leiblichen Tod in den Zustand der Hölle bringen!

(Matthäus 10, 37)

Wer Vater oder Mutter mehr liebt als mich, der ist meiner nicht wert; und wer Sohn oder Tochter mehr liebt als mich, der ist meiner nicht wert.

Das heißt also: Wer den Hochmut seiner Verstandes-klugheit und die verstandeskluge Selbstsucht mehr liebt als Jesus (= als die Demut), der ist Seiner nicht wert (= der kann sich Ihm nicht annähern); und wer die kluge Verstandesweisheit und die Weltweisheit mehr liebt als Jesus, der ist Seiner nicht wert.

Nun kommt Lukas (14,26) an die Reihe, wo es heißt:

(Lukas 14, 26)

So jemand Mir nachfolgen will und nicht entsagt seinem Vater, seiner Mutter, Weib und Kindern, Brüdern und Schwestern, ja sogar seinem eigenen Leben, der kann nicht Mein Jünger werden.

Dieser Vers bei Lukas besagt: Wer nicht entsagt seinem Hochmut, der Verstandesweisheit, seiner verstandesklugen Selbstsucht, seiner Fleischliebe und deren Gedanken-bildern, seinen Klug- und Weisheiten, ja sogar seinem eigenen Leben in den angeführten Untugenden, der folgt Jesus *nicht* nach!...

Die letzte Forderung der Jesu Liebe an einen Menschen, der Sein Kind werden will, ist es: Dass er sein Kreuz, das Er ihm auferlegt, aus Liebe zu Ihm willig tragen muss, damit er Seiner wert wird. Darum sagte Jesus: „Kommet alle zu Mir, die ihr mühselig und beladen seid, Ich will euch erquicken.“(Mt.11.28) Denn wenn Jesus jemandem ein schweres Kreuz auferlegt, so soll er nicht gegen Ihn murren, weil es ihm für seine Heilung aufgeladen ist!

(Matthäus 10, 38 und Lukas 14, 27)

Und wer nicht sein Kreuz auf sich nimmt und Mir nachfolgt, der ist Meiner nicht wert.

Die wahre Taufe

Bedenken wir einmal welche Auswirkung wir der äußeren "Taufe" zugestehen!.... Man führt bloß eine einfache äußere Handlung aus und schon ist man von geistigen Erfolgen überzeugt: sei es die Freiwerdung von der "Erbsünde", sei es die Aufnahme in Jesu Kirche, die Aufnahme in eine religiöse Gemeinschaft.

Doch alles dieses muss sich der Mensch doch selbst erwerben während seines Erdenlebens, er muss von der Sünde sich erlösen lassen durch Jesus Christus im freien Willen. Also gehört dazu mehr als nur der äußere Taufakt, denn wir können uns "Jesu Kirche" nur angliedern im freien Willen, durch ein bewusstes Leben in Seiner Nachfolge, so dass wir durch die

Liebe zu einem lebendigen Glauben gelangen, dem Merkmal der von Ihm Selbst auf Erden gegründeten Kirche.

Alles, was geistig von uns verlangt wird, womit unsere Seele allein fertig werden soll, das haben wir mit irdischen Begriffen verschmolzen und uns selbst etwas aufgebaut. So wird eifrig befolgt und als Gottes Wille begründet, was Menschen von Menschen verlangen, was aber nicht Gottes Wille ist.

Immer wieder muss uns daher darüber Aufklärung gegeben werden, doch solche Aufklärungen nimmt man nicht an, sondern immer eifriger kommt man den menschlich erlassenen Geboten nach, während man Jesu Gebote der Gottes- und Nächstenliebe unbeachtet lässt und daher stets finstereren Geistes wird und zuletzt keine Möglichkeit mehr besteht, das Falsche unseres Denkens und Tuns zu erkennen.

Wir Menschen haben uns selbst eine Fessel angelegt, indem wir meist widerspruchslos alles als Wahrheit annehmen, was uns als "Gottes Wort" nahe gebracht wurde. Alle Seine Worte legen wir rein irdisch aus, doch des geistigen Sinns achtet man nicht, und dadurch sind Irrtümer entstanden, die nur dann bereinigt werden können, wenn wir liebe-erfüllt sind, denn dann wird es in uns selbst Licht, und wir erkennen es, wenn wir uns im Irrtum bewegen. Uns werden alle menschlich erlassenen Gebote und sakramen-talen Handlungen erkenntlich sein als Irreführung, die nur ein finsterer Geist hinstellen konnte als göttlichen Willen und man wird sich zu lösen versuchen vom Irrtum in der Erkenntnis der reinen Wahrheit, die allein unserer Seele zum Heil dienen kann und die allein nur jener Mensch wird als Wahrheit erkennen, der in der Liebe lebt, der also Jesu Liebegebot als erstes erfüllt und dann auch sich im rechten Denken bewegen wird.

Der wiedergeborene Christ

Christen sprechen heute vielfach und fälschlicherweise davon, mit dem bloßen „im Glauben annehmen“ von Jesus und einem öffentlichen Glaubensbekenntnis bereits "wiedergeboren" zu sein. Die richtigere Bezeichnung aber ist die "Neugeburt" der Seele, denn erst aus dem freien Willensbekenntnis der Seele kann der göttliche Geist in die sie nach und nach einzuwirken und einzufließen beginnen, was die wahre Lebenstaufe ist, welche mit der gleich-zeitigen Läuterung der Seele (der Reinigung von der Selbstsucht) einhergeht. Am Ende dieses Prozesses steht die Vollendung der Seele, was die eigentliche Wiedergeburt, also das völlige Einssein der Seele mit dem Geiste aus Gott in ihr, bedeutet.

Dieses hohe Ziel wird aber für gewöhnlich erst jenseits des Fleisches erreicht. Möglich aber wird die

Erreichung dieses hohen Zieles der Lebensvollendung erst durch die volle Annahme des Evangeliums Jesu Christi und dem bedingungslosen Handeln nach Seinem Wort. Doch nur wer Sein Wort um des Guten und Wahren selbst willen annimmt und tut, nicht aber etwa um eines, wie auch immer gearteten, Lohnes oder Vorteils wegen, der gelangt, für ihn unmerklich und unbemerkt von Außen, zur geistigen Wiedergeburt.

Von der Wiedergeburt des Geistes und der Entrückung

Unser Denken ist zunächst materiell gerichtet, weil wir ins Fleisch geboren sind, und unser Hirnverstand nur in Raum- und Zeitbegriffen denken kann. Der Geist aber ist die Realität und die Materie nur sein matter Schein. Der Geist durchdringt die ganze Materie, während Letztere nur die Hülle ist; wie bei einer Frucht, die im Keim das Leben trägt. Die geistige Wiedergeburt ist das Ergebnis eines Wachstumsprozesses, welcher von der geistigen Kraft im Keim seinen Ausgang nimmt und vorangetrieben wird.

Was Christen heute zu allermeist unter „Wiedergeburt" verstehen, wäre lediglich die grundsätzliche Entscheidung des Keimes, sich in die Erde zu begeben und seiner Außenbetrachtung nach zu sterben, damit der Geist in ihm erstehe. Doch dazu bedarf es für den gläubigen Christen, nach seiner Entscheidung für Gott, auch der ernsten Nachfolge Jesu und einem Leben im Wort Gottes und der aufopfernden und dienenden Jesusliebe.

Der Geistfunke Gottes ruht im Menschenherzen, und er bleibt solange untätig, bis der Mensch sich für Jesus entscheidet. Aber ein Keim (Geist) muss die rechten Bedingungen vorfinden für sein Wachstum: Da wäre einmal ein gutes Erdreich, was ein liebendes Herz des Menschen ist. Weiter braucht er Wasser, das ist die rechte Demut des Herzens, ganz in den Willen Gottes überzugehen. Daneben muss viel Licht auf ihn einwirken, was das reine Wort Gottes bedeutet, und zu guter Letzt allerlei äußere Gegebenheiten, an denen er sich erproben, stärken und emporwachsen kann. (siehe: das Gleichnis vom Acker, Senfkorn, Sämann, etc.)

Alles dies braucht Zeit, Kampf, Mühe und Geduld! Es beginnt der Mensch dann, während solch eines lebendigen Glaubenslebens, mehr und mehr mit den Augen des Geistes die Außenwelt zu betrachten und von Innen heraus zu durchschauen. Es wird ihm Gottes Weltenplan, die Schöpfung und Seine unermessliche Liebe und Weisheit, erst leise ahnend, dann mehr und mehr innerlich klar, was eine große Wonne und Glückseligkeit in ihm bewirkt. Er wird keinen Tod mehr sehen und fühlen, sondern nur das Leben, welches der Geist ist, der alles erhält und durchdringt... Seine Seele ist gleichsam entrückt vom vergänglichen, materiellen Leben des Fleisches, wozu ja auch der Verstand des Menschen zählt, und hin gerückt zum inwendigen Geist in ihr.

Dies bedeutet die „Entrückung“ in Wahrheit, wenn die Seele des Menschen ganz in den ihr innewohnenden Geist aus Gott übergegangen ist. Und dann lebt der Mensch schon diesseits im Himmel, was das geistige Schauen ist, und dann ist er wahrhaft wiedergeboren, wenn der göttliche Geist die Seele ganz durchdrungen hat. („Nun lebe nicht mehr ich, sondern Christus lebt in mir“Gal.2.20). Äußerlich aber verändert sich dabei nichts beim Menschen, außer, dass er das Weltleben flieht und sehr genügsam ist.

Was die Christen heute mit der Wiedergeburt meinen, ist letztlich und grundsätzlich erst einmal der Anfang dieses Prozess, der überaus entscheidend ist, welcher aber den Menschen zu diesem Zeitpunkt noch nicht in das geistige Leben eingeführt hat. Daher wundern sie sich auch über das Ausbleiben der Verheißungen („und hättet ihr Glauben, wahrlich, ihr könntet Berge versetzen“Mt.21.21). Doch große Äußere Veränderungen meint das alles nicht, aber um so mehr Innere:

Der Buchstabe der Schrift schließt sich auf, und plötzlich sieht man seinen geistigen Gehalt. Da sind die genannten „Berge“, die der Glaube versetzt, keine Materieberge, sondern unüberwindbare Hindernisse, welche die göttliche Ordnung von der Widerordnung trennen oder den Geist von der Materie, und der Weg, hin zum geistigen Schauen durch den lebendigen Glauben (welcher Glaube erst durch die Liebe lebendig wird), nun durch nichts in der Welt mehr verstellt werden kann!

Kapitel 11: Von Glaubensansichten & Geistwirken

Markt der Religionen

Das Leben in der Welt ist bestimmt von kaufmän-nischem Denken: „Gebe ich dir etwas, gibst du mir etwas.“ Der Einsatz der Kräfte muss einen Gewinn einbringen. Wer sich diesem Gesetz nicht unterwirft, ist ein Dummkopf, ein Spinner, von der Welt verachtet und ausgestoßen. Dieses Gesetz beherrscht nicht nur die materielle Welt, es beherrscht auch die Geisterwelt der niederen Sphären und die Vielzahl der irdischen Religionen. „Gibst du mir, gebe ich dir!“, „Wenn der Taler in dem Kasten klingt, die Seele in den Himmel springt.“ Wenn ich eine Pilgerreise antrete, bringt diese mir eine Gebetserhörung. Eine Wallfahrt zur Mutter Gottes, zu bestimmten „Heiligen“, auf den Berg Ararat oder auf einen anderen „heiligen“ Berg, bringt mir einen Gewinn, tausendfach bekundet in Dankestafeln, weggeworfenen Krücken und Ähnlichem.

Die Welt braucht handfeste Beweise, und die Religionen brauchen ihre „Wunder und Heilige“, diesseitige und jenseitige. So ist das Volk zufrieden, tut was für die „heiligen“ Helfer und erhält von ihnen etwas zurück. Ein wahrer Jahrmarkt religiöser Gebräuche, magischer Riten, Amulette und Medaillen, „heilige“ Wässer, Gebetsmühlen und Rosenkränze usw.

Und am Ende der Tage fahren die Seelen Lebens- und lichtlos wenn nicht in die Hölle, so doch an den Abgrund der Finsternis, denn Satan sitzt auf den Altären gleich welcher Religion und belohnt seinen Anhang fürstlich, um ihn am Ende seiner Herrschaft zu unterwerfen.

Gottes, des Herrn JESU Reich aber ist nicht von dieser Welt! Immer wieder sagt Er dies. Sein Reich ist ein Reich des Geistes und wird mit dienender Liebe am Mitmenschen aus *selbstlosem* Antrieb gebaut, aus den jeweiligen Taten der Liebe und wächst und entsteht im Herzen eines jeden Menschen, der aus Gottesachtung nach besten Kräften seine Mitmenschen unterstützt und über die Liebe zum Mit-menschen zur Gottesliebe findet oder über den direkten Weg zum Herrn, in der stillen Zuwendung im eigenen Herzen. Wer sucht, der findet, wer anklopft, dem wird aufgetan! (Mt.7.8)

Eine kritische Anmerkung zum Kirchenleben von heute

Viele Gläubige haben gar keinen richtigen Begriff von „Seligkeit“ und glauben, diese bestehe darin, dass alle Wünsche nach dem Tod befriedigt werden, während doch solche oft mit allem Recht in die untere Hölle gehören, weil sie vielfach einen Hass in sich tragen und Rachegedanken gegenüber Ungläubigen und Andersgläubigen hegen. Solche Menschen freuen sich insgeheim über das traurige Schicksal anderer, und wollen dann gleichzeitig mit einem Ruck in den Himmel eingehen, um dort selig leben zu können, während sie doch selbst alle Störungen am Frieden in sich tragen.

Für solche sind die verschiedenen Glaubensansichten nur ein Deckmantel, denn sie ziehen alle Stellen aus der Heiligen Schrift hervor, die sie passend finden, um ihre angewöhnten Leidenschaften zu entschuldigen. Haupt-sächlich wird die (kirchliche) Versöhnungslehre ganz zu ihrem Vorteil angenommen und gedeutet.

Würden die Menschen bedenken, dass die Versöhnung dazu geschah, damit Gott wieder mit den Menschen verkehren kann, so müsste die erste und ernste Frage sich ihnen aufdrängen: „Wie weit verkehre denn ich mit meinem Gott und habe lebendige Beziehung mit Ihm?“, und viele müssten dann einsehen, dass, anstatt eine Annäherung an Gott zu suchen, sie Ihn lieber in den aller obersten Himmel wünschen, und sich damit entschuldigen, dass sie nicht würdig genug seien, Ihm gegenüber es zu wagen und zu glauben, dass Er, als der Allgegenwärtige, stets bereit ist, Sich mit ihnen zu besprechen und mit ihnen zu verkehren.

Und viele Gläubige, die nicht gewohnt sind den Herrn selbst zu suchen, folgen blindlings der Vorschriften solcher Lehrer, die Gott so weit als möglich und so unnahbar als möglich verkünden, damit ihr eigenes Mittleramt desto mehr Bedeutung erlangt.

Würde die jetzige Christenheit mit Liebe und wirklichem Bemühen, Jesus, den Herrn, im wahren Licht zu erfassen, die Bibel lesen, dann könnte unmöglich so vielerlei Auslegung dabei vorkommen, sondern Gottes heiliger Geist würde alle in die Wahrheit leiten. Doch der Verdrehung der Bibelworte bedient man sich gerne, weil sie so dem weltlichen Menschen angenehmer sind und ihm besser zusagen.

Überall in der Schrift finden wir in Gottes Wort, dass das „Tun des Willen des Vaters“ mit verbunden sein muss, um die Rechte zu erhalten, welche Jesus denen verheißt, die Ihn als vom Vater ausgehend erkennen. Nirgends in der Schrift steht geschrieben, dass zwischen Sohn und Vater eine Versöhnung stattfinden muss, um vereint zu werden... viele von den

Unaufgeklärten verstehen es aber doch so, und meinen auch, Jesus habe Sich mit dem Vater erst im Tode völlig vereint. Es heißt aber doch deutlich: „Ich und der Vater sind Eins“(Joh.10.30), eins in der Liebe, in der Gerechtigkeit usw.!

Die Lehre des Evangeliums ist immer noch verdunkelt durch menschliche Auslegungen, die den Gläubigen gegeben werden, weil eigenliebige Interessen (die Herrsch- und Gewinnsucht) bei den jetzigen Lehrern noch zu sehr mitwirken. Darum kann Seine göttliche Wahrheit nur allein durch den Heiligen Geist ganz erlangt werden, Welcher bereit ist, Allen beizustehen, die Gott in Jesus wirklich erkennen und lieben möchten. Diese werden das Verhältnis zwischen Vater und Kind lebendig in sich selbst erfahren, und es so weit bringen, dass auch sie sagen können: „Ich und der Vater sind eins“, oder: „Ich bin mit des Vaters Willen vollkommen einverstanden.“!

Das Vertrauen der Menschen zu Gott ist (im Verhältnis Seiner Liebe zu uns) sehr klein. Die Versöhnungslehre vom Kreuz ist für Viele zu unfassbar, und wenn sie quasi aus der Angst ihres Herzens diese ergreifen und Seine Gnade ihnen diesen Trost zukommen lässt, so führt es doch zu keiner wahren Freude mit Jesus, als dem Vater, zu verkehren, sondern erzeugt immer wieder Furcht. Darum ist es von so großem Wert, dass der Heilige Geist in uns das wahre Licht anzündet, damit Vater, Sohn und Geist in uns aufgenom-men, geehrt und geliebt werden kann...

Äußere Kirche ist nicht entscheidend für Errettung

In einem Gemeindebuch steht zusammengefasst: Wer nicht zu uns gehört, ist auf ewig verdammt! Eine andere Gemeinde, die mit einer Verdammnis kein Geschäft mehr machen kann, spricht neuerdings vom Ewigen Tod (!), natürlich immer auf Kosten anderer. Von Gemeinde Nr. 3 kamen welche und begrüßten mich: „Wir wollen Sie bekehren." Da konnte ich mich nicht enthalten sie aufzufordern: „Also bitte, fangen Sie an!"... Ich lag im Krankenhaus mit einer Frau von Gemeinde Nr. 4 zusammen. Ihr Mann war Prediger. Gleich am Tag nach meiner Entlassung kam er und sagte, ich solle umkehren. Ich fragte: „Wohin?" Da ich an meinen Heiland Jesus Christus glaube, müsste ich mich ja von Diesem wenden, und das könne der Herr Prediger wohl kaum verlangen. Da kam es heraus: Zu „seiner" Gemeinde; bloß bei ihnen würde ich einst selig werden.

Diese Beispiele können uns genügen, um die Gefahr völliger Zersplitterung der Christenreligion zu sehen. Solche Wirrnisse gab es in der Urgemeinde auf der Höhe nicht. Sie stand im unmittelbaren Verkehr mit Gott und pflegte eine gesegnete Gemeinschaft.

Heute sucht man aus dem toten Punkt die Stütze. Wie man einst die Satzung über das Gesetz erhob, so heute einen Lehrsatz über die freie geistige Entwicklung. Doch es steht geschrieben: „Der Buchstabe tötet, aber der Geist macht lebendig“(2.Kor.3,6). Um diesen lebensvollen Geist sollten alle Christen einmütig ringen, wie einst die Pfingstgemeinde zu Jerusalem. Schadet es denn, so jemand katholisch, der andere evangelisch, usw. ist, wenn doch alle besten Willens sind ihrem Schöpfer zu dienen? Solche Basis bringt die Einigung.

Es gibt keinen Grundtext, der von bleibender Verdammnis spricht. Gott ist ein Gott ewiger Erbarmung! Wohl mag jeder wissen, dass Böses eine ungute Folge nach sich zieht. Diese kann sehr lange währen, wo das Prädikat „ewig“ anzuwenden ist in unserer beschränkten Zeitbegrifflichkeit. Ein Beispiel: Jemand, der mit viel Schmerzen schlaflos eine ganze Nacht verbringt, wird diese wie eine Ewigkeit empfinden. Da schleichen förmlich die Sekunden. Viel bitterer aber drückt die Seelen- und Gewissensqual. Wer hat die Qual geschaffen? Gott? O nein! Er lässt sie zu, um die Seele zu retten, wenn sie selbst nicht zu Ihm kommt. Können andere über ihre Nächsten es verhängen? Noch viel weniger! Jede Qual kommt aus uns selbst, wenn wir nicht nach Gottes Liebe handeln (!), nicht ein Glied der „Gemeinde aus dem Geiste Gottes“ sind.

Diese Gemeinde ist nicht irdisch. Als Glied kann jeder seiner äußeren Kirche treu bleiben, sofern er nicht am Dogma hängen bleibt. Gemeindeglied wird jedermann vor Gott, der Christi Bergpredigt lebenswahr gestaltet. Wir sollen nicht verdammen, sondern lieben; nicht zerstreuen, sondern sammeln; nicht uneinig sein, sondern uns ergänzen; uns nicht über andere erheben, sondern in der Demut bleiben. Wer sich über andere erhebt, baut sich selber seinen Fall! Wer aber auf den Vater schaut, auf unsern Heiland und Erlöser in Christus, bei dem allein Vergebung ist, der liebt Ihn in der Ehrfurcht und mit Anbetung. Es ist wahr: Wo die Ehrfurcht stirbt, hat man zuvor die Liebe begraben! Mit dieser Liebe kann man alle lieben, auch die Verlorenen und Verirrten, die Gottes Bündnis für sich selber aufgehoben haben. Aber deshalb ist Sein Bund noch lange nicht zerbrochen. Wer braucht denn unsere Liebe mehr als die armen Hingefallenen?!

Kirche und Sabbat:

Wir sind nicht mehr im Alten Bund, denn Gott hat mit den Menschen durch Jesus einen Neuen Bund geschlossen. Wir wissen, dass der Vorhang im Tempel zerriss nach Jesu Kreuzigung als entsprechendes Zeichen dafür. Denn das Allerheiligste befindet sich nun in keinem steinernen Tempel mehr, sondern in einem, durch den neuen Pfingstgeist lebendigen Herzen... Nur dort finden wir Gott, und Christus hat eben das alte, äußere, zeremonielle Kirchentum aufgehoben, weil dessen Zeit erfüllt war, und ein neues, inneres Geistes-Christentum gesftiftet, das die Liebe als oberstes Gebot hat. Denn Gott ist ja die Liebe Selbst, und diese Gottesliebe wohnt im Herzen desjenigen Menschen, der Diese begehrt, ganz lebendig... dort ist jetzt die wahre Kirche!...

Durch Jesu Erlösungswerk und den Pfingstgeist gibt es nun keine Trennung mehr zwischen Gott und Mensch, wie es noch vorher der Fall war, wo ein Vorhang im Tempel uns als Entsprechungsbild von der Bundelslade trennte und nur der Hohepriester Einlass in das "Allerheiligste" erhielt durch allerlei Zeremonie. Seither gibt es keine vermittelnden Priester mehr, keine Zeremonien und keine Standesunterschiede, und wir alle sind gleichermaßen Geschwister eines Herrn, Der jeden Menschen Selbst im Herzen lehrt und zieht.

Immer wenn der Mensch in die kindliche, selbstlose und dienende Liebe eingeht, da betet er wahrhaft im Geist und in der Wahrheit. Und nur dann stellt er auch die lebendige Verbindung zu Gott in sich selbst her, und es braucht da ewig kein äußeres, materielles Gebäude mehr dazu, keine Regeln und auch keinen festgelegten Tag!... Denn bei Gott sind alle Tage gleich, und so ist auch der wahre Sabbat nur der Tag, an dem wir unserem Nächsten Gutes getan haben und mit Gott verbunden sind durch die Liebe.

Die alten Zeiten der Einhaltung des puren Gesetzes ohne Liebe-Gebot sind vorbei, und Gott verlangt von uns nun nicht mehr, aber auch nicht weniger, als die Liebe zu Ihm und zum Nächsten im Herzen und durch diese den lebendigen Tat-Glauben... Denn dafür wurde Er Selbst ein Mensch dieser Erde und eben dafür brachte Er uns das größte Liebesopfer dar auf Golgatha, *damit* wir nun frei sind vom Gesetz, weil tätige Liebe auch alles Gesetz erfüllt. Zum Beispiel wird ein liebender Mensch seinen Neben-menschen nicht bestehlen, ihn nicht umbringen oder ihm seinen Partner ausspannen, usw. ... Aber was tun die Gläubigen? Sie wollen wieder das Gesetz aufrichten, und die heutigen Gemeinden pleuen solches den Mitgliedern ein und sind wieder zum Gesetz zurückgekehrt!

Wollen die Menschen schon ein sogenanntes Gotteshaus bauen, da sollen sie Häuser für Arme, Kranke und Verfolgte errichten, und ihre armen Brüder und Schwestern darinnen mit allem Nötigen versorgen. Dann erst werden sie den wahren Gottesdienst tun, an dem der Vater im Himmel eine große Freude haben wird. Alle anderen „Gotteshäuser" aber, wie auch der alte Judensabbat, sind im Neuen Bund ein Greuel vor Gott, weil sie das Erlösungswerk Gottes durch Jesus Christus nicht zum Inhalt haben und die Gläubigen, statt sie vom Gesetz durch ein Leben in der Liebe zu befreien, wieder in dasselbe führen und bannen!

Wer jeden Lohngedanken aus seinem Herzen schafft und Gott um Seiner Selbst willen sucht... der wird Ihn finden in der Liebe! Wer aber durch die Liebe lebendig geworden ist, der kann auch einen heute sogenannten "Gottesdienst" besuchen, denn dem Lebendigen ist alles lebendig und dem Reinen alles rein. Nur wird er sein Heil nicht mehr darin suchen, sondern allein nur in seiner Liebe zu Christus im eigenen Herzen.

Von Werksgerechtigkeit und Glaubensgerechtigkeit

> „Du hast Gerechtigkeit nicht verstanden! Weißt du nicht, wer du in Jesus bist und welche Stellung du in Ihm hast? Du bist ein Königskind und hast ein Recht auf alle Gaben, du bist ein Erbe riesiger Schätze, die du nur einzufordern brauchst!“...

Dies ist ein vielzitierter Satz in nicht wenigen modernen Freikirchen, gerichtet an einen Gläubigen, der sein Hoheitsgefühl herabsetzen möchte, die eigene Schwachheit fühlt und sich als faul und unnütz im Herzen bekennt, der ein Geringster unter allen sein möchte, um dadurch um so mehr seinen Mitmenschen in allem Guten und Wahren dienen zu können, kurz: der - wie der Herr Selbst in der Welt gering und bescheiden war und Sich überwinden und verleugnen musste - Jesus nachfolgen möchte.

Oder auch:

„Du hast Gerechtigkeit nicht verstanden! Weißt du nicht, dass Jesus alle deine vergangenen und zukünftigen Sünden mit ans Kreuz genommen und dich freigekauft hat für den Himmel? Du brauchst nun nichts weiter tun, als das im Glauben annehmen, und du wirst immer frei von Sünde sein und in den Himmel kommen!...“

Dies ist ein vielzitierter Satz in nicht wenigen modernen Freikirchen, gerichtet an einen Gläubigen, der den Herrn liebt und das lasterhafte Genuss- und Wohlleben, seine Selbstsüchte und Lieblosigkeiten durch die Selbstver-leugnung überwinden und künftig Liebetaten verrichten möchte, kurz: der - wie der Herr Selbst in der Welt gering und bescheiden war, diente und Sich selbstverleugnet hat - Jesus nachfolgen möchte.

(Matthäus 5, 20)

Ich sage euch: Es sei denn eure Gerechtigkeit ist besser als die der Schriftgelehrten und Pharisäer (heute: Bibelbuchstabenlehrer und Würdenträger), sonst werdet ihr nicht in das Himmelreich kommen!

Man sieht hier, wie wenig es jenen Gläubigen um den Herrn Selbst bei ihrer vermeinten „Gerechtigkeit“, als vielmehr um ihren, wie auch immer gearteten, eigenen Vorteil geht. Sie erkennen nicht, dass nur im Tun nach den Worten des Herrn, Er Selbst Einzug halten kann als der Heilige Geist im Herzenstempel, und dass zuvor eine Tempelreinigung dafür erforderlich ist...

➔ Der Herr spricht:
„Auch euch sage Ich: Wenn ihr die Begriffe Gerechtigkeit, Liebe, Demut und Verzeihung nicht strenger nehmt, als sie euch von vielen gepredigt und falsch ausgelegt werden, so könnt ihr nicht in Mein Reich kommen und könnt nicht Meine Kinder werden; denn zu Meinen Kindern können nur die gezählt werden, die, Meinem Beispiel folgend, willig ihr Kreuz tragen, und die wie Ich, als Beispiel der Demut und Selbstverleugnung, alle weltlichen Genüsse weit hinter die geistigen zurücksetzen und bei Meinem Hauptgrundsatz verbleiben, der in dem Spruch aufgezeichnet ist: 'Mein Reich ist nicht von dieser Welt!'“

Der Mensch wird nicht durch bloßen Glauben und stumpfe Werke, die er mit Kalkül berechnet und an denen das Herz nicht beteiligt ist sondern bloß der Kopf, gerecht vor Gott, sondern nur durch den Umbau seines Herzens mit der Kraft des Heiligen Geistes im lebendigen Glauben an Christus, welcher das frei wollende Handeln nach Seiner Lehre voraussetzt, was da beinhaltet:

➔ Die Freude am Wort Gottes, vor allem an Seinem neuen Wort (die Neuoffenbarung, siehe letzter Abschnitt im Buch)...

- ➔ Die Abwendung vom Bösen, also von allen lieblosen, selbstsüchtigen Trieben, Neigungen und Handlungen...
- ➔ Die Reue über begangene Sünden mit der Bitte um Vergebung, deren Wiedergutmachung am Nächsten und künftige Unterlassung...
- ➔ Die Hinwendung zur selbstlosen, dienenden Liebe und damit einhergehend die freiwillige Überwin-dung des Laster- und Untugendhaften seines Herzens, auf dem schmalen Pfad der Selbstver-leugnung in der Nachfolge JESU...

Dies sind natürlich ebenfalls alles Werke, jedoch Werke des Herzens, weil die Liebe zu Gott die Triebfeder der Handlung, und diese Liebe, wie auch jede Handlung aus dieser, immer auch die reine Wahrheit ist.

Spektakel-Christentum – eine Mahnung und Warnung

In vielen Freikirchen erlebt man heute seltsame Dinge, wie „Lachsalbungen“ oder das „Zungenreden“. Zu diesen außergewöhnlichen „Manifestationen“ gehört auch das sog. „Ruhen im Geist“, wie es die Pfingstbewegung seit jeher nennt. Dieses Phänomen verbreitet sich seit einigen Jahren zunehmend auch in katholisch-charismatischen Kreisen; vorher kannte man es fast nur aus der Richtung des Protestantismus (Pfingstbewegung, „Star-Prediger“ wie R. Bonnke oder B. Hinn, Toronto-Szene, „zweite Welle“, etc).

Man spricht dabei ganz anschaulich vom „Hammer-Segen”, weil die Betreffenden, oft nach der Handauflegung eines selbsternannten „Geisterfüllten“, plötzlich wie ohn-mächtig nach Rückwärts kippen und auf den Boden fallen, als ob sie einen Hammerschlag erlebt hätten.

Dieser sehr befremdliche Vorgang wird in jenen Kreisen als angebliche Geist-Ausgießung, als „Taufe im Geist“, verstanden. Nur solche jedoch verteidigen diesen Unsinn als eine „Manifestation des Heiligen Geistes“, die den hl. Geist nicht kennen und noch nie gekannt haben, und es macht daher wenig Sinn, sie eines Besseren zu belehren, weil der hl. Geist ihren Herzen noch sehr ferne steht, und es daher noch dunkel ist in ihnen.

> ➢ Demnach erfolgt nun hier und in den folgenden Kapiteln eine wichtige Aufklärung zu unlauterem Geister-Einfluss

Gewarnt werden soll hier vor falschem Geist, denn auch dieser macht sich bemerkbar, wo er einschlüpfen kann, wo Hochmut, Selbstgefälligkeit, Geltungsbedürfnis noch in Seelen vorherrscht, die dann auch jenem Geist die Möglichkeit geben, sich zu äußern in einer Weise, die gleichfalls unnatürlich anmutet, doch statt Licht nur Verwirrung und Unruhe hinterlässt durch Zustände, die auf ernste Mitmenschen abstoßend wirken und nur bei denen Freude und Zustimmung auslösen, die selbst jenem Geist angehören.

> ➔ Darum: Glaubt nicht jedem Geist und prüft, indem ihr den Lichtschein der *Wahrheit (im Wort) und der Liebe (im Handeln)* beachtet, in welcher Stärke er aufleuchtet.

Denn Gott ist Licht, und was von Gott ausgeht, ist Licht (= Erkenntnis und große Herzensgüte)! Und so müssen die göttlichen Geistesgaben unbedingt strahlendes Licht hinterlassen, ansonsten es Blendwerke des Satans sind, mit denen er besonders in der Endzeit die Augen der Menschen, sowie deren Seelen blenden will, auf dass sie in noch größere Finsternis stürzen und unfähig sind, das rechte Licht zu erkennen!

Ein „Ruhen im Geist" ist somit das Licht der Erkenntnis und der Liebe Gottes im Menschen. Und statt umzufallen und untätig liegen zu bleiben, laut zu lachen, zu plappern oder herumzuhüpfen, dient ein wirklich im Geiste Ruhender in dieser Zeit seinen Nebenmenschen in allem Nützlichen, Guten und Wahren, und er denkt dabei zuletzt an sich selbst und seinen vermeinten Nutzen, dafür aber um so mehr an den Nutzen Anderer und daran, Gott immer mehr lieben zu dürfen...

Das Zungenreden. Von einem großen Irrtum

„Fremde Zunge" bedeutet: „Fremdsprache"

Weil das Evangelium nach der Zeit Jesu mündlich unter die Menschen aller Nationen gebracht werden musste, so war es nötig, in Fremdsprachen zu reden. In heutiger Zeit ist diese Gabe aufgrund von Bildung, dem gedruckten Wort und Medien nicht mehr so erforderlich.

Was heute bei Christen der charismatischen Bewegung unter dem „Zungenreden“ oder dem „Sprachengebet“ verstanden werden will, ist eine Aneinanderreihung leerer Worthülsen, die durch Profilierungsgeister in jenen Gemütern aufsteigen, die sich noch profilieren möchten. Es ist dies eine Besessenheit.

Gottes Wille ist es, dass in uns Klarheit herrscht, dass wir Antworten erhalten auf die Fragen, die uns innerlich bewegen. Denn es müssen noch viele Irrtümer berichtigt werden, die uns zugetragen wurden von unwissender Seite aus und die aufzuklären nur durch Gottes Geist möglich ist, weil dieser uns in *alle* Wahrheit leitet. Nur Sein heiliger Geist allein kann uns die richtigen Antworten geben, dazu muss Er Sich aber auch äußern können, was einen gewissen Reifegrad der Seele voraussetzt.

Es ist für einen Menschen daher von großem Segen, wenn er sich diesem Geist *in sich* nicht verschließt, und sich selbst so zubereitet nach der Lehre Jesu, dass der Herr Seinen Geist einfließen lassen kann. Dann sucht der in uns hineingelegte „göttliche (Geist) Funke“ die Verbindung mit dem Vatergeist von Ewigkeit, so dass Dieser uns nun lehren kann, dass Er uns nun aufklärt, uns Kenntnis gibt von geistigem Wissen, ja, dass Er uns einführt in alle Wahrheit!...

Weil wir selbst uns noch in der Finsternis des Geistes bewegen, solange nicht Sein Licht in uns leuchten kann, brauchen wir dringend Licht, das Gott Selbst in uns entzündet, wenn wir nach Seinem Willen leben und folglich eine Seelenreife erreichen, die ein Wirken des göttlichen Geistes in uns zulässt. Und nun muss man sich doch fragen:

➔ Worin soll denn der Segen des göttlichen Geist-wirkens für einen Gläubigen bestehen, wenn ihm nur unverständliche Worte entgegenschallen?.... Wenn ein Mensch in Verzückung gerät und redet, wovon man kein Wort versteht?

Soll etwa so Gottes Geist wirken? Soll man dadurch etwa erleuchtet werden im Denken, so dass man zur Erkenntnis gelangt, weil einem auf dem Weg ein wahrheitsgemäßes Wissen vermittelt wird?...

Ein großer Unsinn ist das, und man nennt es "Zungenreden" und weiß nicht, was man mit einem solchen Gewirr von Worten anfangen soll, die von Menschen ausgesprochen werden, derer sich üble Geister bemäch-tigen, die sich profilieren und zur Geltung bringen wollen und nicht kontrolliert werden zu können glauben.

Wie schon erwähnt ist solches "Geistwirken" ein Trug der Geister, die Besitz nehmen können von Menschen, in denen noch der Geltungsdrang zu groß ist, die hervortreten wollen und die sich selbst in Ekstase steigern.... Denn was von Gott kommt, ist licht und klar, es verbreitet nicht erneute Finsternis unter den Menschen.

➔ Solange man Dinge erlebt, die uns kein Licht und keine volle Klarheit schenken, wirkt nicht der Heilige Geist, Der das Licht ist von Ewigkeit....

Man braucht doch immer nur daran den Maßstab anzulegen, ob und was man gewinnt an Licht und Erkenntnis (!), und man hat eine klare Beantwortung der Frage, *wer* da am Wirken ist! Denn niemals werden sich Kräfte äußern in einer Weise, die uns nur verwirrt, und niemals wird der Herr es wollen, dass wir aus einer Frage und Unklarheit in die nächste gestürzt werden.... Nein, Er möchte, dass unter den Menschen Licht werde, die selbst das Licht begehren, aber Er möchte auch, dass wir uns an Ihn Selbst wenden – nicht an Menschen – und dass wir unsere Herzen so gestalten, dass Er Selbst durch Seinen Geist in uns wirken kann.

Jesus möchte nicht, dass wir uns unreifen Geistern überlassen, die uns in immer größere Finsternis stürzen und es auch können, weil man selbst nur von einem „Geist erfüllt" werden will, nicht aber, dass man selbst den Gott-Geistesfunken in sich zum Leben erweckt durch die Liebe, Der dann Verbindung sucht mit dem Vatergeist von Ewigkeit.... Und dieser *heilige* Geist wird uns dann wahrlich einführen in die Wahrheit, er wird klar und verständlich zu uns reden, er wird uns Licht geben, so wir nur ernstlich das Licht begehren!

Die Sprachbegabung war damals nötig zur Verbreitung der Wahrheit Christi, damit man die Worte in anderen Ländern und Kulturkreisen gleichermaßen verstand.

Wir sollen in aller Wahrheit unsere Mitmenschen belehren, und darum müssen wir zuerst die Wahrheit selbst vom Herrn in Empfang nehmen.

Und immer wieder sagt Er uns, dass wir mit der Wahrheit helles Licht empfangen, und dass es nicht dunkel bleibt in uns. So wird uns auch Aufschluss gegeben über die verschiedenen Gaben des Geistes, die wir auch selbst feststellen können an denen, die in ihrem Besitz sind.

Denn wir werden ungewöhnliche Fähigkeiten zugeben müssen, wenn ein Mensch die Gabe der Krankenheilung hat. Wir werden auch die Gabe der Weissagung nicht leugnen können, wie auch ungewöhnliches Wissen uns offensichtlich sein wird. Alles Dinge, über die der Mensch sonst nicht verfügt. Kräfte, die sich in einem Menschen äußern und die nicht geleugnet werden können als göttliches Wirken zum Heil der Seelen.

Doch viele Christen fragen Jesus im Besonderen um die Gabe des "Zungenredens". Diese Gabe ist ein besonderes Zeichen innigster Bindung mit Jesus, doch darum gegeben, dass Gott durch einen Menschen redet, der *Völker verschiedener Nationen* anspricht, und dass diese ihn in ihrer Muttersprache hören können, wie es gewesen ist bei der „Ausgießung des Geistes“ über Seine Jünger, da doch alle Anwesenden sie in ihrer Muttersprache verstanden.

Sie redeten also in fremden Sprachen dort, wo diese verstanden wurde, *nicht aber*, dass ein Mensch eine uns unverständliche Sprache daherredet und nun glaubt, vom "Heiligen Geist erfüllt" zu sein...

Es ist dies eine völlige Verdrehung der Schrift, in der wohl gesprochen wird von dem seligen Gefühl der inneren Bindung mit Ihm, die den Menschen zur Lobpreisung Seines Wesens veranlasst, die in aller Stille stattfindet, in einem Gebet, das nur die Zunge - nicht aber der Mund - ausspricht.

Was hätte solch ein Gebet, das der Mund in unverständ-licher Sprache ausspricht, für einen Sinn, wenn dazu ein Ausleger gehört? Kann Gott Sich nicht uns Menschen gegenüber äußern, dass wir Ihn klar verstehen? Wozu soll Gott Sich eines Übersetzers bedienen, der nun auch erst von Seinem Geist erleuchtet sein muss, um uns ein Licht geben zu können?

Jesus ist ein klarer und wahrer Gott, und Er wüsste wahrlich keinen Anlass, uns erst ein Durcheinander von Worten zu bieten, das uns ein anderer übersetzen muss! Gerade diese Darstellung des Zungenredens hat die Menschen dazu veranlasst, diese Gabe krampfhaft zu suchen, und so sind Sekten entstanden, die sich meist als Anhänger einer Freikirche zusammentun, um gerade diese Gabe in der falschen Erkenntnis zu erlangen.

Wenn Gott Sich uns Menschen gegenüber äußert, so gibt Er uns immer ein Licht, aber derer bedient Er Sich nicht, die sich verworren äußern und einen Ausleger brauchen, der eben sowenig Licht verbreiteten kann.

Was sollte Gott wohl dazu bewegen, uns in einer Sprache anzureden, die wir nicht verstehen? Wir verstehen die Worte in der Schrift falsch, soweit sie als Sein Wort gelten dürfen, denn es ist auch in diesen Seinem Evangelium hinzugefügten Paulus-Brief Irrtum gebracht worden. Es sind Worte hinzugefügt worden, die nicht Gottes Wort sind, und diese legt man auch noch falsch aus und kommt somit aus dem Irrtum nicht mehr heraus.

Aber gerade diese Worte Pauli bilden die Grundlehren derer, die angeblich den "Pfingstgeist" in sich haben, und sie verwirren die Menschen, weil sie sich nicht auf die reine Wahrheit stützen, die Jesus Selbst zur Erde leitet, sondern dieser vielmehr feindlich gegenüberstehen. Denn die reine Lehre der Neuoffenbarung Jesu, Seiner Wiederkunft im Wort, erkennen sie nicht an, und das muss uns schon ein Beweis sein, dass sie auf falschen Grundsätzen aufgebaut haben.

Wer so "erfüllt" vom Heiligen Geist zu sein glaubt, dass er also in "fremden Zungen" redet, der muss auch selbst übersetzen können, und das im Geist und in der Wahrheit, da es nicht Gottes Wille ist, die Menschen zu verwirren im Geist, sondern ihren Geist zu erhellen. Und diese Übersetzung muss übereinstimmen mit dem

Geistesgut, das Jesus heute wieder neu von oben zur Erde leitet, ansonsten wir sie verwerfen können als Irrtum.

Licht gibt Gott uns allen, und diesem Licht dürfen wir uns nicht verschließen, denn die Gnadengabe ist unermesslich, die uns geboten wird von oben, und der Irrtum ist ebenfalls von so großem Umfang, dass der Herr Selbst tätig werden muss, um uns wieder zum Licht zu verhelfen.... und selig, der das Licht annimmt, das ihm leuchtet!

Das Zungenreden und der falsch ausgelegte Paulus

(1. Korinther 14. 2)

Denn wer in Zungen redet, der redet nicht für Menschen, sondern für Gott; denn niemand vernimmt es, im Geiste aber redet er Geheimnisse.

Der Geist Gottes spricht klar und unaufdringlich, und Er kündet uns die Geheimnisse des Lebens in verständlichen Gedanken, still und inwendig im Herzen.

Und so teilt sich der Vater Seinen Kindern mit, die Ihn um Seinetwillen lieben. Nicht aber jenen, die Geistesgabenhascherei betreiben um eines Vorteils-gedankens wegen und die im Anspruchsdenken sind, denn niemand ist gut außer Gott allein, wir alle aber sind nicht der geringsten Gnade und auch Geistesgabe wert und würdig.

Ganz ohne Zwang zieht der Vater mit den Seilen der Liebe, nicht aber in aufdringlichem Lärm und äußeren Gebärden, wie es die Welt tut.

Paulus meinte nicht Äußerlichkeit, sondern Inwendigkeit! Er eiferte doch wie ein Löwe eben genau *gegen* all dies Äußere: gegen Tempel, Gebräuche, Rieten und Gebärden.

Jesus stiftete das Geistes-Christentum, weg von allem Außen, hin zum inneren, ewigen Leben des Geistes, denn die Wahrheit ist inwendig und der Geist in allem.

Ich will ein Beispiel anführen zur Veranschaulichung des inneren, ewigen, geistigen Lebens:

Nimm eine Kastanie in die Hand und betrachte sie. Wie viele Kastanien siehst du? Dein Fleisch-Auge sagt dir: Eine! Aber der Geist in dir sagt: Unendlich viele! Ja, mit den Augen des Geistes betrachtet siehst du sogar einen unendlichen Wald von Kastanienbäumen in dieser einen Kastanie, denn es erwächst ein neuer Baum aus ihr mit wieder Kastanien, usw... und das ist die Wahrheit! Denn im Geist und somit in der Wahrheit enthält diese eine Kastanie das göttliche Leben und somit Unendliches in sich.

Macht nun diese eine Kastanie viel äußeres Gebärden, Geplärre und Aufhebens um den Geist in sich zu erwecken oder was muss sie tun für das innere Wachstum?... Sie muss ihrer Außenbetrachtung nach - was für uns das pure Verstandesdenken ist und jede Form der körperlich sinnlichen Wahrnehmung - erst sterben! Sie muss ins gute Erdreich gelegt werden - was für uns ein von Liebe durchdrungenes Gemüt ist - und sie braucht viel Wasser - was die Demut des Herzens bedeutet - daneben ein helles Licht, was gleichbedeutend ist mit der göttlichen Wahrheit.

Liebe und Wahrheit nur führen zur Erweckung und zum Wachstum des Geistes im Herzen des Menschen, und ewig kein äußeres Getue... und wenn der Mensch dann von den inneren Vorgängen und Verhältnissen des *geistigen* Lebens kündet (nicht zu verwechseln mit „geistlich", was bloß eine Kategorie des Verstandesdenkens meint), ist das wie eine Fremdsprache für nicht geistgeweckte Gemüter. Dann redet er für sie in einer anderen Zunge weil er aus dem Geist redet... zwar in der Muttersprache, aber er wird inhaltlich nicht mehr verstanden und daher sogar angegriffen werden von jenen, die ihm inhaltlich nicht folgen können...

Er kann viele Lebensgeheimnisse aufschließen wovon jene anderen nicht einmal einen schwachen Schimmer haben, weil der Geist Gottes sie ihm aufzeigt: Vom Aufbau des Universums angefangen, bis hin zum Einblick in die ewige Welt des Geistes jenseits von Raum- und Zeitbegriffen... Aber wird man ihm glauben? Nein, man wird ihn nur als vom Feind verführt erklären und sich im besseren Fall von ihm abwenden, denn für sie spricht er in Rätseln und inhaltlich eine völlig fremde Sprache…

Das ist es was Paulus meint, und keine Ekstase oder gar einen kollektiven Verzückungstrubel, hervorgerufen durch die Einflussnahme erdgebundener, noch zu arger Geister ehemaliger Menschen, die sich wichtig tun möchten und in die Sphären all jener eindringen und sie besessen machen, die noch nicht in rechter Liebe zu Gott stehen.

Weissagung und das so genannte „Sprachengebet“

In einer jüngeren Übersetzung einer evangelischen Bibel lesen wir denselben Vers, hier jedoch liegt der Tenor schon deutlich mehr auf dem Buchstaben und weniger auf dem Geist im Wort:

(1. Korinther 14. 1-2)

1. Folgt also dem Weg der Liebe und bemüht euch um die Geistesgaben, ganz besonders aber um die Weissagung.

2. Denn wer in Sprachen redet, spricht nicht zu Menschen, sondern zu Gott. Niemand versteht ihn. Durch Wirkungen des Geistes redet er *geheimnisvolle Worte.*

(Anmerkung: In älteren Übersetzungen steht noch das Wort *„Geheimnisse"*, eine Neue spricht da schon von den *„geheimnisvollen Worten"*. Dies ergibt einen ganz anderen Sinn, weil demnach Laute in den Vordergrund gerückt werden, denen man keine Inhalte mehr zuordnen kann und dies auch vermeintlich nicht braucht, und Inhalte treten dagegen in den Hintergrund, bzw. verschwinden völlig. So rechtfertigt man heute die unbewusste Inbesitznahme arger Geister, welche einen Salat von Lauten in den Gemütern produzieren. Dabei bedeutet doch die „Weissagung" das Aussprechen von „Wahrheit", und solche muss immer buchstäblich verständlich sein, wenn auch nicht jenem begreiflich, der noch nicht vom Geiste Gottes, d.h. dem heiligen Geist der Liebe und Wahrheit, erleuchtet ist durch ein Liebeleben.)

Nun zu den beiden Bibelversen:

Als allererstes angeführt und immer wieder gerne zur Nebensache gemacht: Die *Liebe* des Menschen zu Gott als dem *Vater* in *Jesus* und zu den Mitmenschen als Seinen Kindern. Aus *Dieser* erst folgen die Geistesgaben als einer natürlichen Wirkung des Liebegeistes Gottes im Menschen. Denn die Liebe ist Gott Selbst, der Vater, in uns, und wo die Wärme des Lebens ist, da ist auch das Licht des Lebens und somit das Lebensfeuer, was der Heilige Geist ist als die wirkende Kraft. Natürlich nur, sofern wir der Liebe in uns auch Raum geben, d.h. Sofern wir Liebe weitergeben und Sie nicht nur für uns einnehmen wollen... denn sie muss ausstrahlen können.

Das Licht des Lebens ist gleichbedeutend mit der Erkenntnis Gottes. Somit kennt Gott nur jener, der

Liebe hat, oder wie Jesus sagt:

(Johannes 14. 10)

Glaubst du nicht, dass ich im Vater bin und der Vater in mir? *(D.h. dass die Wahrheit des Wortes Gottes in der Liebe als dem Urgrund des Lebens ist)* Die Worte, die ich zu euch rede, die rede ich nicht von mir selbst. Der Vater aber, der in mir wohnt, der tut die Werke.

➔ Heißt: Weissagung (Erkenntnis, Sohn, Licht) ohne Liebe (Vater, Wärme) geht nicht!

Somit finden wir die Aussage des Paulus „... wer in Sprachen redet, spricht nicht zu Menschen, sondern zu Gott...“ auch in diesem Worte Jesu „Die Worte, die ich zu euch rede, die rede ich nicht von mir selbst. Der Vater aber, der in mir wohnt, der tut die Werke.“ wieder.

Ich übersetze dies einmal:

Wer Wahrheit spricht, redet nicht aus sich selbst (dem Verstand, Weltsinn), sondern aus dem Geist (Gott in uns). Und weil die Wahrheit Gottes Geist ist, Der „über den Wassern schwebt“, d.h. über unserem menschlichen Fassungsvermögen (siehe Genesis), kann diese auch nur wiederum vom Göttlichen im Menschen verstanden werden. Aus eben diesem Grunde kann man dem Blinden nicht die Farben predigen, oder wie Paulus sagt: „Niemand versteht ihn"(1.Kor.14.1). Wohlgemerkt: *Inhaltlich!* Wörtlich natürlich schon, denn es ist und bleibt die Muttersprache.

Anmerkung: Viele Charismatiker sind der Meinung, dass die Fremdlaute, die ihnen bei ihren Andachten heute vielfach über die Lippen kommen, und welche sie irrig das „Zungengebet" nennen, ihnen vom Heiligen Geist höchst Selbst in den Mund gelegt werden. Tatsächlich aber ist es so, dass jenseitige Geister sie dahingehend in die Irre leiten, die jenen Gläubigen anhängen, die sich dafür öffnen, die sich in deren Sphären begeben und denen es noch an der rechten Demut mangelt.

Jesus, der Herr Selbst, redete geheimnisvolle Worte zu den Pharisäern, die keiner *inhaltlich* verstand, weil sie nur den Buchstaben verstanden, weshalb auch Nikodemus des Nachts den Herrn aufsuchte, um Ihn zu fragen, warum er so unverständlich rede (nachzulesen in Joh.3).

Die Sprache des Geistes ist eine Entsprechungs-Bildersprache (siehe z.B. die Genesis, welche die geistige Schöpfung des Menschen meint und weniger die des Erdballs). Daher redete Jesus oft in Bildern und Gleich-nissen und nicht etwa in einer dem Hörer unverständlichen Fremdsprache. Schließlich ist der Sinn der Sprache der Transport von Geistesgut -

(Johannes 6. 63)

Die Worte, die ich rede, die sind Geist und sind Leben.

- und darum mussten die ersten Jünger auch ausländisch (in fremden Zungen, d.h. fremdsprachlich) reden können. Dies hatte damals einen ganz praktischen Hintergrund, wegen der Verbreitung der Lehre Jesu in die ganze Welt.

Noch kurz etwas zum sog. Sprachengebet:

(Johannes 6. 63)

Der Geist ist's, der da lebendig macht; das Fleisch ist nichts nütze.

Also bitte keine leere Lippen- und Zungenwetzerei, so, als ob daran irgend etwas gelegen wäre! Jenseitige niedere Geister teilen sich gerne mit denen, die ihnen durch ihre mangelnde Demut Eingang gewähren. Höhere Geister werden sich niemals einem Menschen derart aufdrängen, und welcher Mensch dies nicht wünscht, der wird auch nichts zu befürchten und Ruhe vor solchen Finsterlingen haben. Mit dem Heiligen Geist aber hat all dies nichts zu tun, denn wer Diesen hat, der hat auch hohe Erkenntnisse und Erleuchtung in *allen* Dingen. Und was die Gabe der Auslegung betrifft, so bezieht sich solche immer auf die Prophetensprache, welche in geistigen Entsprechungen an uns ergeht, selbstverständlich in klarer Muttersprache. Wer aber meint, er könne einen unverständlichen Kauderwelsch auslegen, der hat mit denselben Geistern zu tun wie jene, die ihn produzieren!

> (Galater 5. 25)
>
> Gott ist Geist (= Gott ist Liebe), und die ihn anbeten, die müssen ihn im Geist (= in der Liebe) und in der Wahrheit anbeten.
>
> (Johannes 4. 24)
>
> So wir im Geist leben (= so wir Gottes Liebe empfangen), so lasset uns auch im Geist wandeln (= Liebe weitergeben)

Wann wandeln wir im Geist? Durch ein Leben in der *Liebe*, die Gott der *Vater* ist (Gott ist Geist). Und so wir aus der Liebe leben, so lasst uns auch in der Liebe wandeln. Und wandeln wir in der Liebe, so sind wir in der Wahrheit, somit vom Heiligen Geist erfüllt und damit in der beständigen Verbindung mit Gott, was das wahre Gebet ist.

Geistesgaben und geistliche Ämter

Der inneren Reife gemäß gibt der Herr Geistesgaben. Was uns allen fehlt, ist die Demut des Herzens. Nur in der Demut des Herzens können wir eine Vollmacht gebrauchen. Bevor wir nicht zu Jesu Demut gereift sind, kann der Herr uns nicht das Erbe anvertrauen. Unser Eigenwille, - auch das Gute unserer Seele - ist nicht geeignet für den Dienst im Reich Gottes. Erst wenn wir ganz in Gott ruhen, wenn wir die Fülle Seines Heiligen Geistes besitzen, haben wir auch die Demut des Herzens.

Um die sogenannten „Geistesgaben" wird in den modernen christlich-charismatischen Kirchen und Gemeinden großes Aufsehen gemacht und diesen ein gewaltiger Aberglaube beigemessen. Dabei sind diese keine Wunderdinge, sondern einfach nur unterschiedliche Begabungen der Menschen, die man erkennen und fördern sollte... und dies ganz ohne Magie oder Zauberei, sondern ganz natürlich und mit der Bitte um göttlichen Beistand, damit die unterschiedlichen Begabungen zum Segen werden können für das Miteinander im gegenseitigen Dienen und somit im Wachstum in der Liebe.

Geistesgaben und Himmelreich – innere Kraft und innerer Frieden

Haben wir den Herrn *in uns* gefunden, dann besitzen wir Seine ganze Wesenheit!

Die Gabe der Weissagung, der Traumdeutung, der Prophetie, des Heilens, alles gibt Er Seinen Kindern. Alle Geistesgaben und Ihn Selbst dürfen wir in Demut empfangen. Aber einige Christen sind der irrigen Auffassung, diese inneren Kräfte müssten sich durch ihr Gebieten offenbaren, sie müssten ihnen jederzeit auch im äußeren Handeln zur Verfügung stehen... Nein!

➔ Seine göttlichen Kräfte zeigen sich innerlich in der Freudigkeit des Herzens, in der Seligkeit, in der Einheit mit Ihm, unserem JESUS!

Was suchen wir da noch im Äußeren (?), wenn Jesus doch nur *in uns* zu finden ist!... Er ist unser Friede! Er ist unsere Freude und unsere Seligkeit!

Wir besitzen alle Seligpreisungen, die Er in Seiner Bergpredigt verheißen hat, indem wir das eine im Herzen erfassen: „Denn ihrer ist das Himmelreich!“(Mt.5)... oder anders: Er - Jesus Christus - in uns!

So viele suchen die Gottheit in anderen Menschen,

in Kirchen und Gemeinden. Inwieweit wird die Göttliche Liebe gefunden in den Christen? Wo und in wem strahlt sie beglückend aus?... Nur in denen, die sich in Demut des inneren Himmelreiches bewusst sind... Das ist unser Auftrag! Jesu ganze Wesenheit ist in uns. Sein Segen breitet sich in uns und durch uns aus. In der Demut unseres Herzens dürfen wir uns mit Ihm vereinen. Wir sind Seine göttlichen Söhne und Töchter. Wir brauchen keine Menschen, um zu unserem Schöpfer zu gelangen.

➔ Durch die Liebe allein haben wir Ihn, Jesus, in uns erkannt und die inneren Kräfte, die Er uns gegeben hat: Die Kräfte der Demut, der Liebe, des Duldens, der Sanftmut und der Barmherzigkeit.

Jesu große Demut trägt den Sieg in sich. In der Demut unterwerfen wir uns gern Seinem göttlichen Willen. Alle inneren Kräfte werden an uns offenbar: Nach außen sind wir die Geplagten, die Verfolgten, die Bedrängten, die Ungerechtigkeit-Leidenden. Aber innerlich sind wir die Seligen! Selig sind wir, weil wir das Himmelreich in uns gefunden haben. Selig sind wir, denn wir haben die inneren Kräfte entfaltet. Selig sind wir, die wir den Weg der Demut gehen.

Alles Äußere vergeht, aber die himmlische Freude, die Herzensliebe der Kinder Gottes zu ihrem wunderbarsten Schöpfer und ewigen Vater, und Seine Liebe zu uns, bleiben ewiglich...!

Unautorisierter Gebrauch von vermeinten Geistesgaben ist Hochmut

Wer Gottes Geistesgaben geöffneten und liebenden Herzens entgegen nimmt, der ist auch davon erfüllt und weiß: Jede Gabe wurde ihm durch Seine Gnade zuteil.

Wir erkennen, dass wir aus uns selbst nichts besitzen und nichts verrichten können. Dies lässt der Herr uns immer und immer wieder erkennen. Der Böse versucht mit viel List und Tücke uns von Jesu Weg abzubringen.

In der Bergpredigt sagte Er zu Seinen Jüngern:

(Matthäus 7. 22)

Es werden viele zu Mir kommen und sagen: „Herr, Herr, in Deinem Namen haben wir die Hände aufgelegt und geheilt. Herr, in Deinem Namen haben wir die Teufel ausgetrieben."

Jesus aber gibt ihnen ihnen die Antwort:

(Matthäus 7. 23)

Ich kenne euch nicht.

Dies ist ein hartes Wort für den, der noch nicht von Seinem Heiligen Geist erfüllt ist. Warum aber sollten wir uns immer daran erinnern?... Es soll uns vor dem Einfluss des Bösen bewahren, der uns hochmütig macht. Diejenigen, die sagen: „Herr, in Deinem Namen haben wir ...“ sind mit dieser Äußerung schon im Hochmut. Sie verdecken den Herrn mit *ihrem* Ich.

Wir aber sollen bekennen: Der Herr hat geheilt. Der Herr hat die Teufel ausgetrieben. Gelobt sei der Name JESUS CHRISTUS.

Hier erkennen wir nun den Unterschied!

Lassen wir uns also von Seinem Heiligen Geist erleuchten. Gehen wir hinein in die Demut unseres Herzens.

Einst war Jesus eingeladen bei Simon, dem Pharisäer. Dieser hatte Ihm den Tisch gedeckt mit Speise und Trank. Da kam ein Weib herein: Maria Magdalena. Sie kniete vor Jesus nieder und weinte und weinte. Mit ihren Tränen gab sie dem Herrn mehr als Simon, denn sie gab sich Ihm selbst hin mit ihren Tränen... Jesus will, dass auch wir uns mit unseren Tränen Ihm ganz hingeben!

Von der Krankenheilung durch die Gabe des Geistes

Wer in Christus bleibt, der erhält Geistesgaben. Wer in Ihm bleibt, der weiß genau, dass er aus dem Eigenen nichts vermag. Denn ohne Ihn, unseren JESUS CHRISTUS, können wir nichts tun, mit Ihm aber alles.

Er hat uns belehrt, dass wir erst dann einem Kranken die Hände auflegen sollen, nachdem wir die Vollmacht Seines Heiligen Geistes erhalten haben! Dann sehen wir auch die Früchte. Wenn aber vor der Zeit aus dem Guten der Seele (also in guter Absicht) einem Kranken die Hände aufgelegt werden und der Erfolg bleibt aus, dann sagt man: „Der Kranke war eben nicht fest im Glauben“... Aber nein! Dadurch werden die Herzen der Kinder Gottes verletzt und in die Verzweiflung getrieben!

Nur solche Kinder Gottes, denen Gott die Vollmacht Seines Heiligen Geistes gegeben hat, dürfen einem Kranken die Hände auflegen und dann ist der Kranke geheilt, denn Christus hat ihn geheilt.

Wir sollen unterscheiden lernen!

Die Vollmacht des Heiligen Geistes bezeugt sich durch Kraft. Wo diese Kraft fehlt, kann sie auch nicht durch fromme Worte ersetzt werden. Es kommt allein auf Gottes Geist an.

Kleine Kinder spielen wie Erwachsene - oft in der

Sprache der Erwachsenen - und sie sind dennoch Kinder. Es gibt Gotteskinder, die spielen mit geistigen Dingen und erkennen sie nicht. Deshalb sind sie ohne Kraft. Aber wenn wir gehorsam und demütig in Christus bleiben, wenn wir uns Seiner Liebe, Seiner Geistesleitung, unterstellen, dann muss auch die Kraft folgen! Denn Jesus ist die Wahrheit!

Für ein Gotteskind, welches Seine Kraft noch nicht besitzt, ist es besser, in der Demut, in der Stille seines Herzens zu warten und Ihn inbrünstig zu bitten um die Vollmacht des Heiligen Geistes.

Was versteht man eigentlich unter „Geist“

Unter „Geist“ wird nicht allein das denkende Bewusst-sein des Menschen, die Verstandeskraft oder die Gehirntätigkeit verstanden – wie heute definiert wird, da der Mensch keine Ahnung mehr vom wirklichen Geist hat – sondern „Geist“ ist das Göttliche... die bewusste, intelligent wirkende Kraft im Universum, wie auch im Menschen, welche hinter dem Vorhang der Materie die Teilchen alle Ordnet und keinen materiellen Raum- und Zeitgesetzen unterworfen ist, weil der Geist Selbst der Gesetzgeber, der Grund, Anfang und das Inwendigste eines jeden Äußeren, das unauslöschliche, ewig endlose Walten des Seins und somit die einzig existierende Kraft und Wahrheit ist.

Der Geist des Menschen hat seinen Sitz im Gemüt der Seele, und aus diesem erhält die Seele das Wort und alles höhere Denken, Kreativität, die Liebe, den Glauben, die Hoffnung, die Geduld, die Demut, die Güte und die Barmherzigkeit, usw. Das Gehirn ist dabei nur ein Organ des Körpers, die Schaltzentrale der Seele zur Steuerung der Körpermaschine und zur Übermittlung der Außenreize an diese. Das einfache, natürliche Denken des Menschen ist Sache der Seele, die unterschiedlich ausgeprägte Intelligenz nur eine (Geistes-)Gabe und hier gelangt der Mensch zu unterschiedlichen Ansichten und Weltanschauungen. Alles höhere Denken aber ist Sache des Geistes, hierin gelangt jeder Mensch zu ein und derselben Glaubensansicht und unumstößlichen, ewigen Wahrheit, sofern man diesen durch sein Wollen erweckt, Jesu Worte in sich aufnimmt und danach zu leben beginnt.

Dämonen und Austreibung. Falsches Geistwirken. Wahres Gottesreich. Wunder der Liebe

Man treibt Dämonen nur aus, oder – trennt – diese von einem Menschen, indem man dem Menschen die Wahrheit Christi verkündet, er diese annimmt und ein Leben in der Liebe, der Nachfolge Jesu, führen möchte. Jeder Mensch muss es frei wollen, nur so zieht er die Lichtmauer hoch, die für das ewige Leben seiner Seele einen Wert hat. Und überhaupt müssen wir dabei zunächst bei uns selbst anfangen...

Die Wahrheit in allen Dingen ist das rechte Gottesreich, das den Geist des Menschen frei macht. Alles Andere gehört in den Bereich der schwarzen und weißen Magie. Es ist ganz natürlich, dass es Jenseitskräfte gibt, die ins Diesseits einwirken. Gottes Gegner hat schon immer die Menschen mit verschiedenstem Spektakel verführt und geblendet. Sprecht es Maitreya zu, den „Meistern", dem Lichtreich oder Satan... mit Jesus hat das alles nichts zu tun!

Die Menschen, die sich von solchen Attraktionen blenden lassen und sich mit Kerzen, Weihrauch, Kniebeugen, Gelache, Geplapper, Gehopse und Geplärre oder anderen äußeren „Anbetungszeichen" beeindrucken lassen, sind noch weit von Gott entfernt, da sie die Erscheinungen in ihrem Leben noch nicht mit

Seinen Augen, den Augen der Liebe, anschauen und in diesem Licht prüfen.

Dämonen (aus dem griechischen Sprachgebrauch) oder Teufel (aus dem Jüdischen, was ein und dasselbe ist, beides bezeichnet einen einst böse gewordenen, erdgebundenen Geist eines ehemaligen Menschen dieser Erde, d.h., er hat bereits wieder eine Seele) sind die mit Luzifer Mitgestürzten. Die Tiefmaterie ist der Bereich der Dämonie. Solange wir selbst noch in der Materie sind und einen Leib tragen und materiell denken, sind diese Teil eines jeden Menschen, der noch nicht in der Liebe ist. Da nützt der Glaube an Christus allein, ohne die Liebe, gar nichts, denn, so spricht der Herr: „Ich (die ewige Wahrheit) und der Vater (die ewige Liebe) sind eins“(Joh.10.30)! Durch unsere Überheblichkeit und den Hochmut, Selbstsüchte und Begierden aller Art ziehen wir nur immer weitere finstere Gewalten an.

Die finsteren Gewalten, die Dämonen (=Teufel), die wir als ungute Seelenkräfte verstehen und die in der Materie gebunden sind, was auch unseren Leib und das seelische Verstandesdenken beinhaltet, können wir nur mit Gottes Jesus-Liebe in uns überwinden. Denn wo das Licht der Liebe ist im Herzen eines Menschen, da ist Christus, und da muss die Finsternis weichen... das ist das Gesetz der ewig unwandelbaren Ordnung Gottes!

So sollten wir daher nicht richterlich und lieblos auf dämonische Fremdwesen, weg von uns, schauen und sie mit Gebrüll zum Teufel zu jagen suchen (und dies noch „im Namen Jesu“), sondern zu aller erst in unser eigenes Herz blicken: Wenn wir noch nicht für alles Gefallene und für die Finsternis Erbarmen empfinden, ist die Jesus-Liebe, und damit Christus Selbst, noch nicht in unserem Herzen wiedergekommen, und wir sind wir noch Fremdlinge.

Wenn wir ganz ehrlich sind, dann sind wir doch vielfach noch wundergeil. Von der stillen, sanften Liebe im Herzen will man vorerst nichts wissen... viel zu unspektakulär... da geschieht nichts im Außen, womit man das Wirken des Geistes augenscheinlich demonstrieren könnte!

Auf diese Spektakelsucht in uns setzt sich der Feind mit seinem Anhang. Wir bekommen, was wir verlangen, denn er ist der Fürst der Welt. Wir fangen an uns zu überheben und für besser zu halten, werden lieblos und stellen gotteskindschaftliche Herrschaftsansprüche und sind dann unmerklich schon von Dämonen umgeben!

Gottes Gegner kriegt uns immer mit Außenspektakel. Jesus aber zieht sanft und still mit den Seilen der Liebe, ohne Anklage, nur mit Erbarmen, denn Sein Reich ist *nicht* von dieser Welt – Es ist inwendig im Menschen... still und geduldig – das ist die Wahrheit!

Die Wunder Seinerzeit hat der Herr nur gewirkt, um den noch für die Wahrheit blinden Menschen Seine göttliche Abkunft zu beweisen, und es waren zugleich Gleichnisse tiefer Lebenswahreiten des geistigen

Lebens Gottes. Warum sonst hätte Er den toten Leib des Lazarus wiederbeleben sollen, da er doch später sowieso sterben musste, wenn darin nicht das Bild für uns entsprechend läge, selbst aus unserem Grab der Weltnacht der Seele zu erstehen, wenn Jesus (die Wahrheit) in unser Herz tritt um uns von dem geistigen Tode zu erwecken.

Aber so genannte „Wunder" führen die Menschen nur ins Gericht und nach Außen und somit in den geistigen Tod.

Das größte Wunder aber ist und bleibt:

Im eigenen Herzen die aufopfernde und dienende Liebe Jesu Christi zu erwecken!

Sünde wider den Heiligen Geist

Die Sünde wider den Heiligen Geist ist das Zuwiderhandeln gegen den erkannten Willen Gottes, der Wahrheit, respektive der Gottes- und Nächstenliebe.

Es ist erschreckend zu beobachten, wie sehr die Worte Jesu in der Bibel heute teilweise relativiert werden. So gilt z.B. in vielen Sekten ein Andersgläubiger nicht als ein Nächster. Oder man dämpft alle ernsthaften Liebes-bemühungen z.B. mit dem Vorwurf des „Mutter-Theresa-Syndroms", dies sei „Werksgerechtigkeit", und dass man „Gerechtigkeit" nicht verstanden habe. Doch auch deren vermeinte Gerechtigkeit alleine aus dem Glauben heraus, die sogenannte „Glaubensgerechtigkeit“ (der Bekenntnis-glaube) genügen nicht, sie sind bestenfalls Hilfsmittel für den Heilsweg der reinen, tatkräftigen Liebe, dem Urgrund alles Seins.

Vom Heiligen Geist und dem wahren Gebet

Vom magischen Herbeirufen – und ein Gleichnis

Wer oder was ist der Heilige Geist? Das ist eine der größten unbeantworteten Fragen des Christentums. Weil unser Verstand nur in Raum- und Zeitbegriffen denken kann, macht man sich schnell räumliche Vorstellungen von Ihm in Form einer eigenständigen Person oder mystischen Wesenheit, welche man von Außen quasi herbeirufen könne. Ein Gleichnis, bzw. materielles Entsprechungsbild geistiger Zustände soll uns da Aufschluss geben:

Es steht eine Gruppe von Menschen des Nachts versammelt um eine Feuerstelle und bittet, die Flamme möge erscheinen. Doch alle Anstrengungen dahingehend bleiben ohne Erfolg. Wohl bringt das gemeinsame Herbeisehnen eine Gruppendynamik zustande, welche die Personen in eine gewisse elektrisierende Tätigkeit versetzt, doch eine Flamme will sich bei der Feuerstelle nicht zeigen. Da erst kommen sie auf die Idee, ein Feuer zu machen. Sie sammeln Holz, zünden es an, und nun auch erscheint die ersehnte Flamme und bringt Wärme in die kalte Nacht und Licht ins Dunkel.

Die Flamme ist also nur die wirkende Kraft aus Wärme und Licht. Wärme und Licht sind ihre Wesenheit, wobei zu aller erst die Wärme vorhanden sein muss, die dann das Licht bewirkt. Also ist die Wärme das Grundwesen des Lichtes, der Flamme und somit des gesamten Feuers.

Auf den Heiligen Geist übertragen bedeutet dies, dass Dieser die Wirkungskraft oder auch Schaffenskraft Gottes ist. Das Grundwesen Gottes ist die ewige Liebe Selbst. Aus dieser geht die unwandelbare, ewige Wahrheit hervor. Die Wirkung aus dieser göttlichen Liebe und Wahrheit ist der Heilige Geist. Das heißt, dass der Heilige Geist nur dann wirksam ist und sein kann, wenn die Liebe und die aus Ihr strömende Erkenntnis Gottes im Menschen tätig ist.

Daher bewirkt der bloße Glaube allein ohne die Liebe nicht das Erscheinen des Heiligen Geistes. Aber wer glaubt *und* liebt, der hat auch Wahrheit und somit die Kraft Gottes in sich, welche ist Sein Heiliger Geist!

Die heute in vielen charismatischen Kirchenkreisen falsch gelehrte, so genannte "Manifestation des Heiligen Geistes", ist ein erdichteter Unsinn und eine große

Irrlehre. Der Heilige Geist ist und bleibt Geistiges und bewirkt im Menschen Gottes-Liebe und Gottes-Erkenntnis. Er "manifestiert" sich also nie anders im menschlichen Leib als allein nur durch Ausübung von Liebetaten und erleuchteter Rede. Seine Gegenwart ist spürbar nur im Herzen durch Barmliebe und Erleuchtung, niemals aber durch ein Gehopse, Gelache, Umgefalle, Geplapper und Geplärre... solches alles geschieht nur durch Einwirkung Verwirrung stiftender, unlauterer Geister (das sind in der Erdsphäre sich aufhaltende, unreine Seelen Verstorbener), die sich wichtig tun möchten und solche Menschen besetzen und beeinflussen, die ihres Sinnes sind. Für solche Verhaltensauffälligkeiten hat auch die Weltgelehrtheit ihre wissenschaftlichen und medizinischen Begriffe, wenngleich sie nicht die wahren, geistigen Ursachen dafür kennt.

Der Heilige Geist kann nicht für Sich alleine angesprochen oder irgend in einer Gemeinschaft herbei gebetet werden oder in Erscheinung treten, denn Er ist nur die folgenreiche Wirkung aus dem lebendigen Worte Gottes (= der Sohn = die Wahrheit = das Lebenslicht = JESUS CHRISTUS) und werktätiger Liebe (= der Vater) *im Menschen*. Daher es auch heißt:

(Matthäus 18. 20)

Wo zwei oder drei in Meinem Namen beisammen sind (d.h. in wahrhafter Liebe), da bin Ich (d.h. die Wahrheit) mitten unter ihnen!

Ist die Liebe nicht wahrhaftig, d.h. barmherzig, geduldig, demütig und selbstlos, geht aus ihr auch keine Wahrheit hervor und demzufolge auch keine wirkende Kraft des Geistes... Da kann man noch so sehr "komm heiliger Geist" in mantramäßigen Beschwörungsformeln ausrufen, oder das Vaterunser buchstäblich in einer Endlosschleife abspielen.

Die wirkende Kraft des Feuers ist die Flamme. Diese kommt aber nur zustande durch Wärme und Licht, welche in Wechselwirkung zu einander stehen. Licht bewirkt Wärme und Wärme bewirkt Licht. Dementsprechend also: *Wahrheit*, d.h. Erkenntnis Gottes, gebiert *Liebe* zu Gott und Liebe zu Gott gebiert die Erkenntnis Gottes, also Wahrheit, und beides wirkt sich aus in der *Kraft*, die der „Heilige Geist“ ist.

Daher kommt auch die bildhafte Darstellung der Flammenzungen in der Bibel beim Überkommen des Heiligen Geistes, was ein Entsprechungsbild ist und dem Geistesauge anzeigt die wirkende Kraft, welche Jesu wahre Nachfolger erhalten aus dem lebendigen Glauben.

Diese Kraft äußert sich im Menschen durch große Liebe, Herzensgüte und tiefe Erkenntnisse des Lebens. Weniger aber durch äußere Beigaben und Wundertätigkeiten, welche nur ein Gericht und Zwang wären für sich und andere, denn das größte Wunder besteht darin, allein durch die Kraft des lebendigen, inneren Wortes und die sanfte Liebe, das Herz eines Menschen lebendig zu überzeugen und dadurch den Geist, als der Keim des ewigen Lebens, in seiner Seele zu erwecken... was die wahre Lebenstaufe ist! nicht aber in Außendarstellungen, die im Gericht der Materie und für sich genommen Tod sind, wenn nicht der Heilige Geist diese lebendig macht, wozu aber Liebe und Wahrheit gehören.

Ein Gebet wird durch wahrhaft liebende Herzen verstärkt. Das liebende Herz wird durch die Wahrheit verstärkt und dieselbe durch das reine Gotteswort aus den Himmeln (das ist die Neuoffenbarung, was die Wiederkunft Christi ist, weil Christus die Wahrheit ist und Er daher im Wort wieder zu den Menschen gekommen ist).

Die Bibel wurde verbildet im Verlauf der Geschichte durch unerleuchtete Menschen, und Gott stellt zu allen Zeiten Seine reine Lehre der verbildeten entgegen. Diese Neuoffenbarung des reinen Gotteswortes ist ein unendlicher Schatz, und wer diesen bergen will, der kann dies jederzeit tun, lediglich die Mühe des Aufnehmens des Wortes, der Wahrheit ("wer Mein Fleisch ist", spricht der Herr) muss man sich gefallen lassen... Aber ohne die tätige Liebe ("wer mein Blut trinkt") wird sich keine Kraft des Heiligen Geistes und damit keine Auferstehung vom geistigen Tode beim Menschen zeigen... auch nicht mit noch so vielen äußeren Beigaben oder Lippengebeten.

Die Fülle des Heiligen Geistes

Die „Fülle“ hat nichts mit irdischem Wohlstand zu tun, was heute in manchen Glaubensgemeinschaften oftmals gerne verwechselt wird, da man annimmt, die Fülle und der Segen Gottes bestehe in bester leiblicher Gesundheit und großer Versorgung an materiellen Gütern!

- ➔ Die „Fülle“ bedeutet: die Fülle der geistigen Kraft!
- ➔ Was ist die „Geistige Kraft“? … Es ist die Liebe zu Gott!

(JL,GEJ,Bd. 7,Kap.127)

Die Fülle des Reiches Gottes besteht in der höchsten Liebe zu Gott.

Die Christen bemühen sich wohl vielfach neu anzufangen in den Kirchen, Sekten und Gemeinschaften, sie reden viel von Jesus, aber die Taten der Liebe sind selten geworden. Viele von ihnen hängen Lehren an, die nur den Schein der Wahrheit haben. Irrtum, selbst Unwahrheit nimmt überhand in der Bibel durch Änderungen und falsche Auslegungen. Das kommt daher, weil viele Christen selbst kein inneres Licht mehr besitzen und nicht annehmen wollen, dass Jesus nur zu erfassen ist in einem liebenden, selbstlos dienenden, sich Ihm hingebenden Herzen.

Wozu noch an sich arbeiten... an seinen Untugenden, seiner Selbstsucht und dem Hang zum Wohlleben, da doch schließlich Jesus alles Falsche für uns mit ans Kreuz genommen habe?! Man betrachtet es als besonderen Segen Gottes, einen so hohen Lebensstandart, eine so übervolle Versorgung an so viel überflüssigen irdischen Dingen zu haben und vergisst dabei, dass heute drei Erden nötig wären, welche alle nach und nach ausgebeutet werden müssten, um allen Menschen dieses „gesegnete" Wohlleben der „zivilisierten westlichen Welt" zu ermöglichen, wie sie der Meinung sind, dass solches Gottes Segen und Seine Fülle sei, der sie teilhaftig würden, wenn sie diese nur „in Existenz" riefen und feste daran glaubten!

Seit Jahrhunderten hat sich Unwahrheit verbreitet. Der Glaube wurde getrennt von der dienenden Liebe. Der Glaube ohne die Werke der dienenden Liebe aber besitzt keine Kraft. Es ist keine Wahrheit in ihm. Der Glaube allein kann niemals die finstere Erde erleuchten und befreien. Zum lebendigen Glauben gehört die Liebetat. Nur Gott, Jesus Christus, die dienende Liebe in uns, ist die Hilfe. Diese Wahrheit wird sichtbar durch Taten barmherziger Liebe. Wer aber dient heute noch dem andern? Wenn der Herr uns in Verhältnisse geraten lässt, die für uns schwer zu ertragen sind, dann wollen wir gleich verzagen und verzweifeln, statt dass wir auf Jesus vertrauten und Ihn um Erleuchtung bitten.

In einer besonders schweren Aufgabe hilft der Herr uns mit Seiner Gnade und in schwerer Versuchung hilft uns Sein Heiliger Geist und gibt uns den Sieg. Dann klagen wir nicht mehr. Dann tragen wir in Geduld unser Kreuz, weil wir von Seiner Freude, von Seiner Wonne erfüllt sind in dem Bewusstsein: Wir dürfen dienen! Das Dienen haben wir Menschen verlernt. Die Liebe ist in vielen erkaltet. Gottes Engel sehen wenig Licht auf dieser Erde und in den Herzenslampen Seiner Kinder. Es sind nur wenige Gotteskinder, die dem Herrn als Seine Lichtsäulen dienen, erfüllt von Seiner Liebe und Weisheit, von Wärme und Licht und der daraus hervorgehenden Kraft.

Darauf sollten wir uns wieder zurückbesinnen und unser Augenmerk richten auf eine Fülle, welche nicht von Außen her, sondern vielmehr von Innen zu uns kommt, als die Erleuchtung der Erkenntnis Gottes und als ein Friede, den die Außenwelt nicht kennt und niemals uns wird geben können. Die Fülle, die Gott Seinen Kindern schenkt, ist eine Fülle des Geistes der Liebe und des Dienens, und diese allein führt uns ein in das Reich Gottes, welches inwendig ist im Menschen. Solch eine wahre Fülle des Geistes geht zudem auch nicht zu Lasten der Umwelt und hinterlässt unseren Nachkommen keine ausgebeutete und vergiftete Erde.

Kapitel 12:
Von der Verdammnis

Die ewige Verdammnis

Alle christlichen Kirchen und Sekten lehren heute die ewige Verdammnis einer Seele. Solches haben materiell lebende und daher materiell die Bibel lesende und studierende Menschen auf Grund des toten Buchstabensinns aufgebaut, und das schon im alten Testament.

Der große Prophet Samuel, durch den Jehova das jüdische Volk regierte und richtete, musste vor der Martha von Endor aus der Hölle emporsteigen, damit der König Saul glaubte, es sei Samuel, aber wie stieg Samuel empor? Die Frau schrie auf: Einen Gott sehe ich heraufsteigen! - Ja, wenn Götter als vollendete Kinder Gottes in der Hölle wohnten, dann müsste auch Gott in der Hölle, statt im Himmel wohnen, und so wäre Er ein Höllengott und kein himmlischer Vater.

Die Juden glauben fest, dass ihre Patriarchen, Propheten und Vorfahren in der Hölle (oder Vorhölle) sich befinden - da sie die geistige Sprache der Entsprechungen nicht mehr verstehen - und dort auf die Erlösung durch den Messias warten... also musste ja dann Samuel aus der Erde, wo die bösesten Teufel der dritten Hölle sind, emporsteigen!...

Wir Menschen sind doch mit Vernunft und Verstand begabt, in unseren Herzen thront der Geist Gottes der Liebe, in unserem Gehirn die Vernunft, somit haben wir alles von Gott erhalten um glücklich zu werden, wenn wir die Gebote der göttlichen Liebe erfüllen.

Nun darf man sich selbst aber einmal fragen: Würde man jemals bewusst Kinder in die Welt setzen, um sie dann unglücklich, ja, sogar auf ewig unglücklich zu machen!? Diese Frage wird selbst der verkommenste Mensch entschieden mit „Nein(!)" beantworten...

Wenn schon wir Menschen, die wir doch im Grunde schlecht sind und bloß einen schwachen Schein von der göttlichen Weisheit haben, eine solche Antwort geben, wie können wir dann bei Gott Eigenschaften voraussetzen, die nur einem ärgsten Höllenteufel Ehre machen können!?

Der Mensch wird auf der Erde geboren, er ist dann das Schicksalskind der Erziehung von Seiten der Eltern, Kirche, Schule, Gesellschaft und des Staates. Er weiß nur das, was ihm diese beigebracht haben. Wenn aber diese nicht nach göttlichen Geboten und Lehren leben, ja solche nicht einmal richtig verstehen (weil die echte Lehre Gottes mit Menschensatzungen nach dem missverstandenen Buchstaben oder aus anderen Gründen vermischt ist, und daher nicht mehr richtig verstanden wird), wie kann dann das Kind, das in falscher Lehre und daher in falscher Erziehung und von schlechten Beispielen getäuscht, groß geworden und daher ganz gegen den Willen Gottes, als des geistigen Vaters, geraten ist, auf ewig verstoßen werden?... Wie kann die ewige Liebe und Barmherzigkeit Gottes ihn doch auf ewig dafür verdammen, obwohl er unschuldig an seiner Verziehung und geistigen Verbildung ist!?

Gott, der himmlische Vater, wusste doch alles von Ewigkeit her, was aus dem einen oder anderen werden wird, und doch war Er es, Der ihn auf die Welt stellte. Folglich wäre doch der Herr Selbst in erster Linie schuld daran, dass das Kind durch falsche Erziehung zu einem Höllenteufel wurde, da Er es ohne dessen Wissen, Willen und Zutun auf die Welt gestellt hat. Da aber ja Gott eigentlich sein wahrer Vater ist, wie kann man dann denken, dass Er ihn unschuldig in die ewige Verdammnis als „Ewigverdammten“ stoßen könnte?! Wie kann man dann im Ernst annehmen, dass Er, der himmlische Vater, Sein unschuldiges Kind auf ewig in den Höllenflammen braten und mit Höllenqualen peinigen werde!?... Mit solchem Irrglauben, aus den falsch, weil materiell gedeuteten Worten der Bibel, macht man Gott, den himmlischen Vater, zum reinsten Satan oder Blut-Tyrannen der untersten Hölle!

Frage: Kann man tatsächlich glauben, dass JESUS, unser geistiger Vater, die unendliche, ewige Liebe und

Barmherzigkeit, zugleich aber auch der unendliche, ewige Hass und die Rache gegen uns ist!? Kann man diesen Widerspruch anders definieren als: Gott und Satan ist ein und dasselbe Wesen?

Kann ewige Liebe und ewiger Hass, ewige Barmherzigkeit und ewige Rache in einer Person vereint sein?... Man wird hier antworten: „Nein, das ist ewig unmöglich!" Richtig, das sagt uns auch Jesus, unser himmlischer Vater – und zwar so unmöglich, wie unmöglich es ist, im Wasser ein Holzfeuer anzuzünden.

➔ Es gibt zwar eine ewige Verdammnis, das ist die Wider-Ordnung gegenüber der göttlichen Ordnung, aber nicht „Ewigverdammte", wie Jesus uns ausführlich in Seiner Neu-Offenbarung lehrt (zur NO siehe den letzten Abschnitt dieses Buches)...

Der Mensch, der unglücklich auf der Welt gelebt und sich zu einem Höllengeist entwickelt hat, kommt zwar in die Gesellschaft solcher Teufel, wie er selber einer ist, aber er wird hin und wieder belehrt. Nimmt er es an, so kommt er in das untere Paradies, wo es ähnlich zugeht wie auf der Welt, und da wird er belehrt was er tun soll um sich emporzuarbeiten in die Himmelssphären usw.

Nimmt der die Lehre nicht an, so bleibt er lange, lange Jahrhunderte, nach irdischer Zeitrechnung, in seiner Hölle (das ist der eigentümliche Seelenzustand seiner Gemüts-verfassung ohne Gott), bis er einst verschwindet und wieder ins Fleisch eingezeugt wird auf Erden oder einem anderen Weltkörper im großen Schöpfungsraum, von denen es unzählige gibt, und so wird wieder eine Probe mit ihm gemacht, ob er jetzt vernünftiger leben und nach Göttlichem streben wird.

Bei solcher Einzeugung waltet nur die göttliche Liebe des Vaters und diese lässt nicht früher nach, bis einmal der Mensch ein vernünftiges Leben zu führen beginnt, darum wird er entweder öfter reinkarniert, oder er bemüht sich im Geisterreich vorwärts zu kommen, dann braucht er nicht wieder reinkarniert zu werden.

So steht es also mit der ewigen Verdammnis... Gott ist die ewige Liebe und nicht der ewige Hass oder die ewige Rache, darum sollten wir fortan eine gute Meinung von Gott, unserem himmlischen Vater Jesus haben, und Ihn immer nur als liebenden Vater und nicht als Satan betrachten, was entschieden der Fall ist, wenn wir unser falsches Verständnis von der ewigen Verdammnis nicht aufgeben und diese nach dem Urgrundlicht der göttlichen Liebelehre auffassen lernen und nur so als wahr und richtig betrachten.

So lange der Mensch seinen Sünden nach lebt (was die Wider-Ordnung ist), kann er selbstverständlich nicht aus der ewigen Verdammnis (der Widerordnung) zu Gott, seinem Vater in den Himmel kommen. Wenn er aber anfängt, seine Untugenden, Leidenschaften und Laster zu unterdrücken und auszumerzen, dann entfernt er sich von der Hölle und nähert sich dem Himmel, und wenn er reif dafür ist, kommt er auch hinein (bzw. der Himmel hält Einzug in seinem Herzen, denn dieser ist ja kein Ort, sondern ein Zustand der Wahrheit und Liebe aus Gott, aus welchem sich dann die göttlich-geistige Welt bildet in welcher der Geist selig fortlebt), und mit der Zeit im besten Falle in den Liebehimmel, wo Jesus, der Vater, mit Seinen Auserwählten wohnt.

Warum kein einziges Geschöpf Gottes je auf ewig verdammt sein kann

Gottes Barmherzigkeit kennt keine Grenzen, Gottes Liebe ist unendlich, Seine Geduld unermesslich, und darum können Seine Geschöpfe nicht ewig verlorengehen, ansonsten Gott nicht vollkommen wäre. Es ist darum auch falsch, von ewiger Verdammnis zu sprechen, wenn darunter ein Zeitbegriff zu verstehen ist, der etwas Nie-Endendes bezeichnen soll. Denn eine solche ewige Verdammnis bedeutete dann aber etwas für Gott ganz Verlorenes, also Seinem Gegner endgültig abgetretenes Wesenhaftes, das ursprünglich von Gott hervorgegangen und von Seinem Gegner Ihm abgerungen worden ist. Dann aber wäre dieser Gegner größer als Gott, er wäre gewissermaßen der Sieger und Gott an Macht und Kraft überlegen, was jedoch niemals ist und sein kann, denn an Seine Vollkommenheit, an Seine Kraft und Macht und Weisheit reicht kein Wesen heran. Was aus Ihm hervorgegangen ist, bleibt ewiglich in Seinem Besitz, nur zeitweise von Ihm getrennt, d.h. in größter Entfernung stehend, weil *es selbst es so will.*

Doch auch diese Entfernung ist kein Dauerzustand, weil das Wesen, um selig zu sein, von der Kraftausstrahlung Gottes berührt werden muss, und, so es selbst nicht den Willen dazu hat, von der Liebe und Barmherzigkeit Gottes erfasst wird, die ihm den Seligkeitszustand bereiten will.

Eine ewige Verdammnis wäre daher auch der Liebe und Barmherzigkeit Gottes widersprechend, oder aber diese wären begrenzt, wodurch die Vollkommenheit Gottes Einbuße erlitt Ein höchst vollkommenes Wesen hat keine menschlichen Schwächen, ein ewiger Zorn aber wäre eine niedere menschliche Eigenschaft, wie auch jeder Strafzustand von Ewigkeitsdauer kein göttliches Prinzip genannt werden könnte, denn das Göttliche ist gekennzeichnet durch die Liebe. Die Liebe aber rettet und hilft, sie vergibt und beglückt und wird niemals etwas auf ewig von sich stoßen.

Dem Gegner Gottes dagegen mangelt das göttliche Prinzip, die Liebe, und stets wird sein Ziel sein, das Wesenhafte auf ewig zu sich herabzuziehen. Und er ist es, der den Menschen den Ewigkeitsbegriff verwirrt, der Gott als unbarmherzig und hart hinzustellen sucht, um die Liebe zu Ihm zu ersticken! Er ist es, der selbst kein Erbarmen kennt und der darum ohne Bedenken die Seelen unglückselig zu machen sucht, der ihnen jede Hilfs-möglichkeit nehmen möchte, um sie auf ewig zu verderben.

Und er findet willige Anhänger seiner Lehre von der ewigen Verdammnis, die alle Gott in Seiner unendlichen Liebe nicht erkennen, ansonsten sie dieser Lehre keinen Glauben schenken könnten. Doch stets wird den Menschen die Wahrheit vermittelt und der Irrtum hell beleuchtet werden, auf dass Gott als vollkommenstes Wesen erkannt und geliebt werde.

Falsches Bild von Gott - Verdammungslehre ist Irrlehre

Welches Zerrbild erhalten wir von Gottes Wesen, wenn Er uns als ein Gott des Zorns und der Rache, als ein strenger Richter ohne Erbarmen, hingestellt wird, der immer nur straft und verurteilt, doch niemals Gnade walten lässt; der Seinen Kindern nur diese eine Erdenchance bietet um ewig glückselig werden zu können, ansonsten Er sie verdammt...! Einen solchen Gott werden wir immer nur fürchten können, wir werden Ihm aus Furcht Gehorsam erweisen, wir werden auch seine Gebote nur aus Furcht vor Strafe erfüllen, aber wir werden Ihn niemals lieben können, so wie Er von uns geliebt werden will!

Solange uns von Gott so ein Bild gemalt wird, wandeln wir nicht in der Wahrheit, wir befinden uns in geistiger Finsternis, und wir werden nie unser Ziel erreichen, den Zusammenschluss mit Ihm in Jesus zu finden, denn nur die Liebe bringt solches zuwege, und diese Liebe werden wir kaum für ein Wesen empfinden können, das uns so vorgestellt wird! Gott aber will unsere Liebe gewinnen und vollstes Zutrauen. Er will als treuer Vater von uns erkannt werden, Der mit Seinen Kindern eng verbunden zu sein wünscht durch die Liebe.

Darum müssen wir auch ein rechtes Bild von Ihm gewinnen. Es muss uns die Wahrheit geschenkt werden über Sein Wesen, das in sich Liebe, Weisheit und Macht ist - das höchst vollkommen ist und das wir auch lieben können, wenn wir uns von Seiner Liebe umfangen fühlen, die uns gilt bis in alle Ewigkeit! Einen Gott, der uns straft, wenn wir uns verlaufen haben, den werden wir wohl fürchten, aber nicht lieben können. Er aber straft uns nicht, sondern hilft uns immer nur aus unserem sündhaften Zustand herauszukommen, und Er schenkt uns Kraft und Gnade, damit wir es können. Doch niemals wird Er das Sündig-Gewordene in die Tiefe stürzen, niemals wird Er es verdammen, sondern immer nur es aus der Tiefe emporzuheben suchen, weil es Ihn erbarmt, dass es selbst den Weg zur Tiefe genommen hat.

Alle Mittel, die Gott anwendet um das Gefallene, das Sündig-Gewordene, wieder zur Höhe zu bringen, sind Beweise Seiner Liebe, niemals aber Strafakte, die mit Seiner unendlichen Liebe unvereinbar sind! Und wir brauchen solchen Lehren niemals Glauben zu schenken, die Ihn als einen rächenden und strafenden Gott hinstellen.

➔ So auch dürfen wir gewiss die Lehre der ewigen Verdammung als eine große Irrlehre ablehnen,

denn Gott, Der die ewige Liebe Selbst ist, verdammt niemals Sein Geschöpf, sondern es ist im freien Willen selbst der Tiefe zugestrebt (!), und stets nur will Er es aus der Tiefe wieder befreien!

Dass Gottes Gerechtigkeit nun aber nicht ausgeschaltet werden darf, erklärt uns nur, dass Er nicht einem Wesen Glückseligkeit schenken kann, das freiwillig sich von Ihm entfernt hat und der Tiefe zugestrebt ist. Doch wenn wir an Ihn denken, dann sollen wir immer nur uns einen gütigen, überaus liebevollen Vater vorstellen, Der stets bereit ist, Seine Liebe zu verschenken an uns, Der aber durch Seine Vollkommenheit auch nicht ungeachtet der ewigen Ordnung wirken kann.

Doch dem Wesen steht jederzeit der Weg offen zu Gott. Auch das Zutiefst-Gefallene braucht nur Ihm die

Hände verlangend entgegenzustrecken, und Er wird diese Hände ergreifen und sie emporziehen zur Höhe, weil Seine Liebe und Sein Erbarmen so groß ist, dass Er alle Schuld übersieht, wenn das Wesen freiwillig sich Ihm übergibt. Dann kann Gott die Schuld streichen, weil Er Selbst im Menschen Jesus dafür Sein Blut vergossen hat, also die Schuld getilgt wurde, wie es die Gerechtigkeit fordert.

Wird uns Menschen Sein Wesen in aller Wahrhaftigkeit dargestellt, so wird es uns auch nicht schwerfallen, den Weg zu Ihm zu nehmen im freien Willen. Doch einen Gott, Den wir fürchten müssen, Dem bringen wir wenig Liebe entgegen, und darum muss uns die reine Wahrheit zugeführt werden! Ein geistiges Wissen, das uns klaren Aufschluss gibt über Jesus Selbst, unseren Gott und Schöpfer, Der unser Vater sein will, denn Irrlehren können uns nicht zur Seligkeit führen!

Darum müssen diese gebrandmarkt werden, denn sie sind von Seinem Gegner ausgegangen, der uns in der Finsternis des Geistes erhalten will, der alles tut, um zu verhindern, dass wir den Weg zu Gott finden, der die Furcht vor Ihm in die Menschenherzen pflanzt, um die Liebe nicht aufkommen zu lassen, die das Kind mit dem Vater verbindet!... Gott aber will unsere Liebe gewinnen, und darum wird ER uns auch immer wieder die Wahrheit zuführen über Ihn und Sein Wesen, und wir werden glücklich sein, wenn wir im Licht der Wahrheit stehen und wandeln.

Allversöhnung oder Strafgericht oder weder noch?

Viele Christen verstehen die Versöhnung so, dass man allein durch den Glauben an Christus und die Annahme Seines Opfers am Kreuz mit Gott versöhnt werde, und dass solches natürlich eine bewusste Entscheidung voraussetze. Wäre aber jeder durch Jesu Opfertod mit Gott versöhnt, so wäre Christus umsonst am Kreuz gestorben, argumentieren sie. Eine "automatische" Versöhnung, eine sogenannte "All-Versöhnung" könne es daher nicht geben, und wer im Erdenleben nicht zum Glauben an Jesus Christus gelangt, der wird auf ewig von der Gottheit in die Hölle verdammt werden!

Vielen Menschen macht eine solche Irrlehre natürlich Angst, denn von einer Liebe Gottes schaut da nichts mehr heraus, und wovor man Angst haben muss, das kann man folglich nicht lieben. Auch wird das Motiv des Christseins völlig umgangen, denn Jesus anzuerkennen bloß um eines vermeinten Errettungslohnes, nicht aber um des Guten und Wahren selbst willen oder aus brennendem Verlangen nach Gott, führt die ganze Liebelehre Jesu ad absurdum. Heißt es doch: "Liebe Gott über alles und Deinen Nächsten wie dich selbst!"

Es handelt sich bei der Errettung also weder um

einen bloßen Willkür-Akt eines launischen Herrscher-Gottes, noch um eine egoistische Vorteilsnahme Seines unterdrückten Geschöpfes, sondern vielmehr um die Umgestaltung des Menschen zur wahren göttlichen Liebe.

Es ist da nicht verwunderlich, dass gerade solche Menschen die Versöhnung Gottes falsch verstehen wollen, denen es noch mehr an der aufopfernden und dienenden Liebe mangelt, und die nicht wirklich der Geringste und jedermanns Diener sein möchten. Dazu kann man sich einmal das Gleichnis von den zehn Jungfrauen anschauen im 25. Kapitel des Matthäus-Evangeliums:

> (Matthäus 25, 11 - 12)
>
> Danach kommen auch die übrigen Jungfrauen und sagen: „Herr, Herr, tue uns auf!"
>
> Er aber antwortete und sprach: „Wahrlich, ich sage euch: Ich kenne euch nicht!"

Es kann also durchaus sein, dass solche, die da glauben, dass Jesus der Christus ist, den Vers zwölf in Matthäus 25 zu hören bekommen. Schließlich ist sogar selbst der Satan gläubig, und er müsste sonach - genügte der Glaube an Jesus allein - ebenso gerettet sein, wie Alle. Doch da sagt uns die Bibel, dass ein Glaube ohne Werke (der Liebe) keinen Wert hat.

Im 2. Kapitel des Jakobus lesen wir:

(Jakobus 2, 14 - 26)

14. Was kann es nützen, meine Brüder, wenn jemand sagt, er habe den Glauben, aber er hat die Werke nicht? Kann ihn wohl der Glaube (allein) selig machen?

15. Es fehlt zum Beispiel einem Bruder oder einer Schwester an Kleidern und an der täglichen Nahrung;

16. Und jemand unter euch sagte zu ihnen: Gehet in Frieden weiter, wärmet euch und esset euch satt! allein ihr selbst gäbet ihnen nichts, womit sie ihren Leib wärmen und sättigen könnten, was würde ihnen das helfen?

17. So ist auch der Glaube, wenn er keine Werke (der Nächstenliebe) hat an und für sich tot!

18. Ich setze den Fall, es könnte jemand sagen: Du sagst, dass du den Glauben hast, aber ich sehe deinen Glauben nicht, schau ich habe aber Werke und kann dir durch die Werke meinen Glauben sichtbar beweisen — gib also auch du mir die Beweise von deinem Glauben, wenn es Dir ohne Werke möglich ist.

19. Du sagst, ich glaube, dass nur ein Gott sei. Das ist gut und richtig, aber auch die Teufel glauben das, und zittern (vor Ihm, allein sie bleiben doch Teufel!)

20. Willst du begreifen, eitler Mensch, dass der Glaube ohne Werke tot sei?

21. Ist nicht Abraham, unser Vater, durch die Werke gerecht worden, da er seinen Sohn Isaak auf dem Altar zum Opfer brachte?

22. Da siehst du, dass er seinen Glauben durch die Werke bestätigte und nur durch die Werke ist sein Glaube gerecht und vollkommen worden.

23. So ward erfüllt, was die Schrift sagt: Abraham hat Gott geglaubt, und da er diesen Glauben durch Liebe, Demut

und Ehrfurcht und Gehorsam zu Gott und durch Werke der Nächstenliebe, die er durch Demut, Geduld, Friedensliebe, Barmherzigkeit und Selbstlosigkeit, wie seine Lebens-geschichte beweist, in die Erscheinlichkeit treten ließ, wurde ihm sein tugendvoller Glaube zur Gerechtigkeit angerechnet und erwarb ihm den Namen Freund Gottes.

24. Sehet ihr nicht daraus, dass der Mensch durch die Werke gerecht werde, und nicht durch den Glauben allein.

25. Wurde nicht auf eine ähnliche Art die Hure Rahab zu Jericho durch die Werke (der Nächstenliebe) gerecht erklärt, weil sie die Kundschafter aufnahm, und sie auf einem anderen Wege entkommen ließ.

26. Daraus ist es ersichtlich, dass wie der Körper ohne Seele tot ist, so ist auch der Glaube ohne die Werke tot.

Dies Bedeutet also im Klartext: Gott muss Sich Selbst im Menschen erkennen durch die Werke der Liebe! Es ist sonach nicht von Bedeutung, ob, wie, wie oft und vor wem man seinen Glauben an Christus durch Worte bekennt, sondern wie viele Hungrige man speist und wie viele Nackte man bekleidet, materiell oder geistig, mit Brot und Obdach oder mit Liebe und Wahrheit. Aber nur, wenn solches aus reiner Liebe geschieht und die "linke Hand nicht weiß, was die Rechte tut" (Matth.6), ist es ein Glaubenswerk der Liebe, weil da Güte, Mitgefühl und Erbarmung die Motive des Handelns sind, nicht aber etwa eine wie auch immer geartete Form von Profilierung, Vorteilsnahme oder Gesetzlichkeit.

Die reine, selbstlose Liebe fordert keinen anderen Lohn als nur den, Gott immer mehr lieben zu dürfen.

Solches ist das Sich-Erkennen der Gottheit im Menschen... oder die Kraft des Heiligen Geistes!

Jeder frage sich daher selbst, woran sein Herz noch hängt und wie viele Götter des Wohllebens, des Genusses und des Standesdünkels man neben Gott noch anbetet.

(2. Mose 34)

14 Denn du sollst keinen anderen Gott anbeten. Denn der Herr, dessen Name »Der Eifersüchtige« ist, ist ein eifersüchtiger Gott.

15 Dass du nicht etwa einen Bund schließt mit den Einwohnern des Landes, und sie, wenn sie ihren Göttern nach huren und ihren Göttern opfern, dich einladen und du dann von ihrem Opfer isst,

16 und deinen Söhnen ihre Töchter zu Frauen nimmst und ihre Töchter dann ihren Göttern nach huren und deine Söhne verführen, dass sie auch ihren Göttern nach huren.

17 Du sollst dir keine gegossenen Götter machen! (Sich nicht im Materiellen gründen)

Es gibt viele, viele Menschen, die nicht an Gott glauben, aber in welchen sich die Gottheit schon erkennt, weil sie Liebe und Güte besitzen. Umgekehrt gibt es viele, viele Menschen, die an Gott glauben, aber in welchen sich die Gottheit nicht erkennt, weil sie keine oder nur sehr wenig Liebe haben... Frage: Welche werden wohl einem liebenden Vater die angenehmeren Kinder sein?... Auch davon handeln einige

Gleichnisse der Bibel, z.B. in Matthäus 21 („Die zwei Söhne", „Die Weingärtner") und 25 („Die 10 Jungfrauen", „Die anvertrauten Talente") oder in Lukas 19 („Die anvertrauten Pfunde").

Vor allem aber betonen die Neuoffenbarungsschriften, dass Gott, als die allervollkommenste Liebe und als ein endlos barmherziger Vater aller Menschen, Geister und Engel, nicht des Sünders Tod und ewige Verdammnis, sondern dessen geistige Vollendung und ewiges, seliges Leben will.

Es kann daher weder im Diesseits noch im Jenseits von einem Strafgericht Gottes die Rede sein, in dem die einen, welche im kurzen Erdenleben gläubig waren, ein für alle mal zum ewigen Leben gelangen und aller himmlischer Güter und Genüsse teilhaftig werden, die Ungläubigen dagegen für alle Ewigkeit in eine nie endende, entsetzlichste Pein verdammt werden. Was müsste denn das für ein grauenhafter Rache- und Strafgott sein, Der mit den von Ihm Selbst geschaffenen, schwachen und noch unvollkommenen Wesen derartig verführe? - Er, Der dem Menschen Selbst das Gebot gegeben hat, seine Feinde zu lieben und zu segnen, die ihm fluchen (Mt.5,44) und den Schuldigern "siebzigmal siebenmal" zu vergeben! (Mt.18,22).

Nein, dies ist nicht der Sinn und Geist unseres himmlischen Vaters, Der vielmehr durch Belehrung und väterliche Führung jeden Menschen zum ewigen Leben in und aus Gott leiten und zum wahren Gotteskind heranbilden möchte!

Zu allen Menschen, ohne Unterschied, hat Jesus die

in Ewigkeit geltenden Worte gesprochen:

(Matthäus 2, 48)

Ihr sollt vollkommen werden, wie euer himmlischer Vater vollkommen ist!

(Matthäus 6, 14)

So ihr den Menschen ihre Fehler vergebt, wird euch euer himmlischer Vater auch vergeben.

und im Großen Evangelium Johannes lesen wir die Worte Jesu:

(GEJ, Bd. 6, Kap. 243)

Gibt es wohl einen Vater von nur einiger Liebe zu seinen Kindern, der ein Kind, das gegen sein Gebot einen Fehler beging, auf lebenslänglich in einen Kerker werfen ließe und es dazu noch züchtigen lassen möchte alle Tage, solange es lebte?! Wenn aber das ein menschlicher Vater nicht tun wird, der im Grunde als Mensch doch schlecht ist, um wieviel weniger wird das der Vater im Himmel tun, der die ewige und reinste Liebe und Güte Selbst ist!... Oder denke dir nur auf der Erde einen wahrhaft weisen und sehr vernünftigen Menschen! Wird der je eine ewig währende Bestrafung an einem Sünder befürworten können, oder wird er jemandem eine solche Strafe zuerkennen? Sicher nicht, - und der höchst weise Gott um so weniger...!

Ich sage euch aber, dass unter Meinen wahren Nachfolgern gar keine, nicht einmal auch nur eine zeitliche Strafe bestehen soll.

Eine Allversöhnung im passiven Sinne gibt es nicht und kann es nie geben, weil Gott den freien Willen Seiner Ebenbilder (des Menschen) achten muss um sie als Seine Kinder zu erziehen, ansonsten sie keine Ebenbilder wären. Es darf aber heißen: Eine Versöhnung für Alle ist ewig möglich, weil durch CHRISTI Erlösungswerk für *jeden* der Weg in die Himmel Gottes gebahnt wurde.

Demzufolge gibt es auch keine ewige Bestrafung, sondern nur böse Folgen durch das Zuwiderhandeln gegen die göttliche Lebensordnung, und das auch nur so lange, wie dagegen gehandelt wird.

Von der Ewigen Verdammnis, der Versöhnung und All-Versöhnung

Die Geschichte vom Reichen beschreibt den nie überwindbaren Unterschied zwischen Gottes freiester Ordnung in den Himmeln und der dieser in allem widerstrebenden Unordnung der Höllen. Dieser Text bezeichnet also nur deren Unvereinbarkeit, nicht aber einen ewigen Ausschluss für denjenigen, der sich in der Hölle befindet.

Der Satan ist nicht der Gegenpol Gottes, wie oft falsch gelehrt wird, sondern ein in die Wider-Ordnung Gottes gefallener Engel, welchen Fall jede Form des

Hochmuts bewirkt. Deshalb ist jede Hochmütige Seele ein Teufel, ob diesseits oder jenseits, und wir müssen uns vor unserer eigenen Überheblichkeit mehr fürchten, als vor dem Satan, weil sie uns von Gott trennt.

Es gibt da ein falsches Gerechtigkeitsgefühl unter einigen Gläubigen, die mit den schärfsten Worten den Menschen predigen, dass Gott zwar die Guten im Himmel ewig belohnt, aber wegen Seiner unerbittlichen Gerechtigkeit die Bösen auch ewig in der schrecklichsten Hölle mit den grausamsten Foltern ewig, ohne jede Erbarmung, bestraft!.. Gibt es wohl einen Vater von nur einiger Liebe zu seinen Kindern, der ein Kind, das gegen sein Gebot verstößt, lebenslänglich in einen Kerker werfen und dazu noch foltern ließe jeden Tag solange es lebt?! Wenn aber das ein menschlicher Vater schon nicht macht, der im Grunde als Mensch doch schlecht ist, um wieviel weniger wird das der Vater im Himmel machen, der die ewige und reinste Liebe und Güte Selbst ist! Oder stell dir mal auf der Erde einen sehr weisen Menschen vor! Würde der jemals einer ewigen Bestrafung eines Verbrechers zustimmen können? Sicher nicht, - und der höchst weise Gott um so weniger!

Hat Er uns doch Selbst die Vergebung, die Sanftmut und die Geduld gepredigt (siehe z.B. Mt.05.39 / Lk.06.29 / Röm.12.17 / 1.Thess.05.15 / 1. Petr.03.09). Was müsste denn das für ein grauenhafter Rache- und Strafgott sein, der mit den von Ihm Selbst geschaffenen, schwachen und noch unvollkommenen Wesen derartig verführe? - Er,

Der dem Menschen Selbst das Gebot gegeben hat, seine Feinde zu lieben, zu segnen, die ihm fluchen (Mt.5.44) und den Schuldigern "siebzigmal siebenmal" zu vergeben! (Mt.18.22). Nein, dies ist nicht der Sinn und Geist unseres himmlischen Vaters, Der vielmehr durch Belehrung und väterliche Führung jeden Menschen zum ewigen Leben in und aus Gott leiten und zum wahren Gotteskind heranbilden möchte!

Er ist der gute Hirte!

Zu allen Menschen, ohne Unterschied, hat Jesus die in Ewigkeit geltenden Worte gesprochen: "Ihr sollt vollkommen werden, wie euer himmlischer Vater vollkommen ist!"(Mt.5.48) und: "So ihr den Menschen ihre Fehler vergebt, wird euch euer himmlischer Vater auch vergeben.“(Mt.6.14)

Niemand kommt in den Himmel durch vermeintliche gottgefällige Verdienste oder durch ein vermitteltes oder unvermitteltes Erbarmen des Herrn, sondern allein nur durch die eigene Liebe zum Herrn und die daraus hervorgehende Gnade des Herrn Jesus Christus, der da ist der alleinige Gott und Herr aller Himmel und Welten!

Denn es gibt nirgends einen Himmel außer in uns selbst! Diesen Himmel in uns müssen wir selbst öffnen durch die Liebe zu Gott und zum Nächsten, wollen wir in ihn eingehen! Das Zukommenlassen der Gnade Gottes ist allein Sein Werk, das, ohne Ausnahme, niemandem vorenthalten wird, aber das Ergreifen dieser Seiner Gnade und das Handeln danach ist das eigene Werk eines jeden freien Geistes! So wird auch in der Hölle den Toten das Evangelium gepredigt.

(1.Tes.4: Die Toten in Christus werden zuerst auferstehen! Joh.5.25: Wahrlich, wahrlich, ich sage euch: Die Stunde kommt und ist schon da, wo die Toten die Stimme des Sohnes Gottes hören werden, und die sie hören, werden leben.).

Es wird keine automatische All-Versöhnung geben, denn Ebenbild Gottes zu sein bedeutet, in der vollkommenen Freiheit seines Wollens zu bleiben und zur Gnade JA oder NEIN sagen zu können.

Auf dass ein Mensch zur höchsten Seligkeit gelangt, muss er mit seinem freien Willen, seinem Verstand und seiner Vernunft sich nach dem ihm bekanntgegebenen Willen Gottes richten, bestimmen und selbst bilden. Der Herr aber kann und darf dabei mit Seiner Allmacht den freien Willen nicht ergreifen und ihn wie eine gerichtete Kreatur zum Handeln zwingen! (Deshalb denkt Satan, er habe Macht über Gott, weil Gott, ohne ihn zu vernichten, ihn nicht gegen sein Wollen in die Ordnung zurückführen kann...).

Das große Geheimnis der Selbstgestaltung des Menschen liegt darin: Alles kann Gott uns tun und wir bleiben Mensch, aber das Herz (unsere Liebe und unser Wollen) ist uns eigen, und dieses müssen wir selbst bearbeiten, wenn wir uns das ewige Leben bereiten wollen. Denn würde der Herr Selbst zuerst die Feile an unser Herz legen, so würden wir zur Maschine und kämen nie zur freien Selbständigkeit. Wenn wir Menschen Jesu Lehre bekommen, so müssen wir diese freiwillig befolgen und unser Herz nach ihr ausbilden. Haben wir unser Herz danach gebildet und gereinigt, dann erst zieht Gott im Geiste ein und nimmt Wohnung darin. Dann erst sind wir im Geiste wiedergeboren und können ewig nimmer verlorengehen!

Die Gnade zu ergreifen und reuig umzukehren ist auch jedem Höllengeist möglich, denn Gottes großes Erlösungswerk dient doch einzig nur den Gefallenen! Und wieviel Freude über einen reuigen Sünder im Himmel herrscht, auch das wissen wir aus der Schrift.

■ Es geht um Freiwilligkeit, und wer die Gnade nicht ergreifen will, dem geschieht auch kein Unrecht, der wird nicht gegen seinen Willen in einen Himmel gehoben werden. Aber Gott hat Geduld mit Seinen Kindern, Er hat Seine Mittel und Wege, und wann immer ein Kind um Gnade und Erbarmung bittet, wird sie ihm nicht vorenthalten bleiben.

Kapitel 13: Von Hölle & Gericht

Das „Jüngste Gericht“ und die „Auferstehung des Fleisches“

Die Lehre der katholischen Kirche besagt, dass am jüngsten Tag, auf den Schall der Posaune des Engels, alle Menschen in ihren Fleischleibern auferstehen und zum Gericht gehen werden, die einen zum ewigen Leben im Himmel, die anderen zum ewigen Tod in die Hölle. Der Herr wird die Lämmer von den Böcken trennen und jedem seinen verdienten Lohn geben. Doch Es heißt ja ausdrücklich in der Bibel, im Brief des Paulus an die Korinther, dass Blut und Fleisch das Himmelreich nicht erben werden (1.Kor.15.50). Der Unsinn der katholischen Lehre wird allein schon daran deutlich, dass man sich mit Recht fragen muss, welches Fleisch denn da auferstehen soll: Im Kindes-, Jugend-, Erwachsenen- oder Greisenalter, und ebenso müssten ja all die vielen abgeschnittenen Haare und Nägel mit auferstehen, da diese doch auch dem Fleisch angehören...

Nein, der jüngste Tag ist jeder neue Tag, den man lebt, denn der vergangene ist ein alter und der leibliche Geburtstag sogar der älteste Tag eines Menschen. Der jüngste Tag für eine Seele aber ist der Todestag des Leibes, denn an diesem vollzieht sich eine Änderung im Menschen, weil die Seele ihren Avatar (Körper) abwirft und nur das mit hinüber nimmt, was sie sich an Gutem und Wahrem in der Zeit ihres Probelebens im Fleisch dieser Erde angeeignet hat. Da gilt der Glaube an Christus für sich allein nichts, sondern nur die in echter, d.h. uneigennütziger Liebe mit Freude aus diesem Glauben getätigten Werke machen für Jenseits das „Fleisch" der Seele aus.

- Und um nun den protestantischen Einwand von wegen der „Werksgerechtigkeit" gleich zu entkräften sei nur gesagt, das es sich hierbei um eine Kausalität der ewigen, unwandelbaren Ordnung Gottes handelt, denn nur die Barmherzigkeit und Güte stellt die lebendige Verbindung mit Gott her, wodurch ein geistiges Wachstum erst möglich wird aus der Urkraft Seiner Liebe, nicht der Glaube, da dieser nur die Vorbedingung zur Annahme der Lehre Jesu und Dessen Nachfolge ist. -

Ist eine Seele noch sehr materiell, so erscheint sie drüben grau und schmutzig; ist sie noch voller Selbstliebe, so ist ihr Erscheinungsbild hässlich, je nach Grad und Beschaffenheit ihrer Liebe. Man kann durchaus sagen, dass dies ein Gericht ist, denn es fallen an diesem jüngsten Seelentag alle Masken und eine jede

Seele steht nackt da und offenbart ihr Inneres. Und dieses Innere, je nachdem ob es die wahre Gottesliebe in sich erweckt hat oder nicht, schaut im ersten Fall wunderschön, im zweiten Fall aber sehr traurig aus, und im selben Verhältnis auch die Welt in der sie fortan lebt, bis zu ihrer freiwilligen Umkehr und Besserung.

Die Auferstehung des Fleisches sind also die guten Werke, die wir im Fleischleben getan haben. Denn unsere Werke, die Guten, wie die Schlechten, folgen uns nach!

Weil dies so ein wichtiges und zugleich irrig gelehrtes Thema ist, möchte ich hier noch etwas weiter ausholen:

Wie oben erwähnt, ist eines jeden Menschen ältester Tag also sein Geburtstag, und der neuste Tag ist sein jüngster Tag. Stirbt der Mensch körperlich, dann verliert die Seele die Außenwahrnehmungen, welche die Körpersinne ihr übers Gehirn vermittelt haben. Nun wird sie jenseits also neu ausgerichtet sein, je nach ihrem Willen und ihrer Liebe-Art, entweder zur Höhe oder zur Tiefe. Dies bezeichnet das „jüngste Gericht“ oder anders gesagt: die „Richtung“, die eine Seele nun freiwillig weiter einschlägt... Aber da dürfte es auch klar sein, dass eine von der Erde abgeschiedene, hochmütige Seele, weiterhin hochmütig ist, da eine jede Seele dieselbe Seele ist, wie sie im Körper weilte, mit all ihren Neigungen, Leidenschaften, Sehnsüchten und Begierden. Da heißt es sprichwörtlich: Wie der Baum fällt, so bleibt er liegen.

Die materielle Erde ist ein fixierter Gedanke Gottes, und jeder Mensch, ob gut oder böse, lebt in dieser ganz gleichen Außenwelt seinem Körper nach. Ohne den Körper aber lebt eine jede Seele in ihrer ganz eigenen Gedanken- und Fantasiewelt, und diese ist entweder voll wahr und unendlich wunderbar, vielfältig und lebenskräftig *mit* Gott... oder ein Schein- und Trugleben voller Blendlichter *ohne* Gott.

Das jüngste Gericht beginnt, sobald der Mensch stirbt, das lesen wir im Hebräerbrief:

(Hebräer 9, 27)

Es ist dem Menschen gesetzt, einmal zu sterben, danach aber ein Gericht.

Somit folgt also gleich das Gericht. Das Wort „Gericht" klingt aber immer nach „Strafgericht", und das passt so gar nicht zum Wesen eines liebenden Gottes, Der für Seine Kinder am Kreuz geblutet hat. Solches haben nur die blinden Lehrer den Menschen als Wahrheit verkauft, um dadurch umso besser über sie herrschen zu können. Es gibt keinen größeren Beweis für den Mangel an Heiligem Geist als den, von Gott etwa anzunehmen, Er verdamme eine Seele in einen Feuersee oder in eine Hölle, darinnen sie dann auf ewig unter den größten Qualen zu verbleiben habe, und das bloß, weil der arme und blinde Mensch in der mehr als kurzen Erdenzeit noch nicht zum wahren Glauben gefunden hat...

Dabei lehrt auch die Bibel das genaue Gegenteil:

Hat denn der Herr etwa den linken Verbrecher, der Ihn bekanntlich am Kreuz verspottet hat, deswegen verdammt? Dies steht nirgends geschrieben. Aber dem andern Verbrecher, der Jesus als einen Gerechten erkannte und dem linken Verbrecher wegen seines Spotts einen guten Verweis gab, dem gab der Herr dafür die Zusicherung, dass er noch am selben Tag bei Ihm im Paradies sein werde, obwohl er wegen Raub und Mord am Kreuz sterben musste!

Dieser hat Jesus nicht etwa als den Messias erkannt und noch kurz vor dem Hinscheiden an Ihn zu glauben begonnen um dadurch vermeintlich gerettet zu sein, wie die Bibellehrer dies heute gerne rechtfertigen, nein, er gestand sich sein eigenes Fehlverhalten ein und sein Herz war zur Reue fähig... das machte ihn wieder menschlich. Und so war ihm das Paradies möglich, noch nicht aber der Himmel (weil der Himmel nur aus der Liebe im Menschen erwächst im lebendigen Glauben, denn der Glaube wird nur durch die Liebe zu einem lebendigen Glauben, ansonsten es ein toter Glaube ist!)...

Wo bleibt denn da der so schrecklich geschilderte jüngste Gerichtstag, an dem nur ein kleinster Bruchteil aller Menschen in den Himmel käme, alle andern aber für ewig in die Hölle?! Wie kann Gott von einem solchen Schreckenstag gepredigt haben, der beim

Tempel der Ehebrecherin die Schuld in den Sand schrieb, und ein andermal in Gegenwart vieler anwesender Sünder laut ausrief: „Kommt alle zu Mir, die ihr mühselig und beladen seid, Ich will euch alle erquicken!“(Mt.11.28)...

Weiter sagte der Herr zu einem Pharisäer, als dieser Ihn wegen des Erreichens des ewigen Lebens fragte, was denn mit jenen werde, die von Seiner Lehre zu Lebzeiten nichts oder nur sehr wenig werden vernehmen können aus verschiedensten Gründen:

(Himmelsgaben, 3 / II)

Jesus: Siehe hinauf zu den Sternen, dies ist das Haus Meines Vaters! Und in diesem endlos großen Haus gibt es gar viele Wohnungen. Wer Mich hier nicht konnte kennen lernen und vernehmen Mein lebendiges Wort, für den wird sich schon in diesem großen Haus irgendwo eine Gelegenheit finden zu dem Zweck seines ewigen Lebens! Darum sorge du dich nicht für jene, welche nun und auch in später Folge von Mir nichts werden vernehmen können; denn: Mein Vater kennt sie alle und Er hat auch nicht einen von ihnen zum ewigen Fall, sondern nur zur ewigen Auferstehung aus Seiner Liebe und Weisheit ins Dasein gerufen!
(Aus: JL, Hi, Bd. 3 / II. Vom Jüngsten Gericht)

Denn der Herr ist ja nicht gekommen, um das, was verloren war, noch mehr verloren zu machen, sondern darum, es in aller Liebe in der Tiefe aufzusuchen und wieder an das Licht zu bringen, damit es nicht verloren gehe. Als Arzt kam Er ja nur der Kranken und nicht der Gesunden wegen in die Welt. Hätte Er die Kranken denn etwa noch kränker machen sollen als sie es ohnehin schon waren dadurch, dass die, welche Jesus in ihrem kurzen Erdenleben noch nicht angenommen haben, nun auf ewig verdammt sein sollen?...

Ja, das geht wohl nach der falschen Lehre und nach dem Sinn der Pharisäer, was vielfach die heutigen Bibellehrer sind...

Wir müssen also das „Gerichtetwerden" als ein „Ausgerichtetwerden" verstehen, denn unsere Werke werden uns ausrichten für den weiteren Weg, den wir einschlagen werden, entweder zur Höhe oder in die Tiefe.

Die Auferstehung des Fleisches und der Seelenschlaf

Über die Auferstehung des Fleisches schreibt Paulus:

(1. Korinther 15, 42-57)

Dieses sage ich aber, Brüder, dass Fleisch und Blut das Reich Gottes nicht erben können, und dass das Verwesliche (oder der Fleischleib) der Unverweslichkeit nicht teilhaftig wird. Plötzlich, in einem Augenblicke, auf den Schall der letzten Posaune (welche hier den letzten Aushauch vor dem irdischen Leibestod meint), werden die Toten unverweslich, (weil eben nicht irdisch fleischlich, sondern seelisch geistig) auferstehen, weil da die Verwandlung vor sich geht, dass der Mensch ein Geist wird.

Davor wird sich niemand fürchten, der einen lebendigen Glauben hat, denn er wird zum wahren, ewigen Leben erstehen. Wessen Herz aber an den vergänglichen Dingen der Welt hängt, der wird sie schmerzlich vermissen.

Die Auferstehung des Fleisches ist also keinesfalls ein materieller irdischer Leib, denn der wäre der Seele hinderlich, sich blitzschnell dahin und dorthin zu begeben, sondern das sind die im irdischen Fleischkörper gewirkten guten oder bösen Werke an Gott und den Nächsten. Diese bilden dann das geistige Seelenkleid des Verstorbenen. Darum heißt es: „Was ihr hier sät, das werdet ihr dort ernten, denn eure Werke gehen euch nach!"(Gal.6.7-8 / Offb.14.13 & 20.12)

Der Seelenschlaf der Verstorbenen bis zur Auferstehung beim jüngsten Gericht ist eine ganz falsche Ansicht. Der Prophet Jesaja(14,9-11) spricht, dass die Verstorbenen in der Hölle ebenso leben und sich bewegen, wie die in Christus für die Welt Entschlafenen. Lukas(16,31) erzählt von einem langen Gespräch zwischen dem in der Hölle sich befindenden reichen Prasser und dem im Himmel weilenden armen Lazarus.

Menschen werden zu Engeln des Himmels, die auf Erden nach Gottes heiliger Lehre gelebt und gehandelt haben. Die Beweise dazu liefert auch die

Bibel:

- ✔ Samuel, der Richter Israels, der aus der Vorhölle als ein Gott aufstieg und mit Saul sprach.
- ✔ Der verstorbene Asaria steigt zur Erde als Erzengel Raphael und führt den Sohn des Tobias.
- ✔ Moses und Elias erschienen am Berge Tabor und sprachen mit Jesus, und sie erschienen nach Seiner Himmelfahrt und sprachen zu den Aposteln.
- ✔ Erzengel Gabriel (der einst der Erzvater Jared war) brachte Maria die Botschaft.
- ✔ Wir wissen auch, dass Henoch und Elias lebendig im Himmel aufgenommen wurden.

Daher gibt es nirgends einen Beweis vom Seelenschlaf der Verstorbenen.

Der Tod ist das Sündenleben des Menschen, der Todes-schlaf aber das sündhafte Verharren in den höllischen Untugenden und Eigenschaften.

Ursprung und Wesen des Bösen

Aus der Sicht Gottes gibt es „das Böse“ nicht, sondern nur Unterschiede in der Wirkung Seines Willens, und dieser Gotteswille ist in der Hölle wie im Himmel, im Schaffen wie im Zerstören gleich gut. Aber aus Sicht der Geschöpfe ist nur eines als gut zu betrachten: Die Lebensbejahung, unter der das Geschöpf bestehen kann neben Gott und in Gott, und diese ist der erhaltende oder stets schaffende Teil aus Gott. Der auflösende oder zerstörend herrschende mächtige Teil aber ist als böse zu betrachten aus geschöpflicher Sicht, weil es in dieser Lebensverneinung neben Gott und in Gott nicht als existierbar gedacht werden kann.

In Gott ist also das 'Ja' wie das 'Nein' gleich gut; denn im Ja schafft Gott, und im Nein ordnet und leitet Er alles. Aber für das Geschöpf ist nur das 'Ja' gut und das 'Nein' böse, und das so lange, bis es nicht völlig eins im 'Ja' mit dem Schöpfer geworden ist, wo es dann auch im 'Nein' wird bestehen können...

Demnach gibt es für Gott keinen Satan als vermeinten Gegenpol und auch keine Hölle, wohl aber in Anbetracht des Satans selbst und der Menschen dieser Erde, weil es sich auf der Erde um die Ausbildung der Kinder Gottes handelt. Es gibt noch zahllose andere Welten, auf denen man den Satan nicht kennt und somit auch das 'Nein' nicht, sondern allein nur das 'Ja' in seinen Verhältnissen.

Die Erde ist also eine Kinderstube, und somit gibt es auf ihr auch viel Geschrei und Lärm... aber Gott sieht das mit anderen Augen, als wir Menschen dieser Erde.

Luzifers freier Wille und Fall, Gehorsam Adams, JESU Erlösung

Die Willensentscheidung, welche von Gottes erstgeschaffenem Wesen, von Luzifer (= Lichtträger), gefordert wurde, war keineswegs als ein Gebot zu betrachten, vielmehr war es dem Wesen völlig freigestellt, nach einer Richtung hin seinen Willen zu wenden, und die Richtung seines Willens war allein in seinem Verlangen nach Macht und Alleinherrschaft begründet. Luzifer war sich wohl bewusst, aus einem Schöpfer hervorgegangen zu sein, glaubte jedoch auch, sich alleine regieren zu können, weil er Gott nicht sehen konnte. Er erkannte den Schöpfer zwar als seinen Ursprung, wollte Ihn aber nicht anerkennen. Und diesen Willen hatte nicht Gott in ihn hineingelegt, sondern er selbst hatte den von Gott ihm geschenkten freien Willen so umgewandelt.

Das war der Unterschied zwischen dem ersten Fall Luzifers und dem Sündenfall des ersten Menschen, denn Adam trug noch den verkehrten Willen in sich, und darum gab Gott ihm ein Gebot, das er nicht übertreten sollte. Ein Gebot, das er auch leicht hätte halten können, wenn nicht der Gegengeist Satan auf ihn eingewirkt hätte, der darum einen starken Einfluss hatte auf den Menschen, weil dieser im Grunde noch sein Anteil war, da er noch nicht die Vollkommenheit wiedererlangt hatte, die einen Fall unmöglich machte. Ein vollkommen erschaffener Mensch hätte nicht fallen können, d.h., er wäre zur Übertretung dieses Gebotes nicht fähig gewesen, weil das vollkommene Geistige im Menschen diesen zurückgehalten hätte von jedem Gott-widrigen Tun.

Die Erschaffung des Menschen war aber erst die Folge des Falles Luzifers und seines Anhanges, denn Gott hätte es sonst wahrlich nicht nötig gehabt, dem von Ihm ins Leben gerufenen Geistigen materielle Außenformen zu geben als Umhüllung. Die Form des Menschen aber barg das gefallene Geistige, und somit war der Mensch Adam mit jener einstigen Sünde schon belastet, die er aber abstoßen konnte, wenn er des Gottesgebotes geachtet hätte. Es wäre ihm möglich gewesen, die Erbschuld zu tilgen, doch sein Fall wegen seines Ungehorsams verzögerte die Rückkehr des gefallenen Geistigen zu Gott wieder endlose Zeiten. Aber diese Rückkehr ist möglich geworden durch das Erlösungswerk des Menschen JESUS, Der ohne ein sonderheitliches Gebot das getan hat, was der Mensch Adam tun sollte: völlig in den Willen Gottes einzugehen und durch ein Liebeleben wieder auf Erden sich mit Ihm zusammenzuschließen und in den

Vollbesitz von Kraft und Licht zu gelangen.

Die Hölle

Was uns von den Himmeln gesagt wurde, ungefähr dasselbe können wir von der Hölle annehmen, aber – wie es sich von selbst versteht – im entgegengesetzten Sinn.

Die Hölle besteht ebenfalls in mehreren Abteilungen und Stufen, welche so die Bosheit in verschiedenen Graden vorstellen, in deren Zentrum der Sitz des Satans selbst ist!

Der Satan, als personifiziertes Böse, ist als Gegensatz zu Gott der Ausdruck aller Leidenschaften, die Gottes Eigenschaften entgegengesetzt sind, zum Beispiel: Indem der Herr aus purer Liebe alles erhalten will, möchte er, aus Hass gegen alles Geschaffene, alles zerstören, weil es erstens von Gott geschaffen, und zweitens, weil es überhaupt geschaffen ist.

Er würde, ginge es nach seinem Willen, stets Geschöpfe aller Art und Gattung erzeugen, nicht aber um sich an ihrem Bestehen, sondern nur um sich an deren Zerstörung wieder (satanisch) zu freuen, und sodann wieder neu schaffen, um das Spiel stets von vorne anzufangen.

Seine untergeordneten Geister, die von Gott als

lebende Wesen erschaffen, sich so weit verfinsterten, dass sie nur an der Finsternis eine Freude haben, wie Gottes Engel am Licht, sind je nach der Intensität ihrer Bosheit dem Satan näher oder ferner gestellt und in verschiedenen Abteilungen in und auf der Erde verteilt, wo sie ihren (teuflischen) Vergnügungen nachjagen in dem Bestreben, ihrem Herrn zu gleichen soviel als möglich... und so haben sie die größte Freude, wenn sie durch alle möglichen Vorspiegelungen die Menschen vom guten oder bessern Weg abwenden, und sie auf ihre breite Heerstraße bringen können.

Da in ihnen, wie in ihrem Herrn, nur satanische Liebe ist (das ist die ausschließlich eigennützige Selbstliebe. Wir erinnern uns an die Zahl 666 des Tieres: = 600 Teile Selbstliebe, 60 Teile Nächstenliebe und 6 Teile Gottesliebe), so freut es sie, dieselbe auch in die Herzen der Menschen einzupflanzen, die ihren Einflüssen Gehör geben wollen. Dort lassen sie nicht nach, ihren Opfern die Welt und ihre Vergnügungen so angenehm wie möglich darzustellen, ihnen an List, Trug, Wollust und allen niedrigen Leidenschaften Geschmack einzuprägen, und sie so reif zu machen, ihre würdigen „Brüder“ zu werden.

Man könnte hier fragen: „Aber wie konntest Du, Schöpfer, denn so mächtige Horden böser Geister mitsamt ihrem Herrn fortbestehen lassen? Warum vernichtest du nicht mit einem Machtspruch solche Wesen, die den sanften Trieben Deiner Liebe und

Deiner göttlichen Eigenschaften so entgegenstehen, und: warum hast Du sie gerade in und auf die Erde gebannt, während doch Millionen anderer Erden und Sonnen in der Unendlichkeit umherkreisen, deren Bewohner ungestört ihrem Besserungs- und Läuterungsweg entgegengehen können, ohne solcher Plage ausgesetzt zu sein... und nur wir, die Du uns ‚Deine Kinder' nennst, derentwegen Du gerade auf diesen kleinen Erdball gekommen bist und dort ihretwegen gelitten und geduldet hast... warum sind denn gerade wir diejenigen, die auf einer Seite die Bevorzugten, und auf der andern Seite aber gerade die am meisten Geplagten und allen Verführungen und Versuchungen ausgesetzt sind?"...

Diesen Vorwurf müsste Sich der Herr gefallen lassen. Doch Er möchte, dass wir erkennen, wenn es auch nicht den Anschein hat, dass Er stets der liebevollste und gütigste Vater ist, und dass Er alles nur zu unserem Besten von jeher angeordnet hat, und auch stets alles zum Wohl Seiner Kinder leiten wird!

Die Erde als das Zentrum des Bösen

Wir wissen, dass der Satan ein gefallener Engel Namens Luzifer ist, der auch eine Unzahl anderer Geister in seinen Fall mitzog. In der „Haushaltung Gottes“ (vom Herrn gegeben durch den Schreiber Jakob Lorber) erklärt Jesus uns, dass dann aller Stoff aus seinem ganzen Seelischen, in Parzellen geteilt und in die Materie gebunden, von ihm genommen ist und nun in seelischen Vervollkommnungs-stufen nach und nach wieder zu Gott zurückkehrt, und dass alles Geborene auf Erden – sofern nicht Geister von anderen Welten zum Probeleben zwecks Erreichung der Gotteskindschaft hierher verpflanzt wurden – übrige Teile von dem Gefallenen sind, die dann auch denselben Weg wie alle in die Materie gebundenen Geister machen müssen... Dieser gefallene Engelsgeist wurde gerade dorthin verbannt, wo eben Gottes Pflanzschule für Seine Himmel ist, diese Erde(!).., damit er dort am meisten wirkt, zum Trotz gegen Gott und Seine Anordnungen.

Das „Warum“ wird uns in der Neuoffenbarung Jesu genaustens erklärt. Es müssen nämlich gerade da die größten Versuchungen und Gefahren sein, wo Geister und Seelen es sich zur Aufgabe gemacht haben, Gottes Reich zu erwerben und mitten durch Hölle und Verdammnis das Kreuz der Duldung und der Liebe zu Seiner Ehre und zur Schande Seines großen Gegners zu tragen... und dass trotz aller Verführungen und aller so scheinbaren Annehmlichkeiten, mit denen der Satan seine künftigen Zöglinge überhäuft, um sie in sein Netz zu ziehen und später jede Vergnügung und jede Annehmlichkeit mit tausend Qualen der Hölle zu vergüten, es doch Seelen gibt auf dieser Erde, die allen seinen Versuchungen Trotz bieten, allen seinen großartigen Versprechungen den Rücken kehren, unter Leiden und Kämpfen das Banner des Glaubens, der Demut und der Liebe hochhalten und einst nicht ihm, sondern ganz allein JESUS CHRISTUS angehören wollen!...

(Erneuter Zwischenruf an die oben genannten Bibel-christen: Hier wird man einsehen müssen, dass der alleinige Glaube niemandem den Kampf mit dem Bösen in sich selbst abnimmt. Den Weg der Demut und Selbstver-leugnung, den der Herr uns vorzeichnete zur Bekämpfung des Bösen in uns, den müssen auch Seine echten Nachfolger gehen!)...

Als der Satan sich von Gott trennte, musste Er ihm und seinem ganzen Gefolge die eigene Freiheit belassen, die jeder Geist haben muss, um als ein freier Geist seinem Schöpfer je würdig werden zu können. Die Umkehr zum Schöpfer muss von innen heraus und aus freien Stücken, aber nicht mit Zwangsmaßnahmen geschehen. Ebendarum muss Gott das Gebaren dieses Seines größten Gegners mitsamt seiner Brut geschehen und sie schalten und walten lassen, wie sie wollen, so lange sie nicht Seine festgestellte Ordnung beeinträchtigen.

Dass aber von alldem, was sie tun, das Resultat immer gerade das Gegenteil und das Entgegengesetzte zur Folge hat von dem, was sie bezwecken wollen, das ist der Triumph der guten Sache, da auch das Böse, ja, das Ärgste, was die Schöpfung aufzuweisen hat, nur zu seiner (und ihrer) eigenen Besserung und zur Weiterbeförderung des Guten im allgemeinen beitragen muss und kann.

Ebendeswegen ist der Satan auch mit seinem Reich dorthin verbannt, wo ihm Gelegenheit gegeben ist, alles zu versuchen, was ihm nur möglich ist, um seine Lebenstheorie gegen die des ewigen Schöpfers geltend zu machen... ja, es wurde ihm sogar erlaubt, Gott Selbst, während Seines Erdenwandels in Jesus, persönlich zu versuchen, der Er nicht ein geschaffener Geist, sondern der Schöpfer alles Geschaffenen war. Weil der Herr ihm nicht aus dem Weg ging, als Satan Ihn als Mensch, allen menschlichen Leidenschaften ausgesetzt, antraf, so wagte er auch an dem Allerhöchsten den Versuch, was ihm auch zugelassen wurde...

Doch mit welchem Erfolg, das wissen wir, damit er dann im Großen wie im Kleinen mit der Zeit erkennen kann, dass all seine Mühe umsonst ist, und er durch so viele Zeitenläufe vergeblich Widerstand geleistet hat, und zwar gegen Denjenigen, Der ihn erschuf, und Der, wenn er heute reuig zurückkehren wollte, ihn mit offenen Armen wie einen „verlorenen Sohn“ aufnehmen würde (!)... wie es aber nicht auf einmal, sondern nach und nach bereits geschieht und auch fernerhin geschehen wird.

Was der Herr von Seinen Himmeln sagte, dass ein jeder Menschengeist sie im Kleinen in sich trägt, ebenso ist auch der Keim der Hölle oder die Lust zu sündigen und gegen Gottes Ordnung zu handeln, oder die Hölle im Kleinen, in eines jeden Menschen Brust... Sie ist deswegen dort, weil Tugend ohne die Erkenntnis ihres Gegensatzes, das Laster, keine Tugend und Liebe ohne das Entgegengesetzte keine Liebe wäre! Wäre nicht die Finsternis, niemand wüsste das Licht zu schätzen, wäre nicht der erstarrende Eindruck der Kälte, man könnte nicht das Wohlgefühl der nach und nach einfließenden Wärme begreifen.

Es muss also, wo Gottes Kinderstube ist, auch die Schule der Überwindung und Bezähmung aller Leiden-schaften sein!...

Was wäre das Leben ohne Kampf? Ein einförmiges Dahin-schwinden der Zeitabschnitte, ohne sich dessen bewusst zu sein, wie einer kommt und der andere geht. Das Leben hätte keinen Zweck, keine Würze! So wie das Salz in allen Gerichten, in allen Kräutern, Metallen, Pflanzen, selbst in der Luft und auch in unserem Magen wegen der richtigen Verdauung einen wichtigen Bestandteil ausmacht, der zum Leben reizt und dieses eben durch solchen Reiz fördert... ebenso ist das Salz des geistigen Lebens, die Versuchung oder die Tendenz, anders zu denken und anders zu handeln, als man eigentlich tun sollte.

Eben durch diesen Gegensatz oder dieses Reizmittel wird der bessere Teil unseres Ich gekräftigt, das körperliche und geistige Leben in uns wird durch diese Nahrung erhalten, sein Fortbestand befestigt und der Genuss erhöht, wieder eine neue Stufe der Vervollkommnung errungen zu haben, und zwar mit Kampf und durch Entsagung errungen zu haben, während wir im Gegenteil bei dem Fortschreiten ohne Hindernisse uns des Fortschritts gar nicht bewusst wären. (Was bei der Irrlehre des alleinigen Glaubens so ist!)

Wenn die Sonne am Morgen ihre ersten Strahlen über die Landschaften der Erde wirft, wie sehnt sich die ganze lebende Natur danach! Alle Wesen, jedes in seiner Art zwitschert, gurrt oder summt seinen Lobgesang dem Licht und seinem Geber entgegen... selbst der Tautropfen, der am Blatt einer Moospflanze hängt, bekleidet sich mit Diamantenschimmer, spiegelt die große über ihm gewölbte Licht-Halbkugel ab und leuchtend freut er sich gleichsam des nach der Finsternis wiederkommenden (Tages-) Lichts!... und warum? Weil von einem Abend bis zum nächsten Morgen die Nacht oder Finsternis alle lebenden Geschöpfe den Wert des Lichts fühlen ließ!

So ist es auch in geistiger Hinsicht! Das süße Bewusst-sein geistiger Liebe, geistigen Fortschritts und geistigen, höheren Seelenlebens erkennt die Seele eines geschaffenen Wesens erst dann, wenn sie die Abgründe und Irrwege kennenlernte, welche ihr auf ihrem Prüfungsweg drohen. Erst dann, wenn die Seele eine kleine Stufe errungen hat, freut sie sich daran und erneuert alle Kräfte zur Gewinnung einer nächsten, und so steigt der Reiz, der Genuss und die Seligkeit nicht so sehr mit dem besseren Zustand, den man errungen, sondern wegen der Hindernisse, die man besiegt hat.

Was wären alle Himmel ohne die Hölle! Wie viel entbehren andere Geschöpfe in anderen Welten an Seligkeit, die nur Gottes Kindern vorbehalten ist, weil die anderen Geschöpfe in andern Welten nur Licht und wenig oder gar keine Finsternis kennen...

Haben also wir dem Schöpfer jetzt noch Vorwürfe zu machen, warum die Hölle so nah bei uns und sogar in uns liegt? Oder möchten wir nicht, Ihm dankend, vielleicht Ihn um noch mehr Hölle bitten, damit wir noch mehr kämpfen, noch mehr leiden könnten, nur um den Namen „Gottes Kinder“ in größerem Maß zu erringen?!...

Aber deswegen dürfen wir ganz unbesorgt sein, der Herr, unser ewiger, guter Vater weiß, was für unsere Lebens-Probeschule nötig ist, und Er verlangt nicht mehr, als uns von Ihm gegeben wird, und wir können ganz sicher sein: wir haben genug mit dem zu tun, was Seine liebende Hand uns auferlegt. Wäre es mehr, so würde es eine strafende Hand sein, und diese Hand hat Gott als unser Vater nicht!

Jetzt wissen wir also, wie selbst das ausschließliche Böse, ja Böseste in der ganzen Schöpfung, mit seinem

Treiben und Tun doch von Gott zum Segen alles Lebenden verwendet und genutzt wird, und wie der Satan mit seinen Gehilfen, statt Gott und allem Leben zu schaden, im Ganzen gerade zum größten Segen beitragen muss!

Die Versuchung durch den Teufel! Von Erlösung, Gerechtigkeit und Wiedergeburt

Man stellt sich zu gerne eine Versuchung des Teufels von außerhalb unseres Selbst vor, dergestalt, dass man mehr einen Dialog mit einem bösen Gegenüber, als mit sich selbst, bzw. der eigenen seelischen Neigungen und Begierden zu führen habe. Dem ist nicht so, denn im wahren Sinne ist unsere Seele selbst Teil der luziferischen Seele, und die Teufel sind alle die anti-göttlichen Eigenschaften in ihr, welche noch nicht durch die Läuterung des Feuers der göttlichen Liebe vollkommen wiedergeboren sind.

Die Versuchungen des Teufels sind die inneren Auseinandersetzungen des Menschen in seiner Seele mit der Selbst- und Eigenliebe, der Lauheit und Trägheit, dem Genuss- und Wohlleben, der Ehr- und Herrschsucht und schließlich dem Hochmut. Diese sind die „eigenen Hausgenossen“ der Seele -

(Matthäus 10.36)

Und des Menschen Feinde werden seine eigenen Hausgenossen sein.

- welche ihm zu ärgsten Feinden werden, sobald er sie durch die ernste Nachfolge Jesu Christi in Wort und Tat zu überwinden sucht, um der Liebe willen.

Petrus wollte, dass der Herr Seinem Kreuz ausweicht, und Jesus nannte ihn deshalb einen Satan. Dieser erschrak wegen der Bezichtigung,

➔ doch alle nicht reine göttliche Liebe im Menschen ist der Satan!...

Alles Seelische der materiellen, sichtbaren Schöpfung entstammt aus dem einst gefallenen Luzifer und seines Anhanges, auch unser Leib und die ihn durchdringende und belebende Seele.

Auch der Herr Selbst zog ein solches Materiekleid an. Er wurde in JESUS Seinem Menschlichen, d.h. Seiner Seele nach, mehrfach darin geprüft, vollkommen göttliche Entscheidungen zu treffen, bzw. sich ganz dem Willen Gottes hinzugeben. Da Ihm dies bis zum Ende gelang, wurde der Gerechtigkeit Gottes, was die Grund-Ordnung Seines ewigen, allerklarsten und seligsten Geistlebens ist, genüge getan, und Gott konnte dieses Sein vollkommenes Geistleben, was wir den „Himmel“ nennen, neu ordnen und von da an alles Gefallene in die Grundordnung Seiner Liebe und

Barmherzigkeit zurückführen, Jenseits, wie Diesseits, ohne Sich Selbst untreu zu werden, d.h. Seine Reinheit und Heiligkeit, was die ewig unwandelbare Lebensgrundordnung ist und ewig bleiben muss, anzutas-ten.

Dies ist die Erlösung, welche Christus für uns vollbracht hat, so dass kein Gefallenes Wesen je mehr vor der Gerechtigkeit Gottes bestehen muss, was keinem je möglich ist, sondern allein vor der Liebe nur, durch einen Prozess der Umwandlung von der Eigenliebe, hin zur göttlichen Liebe, welche ist der neue Himmel und die neue Erde inwendig im Menschen, weil es das Wohnen der Gottheit im Menschen ist...

Diesen Prozess der Läuterung der Seele, welchen uns der Herr in dem Gleichnis von der Weinkelter vorstellt, muss der Mensch sich seit Seiner Erlösertat nun gefallen lassen, damit Sein heiliger Geist die Seele des Menschen ganz und gar ausfüllt und erfüllt.

Bevor dieser Prozess - welcher durch ein Leben in der aufopfernden und dienenden Liebe und in der Aufnahme des reinen Gotteswortes seinen Fortgang nimmt - nicht vollendet ist, hat die Seele immer wieder mit ihren Teufeln zu kämpfen, die sie versuchen, welche Versuchungen aber zugelassen werden, damit die Seele des Menschen sich in der Überwindung übt und sie willig das Kreuz auf sich nimmt und Jesus nachfolgt, durch ein Leben der Entbehrung und Aufopferung aller ihrer Teufel.

Darüber hinaus gibt es eine Besessenheit von Außen her. Solche wird von Teufeln oder Dämonen verursacht, welche die Geister höllisch gesinnter Verstorbener sind, d.h. die mit ihrer Seele ganz ins teuflisches Wesen übergegangen sind, und die sich in der Sphäre eines noch irdischen Menschen einfinden, durch Zulassung aus verschiedenen Gründen. Diese versuchen dann ebenso, den noch Diesseitigen zur Sünde zu reizen, um ihre eigene Sinnlichkeit, der sie nicht mehr leiblich nachgehen können, auszuleben.

Alles Seelische also, ob nun eine durch ihren Geist vollständig höllisch gesinnte Menschenseele oder nur Höllen-Anteile einer Menschenseele, das der Finsternis angehört und Einfluss nehmen möchte auf den freien Willen des Menschen (durch Manipulation und Einflüsterung aller Art)... sind Teufel, bzw. Dämonen, was dasselbe ist.

Teufel und Dämonen. Vom Wesen der Besessenheit

Ein Teufel oder Dämon ist eine bewusst böse gewordene und böse sein wollende Seele eines ehemaligen Menschen dieser Erde. Der Begriff „Teufel" stammt aus dem jüdischen und der „Dämon" aus dem griechischen Sprachgebrauch, sie bedeuten beide ein und dasselbe.

Weil böse Seelen von Gott als dem einzigen Lebensquell und der einzigen Lebensader nichts wissen wollen und folglich getrennt sind von der Liebe und Wahrheit und nur zerstörerisches in sich bergen, sind sie ohne Lebenskraft und somit schwach und machtlos. Sie können niemals materielle Barrieren überwinden, wie es in vielen Horror-filmen dargestellt wird, und wie es die Engel können, indem es diesen nicht möglich ist, auch körperlich zu erscheinen, d.h. sich einen Leib aus den Bestandteilen der Luft zu bilden... einzig gedankliche Einflussnahme auf den Menschen können sie ausüben - durch Zulassung von Oben wegen Prüfungszwecken, sowohl für die Besetzer als auch für den Besetzten - aber niemals einen Menschen völlig beherrschen, so dieser sich mit Gott verbindet.

Es sind dies böse Geister... Geister deswegen, weil sie als Seelen Geistwesen sind, wie auch wir selbst

Geister sind, bloß noch kurzzeitig mit einem materiellen Körper umgeben.

Wir müssen uns also vor Geistern nicht fürchten, denn erstens sind wir selber welche und zweitens ist Gott der allergrößte und allervollkommenste Geist, Der über allem steht und schützend wacht.

Wer von Gottes Geist mehr und mehr durchdrungen wird durch das Tun nach Seinem Wort in Jesus, und somit in die volle Wiedergeburt seines Geistes in der Seele gelangt, der braucht niemals mehr eine Besessenheit durch böse Geister fürchten, ja, er kann jene sogar aus der Sphäre und den Körperteilen anderer Menschen, durch Hände-auflegen oder auch in schlimmeren Fällen durch ein strenges Befehligen, entfernen.

Das Malzeichen des Tieres und seine Zahl 666

Kaum ein anderes Thema in der Bibel zeigt so deutlich die Unkenntnis auf, die in erschreckender Weise und überwältigender Mehrheit in den heutigen Kirchen und Gemeinden vorherrscht. Und keine andere Zahl schürt so sehr den Aberglauben und die Angst, wie diese 3 Sechsen. Dabei ist des Rätsels Lösung ebenso einfach wie ein-leuchtend und ebenso beruhigend wie entlarvend, denn mit der Furcht lassen sich immer gute

Geschäfte machen und Menschen manipulieren. So erfüllen sich die Bilder, die Johannes in geistiger Entsprechung in sich geschaut hat, schon seit Beginn des Industriezeitalters vor unser aller Augen! Denn alle diese Bilder sind nur Zustands-beschreibungen der Gemüter der Menschheit unserer Zeit, die eben genau jene Endzeit ist, welche dort angekündigt wurde. Bloß darf man alle diese Schreckensszenarien nicht materiell erwarten, und dass diese etwa in äußere Erscheinung treten. Stellt man sich aber die Geisteshaltung einer überwiegend egoistischen und herrschsüchtigen Menschheit bildhaft vor, wie sie derzeit, wie niemals je zuvor auf der Erde, zerstörerisch wütet, so verstehen wir die Schau des Johannes in ihrer ganz realistischen und zeitnahen Bedeutung.

Der entsprechende Bibelvers lautet:

(Offenbarung des Johannes, Kapitel 13, Verse 15 bis 18)

Und es ward ihm gegeben, dass es dem Bilde des Tieres den Geist gab, dass das Bild des Tieres sogar spreche und bewirke, dass, die das Bild des Tieres nicht anbeten, getötet werden. Und es bringt alle, die Kleinen und die Großen, die Reichen und die Armen, die Freien und die Knechte dazu, dass sie sich ein Malzeichen machen auf ihrer rechten Hand oder ihrer Stirn, damit niemand kaufen oder verkaufen könne, der nicht das Malzeichen habe mit dem Namen des Tieres oder der Zahl seines Namens. Hier zeige sich die Weisheit! Wer es versteht, der berechne die Zahl des Tieres, denn es ist eines Menschen Zahl. Und seine Zahl ist 666.

Es ist heute in der Tat so, dass man von äußeren Merkmalen als dem Zeichen dieser Zeit ausgeht. Doch im selben Vers ist auch die Rede davon, dass nur mit der Weisheit der wahre Sinn sich zeigen wird, und dass dieser eben nicht ein Buchstabensinn ist. Die Weisheit berechnet also die Zahl 666, während der finstere Aberglaube allerlei Unsinn hineindeutet. Die Berechnung der Zahl bedeutet also, dass diese zerlegt werden muss, nämlich in 3 Teile: In 600, in 60 und in 6. Was es weiter damit auf sich hat, das wird uns im Folgenden deutlich:

Im 13. Kapitel der Vision des Johannes ist von drei Tieren die Rede: erstens vom Hauptdrachen, zweitens vom Tier, das dem Meer entsteigt mit sieben zehnhörnigen Köpfen, und drittens von einem Lamm-artigen mit zwei Hörnern am Kopf. Wer der Hauptdrache ist, das dürfte noch jedem klar sein, denn es ist der Erzgegner Gottes selbst. Aber dann wird es schon schwieriger, denn es fängt jetzt an mit uns selbst etwas zu tun zu bekommen:

Das zweite Tier stellt die Eigenliebe in ihrer Entsprechung dar, und wenn man es genau betrachtet, so wird man all deren Attribute an ihm bestätigt finden: Es steigt aus dem Meer aller habsüchtigen Begierden und hat sieben Köpfe, das heißt für jedes Gebot der Nächstenliebe einen eigenen mit zehn Hörnern, durch die vom einen wie vom anderen Haupt gleichermaßen allen zehn Geboten (Mosis) entgegengestrebt wird... Ein verwundetes Haupt ist der überall strafbare Diebstahl und Raub. Aber schadet das dem Tier etwas? Nein, denn dieses verwundete Haupt ist ja durch alle die politischen Staats- und Handelsgesetze verbunden und geheilt, wenn man sie geschickt anwendet oder legal umschifft!

Und so lebt die ganze Welt unter solchen Gesetzen und handelt danach... und spottet dadurch dem Lamm (d.h. der Liebe) und dessen Geboten täglich!

Das dritte Tier entsteigt der Erde, sieht aus wie das Lamm, hat aber auch zwei Hörner. Was ist denn das? Dieses Tier liegt uns am allernächsten! Es ist die das Wassertier (die Eigenliebe) sehr unterstützende und es am Ende sogar vergötternde allgemeine Wirtschaftsindustrie, die mit Wohlstand, Vergnügen und Genuss daherkommt, und die mit ihren zwei Hörnern den Hauptgeboten: der Liebe... schnurgerade entgegenstrebt! Dass dies so ist kann jeder heute überall in der Werbeindustrie auf der ganzen globalisierten Welt beobachten!

Wie sehr aber dieses dritte Tier eben die Industrie ist, zeigen uns beispielsweise die grausamen Arbeitsbedingungen, die in den ärmeren Ländern der Welt noch heute herrschen (wie sie in der Vergangenheit auch in Europa und Amerika noch geherrscht haben), wo sogar Kinder oft von 5 bis 21 Uhr stehend, halbnackt und in großer Gefahr für ihre Gesundheit arbeiten müssen für einen Hungerlohn. Es wird ihnen kein Unterricht erteilt, außer dem ihrer industriellen Sklavenbestimmung! Aber auch in unserer heutigen, modernen Industrie des Banken-zeitalters sind die Menschen zu Sklaven des Kapitalismus geworden. Das Morden und die Unterdrückung des Menschen, und die Missachtung seiner Seele, die sich allein nur nach wahrer, echter Liebe sehnt, geht heute subtiler vonstatten im kapitalistischen Schein von Demokratie und Menschenwürde.

Übt daher dieses dritte Tier (die Industrie) nicht alle Gewalt des zweiten Tieres aus (der Eigenliebe), dessen Kopfwunde „geheilt“ wurde? Und macht es nicht, dass fast von der ganzen Erde, d.h. wenigstens von den Industrienationen, das zweite, verwundete Tier völlig angebetet wird? Wird da nicht von angebeteten Königen, Fürsten, Sportlern, Künstlern, Millionären und anderen (industriellen) Gründern und Erfindern überall gesprochen!? Werden ihnen nicht in aller Welt Denkmäler errichtet und Ehrungen zuteil? Macht dieses dritte Tier nicht die größten Zeichen und lässt Feuer vom Himmel fallen, d.h. lehrt es nicht ganz vernünftig vor den blinden Menschen, als sei solch ein Fleiß, solche Zielsetzung und solche Errungenschaft das eigentliche Wesen aller Religion und die würdigste Verehrung Gottes oder vielleicht die beste Form der Anbetung?!... (siehe die Wirtschaft mit ihren andauernden Parolen von Wachstum, Wachstum und nochmal Wachstum!)... Wie ist das doch ein völliger Raub des Feuers vom Himmel, die Menschen in den Glauben zu versetzen, dass Gott auch durch Egoismus verehrt werden möchte!...

Doch heute ist die Wissenschaft und der kalt berechnen-de Menschenverstand auf dem Thron. Einen Gott erkennt das dritte Tier kaum mehr an. (Diesen Zustand beschreibt ein anderes Kapitel der Offenbarung des Johannes mit der Herrschaft der sieben Jahre des Antichristen, welche Zahl 7 nicht Erdenjahre, sondern das sich zu Eigen machen der 7 Eigenschaften Gottes bedeutet, d.h. Der Verstand ist heute ihr Gott... aber das ist ein anderes Thema).

Das Bild des Tieres mit der Schwertwunde aller politischen Gerechtigkeit ist seit der industriellen Revolu-tion lebendig! Die Menschen wurden genötigt, mit ihrem Blut dieses Bild aufzurichten! Und jetzt ist es da in unseren Köpfen und redet, gebietet, tötet und wird angebetet von allen. Und die Politik und die Medien tanzen nach der Pfeife des Geldes und des Mehrhabenwollens (auch Wirtschaftswachstum genannt), alles auf Kosten der Armen, der natürlichen Ressourcen und globaler Lebens-grundlagen, und schließlich auch auf Kosten des eigenen Lebenssinns! Ein Mensch, der heute dieses Tier nicht anbetet, wird weltlich die größten Probleme bekommen...

Die wahre Bedeutung (der „Geist“ oder das „Leben“) in diesem Bild des Tieres ist, dass heute die Eigenliebe und die Habsucht bei allen Menschen den höchsten Gipfel erreicht hat!

Das ist somit die Zahl 666, und nun kommen die oben erwähnten drei Teile wieder zur Sprache: Die

Eigenliebe ist gleich 600, das geraubte Himmelsfeuer gleich 60 (d.h. das göttliche Gebot ist zehnfach zum Eigennutz angewendet!) und die Nächstenliebe schließlich nur gleich 6 (d.h. es gilt die Ausbeutung des Nächsten nur für das Eigeninteresse)... Der Weg, die göttlichen Gebote an die erste Stelle zu setzen, dem Schwächeren in allem Guten und Wahren zu dienen, Liebe zu üben, das eigene Ego zu bekämpfen und die Wahrheit direkt von Gott und nicht über Menschen zu suchen und folglich auch zu empfangen, wurde verlassen. Man folgt und hört auf Menschen, und das eigene Ego gibt die persönlichen Ziele vor.

Was ist die Bezeichnung der „rechten Hand“ und der „Stirn“, sowohl bei „Großen und Kleinen, Reichen und Armen, Freien und Knechten“! Ist es nicht die Herrsch-sucht, entweder durch Macht oder Weltverstand!?... Jeder darf sich einmal fragen, ob jemand heute ohne diese Zeichnung etwas erreichen kann in der Welt!? Was gilt ohne dieses Zeichen der Mensch dem Menschen? Heute gelten nur Zeugnisse und Leistungsnachweise. Ohne solche heutigen „Werte“, welche Anderen irgendeinen Eigennutz eintragen, ist der Mensch nichts wert! Frage: Wenn Eltern eine Tochter haben, werden diese sie wohl einem „Unbezeichneten“ geben, oder werden sie einen „Unbezeichneten“ verlangen? Kann jemand, wenn er nicht ein Zeichen oder ein Amt vom „Tier“ hat, noch irgendein „Glück“ in der Welt machen!?

Wir alle haben ein Mal vom Tier, mehr oder weniger. Aber es gibt heute auch schon da und dort Tendenzen in die Gegenrichtung, Gott sei Dank!... Dieses Kontra-Geschehen ist übrigens der Akt der neutestamentarischen „Entrückung", weil die Wahrheit mehr und mehr Einzug in die Menschenherzen hält und die Wahrheit Selbst ist ja bekanntlich, wie der Bibelchrist weiß, Jesus, der Herr Jehova Zebaoth, Selbst. Der Einzug der Wahrheit in die Bücher der Welt und die Herzen der Menschen ist das, was in der Bibel als die „Wiederkunft Christi" beschrieben ist....

Aber auch da stellt man sich in Jesu Wiederkunft ja lieber einen körperlichen Außenmenschen vor. Es ist übrigens ja auch ganz praktisch, im Bösen wie im Guten jemand von sich selbst Außenstehenden zu sehen. So kann man im Unguten immer eine Schuld von sich weisen, und im Guten einen Anspruch anmelden...! Da ist man ja selbst völlig außerhalb irgendeiner Verantwortung für sein Handeln. Alles Böse in uns ist dann der Satan und alles Gute ohnehin nur sinnlose Werksgerechtigkeit... am Besten man fügt sich stumpf im Glauben und nimmt in Anspruch, was einen an Genuss und Freuden vermeintlich erwartet. Ob gut und wahr, selbstlos und liebevoll... ob schlecht und irrtümlich oder egoistisch und die Not des Mitgeschöpfs vergessend, das ist dabei egal.

Sehen so berufene Kinder Gottes aus und ist dies etwa die Ebenbildschaft Gottes? Sind wir alle nicht als charakterliche, also geistige Ebenbilder Gottes erschaffen worden und nicht als stumpfe

Marionetten?!

Ich denke, nun dürfte uns die „Bezeichnung mit dem Mal“ wohl so ziemlich klar sein! Wer kann heute noch kaufen und verkaufen ohne dieses Zeichen?

Aber die „42 Monate“ sind bald zu Ende, da die Gebote der Nächstenliebe schon über 5 mal 7 fach auf die Eigenliebe angewendet wurden... (wohlgemerkt: Alle Zahlen und Bilder sind Zustandsbeschreibungen)

JESUS aber sagt uns:

(JL, Himmelsgaben 1, 41)

Sucht das „Zeichen“ durch das Feuer Meiner Liebe zu vertilgen, sodann werdet ihr zum wahren, inneren Leben gelangen! Darum aber ist es gerade jetzt so schwer, zum inneren Leben aus und in Mir zu gelangen, weil das „Zeichen“ jeden in die Welt hinaus brennt. Daher lasst euch von Mir von der Welt des Tieres zurück brennen (= die Entrückung, *HH*) durch Meine Liebe, so werdet ihr das Leben finden, jetzt und ewig! Das spricht der Heilige, Große, Erste und Letzte. Amen, Amen, Amen!

In der Neuoffenbarung, im großen Johannes-Evan-gelium (Band 2, Kapitel 77), können wir einer Unterredung Jesu mit Judas beiwohnen, bei welcher Gelegenheit der Herr das Zahlenverhältnis der drei Sechsen erstmals erklärt, noch lange bevor der Apostel Johannes im Exil auf der Insel Patmos seine Vision niedergeschrieben hatte, in welcher die Zahl 666 erstmals in der Bibel erscheint.

(Großes Evangelium Johannes 2, 77)

Jesus zu Judas: „Ich will dir denn ein Maß geben, nach welchem du und ein jeder wissen soll, wie er mit der Eigenliebe stehen soll, wie mit der Liebe zum Nächsten und wie mit der Liebe zu Gott.

Nimm die Zahl 666, die in guten und schlechten Verhältnissen entweder einen vollendeten Menschen oder einen vollendeten Teufel bezeichnet! Teile du die Liebe im Menschen gerade in 666 Teile, davon gib Gott 600, dem Nächsten 60 und dir selbst 6! Willst du aber ein vollendeter Teufel sein, dann gib Gott sechs, dem Nächsten sechzig und dir selbst sechshundert!

Siehe, die rechtschaffenen Dienstleute und Knechte und Mägde sind es, die die Felder ihrer Herrschaft bearbeiten. Nach deiner Ansicht sollen sie denn nun auch die Ernte nehmen, weil sie durch ihren Fleiß und ihre Mühe geworden ist. Aber sie tun diese in die Speicher und Scheunen ihrer Herrschaft und haben eine große Freude daran, so sie zu ihrer Herrschaft sagen können: „Herr, alle deine Speicher und Scheunen sind bereits voll, und noch ist die Hälfte auf dem Feld! Was sollen wir da tun?" Und ihre Freude wird größer, so der Herr zu ihnen sagt: „Ich lobe euren großen und uneigennützigen Fleiß und Eifer. Geht und bringt Bauleute her, auf dass sie mir Vorratskammern in kürzester Zeit erbauen und ich des Feldes Segen aufbewahre für Jahre, die vielleicht weniger gesegnet sein möchten, denn dieses da war, an allen Früchten!"... Doch siehe, nichts gehört den Dienstleuten, sie haben keine Speicher, keine Scheunen und keine Vorratskammern, und doch arbeiten sie um einen geringen Lohn, als gelte es für ihre Speicher, Scheunen und Vorratskammern, denn sie wissen es, dass sie nicht Not zu leiden brauchen, wenn der Herr alle Vorratskammern voll hat.

Und siehe, im Tun eines rechtschaffenen Dienstboten liegt das ganze Verhältnis jedes wahren Menschen zu sich, zum Nächsten und zu Gott. Der wahre Dienstbote sorgt für sich 6fach, für seine Dienstgefährten, damit sie ihm Wohl wollen, 60fach und für seinen Dienstherrn 600fach und sorgt dadurch, ohne es zu wollen, dennoch 666fach für sich. Denn die Nebendiener werden ihrem Gefährten, bei dem sie die wenigste Selbstliebe merken, am meisten Wohlwollen entgegenbringen, und der Dienstherr wird ihn bald über alle setzen. Aber einen Diener, der nur für seinen Sack sorgt, bei der Arbeit gern der letzte ist und da seine Hände nur an die leichteste Arbeit legt, den werden seine Gefährten mit scheelen Augen ansehen, und sein Dienstherr wird es wohl merken, dass der selbstsüchtige Diener ein fauler Knecht ist. Er wird ihn daher nie über seine Dienerschaft setzen, sondern ihm vermindern den Lohn und ihn setzen zuunterst am Esstisch. Und wird sich dieser selbstsüchtige, faule Knecht nicht bessern, so wird er mit schlechten Zeugnissen aus dem Dienst entlassen werden und so nur schwer je wieder einen Dienst erhalten. So er aber einen einzigen Freund noch hat, dem gegenüber er sich uneigennützig erwiesen hatte, so kann dieser ihn in seine Wohnung aufnehmen, wofür ihn der Herr nicht schmähen wird. - Verstehst du das?

Ein jeder Mensch hat und muss einen gewissen Grad von Eigenliebe haben, ansonsten er nicht leben könnte, - aber, wie gezeigt, nur den möglich geringsten Grad. Ein Grad darüber hebt schon das rein menschliche Verhältnis auf, und es ist die Sache in der göttlichen Ordnungswaage also auf ein Haar abgewogen! - Nun sind dir die Grenzlinien gezeigt, und wir wollen sehen, wie du diese tatsächlich befolgen wirst!“

Sagt Judas: „Dazu gehört viel tiefste Weisheit, um beurteilen zu können, ob man das genaue Maß mit der Eigenliebe getroffen hat! Wie kann der kurzsichtige Mensch das beurteilen?“

Sage Ich: „Er tue mit redlichem Willen das, was er tun kann, das Fehlende wird schon von Gott aus hinzugetan werden. Für weniger aber als sechs Teile für sich darf man wohl bei keinem Menschen irgendeine Sorge tragen! Am allerwenigsten für Menschen deiner Art!“

Der radikale Islam

Was ich im Folgenden schreibe - und ich schreibe das hier öffentlich - das nimmt ein radikaler Moslem zum Anlass, mich töten zu dürfen, weil ich aus seiner verblendeten Sicht nicht bloß ein "Ungläubiger" bin (weil ich Jesus folge!), sondern zudem den "Propheten" beleidige. Doch weil es Wahrheit ist, werde ich nicht schweigen aus Furcht, sondern die Wahrheit bekennen, so, wie der Geist Gottes sie mir offenbart hat:

Mohammed war kein von Allah berufener Prophet (wie z.B. Moses es war, der offenbare Wunder wirken konnte) denn er stiftete den Islam nicht aus göttlicher Eingebung, sondern aus seinen eigenen Ansichten und eigenem Wollen, und er schnitt seine Lehre dem Charakter und den Sitten des orientalischen Volkes zu, das außer der Gastfreundschaft wenig uneigennützige Nächstenliebe kennt, dafür aber um so mehr z.B. die Unduldsamkeit gegenüber Andersgläubigen oder die Unzucht mit den Weibern lehrt und viele andere Untugenden mehr.

Der *radikale* Islamist glaubt nicht an Allah aus Liebe, sondern um sich selbst zu erhöhen und einmal erhaben sein zu können über andere und zu herrschen, nicht aber, um als ein Geringster allen anderen zu dienen aus purer Liebe... Ein radikaler Islamist glaubt auch aus Furcht vor Strafe, wegen Lohnversprechen oder aus Tradition, jedoch nicht aus Uneigennützigkeit. Es ist ein Zwang- und Gesetzesglaube und damit lieblos, starr und tot... lebendig wird der Glaube erst durch die Werke der selbstlos dienenden, aufopfernden Liebe zu Gott und den Menschen, wie auch zu allen Geschöpfen! Solche Liebe liebt auch die Bösen, weil die Bösen nur verirrte Kinder Gottes sind, die einst wiedergefunden werden von Gott, dem guten Hirten, Der jedes verlorene Schaf sucht, wie schon das Alte Testament lehrt (lies Hesekiel)!

Die Religion Jesu Christi war Mohammed bekannt, denn er entnahm ja auch manches Gute daraus, nur wusste er nicht, ob Jesus wirklich Gott oder bloß ein göttlicher Gesandter war, denn auch Jesus wirkte viele Wunder im Gegensatz zu Mohammed, der kein einziges Wunder je gewirkt hat. Aber das alte Testament sagt deutlich, dass aus Galiläa kein Prophet kommen wird... da Jesus aber nun einmal ein Galiläer war und also kein Prophet sein konnte, die große göttliche Liebelehre aufstellte, diese mit Seinem eigenen Blut besiegelte und offenbare Wunder tat um Sein Wort als Gotteswort zu bekräftigen, so konnte nur Allah höchst Selbst in Jesus persönlich anwesend gewesen sein.

Der Hochmut, der im Islam verankert ist, macht die Menschen finster im Geiste, oder anders gesagt: Nur wenn der Mensch liebevoll wird, dann wir er auch voll Licht und Erkenntnis Gottes, was ihm den himmlischen Zustand im Herzen bereitet. Dies hat Jesus uns gelehrt und vorgelebt und schließlich mit dem leiblichen Leben bezahlt, wie auch jeder ernsthafte Nachfolger Jesu diese Seine Nachfolger-schaft mit dem Leben wird bezahlen müssen: Entweder mit seinem hochtrabenden Verstandesleben durch die Herzensdemut, dem sinnlichen Genussleben durch die Selbstver-leugnung aller leiblichen Begierden, oder mit dem Tod des leiblichen Lebens durch religiöse Fanatisten, wie z.B. die des radikalen Islam.

Auch wir müssen uns die Tugenden Gottes aneignen, das bedeutet für jeden Menschen einen Kampf mit sich selbst, mit dem eigenen Hochmut und der eigenen Lieblosigkeit, seiner Ungeduld und Intoleranz, damit der Mensch immer weniger das Herrschen, dafür aber um so mehr das Dienen erlernt! Das ist der wahre Jihad, der "Heilige Krieg", denn es kämpft der eigene Teufel des Menschen mit dem Göttlichen in ihm! Dies ist ein *innerer* Kampf, aber kein äußerer, wo lauter Teufel von Menschen sich über andere Menschen erheben und sie abschlachten, statt ihnen in Liebe und Aufopferung in allem Nützlichen, Guten und Wahren zu dienen, wie es die Christenlehre vorsieht, da jeder jeden Menschen lieben und achten soll so wie er ist, und wie auch Gott jeden Menschen gleicher-maßen liebt und die Sonne über Gute und Böse aufgehen lässt, über Gläubige und Ungläubige.

Ist denn der Ungläubige nicht schon mit sich selbst genug gestraft wenn er keine Liebe im Herzen hat?! Und Ungläubig ist ein jeder, der nicht lebendig Glaubt, d.h. der kein Leben in der Liebe und der daraus folgenden Erkenntnis Gottes führt, der also unerleuchteten Geistes ist. Warum also einen vermeinten Ungläubigen noch bestrafen oder gar umbringen, wenn doch Allah Selbst die Verlorenen sucht und sie auch finden wird in den Höllen, auch wenn man bloß ihre Körper gemordet hat!? Das zeigt nur, wie blind diejenigen im Geiste noch sind, und dass sie Allah nicht kennen, denn würden sie Ihn kennen, dann wüssten sie, dass Er in Jesus ist, und dass Jesus endlos höher steht als Mohammed.

Doch kennenlernen kann man Allah nur und ausschließ-lich durch die Werke der Liebe, weil Er Selbst die Liebe ist wesenhaft! Ohne Liebeswerke kommt niemand zu Allah, dem Vater, der pure Liebe ist und in Jesusgestalt sich von seinen Kindern finden und anschauen lässt und mit ihnen in dem obersten Himmel wohnt, von wo aus sie in die Höllen steigen, die Verlorenen zu suchen, zu finden und nach Hause zu holen..!

Kein liebender Mensch, in dem Allah Selbst durch Seine Liebe anwesend ist, wird je einen anderen Menschen töten, noch ihm schaden, denn Allah liebt jeden Menschen, und ein jeder Mensch ist ein Kind von Allah!

Vom gewaltbereiten Islam und der wahren Bedeutung des Dschihad

Hier einige Verse, die für Islamisten und Juden fatalerweise bis heute das Morden rechtfertigen:

(Jeremia 46. 9-11)

9 Ziehet hinauf, ihr Rosse, und raset, ihr Wagen; und ausziehen mögen die Helden, Kusch und Put, die den Schild fassen, und die Ludim, die den Bogen fassen und spannen!

10 Aber selbiger Tag ist dem Herrn, Jehova der Heerscharen, ein Tag der Rache, um sich zu rächen an seinen Widersachern; und fressen wird das Schwert und sich sättigen, und sich laben an ihrem Blute. Denn der Herr, Jehova der Heerscharen, hat ein Schlachtopfer im Lande des Nordens, am Strome Euphrat.

11 Geh hinauf nach Gilead und hole Balsam, du Jungfrau, Tochter Ägyptens! Vergeblich häufst du die Heilmittel; da ist kein Pflaster für dich.

- Die Bibel sagt, dass Gott alle Menschen liebt!
- Im Koran steht, dass Gott die Guten liebt, nicht(!) die Sünder... (??)

Jede Religion ist die richtige, die den Gott der Liebe lehrt, und die diesen einen Gott durch die Liebe zu Ihm und zu Seinen Geschöpfen ehrt. Was wäre das für ein Schöpfer, der seine Geschöpfe für den Tod erschaffen hätte, statt für das Leben? Wäre der weise zu nennen?... Was hätte der Allerhöchste davon, von seinen Geschöpfen Verehrung und Erhöhung einzufordern? Über was sollte Er, der Höchste, denn noch erhöht werden?... Es ist Sache der Liebe, Wesen zu erschaffen und am Leben zu erhalten, aber Sache des Hasses ist es, zu zerstören. Jede Form der Lieblosigkeit ist Sache des Gegners Gottes. Dagegen ist der "Zorn Gottes" das Feuer Seiner Gerechtigkeit, nicht das des Hasses. Wer Leben tötet, das er selbst nicht erschaffen kann, tut dies nie aus Gerechtigkeit, sondern immer nur aus Respektlosigkeit vor der Heiligkeit des Lebens, und das ist Sünde!

Die Bibel sagt, dass Gott alle Menschen liebt. Im Koran steht, dass Gott die Guten liebt, nicht die Sünder: Gott liebt *alle* Menschen, aber Seine Liebe findet Er nur in einem Menschen wieder, der Liebe hat. Gott liebt die Sünde nicht, denn Er ist nicht in der Sünde, aber den Sünder liebt Gott ebenso, denn in einen jeden Menschen hat Gott die "Jungfrau" hineingelegt (Jer.46,11), die "hinauf" gesandt werden soll.

Wer ist denn ein "Widersacher Gottes"? (Jer.46,10)... Es ist ein Mensch oder ein Volk, der oder das ohne Liebe ist, denn die Liebe ist Leben, wie die Sonne das Leben auf der Erde ist. Wer die Sonne verdunkelt, der ist ein Feind des Lebens, und dies wird sich rächen, und er wird sich und anderen die bitteren Folgen des Unterganges bereiten. So, wie das Ägyptische Volk, um das es hier geht, sich den Untergang selbst bereitet hatte... denn es hat die "Jungfrau" nicht "hinauf" gesandt "Balsam" zu holen, das heißt: es hat sich nicht die Reinheit durch die göttliche Liebe im Herzen bewahrt. Und weil die Liebe das Leben ist, geht alles zugrunde, was ohne dieses Urleben ist. Die Rache ist demnach die Wirkung der Ursache, wenn der Mensch den ewigen Gesetzen der göttlichen Lebensordnung zuwider-handelt.

Dies besagt dieser Text. Und ein jedes Volk wird untergehen (wie auch jeder Mensch) das die Jungfrau nicht hinauf sendet, Balsam zu holen, das also nicht das Leben in der Liebe sucht, sondern in den eigenen "Heilmitteln" (Jer.46,11) des Verstandes und seiner Gesetzlichkeit.

Doch einen Untergang dürfen und können nicht Menschen herbeiführen, indem sie vermeinte Ungläubige töten und lieblos hinrichten, denn "die Rache ist Mein", spricht der Herr, d.h. die ewige Ordnung und alle Lebensgesetze, die sie enthält, wird jeden Menschen und jedes Volk richten, das dagegen verstößt, und dieser Verstoß ist die eigentliche Sünde.

Gott gab auch Seinen Menschenkindern Gesetze, wie wir unseren Kindern Gesetze geben, damit sie sicher zu Erwachsenen werden, doch das Gesetz benötigen nur die noch Unmündigen und Unreifen und jene, die keine Erlösung anstreben, weil sie noch nicht in der Erkenntnis Gottes und Seiner Liebe sind. Wer aber in der Erkenntnis des Lebens ist und folglich liebt, ist frei vom Gesetz, denn die Liebe beachtet alle

10 Gebote, welche Moses auf steinernen Tafeln ins Tal hinab trug.

Wer also andere Menschen tötet und nicht liebt, der steht selbst noch unter dem Gesetz und wird solange nicht frei davon werden, solange er nicht lieben kann!

Wir wissen, dass nur die Weisheit und die Liebe das Leben erschaffen und erhalten kann, also kann unser Gott kein unerbittlicher Tyrann sein, weil man als ein guter Gärtner auch sicher viel Geduld braucht mit seinen Zöglingen. Wenn aber schon ein unvollkommener Menschenvater vom Stärkeren seiner Söhne nicht verlangt, seinen schwächeren Bruder zu ermorden, wegen eines Verstoßes gegen seine Anordnungen... um wie viel weniger verlangt dies der vollkommene Gott, die ewige Liebe und Wahrheit Selbst, von einem Seiner Kinder?!...

Das Gegenteil ist der Fall: Der Starke nimmt sich des Schwachen an, tröstet ihn, richtet ihn auf und verhilft ihm zur Stärke... *DAS* ist der wahre Dschihad, der wahre Heilige Krieg, der zu aller erst im Herzen des Menschen geführt werden muss, wo das Gute siegreich ist gegen das Böse!

Gut ist nur wer liebt, und Gott ist die Liebe, und daher liebt Gott Sich Selbst nur in den Guten, und also liebt Gott die Guten, wie der Koran es lehrt... aber Er liebt auch die Sünder, wie es die Bibel sagt!

Scheint nicht sogar die Sonne gleichermaßen für Gute *und* für Böse oder macht sie etwa Unterschiede?.. Und wann ist ein Mensch überhaupt "gut" zu nennen, wenn doch Gott alleine gut ist, wie die Schrift es allen sagt?.. Wenn aber die Ungläubigen die "Bösen" wären, müsste man sich folglich doch fragen: Ist der Satan dann "gut", weil er ja auch gläubig ist? Wenn aber nein, warum hat Gott ihn nicht längst vernichtet, so, wie es die sogenannten Dschihadisten schon längst mit ihm hätten tun müssen?

Hinzu kommt, dass ein Sünder nicht gleich ein Böser ist, denn Sünde bezeichnet bloß eine Handlung, die uns von Gott trennt. Zum Beispiel Mitmenschen töten ist solch eine Handlung, weil es nicht auch nur einen einzigen Menschen unter uns gibt und je gab, der niemals gesündigt hätte, außer Jesus Christus! Auch jeder Moslem war nicht von der Wiege an "gläubig", auch jeder Konvertierte war zuvor "ungläubig"... sie alle hätten getötet werden müssen nach den Regeln der selbsternannten "Gotteskrieger".

Es gibt viele Ungläubige, die gut sind, und es gibt viele Gläubige, die böse sind... Möchte Gott nur gläubige Marionetten oder möchte Er freie Kinder, die Ihm in allem ähnlich sind? Möchte ein Vater bloße Befehlsempfänger und lieblose Killer als Kinder oder möchte er Kinder, die ihn lieben, ihm nacheifern und so sein wollen wie er: Die Leben schaffen und Leben erhalten?!

Lüge und Hass verwickeln sich in ständige Widersprüche! Nur Wahrheit und Liebe bringen Frieden im Menschen und auf Erden!

JESUS CHRISTUS aus Galiläa war kein Prophet,

denn auch die Schrift der Moslems sagt aus, dass aus Galiläa nie ein Prophet kommen wird. Er war der Mund und das Antlitz Gottes auf Erden, und Er brachte uns Menschen das Licht der Wahrheit durch Wort und Tat, zur Lebendigmachung unserer Seelen, und Er bleibt dies für ewig in der wahren Welt der Geister, jenseits des Grabes...

Er ist der Messias aller Menschen, Völker und Religionen. Erst die Befolgung Seiner Worte der Liebe (des Johannes-Evangeliums) machen den Menschen zum Dschihadisten und zu einem ewigen und wahren Kinde Gottes - schon auf Erden!

Kapitel 14: Die Neuoffenbarung Gottes

Einleitung: „Noch vieles hätte Ich euch zu sagen..." (Joh.16,12-14)

Von Prof. Franz Deml

Für die Christenheit, ja für die Menschheit als Ganzes, kann es kein größeres Ereignis geben, als dass die Verheißungen des Herrn im Johannes-Evangelium sich wahrmachen:

> "Noch vieles hätte ich euch zu sagen, doch ihr könnt es jetzt noch nicht ertragen (fassen). Wenn aber jener, der Geist der Wahrheit, kommt, wird er euch in alle Wahrheit einführen. Er wird nicht aus sich selber sprechen; er wird vielmehr reden, was er hört, und wird euch verkünden, was künftig ist." (Joh. 16, 12-14)

Der Inhalt dieser Worte lässt keinen Zweifel daran, dass es sich hier um künftige Prophetien handelt. Tatsächlich hat es auch in der christlichen Ära, nicht nur im Alten Bund, eine fortlaufende Prophetie gegeben, die leider bei den institutionellen Kirchen zu wenig Beachtung fand. Mit der willkürlich gesetzten und unbegreiflichen These, dass spätestens mit dem Tode der Apostel alle Offenbarung endgültig abgeschlossen sei, gewährte man der Stimme des Heiligen Geistes nur wenig Spielraum mehr.

Nun hat aber schon der zu seiner Zeit hoch gerühmte Zisterzienserabt Joachim von Fion (gest. ca. 1205), der selbst ein großer Prophet war, in seiner Dreizeitenlehre darauf hingewiesen, dass nach der Offenbarung des Johannes, zu Beginn des sogenannten Geistzeitalters (d.h. kurz vor dem Endgericht), den Menschen ein "Ewiges Evangelium" verkündet werden wird. Der betreffende Text bei Johannes lautet:

> "Und ich sah einen anderen Engel fliegen durch die Himmelsmitte, der hatte ein Ewiges Evangelium zu verkünden über die Erdbewohner und über alle Nationen und Stämme und Sprachen und Völker..." (Joh. Offb. 14,6)

Wir müssen uns nun fragen: Hat es vielleicht eine solche Verkündigung nicht schon längst gegeben oder müssen wir noch darauf warten? Wir können es jedenfalls als ein heilsgeschichtliches Omen betrachten, dass auffallenderweise sogleich mit dem Beginn der Neuzeit die Prophetengabe in einem Ausmaß wuchs, dass niemand mehr, auch die Kirche nicht, daran vorbei kann.

Schon mit J. Böhme und E. Swedenborg waren Höhepunkte erreicht, die schließlich noch durch den größten aller christlichen Propheten, durch Jakob Lorber (1800 - 1864), weit übertroffen wurden. Durch ihn hat zweifellos der verheißene Heilige Geist sein ganzes Füllhorn ausgegossen. Besonders ist es das zehnbändige “Große Evangelium Johannes”, das anhand von detaillierten Schilderungen aller Vorgänge im Leben Jesu während seiner drei Lehr- und Wanderjahre “in alle Wahrheit einführt”. Erst recht aber wird in dieser Prophetie die folgende Verheißung Jesu wahr:

> „Der Beistand aber, der Heilige Geist, den der Vater in meinem Namen senden wird, der wird euch alles lehren und euch an alles erinnern, was ich euch gesagt habe.“ (Joh. 14,26)

Wie sehr treffen gerade diese Worte auf das “Große Evangelium Johannes” zu! Aber auch die großen Jenseitswerke Lorbers sind eine unerschöpfliche Quelle tiefster Erkenntnisse.

Diese sogenannte Neuoffenbarung - die nirgends in Widerspruch steht zur Altoffenbarung, das heißt zu den überkommenen vier Evangelien, sondern ihren Inhalt erst voll zur Entfaltung bringt, - ist ein “Licht aus den Himmeln”, das in allen Dingen Klarheit schafft und keine Fragen offen lässt. Ja, sogar die alte Unstimmigkeit zwischen Wissenschaft und Glauben wird dadurch vollständig behoben, da sie auch die naturgeistigen Vorgänge im Schöpfungsbereich, in Makrokosmos und Mikrokosmos, bis ins letzte durchleuchtet. Das physische Universum in seiner Gesamtheit ist in dieser Prophetie ebenso enthalten wie der astrale und geistige Kosmos, Diesseits und Jenseits. Wir erhalten Auskunft über die Entstehung der Welten wie über den Verlauf der Heilsgeschichte, über das Wesen Gottes und der Engel, und erst recht über den Menschen und seine ewige Bestimmung. Dass Christus als der geoffenbarte Vater und Erlöser der Welten bei alledem im Mittelpunkt steht, ist selbstverständlich. -

Es ist eines der vielen Wunder, die in der Heilsgeschichte schon so oft für Überraschungen gesorgt haben, dass dieser Prozess der "Wiederkunft Christi im Wort" in aller Stille vor sich ging. In größter Verborgenheit geschah es, dass der "Schreibknecht Gottes" Jakob Lorber vor bereits über hundert Jahren den Grund legen durfte für eine neue Ära der Menschheitsgeschichte. Es war Gottes Kalkül, in einer relativen Zeit der Verborgenheit alles vorzubereiten, dass das Licht plötzlich hervorbrechen konnte. Allein schon die Naturwissenschaften bestätigen heute das Weltbild der Neuoffenbarung in einer Weise, die niemand für möglich gehalten hätte.

Wie immer bei prophetischen Kundgaben bediente sich der Herr auch bei Jakob Lorber der höchst eigenen Sprache des Mediums. Es darf uns daher nicht wundernehmen, wenn altertümelnde Ausdrucksweisen in Stil und Mentalität der damaligen Zeit vorherrschend sind. Dass es in der Hauptsache eine Herzenssprache ist, mit vielen volkstümlichen Beimengungen, erleichtert das Lesen. Wahrheitsgehalt und Weisheitstiefe der göttlichen Einsprache aber werden in keiner Weise beeinträchtigt.

Das Neuoffenbarungs-Schrifttum, z.B. durch Jakob Lorber mit seinen 25 zum Teil sehr umfangreichen Bänden, hat bereits eine Auflage von über einer Million Exemplaren erreicht. Und hatte man es früher in kirchlichen Kreisen kaum beachtet oder direkt abgelehnt, so setzen sich heute in der großen Glaubenskrise und Seelennot unserer Zeit immer mehr Geistliche ernsthaft damit auseinander; ja, manche von ihnen sind aufs äußerste beeindruckt.

So schreibt zum Beispiel der evangelische Theologe D. Dr. Kurt Hutten: "Dieses Weltbild hat Tiefe und Kraft, umfasst alle Ebenen des menschlichen Seins und der Geschichte, enthält großartige Vorstellungen wie die des großen Schöpfungsmenschen und hat in erstaunlicher Weise moderne Forschungsergebnisse vorweg genommen, so z. B. die in der Atomphysik erfolgte Auflösung der Materie in Energie und Bewegung. In einer Zeit, in der sich die Dimensionen des Universums durch die Astronomie ins Unermessliche geweitet haben, unsere Erde als ein winziges, belangloses Stäubchen erkannt worden ist, das im

Reigen der Sonnen und Milchstraßen verloren umhertreibt, und der Mensch sich in einer frierenden Einsamkeit und Verlorenheit vorfindet, kann das Weltbild Lorbers eine große Hilfe sein. Es gibt der Erde samt ihrer Geschichte und Heilsgeschichte ihre Würde wieder, verleiht dem Glauben eine kosmische Weite, verwebt Diesseits und Jenseits, Mikrokosmos und Makrokosmos ineinander, preist die alle Schöpfung durchwaltende Liebe Gottes und weist mit alledem den Menschen einen Weg zur Geborgenheit."

Der katholische Theologe Robert Ernst: "...25 Bände hat Jakob Lorber in 24 Jahren geschrieben. Ein Monumentalwerk, das über das Fassungs- und Schaffensvermögen des genialsten Philosophen, Theologen und Schriftstellers hinausgeht."

Der evangelische Theologe Helmut von Schweinitz: "Das Phänomen Lorber mit der Deutung der Tiefenpsychologie abzutun, ist keine überzeugende Erklärung, denn was in seinen Schriften an die Oberfläche des Bewusstseins tritt, sind Erkenntnisse, die aus der Sphäre seines beschränkten menschlichen Wissens nicht stammen können. Zu ihrer Aneignung würde ein Menschenleben nicht ausreichen und alle schöpferische Phantasie nicht genügen. Genauso wenig kann das Lebenswerk Lorbers durch philosophische oder theologische Spekulation erklärt werden. Es bleibt bei ihm wie bei allen prophetischen Phänomenen ein unerklärbarer Rest.

Bei der Untersuchung der Frage, wie Neuoffenbarung und Altoffenbarung zusammen-stimmen, stellt der evangelische Pfarrer Hermann Luger fest: "Beide stehen auf demselben göttlichen Grund. Lorbers Schriften atmen durchaus biblischen Geist. Nicht nur der Inhalt seiner beiden Hauptwerke "Das große Evangelium Johannes" und "Die Haushaltung Gottes" ist ein biblischer, auch seine anderen Werke sind kernbiblisch. Viele Aussprüche und Reden des Herrn im Großen Evangelium Johannes könnten geradeso gut in einem der vier biblischen Evangelien stehen. Dass sich bei Lorber vieles findet, was in der Bibel, besonders in den vier Evangelien, vollständig fehlt - wie zum Beispiel die Reden des Herrn über die Himmelskörper und die Geheimnisse der Schöpfung -, braucht uns nicht wunderzunehmen und beweist nichts gegen den biblischen Charakter der Neuoffenbarung. Es ist nur verständlich, dass Jesus in den drei Jahren seiner öffentlichen Tätigkeit viel mehr geredet und getan haben muss, als in den Evangelien der Schrift erzählt wird; und wir glauben daher ein Recht zu haben, in der Neuoffenbarung geradeso gut Gottes Wort zu sehen wie in der Bibel. Bibel und Neuoffenbarung sind für uns zwei gleichberechtigte Erscheinungen, die ein und demselben Urgrund entspringen und von denen die eine durch die andere erst recht an Wert und Bedeutung gewinnt."

Vorwort aus dem „Großen Evangelium Johannes“ von Prof. Franz Deml

Die 10 Hauptpunkte der Neuoffenbarung Gottes an die heutige Menschheit

Die Wiederkunft Christi im Wort, in den sinnbildlichen "Wolken des Himmels" (Dan.7:13, Mt.26,64), was bedeutet: das Licht der Wahrheit in erkennbarer und verständlicher Art offenbart.

JESUS erklärt uns in über 10.000 Kapiteln:

1. Den Weltgrund:

Es gibt keinen Stoff im Sinne des Materialismus. Alles ist Energie, nämlich Gottes- oder Geisteskraft, zergliedert in allerkleinste Urgrundteilchen (Urlebensfunken). Auch das bisher als kleinste Einheit betrachtete Stoffatom ist ein aus zahllosen Grundteilchen bestehendes lebendiges Universum in kleinstem Maßstab. (Man vergleiche dazu die neuesten Erkenntnisse der Kernphysik!) Aus den Urgrundteilchen (heute Elektronen oder Quanten genannt) - die nichts anderes als selbständig gemachte Gedankenkräfte Gottes sind - ist das ganze Weltall in planmäßiger Entwicklung aufgebaut.

2. Das Wesen Gottes:

Gott ist ewiger, unendlicher Geist, die Urkraft und der Urgrund alles Seins. Seine höchsten Attribute sind Liebe, Weisheit und Willensmacht. Sein Heiliger Geist erfüllt das ganze All (die "Weltseele" der antiken Religionen). Allein, dieser unendliche Allgeist hat als innerstes ein Machtzentrum, von dem wie aus einer Sonne Gedanken und Willenskräfte in die Schöpfung hinausströmen, um nach einem großen Lebensvollendungskreis wieder zurückzukehren.

In diesem Urmachtzentrum ist Gott wesenhaft gestaltet, und zwar in der höchsten aller Lebensformen: als vollkommener Geistes-Urmensch. ("Gott schuf den Menschen nach seinem Bilde"!) Von diesem Urmachtzentrum aus ist der Gottesgeist ewig schöpferisch tätig.

Die ganze Schöpfung ist ein gewaltiger Entwicklungs- und Vervollkommnungsvorgang der göttlichen Gedanken und Ideen. Er vollzieht sich in ungeheuren, durch Ruhezeiten geschiedenen Perioden ("Schöpfungstagen", "von Ewigkeit zu Ewigkeit")

3. Die geistige Urschöpfung:

Der uns sichtbaren stofflichen Schöpfung gingen geistige Urschöpfungen voraus. In diesen hat Gott aus den gleichsam aus sich hinaus gestellten Urlebensfunken große Geistwesen nach seinem Urbild geschaffen (Urerzengel), die befähigt waren, weitere Geistwesen ihresgleichen aus sich ins Dasein zu rufen. So entstanden Legionen von großen Geistwesen (Engeln), die sich durch das Ordnungsgebot der Gottes- und Bruderliebe zur gottähnlichen Lebensvollendung erziehen lassen sollten. Ein Teil dieser Urwesen unter dem Hauptgeiste Satana (Luzifer) verfiel aber kraft seines freien Willens in grenzenlose Eigenliebe und Selbstherrlichkeit.

Da jedoch nach ewiger Ordnung den Gott-abtrünnigen die nährenden Lebensströme aus Gott versiegen mussten, so erstarrten sie gleichsam und verdichteten sich zu hilflosen Massen. So entstanden im Schöpfungsraum durch Verdichtung geistig-ätherischer Urwesenheiten (Materialisation) die Urnebel der Materie oder des Weltstoffes.

4. Die Stofflich Materielle Schöpfung:

Sollten die gefallenen Urwesen ewig im Banne ihres Gerichtes verbleiben oder doch noch zur Vollendung in Gottes heiliger Lebensordnung zurückgeführt werden? Die göttliche Liebe erkannte sich der gefallenen Geisterwelt: Mit Hilfe der treu gebliebenen Engelsgeister entwickelte der Schöpfer aus den Urnebeln des Weltenstoffs durch Gliederung und

Neubelebung den - in seiner Gesamtheit den "verlorenen Sohn" darstellenden - Bau des materiellen Universums. (Kant-Laplace'sche Weltentstehungslehre geistig begründet!) Damit leitete Gott auf all den zahllosen Weltsystemen und Weltkörpern eine Erlösung (Lösung) der in der Materie gebundenen Urwesen ein.

5. Den Zweck des Naturlebens:

Auf allen Gestirnen werden durch das göttliche Walten die erstarrten Weltstoffmassen mehr und mehr gelockert. Die sich lösenden luziferischen Lebensfunken werden nach Gottes liebe-weisem Heilsplan in den Reichen der Naturwelt von den Engeln, den Dienern des Schöpfers, in immer neue geistige Läuterungsschulen gebracht. Dies, indem sie - zu stets reicheren Verbänden oder "Seelen" vereinigt - in immer höheren Lebensformen stufenweise durch das Mineral-, Pflanzen- und Tierreich emporgeführt werden. (Darwins Entwicklungslehre in allumfassender geistiger Sicht!) -

Auf diesem geistig-leiblichen Entwicklungsweg werden die "Naturseelen" im Bau und Gebrauch ihrer jeweiligen Lebenshüllen (alle Gebilde der drei Naturreiche) angeleitet. Sie beginnen damit, ihre widergöttliche Selbstsucht nach und nach zu überwinden und sich zur himmlischen Ordnung des Dienens in gegenseitiger Liebe zu bekehren. (Aufbau gemeinsamer

Verbände, Organismen.) So predigt auch das Evangelium die "Erlösung aller Kreatur" durch die Macht der Liebe.

6. Den Menschen - das Endziel dieser Entwicklung:

Die auf diese Weise aus der luziferischen Materie aufgestiegene Menschenseele soll - unter dem Einfluss eines ihr eingehauchten Gottesgeist- oder Liebefunkens - sich nun im irdischen Leben bewähren. Durch freiwillige Erfüllung der Liebesgebote Gottes soll sich der Mensch immer höher bis zur wahren Gotteskindschaft entwickeln. um schließlich am Ziel der Vollendung zur wahren Freiheit und Seligkeit des ewigen Lebens einzugehen.

7. Die Wesenheit Jesu Christi:

Als die Schöpfung so weit gereift war, um die höchste Enthüllung der göttlichen Liebe - die Gottheit als "Vater" - zu fassen, wählte Gott unsere äußerlich so unscheinbare Erde zur größten Liebetat seiner Erbarmung aus. Hier, wo der innerste Geistkern Luzifers gebannt gehalten wird, hüllte Gott sein geistmenschliches Urmachtzentrum ins Gewand der Materie. ("Und das Wort ward Fleisch.") In Jesus Christus trat Gott selbst ins Menschenreich, um dieses und alle Geister der Unendlichkeit zu belehren. Als höchstes Zeugnis der Liebe zog Er selbst das Kleid der Materie an, um die Gefallenen aus ihrem Gerichte zu erlösen und die Geläuterten wieder ins Vaterhaus zurückzuführen. (Gleichnis vom verlorenen Sohn.)

Jesu Geist, das heilige Urmachtzentrum Gottes, ist der "Vater". Jesu Seele (und Leib), d.h. sein Menschliches, ist der vom Vater geschaffene "Sohn". Die in die Unendlichkeit ausstrahlenden Gotteskräfte, ausgehend vom Vater durch den Sohn, sind der "Heilige Geist". Und so sind in Christus vereint Vater, Sohn und Hl. Geist (Lösung der Dreieinigkeitsfrage!). Jesus: "Wer mich sieht, der sieht den Vater" und "Ich und der Vater sind eins!"

8. Den Heilsweg zur geistigen Wiedergeburt:

Als einzigen, zu Vollendung und ewigem Leben in Gott führenden Heilsweg lehrte Jesus das Grundgesetz der ganzen Schöpfung: "Liebe Gott über alles und deinen Nächsten wie dich selbst!" Weder äußerliche Werkgerechtigkeit (Sakramentenempfang) noch äußerliche Glaubensgerechtigkeit (Bekenntnisglaube) genügen; sie sind bestenfalls Hilfsmittel für den Heilsweg der reinen, tatkräftigen Liebe, dem Urgrund alles Seins.

Ist im Menschen mit Hilfe des Gottesgeistes die reine Himmelsliebe zum unbeschränkten Herrscher geworden, dann ist der Mensch dem Gerichte der Materie entronnen und hat die geistige Wiedergeburt erreicht. Mit dem ihr eingepflanzten Gottesgeist völlig verbunden, vermag die geläuterte Seele sodann zu einem wahren Gotteskind zu werden, "eins" mit ihrem Schöpfer und himmlischen Vater und ewig teilhabend an der Fülle seiner göttlichen Lebens- und Wirkungskräfte.

9. Die Fortentwicklung im Jenseits:

Die meisten Erdenmenschen treten nach ihrem Leibestod noch unvollendet in die feinstofflichen Jenseitssphären ein. Ihnen bietet die göttliche Liebe drüben neue Schulungsstätten, um schließlich alle - wenn auch oftmals auf weit schwierigeren und peinvolleren Wegen - doch noch zur Vollendung zu führen. Denn der göttliche Plan einer allgemeinen Erlösung kennt keine ewige Verdammnis!

Um das Endziel zu erreichen, gelangen die noch unreif aus dem Leben scheidenden Seelen im "Jenseits", d.h. in der irdisch unsichtbaren geistigen Welt zunächst in eine Art Traumleben. Hier wird ihnen zu ihrer Belehrung ein von ihren Schutzmächten geleitetes innergeistiges Schauen und Erleben zuteil, das je nach ihrer guten oder bösen Gesinnung ein paradiesisch-wonnevolles oder höllisch-qualvolles Empfinden hervorruft. "Himmel und Hölle" sind somit keine Örtlichkeiten, sondern geistige Entwicklungszustände der Seele. - Stark selbstische, erdgebundene Seelen werden auch durch Wiedereinzeugung (Reinkarnation) auf anderen stofflichen Welten oder zuweilen auch auf unserem Erdplaneten weiter geschult.

10. Das Ziel der Vollendung:

Seelen, die sich auf Erden oder in der jenseitigen Welt zur reinen Gottes- und Nächstenliebe läutern ließen, gelangen zu stets neuer und beseligender Wirklichkeit. Ihre geistige Schau und Wirkungsmacht erweitert sich in den dreifach gestuften Himmeln, entsprechend der Reinheit und Stärke ihrer Liebe. Die endloser Steigerung fähige Seligkeit der Vollendeten besteht in immer tieferer Erkenntnis Gottes, immer größerer Liebe zu Ihm und all seinen Geschöpfen, sowie in stets wirkungsreicherer Mittätigkeit am hohen Werke der Schöpfung als der Offenbarung alles Seins und Lebens.

* * * * * * *

Schon diese kurzen Andeutungen lassen erkennen,

dass bei den neuen Offenbarungen Gottes (den "Wolken des Himmels", siehe Daniel 7,13 und Matthäus 26,64, *HH*) eine geistige Religion von größter Weite, Einheitlichkeit und Folgerichtigkeit vorliegt. Sie vermittelt eine erhabene Lebenslehre reinster Liebe und höchster Tatkraft, in der die Gottheit, der Vater in Jesus, den Grundstein bildet.

Die ganze Fülle und Vielseitigkeit der Lehre eröffnet freilich erst das eingehende Studium der Wiederkunft JESU im Wort Seiner Neuoffenbarungen. Diese bieten gerade das, worum die besten Geister unserer Generation zutiefst ringen: eine Synthese zu finden zwischen der Heilandslehre der Bibel und dem Entwicklungsgedanken der Wissenschaft. Daraus ergibt sich ein übereinstimmendes, an kein konfessionelles Bekenntnis gebundenes Christentum, das durch seinen Ethos der Liebe und die Tiefe seiner Erkenntnis alle Menschen zu einer hochgesinnten Geistes- und Lebensgemeinschaft zu einen vermag.

Aus "Ein Mann hört eine Stimme", Lorber-Verlag Bietigheim

Jakob Lorber und die Neuoffenbarung

Jakob Lorber (1800 - 1864) war ein von Gott erwählter Mann. Sein prophetisches Werk, das ihm durch inneres göttliches Diktat mitgeteilt wurde, wird in seiner Bedeutung in unserer Zeit immer mehr erkannt. Das 25bändige Werk schließt alle Fragen auf, die uns über die Heilsgeschichte, ja sogar über die gesamte Schöpfungsgeschichte bewegen. Da wird sowohl die Entstehung wie auch der Aufbau der Welten in ihrem physischen, astralen und geistigen Bereich bis ins kleinste durchleuchtet. Besonders aber erfahren wir alles über das Wesen Gottes, über die Welt der Engel, die jenseitigen Läuterungsstufen der Seelen nach dem irdischen Tod und, im Mittelpunkt stehend, das Wesen des Erlösers Jesu Christi.

Am 15. März 1840 vernahm er beim Morgengebet „in der Gegend des Herzens“ eine Stimme, klar und hell, die ihm gebot: „Steh auf, nimm deinen Griffel und schreibe!“ Diesem geheimnisvollen Rufe gehorchend schrieb er die folgenden Worte nieder: „So sprach der Herr zu mir und in mir (Jakob Lorber) für jedermann, und das ist wahr, getreu und gewiss: Wer mit Mir reden will, der komme zu Mir, und Ich werde ihm die Antwort in sein Herz legen. Jedoch die Reinen nur, deren Herz voll Demut ist, sollen den Ton Meiner

Stimme vernehmen. Und wer Mich aller Welt vorzieht, Mich liebt wie eine zarte Braut ihren Bräutigam, mit dem will Ich Arm in Arm wandeln. Er wird Mich allezeit schauen wie ein Bruder den anderen, und wie Ich ihn schaute schon von Ewigkeit her, ehe er noch war."

Lorber hatte zuvor gerade das unerwartete Angebot erhalten, an der Oper in Triest die Stelle eines zweiten Kapellmeisters zu übernehmen und schon alle Reisevorbereitungen getroffen. Doch nach diesem ihn tief erschütternden Ereignis entsagte er, jetzt schon im 40. Lebensjahr stehend, diesem verlockenden Angebot und widmete sich fortan als „Schreibknecht Gottes", wie er sich zuweilen nannte, bis zu seinem Lebensende der Niederschrift dessen, was er in sich durch das „Innere Wort" vernahm und als Stimme Jesu Christi, das lebendige Wort Gottes empfand. Seinen oft dürftigen Lebensunterhalt musste er nun weiterhin als Musiklehrer und Klavierstimmer verdienen, weil er sein ansehnliches Erbteil seinem Bruder zum Existenz-Aufbau leihweise überlassen hatte, aber zeitlebens nichts mehr davon zurückerhielt.

Für den Gesamtinhalt der Niederschriften Lorbers hat sich unter ihren Freunden seit langem die Bezeichnung „Neuoffenbarung" (im Unterschied zur biblischen „Altoffenbarung") eingebürgert. Sie will die ursprüngliche und vollständige Gottes-, Erlösungs- und Heilslehre, deren Kenntnis Jesus zum Teil seinen Aposteln und engsten Schülern vorbehalten musste, den Menschen des Industrie- und Informationszeitalters frei von traditionellen und modernen Irrtümern und Entstellungen, zusammen mit weiteren, erst den Menschen unseres Zeitalters begreiflichen Enthüllungen zugänglich machen. Das betrifft die im Mittelpunkt stehende Gottes- und Heilslehre wie auch die Aufschlüsse über die geistige Urschöpfung, den Entstehungsgrund und Zweck des materiellen Universums sowie die Läuterung und Weiterentwicklung irdischer Verstorbener in den verschiedenen jenseitigen Sphären.

Die Neuoffenbarung macht uns auch wieder bekannt mit den gesetzmäßigen Entsprechungen zwischen Dingen und Vorgängen in der geistigen und in der natürlichen Welt und dem rechten Verständnis ihrer Bildersprache. Die Kenntnis der geistigen Entsprechungen, zur Zeit Jesu nur noch wenigen Eingeweihten geläufig, ist der Schlüssel zum wahren Verständnis des inneren Sinns vieler Texte des Alten und Neuen Testaments, besonders des Johannes-Evangeliums als des geistigsten (übrigens auch in äußeren Dingen zuverlässigsten) der Evangelien, der Geheimen Offenbarung des Johannes und auch zahlreicher Texte der Neuoffenbarung.

Letztere bietet auch die beste Grundlage für eine wirklichkeitsgerechte Verbindung von geistiger Religion und wahrer Naturerkenntnis in einem Weltbild, in das die schon in frühchristlicher Zeit verlorengegangene kosmische Dimension und auch der Bereich des Übersinnlichen (heute als Parapsychologie und Paraphysik bezeichnet) wieder einbezogen sind. Auch in der Bibel berichtete außergewöhnliche, gemeinhin als „Wunder“ bezeichnete Ereignisse und Taten, deren Tatsächlichkeit zumeist geleugnet wird, verlieren durch die Neuoffenbarung den traditionellen Nimbus des unerklärlichen Mirakels, weil sie, auch für menschliche Vernunft nachvollziehbar, einer höheren geistgelenkten Naturgesetzlichkeit unterliegen. Christentum und Wissenschaft, Schöpfungslehre und Entwicklungsgedanke, Herzenserkenntnis und rationales Denken verbinden sich in der Neuoffenbarung zu einem übereinstimmenden, an kein konfessionelles Bekenntnis gebundenen Christentum. Es vermag in Jesus Christus alle Menschen zu vereinen in der Liebe zu Gott und tätiger Menschenliebe und Fürsorge für die uns anvertraute Schöpfung.

Von den 25 umfänglichen Bänden und einer Reihe kleinerer Schriften des Lorberwerks seien hier nur das „Große Evangelium Johannes“ und die „Jugend Jesu“ genannt. Im „Großen Evangelium Johannes“ besitzen wir gemäß biblischer Verheißung in Joh. 14,26 eine eingehende Schilderung der Lehrtätigkeit und des Wirkens Jesu. Wir werden gleichsam Ohrenzeugen auch jener Lehrgespräche, die Jesus nur im Kreise seiner reiferen Jünger und Freunde führen konnte und die, wie auch manche Heilungen, nicht zur späteren Aufzeichnung in den biblischen Evangelien bestimmt waren. Das zehnbändige Werk bildet gleichsam die „authentische Langfassung“ des biblischen Johannes-Evangeliums, dessen Chronologie es folgt, und ist das Herz- und Hauptstück der Gottesbotschaft durch Jakob Lorber.

Die „Jugend Jesu“ macht uns wieder mit dem seit frühchristlicher Zeit – bis auf geringe Teile, die in der „Berlenburger Bibel“ überliefert sind – verschollenen vollständigen Jakobusevangelium vertraut. Der von Jakobus dem Älteren (dem jüngsten Sohn Josephs aus erster Ehe und Helfer Marias bei der Betreuung ihres Kindes Jesus) verfasste ausführliche Bericht über Empfängnis und Geburt Jesu, ferner die mit römischer Hilfe gelungene Flucht der Familie vor dem Kindesmörder Herodes nach der damaligen Stadt Ostracine in Ägypten, ihr dortiger Aufenthalt und die Rückkehr nach Nazareth –, und vieles Weitere wird in einer Weise geschildert, die unser Gemüt tief anrühren, uns das Empfinden unmittelbaren Beteiligtseins vermitteln und etwas vom Wirken des Gottesgeistes im Kinde Jesus verspüren lassen kann.

Nach den prophetischen Kundgaben Lorbers vor 150 Jahren steht die Menschheit gegenwärtig mitten in der größten inneren und äußeren Umwälzung ihrer Geschichte und durchläuft in diesen Jahrzehnten den letzten, äußerst turbulenten und durch menschliches Fehlverhalten, zunehmende Naturkatastrophen und technische Großunfälle geprägten Abschnitt (End- und Wendezeit) vor dem Durchbruch in ein neues Zeitalter, dem verheißenen Friedensreich Jesu Christi, in dem die Menschen den Geist Seiner Liebe in sich zur Herrschaft gelangen lassen.

Hermann-Josef Brodesser, Lorber-Verlag

Die Hauptwerke der Neuoffenbarung Gottes an Jakob Lorber

Die Haushaltung Gottes – 3 Bände:

Dieses Werk behandelt in einer machtvollen Propheten-Sprache die Hauptgrundfragen allen religiösen Denkens: Das Wesen Gottes, die Urschöpfung der Geisterwelt, die Entstehung der (materiellen) Sinnenwelt, die Erschaffung des Menschengeschlechts und die Urgeschichte der Menschheit bis zu der großen vorderasiatischen Erdkatastrophe der Sintflut. Was die ersten Kapitel der Bibel gewissermaßen in einem Samenkorn geben, das finden wir in dieser „Haushaltung“ als einen mächtigen, das Samenkorn erst recht bestätigenden und verherrlichenden Baum der Erkenntnis. Das Wesen Gottes und seiner geistigen und stofflichen Schöpfung wird uns hier in unvergleichlicher Weise vor die Seele geführt, sowohl nach der unnahbar erhabenen Seite, wie nach der bis ins Kleinste sich hinab beugenden Liebe Gottes. Und ein tiefer, voller Strom des Lichts fällt schließlich in der Urgeschichte der Väter auf den wahren Zweck und Sinn und auf die Führungen des menschlichen Lebens.

Band 1 – Die Urgeschichte der Menschheit

- Das Geheimnis der Schöpfung
- Die Urzeit der Erde und des Mondes
- Der Sündenfall
- Die Geburt Cahins und Ahbels
- Die Entwicklung von Cahins Geschlecht
- Gründung der Stadt Hanoch in der Tiefe
- König Hanochs gottlose Regierung
- Die Nachfolger Hanochs bis zu König Lamech
- Urgeschichte des chinesischen Volkes
- Gegensätze zwischen Gott und den Menschen
- Gründung der ersten ordnungsmäßigen Kirche dieser Erde
- Vom Wesen der Zeit und der Ewigkeit
- Vom Wesen des Lebens
- Eine Verheißung des Herrn u.a.

Band 2 – Aufstieg und geistige Blüte des ersten Weltreiches Hanoch

- Ehestiftungen durch den Herrn: Lamech und Ghemela werden die Eltern Noahs sein
- Henoch vom Herrn zum Hohepriester eingesetzt und des Herrn Verheißung an ihn
- Die Verklärung Sehels

- Lamechs Bekehrung
- Erbauung des ersten Tempels in Hanoch
- Henoch: alleiniger Hohepriester dieser Zeit, „da Himmel und Erde in Eines geflossen sind“
- König Lamech: Oberpriester des neuen Tempels

Band 3 – Die ersten Hochkulturen - Entartung und Untergang in der Sintflut

- Liebesbund des Herrn mit der ganzen Erde
- Szene mit Satana
- Hanochs Goldenes Zeitalter im geistigen Sinne
- Verbannung Satanas durch Henoch in den Mittelpunkt der Erde
- Adams und Evas Tod
- Henochs Hinwegnahme
- König Lamechs Tod
- Allmählicher moralischer Verfall auf der Höhe und in der Tiefe
- Massenzuwanderung von Männern und Frauen der Höhe ins Riesenreich Hanoch und neuer moralischer Niedergang
- Hochblüte der Technik und Zivilisation, großartige Stadtkulturen
- Einführung des Heidentums in Hanoch
- Machtkämpfe, Intrigen und Kriegswirren im ganzen Reich
- Mahal (Bruder Noahs) und seine Kinder

verstrickt in die tragischen Ereignisse der Tiefe

- Beginn der durch die Völker der Tiefe selbst verschuldeten Sündflut
- Mahals Verklärung und Engelsdienst in der Führung der Arche Noahs. Anhang: die vornoahische Gestalt der Erde

Kindheit und Jugend Jesu:

Bei diesem Werk handelt es sich um das durch J. Lorber wieder-empfangene Jakobus-Evangelium. Der Herr hatte ihm diese Neuoffenbarung schon im voraus am 22. Juli 1843 angekündigt und hinzugefügt: „Jakobus, ein Sohn Josephs, hat solches alles aufgezeichnet; aber es ist mit der Zeit so sehr entstellt worden, dass es nicht zugelassen werden konnte, als echt in die Schrift aufgenommen zu werden. – Ich aber will dir das echte Evangelium Jakobi geben, aber nur von der Zeit an, da Joseph Maria zu sich nahm. Jakobus hatte auch die Lebensbeschreibung Mariens von ihrer Geburt an mit aufgenommen sowie die des Joseph.“

Und nun empfing der auserwählte Mittler durch die Stimme des Geistes in seinem Herzen eine umfassende, wunderbare Schilderung der Geburt und Kindheit Jesu von so inniger, erhebender Schönheit und Macht, dass wohl kein Herz den göttlichen Ursprung und die Wahrheit dieses kostbaren Schriftwerkes verkennen kann. Das Werden und Sich-entfalten des

Jesuskindleins unter der Obhut Marias im Hause des Pflegevaters Joseph, auf der Flucht nach Ägypten und dann wieder zu Hause, in Nazareth, entrollt sich vor unseren Augen.

Wir erleben das erste wunderbare Wirken und Sichbekennen des Gottesgeistes in dem Kindlein und empfangen mit freudigem Staunen ungeahnte Einblicke in das heilige Geheimnis der Person Jesu. Es wird uns die beseligende Gnade, im „Sohne“ den „Vater“ zu erkennen und mithin in Jesus „Vater, Sohn und Heiliger Geist“ vereinigt zu finden.

Mit den Bruchstücken der alten Überlieferung in der Berlenburger Bibel ist – bei Berücksichtigung der diesem Text widerfahrenen Veränderungen und Entstellungen – eine starke, teilweise wörtliche Übereinstimmung festzustellen. Und so beweist der Inhalt, dass uns in dieser Jugendgeschichte Jesu durch Jakob Lorber tatsächlich eine alte christliche Urkunde von unschätzbarem Wert neu gegeben ist.

Das große Evangelium Johannes
11 Bände:

Ist es nicht der Wunschtraum eines jeden Christen, möglichst das Ganze über Jesu Erdenwirken zu erfahren? Da die Evangelien aber mehr oder minder im Rahmen einer historischen Berichterstattung bleiben, muss es auch Propheten geben, die Eingeweihtenwissen vermitteln. So war der Menschheit der Heilige Geist verheißen worden, sie „alles zu lehren und an alles zu erinnern“. Gemäß Joh. 16,12-13 lautete ein bezügliches Wort Jesu an die Jünger:

> „Ich habe euch noch viel zu sagen; aber ihr könnt es jetzt nicht tragen. Wenn aber jener, der Geist der Wahrheit, kommen wird, der wird euch in alle Wahrheit leiten. Denn er wird nicht von sich selber reden; sondern was er hören wird, das wird er reden, und was künftig ist, wird er euch verkünden.“

Eine solche Verkündung aber konnte, wie eh und je, nur Aufgabe der Prophetie sein. So gab es auch in allen Jahrhunderten, angepasst an den Reifezustand der Menschen, eine solche nach-christliche Einweihung durch das direkte innere Wort. Das größte Einweihungswissen ging selbst-verständlich von Christus selber aus, wie er es im Kreise seiner Jünger auf Erden weitergab. Dass vieles davon unter Schweigegebot stand, bezeugt die Bibel. Mit dem Hauptwerk Jakob Lorbers „Das Große Evangelium Johannes“ wird uns auf dem Hintergrund des Lebens Jesu die ganze Lehre, die ganze Heilsgeschichte, das Wunder von der Begegnung des Göttlichen mit dem Menschlichen in aller Tiefe erschlossen. Dabei gibt Jesus selbst als Sprecher und Erzähler uns authentische Berichte von seinen Erdentagen.

Von der Hölle bis zum Himmel – 2 Bände:

Mit welcher Gewalt manche Seele im Jenseits von der Gottesliebe ergriffen wird, sobald sie nur in eine lichtere Sphäre gelangt ist, zeigt uns das Beispiel von Robert Blum. Auf Erden hatte er sich als Revolutionär aus Überzeugung mit Feuereifer für die Belange der unterdrückten Schichten eingesetzt. In Dingen der Religion aber war er indifferent und skeptisch geblieben. Drüben allerdings lernte er dann sehr bald die Führungen Gottes kennen. Die Lehre von der Eigenverantwortung des Menschen, die sein Schicksal auch nach dem Hinübertritt bestimmt, wird von Stufe zu Stufe lebendig miterlebt. Und manche drastisch-realistisch geschilderte Szene in der Geisterwelt beweist uns, dass der Mensch nach dem Ablegen seines Erdenleibes zunächst ganz derselbe Mensch bleibt, mit seiner Sprache, seinen Ansichten und Gewohnheiten, Neigungen und Leidenschaften, wie während seines Leibeslebens. Das geistige Wachstum im Jenseits hängt – drüben wie hier – einzig davon ab, wie das Grundgebot der Gottes- und Nächstenliebe verwirklicht wurde und wird. Im gleichen Maße wächst auch die Christus-Erkenntnis, und alle Kräfte helfen mit, besonders die Engel und auch der Herr selbst, dass eine geläuterte Seele zu ihrem eigentlichen Erlösungsziel gelangt.

Bischof Martin:

Wir sehen hier einen Menschen, wie er nach seinem letzten irdischen Atemzug das große Tor zum Jenseits durchschreitet. Drüben angekommen, bildet sich seine „Sphäre" – zunächst einem Traumleben gleich, das noch ganz seine irdischen Irrtümer, Vorstellungen und Wünsche wider-spiegelt. Wir begleiten ihn bei seinen mannigfachen Vor- und Rückschritten auf dem Pfad der Erkenntnis und sehen, wie sich ihm mancherlei höhere Geistwesen und Engel zugesellen, die ihn durch läuternde und belehrende Erlebnisse für eine wahre Erkenntnis Gottes zubereiten.

Wir verfolgen, wie es immer lichter in der Seele des einstigen Bischofs wird und ihn sein geistiges Erwachen endlich in die hohen Welten der himmlischen Sphären führt. Seine wachsende Liebe lässt ihn nun das Göttliche in Jesus als den Vater der Ewigkeit erkennen, und damit tritt er in den Zustand seiner Vollendung ein, in die Gotteskindschaft mit all ihrer Freiheit, Schöpfergabe und Seligkeitsfülle. Wer die ersten Szenen dieses jenseitigen Schulungswerkes mit dem erreichten Endziel vergleicht, wird ermessen, welchen Weg ein Menschengeist zu durchschreiten vermag, der sich von Sphäre zu Sphäre durchringt bis zu den höchsten Höhen.

Für den aufgeschlossenen Leser bildet dieses Buch nicht nur ein beglückendes Zeugnis für die liebe- und weisheitsvolle Führung des Menschen nach seinem

Erdenleben. In den Gesprächen und Erlebnissen Martins mit vollendeten Geistern wie Petrus und Johannes und zuletzt mit dem Herrn selbst findet jeder Suchende eine Überfülle klarster Antworten auf die Fragen nach den Letzten Dingen. Und ihn weht eine heilige Ahnung an von der Unermesslichkeit der großen Schöpfungsidee, aber auch von der Würde des Menschen, wenn er in der erreichten Gotteskindschaft zur Krone der Schöpfung herangereift ist.

Die geistige Sonne – 2 Bände:

Dieses große Lehrwerk von den Zuständen des Jenseits führt uns gleichsam in zehn Geistersphären, das heißt, wir treten in das innere Blickfeld von zehn verschiedenen Geistwesen, die einst irdisch verkörpert waren. Ihre hohe und höchste Erkenntnis hat durch den Grad ihrer Liebe zum himmlischen Vater die verwandte, jedoch eigen geprägte Art ihrer seelischen Welten gestaltet.

Mit dem Eintritt des Lesers in die Sphären dieser zehn Geister – darunter sich die Apostel Petrus, Markus und Paulus, der Prophet Daniel, der Seher Swedenborg und zuletzt Johannes als der Inbegriff errungener Liebeweisheit befinden – erschließt sich ihm ein geistiges Bild von überwältigender Größe und Weite.

In sich stets steigernden Bildern und Szenen, die

zugleich eine einmalige Schule der wichtigen Entsprechungslehre bilden, erhalten wir Einblicke in die Geheimnisse der Naturschöpfung von der Erde bis zu den Zentralsonnen. Darüber hinaus eröffnen sich aus der Sphäre dieser erleuchteten Geister Zusammenhänge zwischen den sichtbaren Welten des Universums und den unsichtbaren des geistigen Alls, die geeignet sind, das zu eng gewordene Weltbild von heute grundlegend umzuformen und zu einer überzeugenden Klarheit zu führen.

Hier reichen sich wahre Religion und Wissenschaft die Hand zu einem neuen Bund des schauenden Erkennens, und der Menschengeist beginnt etwas zu ahnen von der grenzenlosen Liebe, Weisheit und Allmacht des Schöpfers, welcher auf millionenfachen Wegen alles erdhaft Gebundene in die wahre Freiheit des Geistes zurückführt.

Die 3 Tage im Tempel:

Diese Schrift gibt einen Bericht der Vorgänge im Tempel, als der zwölfjährige Jesusknabe drei Tage lang unter den Lehrern und Ältesten weilte und mit ihnen tief-weise Gespräche, namentlich über die Messiasfrage, führte, worüber bei Lukas 2,47 nur knapp berichtet ist: „Und alle, die ihm zuhörten wunderten sich seines Verstandes und seiner Antworten.“

Paulus' Brief an die Gemeinde in Laodizea:

Der Brief des Paulus an die Christengemeinde in Laodizea (erwähnt in Kol. 4,16) musste bis heute trotz eifriger Nachforschungen als verloren gelten. Auch dieses verschollene, wichtige Dokument aus der Zeit der jungen Christengemeinden wurde an Jakob Lorber durch inneres Diktat neu gegeben. Paulus, der sich leidenschaftlich für die Reinhaltung des Evangeliums einsetzte, führt in diesem Brief an die Laodizäer scharfe Klage, da sie ähnlich wie die Kolosser aus dem reinen Geistchristentum in ein zeremonielles Kirchenchristentum verfallen waren.

Erde und Mond:

Hier offenbart sich die Erde als ein kosmischer Körper, in dem es nichts Totes, Unbelebtes gibt, als ein pulsierender Organismus mit allen Organen, wie sie analog dem irdischen Menschenleib zu eigen sind. Es eröffnet sich eine innere Wunderwelt, in der gewaltige Elementarkräfte den Ausdruck eines plan-beseelten Entwicklungsvorgangs bilden, auf den alles Naturgeschehen hinzielt. Enthüllt schon der erste Teil dieser Schrift (die natürliche Erde) neben der materiellen Beschreibung des Erdkörpers vieles von dem naturgeistigen Sinn, so schildert der zweite Teil (die geistige Erde) die metaphysischen Zustände, die der Erde zugehören. Indem diese Darstellungen vom Wesen der Urschöpfung ihren Ausgang nehmen, wird damit das ganze Werk zu einer geistigen Lichtquelle höchster Erkenntnis. Im Anhang dazu findet sich als dritter Teil (der Mond) eine Schilderung der natürlichen Mondwelt mit der verschiedenen Beschaffenheit beider Mondhälften und ihrer Lebensbedingungen.

Jenseits der Schwelle:

Über die jenseitigen Schicksale der Seelen ist noch immer wenig bekannt, da ja jede Seele entsprechend ihrem Erdenleben zunächst eine ihrem inneren Zustand entsprechende Welt erwartet. Das Sterben des Menschen, sein Übertritt zunächst in eine aus seinen Gefühlen, Begierden und Vorstellungen erschaffene Traumwelt, und seine durch leitende Geister und Engel unterstützte Jenseitsführung werden in teils angenehmer, teils erschreckender Art beschrieben.

Quelle: Lorber-Verlag, Bietigheim, Bestellungen hierüber möglich

Schlussbemerkung

Jakob Lorber hat die umfassendsten und größten Offenbarungen erhalten. Auch als sehr bedeutend können die Schauungen Emanuel Swedenborgs angesehen werden, welche im 18. Jahrhundert eine Art Vorläuferschaft zu den im 19. Jahrhundert gegebenen großen Enthüllungen des Herrn durch Jakob Lorber darstellen.

Ebenfalls sehr Aufschlußreich sind die Einzelkundgaben, die Gottfried Mayerhofer, Max Seltmann und Bertha Dudde niederschrieben.

Bei aller Wortfülle sollte jedoch beachtet werden, dass die Offenbarungen immer mit der rechten Liebe zu Gott gelesen werden müssen, um den Geist Gottes im Menschen zu erwecken und Diesen dann, nach Anleitung durch das Gotteswort, in der Seele auch tatkräftig auszubilden.

Ich danke dem Lorber-Verlag in Bietigheim für die freundliche Genehmigung. Alle Bücher der Neuoffenbarungen Jesu Christi, welche Jakob Lorber, Gottfried Mayerhofer und andere empfingen, sind dort erhältlich. Die Bezugsquellen weiterer Bücher und Schriften erfahren Sie über das Internet.

Ich wünsche allen Lesern viel Freude und Dankbarkeit mit dem Liebelicht aus der großen Gnade unseres geistigen und ewigen Vaters Jesus Christus.

Hanno Herbst Im Bergfrieden, 19.08.2018

Persönliche Notizen